Die Einnahme-Überschußrechnung nach § 4 Abs. 3 EStG

Von
Diplom-Finanzwirt Helmut Segebrecht

9., neubearbeitete und erweiterte Auflage

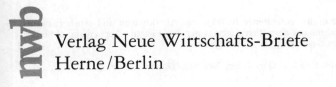

Verlag Neue Wirtschafts-Briefe
Herne/Berlin

Die Deutsche Bibliothek — CIP-Einheitsaufnahme

Segebrecht, Helmut:
Die Einnahme-Überschußrechnung nach § 4 Abs. 3 EStG / von
Helmut Segebrecht. — 9., neubearb. und erw. Aufl. — Herne ;
Berlin : Verl. Neue Wirtschafts-Briefe, 1996
ISBN 3-482-58039-1

ISBN 3-482-58039-1 — 9., neubearbeitete und erweiterte Auflage 1996

© Verlag Neue Wirtschafts-Briefe GmbH, Herne/Berlin, 1965

Satz und Druck: Loibl, Druck + Gestaltung, Neuburg/Donau

Vorwort

Die Überschußrechnung, auch Einnahme-/Ausgaberechnung genannt, ist eine in der Praxis recht häufig vorkommende Gewinnermittlungsart. Sie hat gegenüber der Bilanzierung den Vorteil, daß im Prinzip nur die Einnahmen und Ausgaben aufzuzeichnen sind, was eine erhebliche Vereinfachung bedeutet. Die Überschußrechnung wird daher gern von Gewerbetreibenden, die nicht nach Handels- oder Steuerrecht zur Bilanzierung verpflichtet sind, also insbesondere von kleinen Gewerbetreibenden, Handwerkern sowie von Angehörigen der freien Berufe (z. B. Ärzten, Rechtsanwälten, Ingenieuren, Architekten, Steuerberatern, Journalisten usw.) angewandt. Bei Betrieben der Land- und Forstwirtschaft kann die Gewinnermittlung nach § 4 Abs. 3 EStG bei Winzern, Forstwirten, beim Gartenbau und sonstiger landwirtschaftlicher Betätigung (z. B. Fischerei, Wanderschäferei) zur Anwendung kommen.

Zur Überschußrechnung ist in der steuerlichen Literatur meist nur zu Teilgebieten oder Einzelfragen Stellung genommen worden. Die vorliegende Darstellung hilft dagegen bei der Lösung von Problemen im gesamten Stoffgebiet.

Das Buch wendet sich nicht nur an die Lernenden in Verwaltung und steuerberatenden Berufen, sondern ist darüber hinaus auch als praxisbezogenes Arbeitsmittel (Nachschlagewerk) für die Praktiker in der Finanzverwaltung und Steuerberatung konzipiert. Den für die Praxis wichtigen Schwerpunkten der Rechtsanwendung wurde durch eine stofflich vertiefte Darstellung und fallbezogene Erläuterung anhand zahlreicher Beispiele in besonderer Weise Rechnung getragen.

Die 9. Auflage berücksichtigt die Gesetzesänderungen, die jüngste Rechtsprechung des Bundesfinanzhofs und der Finanzgerichte, die EStR 1993 sowie die neuesten Verwaltungsentscheidungen.

Es darf noch darauf hingewiesen werden, daß das hier behandelte Gebiet häufig für Prüfungsarbeiten herangezogen wird.

Für Anregungen und Hinweise bin ich dankbar.

Hamburg, im Januar 1996   H. Segebrecht

Inhaltsübersicht

Inhaltsverzeichnis

Literaturverzeichnis

In diesem Literaturverzeichnis sind Veröffentlichungen, die in der Broschüre mehrfach zitiert werden, aufgeführt. Weitere Literaturhinweise sind im laufenden Text angegeben.

Altehoefer/Bauer/Fichtelmann/Fischer/Freund/Walter, Besteuerung der Land- und Forstwirtschaft, 2. Aufl., Herne/Berlin 1993

Blümich, Komm. zum EStG, Loseblattwerk, 14. Aufl., München

Eisemann, Können bei der Überschußrechnung (§ 4 Abs. 3 EStG) nicht erfaßte Betriebsvorgänge beim Übergang zum Bestandsvergleich (§§ 4 Abs. 1, 5) erfaßt werden?, DStR 1965 S. 357

Falterbaum, Neue Probleme bei der Gewinnermittlung nach § 4 Abs. 3 EStG und beim Wechsel der Gewinnermittlungsart, StW 1970 S. 39

Falterbaum/Beckmann, Buchführung und Bilanz, 15. Aufl., Achim 1993

Fella, Die Überschußrechnung nach § 4 Abs. 3 EStG, StW 1972 S. 33

ders., Die Umsatzsteuer bei der Einnahme-Überschuß-Rechnung, StW 1983 S. 22

Felsmann/Pape/Giere, Komm. zur Einkommensbesteuerung der Land- und Forstwirte, Loseblattwerk, 3. Aufl., St. Augustin 1991

Groh, Zur Struktur der betrieblichen Überschußrechnung, FR 1986 S. 393

Hartmann/Böttcher/Nissen/Bordewin, Komm. zum EStG, Loseblattwerk, Wiesbaden 1988 ff.

Herrmann/Heuer/Raupach, Komm. zur ESt, Loseblattwerk, 20. Aufl., Köln 1986 ff.

Hoffmann, Über die Berücksichtigung von Geldverlusten, FR 1982 S. 496

Jansen/Wrede, Renten, Raten, Dauernde Lasten, 11. Aufl., Herne/Berlin 1995

Kayser/Seithel, Einkommensteuerliche Behandlung des Übergangs von der Gewinnermittlung durch Überschußrechnung zum Bestandsvergleich anläßlich der Umwandlung eines Einzelunternehmens in eine Personengesellschaft, RWP 14 D ESt v. 1. 1. 1967 (672) S. 25

Kirchhof/Söhn, Komm. zum EStG, Loseblattwerk, Heidelberg 1991 ff.

Korn, Gelöste und ungelöste Probleme bei der Überschußrechnung nach § 4 Abs. 3 EStG, KÖSDI S. 5899

Lademann/Söffing/Brockhoff, Komm. zum EStG, Loseblattwerk, Stuttgart 1991

Lang/Burhoff, Besteuerung der Ärzte, Zahnärzte und sonstiger Heilberufe, 2. Aufl., Herne/Berlin 1993

Langkau, Tauschgeschäfte bei der Gewinnermittlung nach § 4 Abs. 3 EStG, FR 1981 S. 563

Leingärtner/Zaisch, Die Einkommensbesteuerung der Land- und Forstwirtschaft, 2. Aufl., München 1991

Littmann, Betriebsveräußerungen gegen Ratenzahlungen und gegen Renten, RWP 14 D Renten II B Einzelfragen

Littmann/Bitz/Hellwig, Komm. zum EStG, Loseblattwerk, 15. Aufl., Stuttgart 1988

Paus, Die Gewinnermittlung nach § 4 Abs. 3 EStG, StW 1985 S. 80

Peter/v. Bornhaupt/Körner, Ordnungsmäßigkeit der Buchführung, 8. Aufl., Herne/Berlin 1987

Plückebaum, Zu- und Abrechnungen beim Wechsel der Gewinnermittlungsart, StBp 1965 S. 76

Richter, Zur Wirkung einer Wertsicherungsklausel bei Gewinnermittlung nach § 4 Abs. 3 EStG, DB 1984 S. 2322

Ritzrow, Die Behandlung der Umsatzsteuer bei der Gewinnermittlung nach § 4 Abs. 3 EStG in Schaubildern, StW 1983 S. 136

ders., Ertragsteuerliche Probleme beim Übergang von der Gewinnermittlung nach § 4 Abs. 3 EStG zur Gewinnermittlung nach § 5 EStG, StBp 1982 S. 195

ders., Behandlung der Umsatzsteuer bei der Überschußrechnung, BBK F. 8 S. 229

Sauer, Der Grundsatz der Gesamtgewinngleichheit bei Gewinnermittlung nach § 4 Abs. 3 EStG und bei Betriebsvermögensvergleich, FR 1973 S. 413

Schmidt, Komm. zum EStG, 14. Aufl., München 1995

Schoor, Gewinnermittlung nach § 4 Abs. 3 EStG, FR 1982 S. 505

Segebrecht, Wechsel der Gewinnermittlungsarten, 2. Aufl., Herne/Berlin 1974

ders., Die einheitliche und gesonderte Feststellung von Einkünften nach der AO, 3. Aufl., Herne/Berlin 1978

ders., Besteuerung der Erben und Erbengemeinschaften, 5. Aufl., Herne/Berlin 1982

ders., Überschußrechnung nach § 4 Abs. 3 EStG, BBK F. 8 S. 3001

ders., Überschußrechnung nach § 4 Abs. 3 EStG – Wechsel der Gewinnermittlungsart –, BBK F. 8 S. 3031

Speich, Korrekturen beim Wechsel der Gewinnermittlungsart, NWB F. 17 S. 939

Tipke/Kruse, Komm. zur AO/FGO, Loseblattwerk, 15. Aufl., Köln 1994

Widmann/Mayer, Komm. zum Umwandlungsrecht, Loseblattwerk, 3. Aufl., Bonn 1990

Zimmermann, Wechsel in der Gewinnermittlungsart – Eine Kritik der Anlage 3 zu Abschn. 19 Abs. 1 EStR 1978 –, DStR 1981 S. 155

Abkürzungsverzeichnis

a.	auch
a. A.	anderer Ansicht
a. a. O.	am angeführten Ort
Abs.	Absatz
Abschn.	Abschnitt
AfA	Absetzung für Abnutzung
AfS	Absetzung für Substanzverringerung
AG	Aktiengesellschaft
AktG	Aktiengesetz
and.	anders
Anl.	Anlage
Anm.	Anmerkung
AO	Abgabenordnung
Art.	Artikel
Aufl.	Auflage
BB	Betriebs-Berater (Zeitschrift)
BBK	Buchhaltungs-Briefe für Buchführung, Bilanz und Kostenrechnung (Zeitschrift)
Bd.-Württ.	Baden-Württemberg
Beschl.	Beschluß
betr.	betreffend
BewG	Bewertungsgesetz
BFH	Bundesfinanzhof
BFH/NV	Sammlung amtlich nicht veröffentlichter Entscheidungen des Bundesfinanzhofs
BGB	Bürgerliches Gesetzbuch
BGBl	Bundesgesetzblatt
BlStA	Blätter für Steuerrecht, Sozialversicherung und Arbeitsrecht (Zeitschrift)
BMF	Bundesministerium der Finanzen
BMWF	Bundesministerium für Wirtschaft und Finanzen
bspw.	beispielsweise
BStBl	Bundessteuerblatt
BT-Dr.	Bundestags-Drucksache
Buchst.	Buchstabe
BVerfG	Bundesverfassungsgericht
bzgl.	bezüglich
bzw.	beziehungsweise
DB	Der Betrieb (Zeitschrift)
dgl.	dergleichen
d. h.	das heißt
Diss.	Dissertation
DMBilG	DM-Bilanzgesetz

DStR	Deutsches Steuerrecht (Zeitschrift)
DStZ	Deutsche Steuer-Zeitung (Zeitschrift)
EFG	Entscheidungen der Finanzgerichte (Zeitschrift)
einschl.	einschließlich
EN-Nr.	Eilnachrichten-Nummer
Erl.	Erlaß
ESt	Einkommensteuer
EStÄR	Einkommensteuer-Änderungsrichtlinien
EStDV	Einkommensteuer-Durchführungsverordnung
EStG	Einkommensteuergesetz
EStH	Amtliches Einkommensteuer-Handbuch
EStR	Einkommensteuer-Richtlinien
EuGH	Europäischer Gerichtshof
f. ff.	folgend(e)
F.	Fach
FA	Finanzamt
FG	Finanzgericht
FGO	Finanzgerichtsordnung
FinBeh	Finanzbehörde
FinMin (FM)	Finanzminister bzw. Finanzministerium
FinVerw.	Finanzverwaltung
FMBl	Amtsbl. des Bayer. Staatsmin. d. Finanzen
Fn	Fußnote
FR	Finanz-Rundschau (Zeitschrift)
GbR	Gesellschaft bürgerlichen Rechts
gem.	gemäß
GenG	Genossenschaftsgesetz
GewSt	Gewerbesteuer
GewStG	Gewerbesteuergesetz
GewStR	Gewerbesteuer-Richtlinien
GG	Grundgesetz für die Bundesrepublik Deutschland
ggfs.	gegebenenfalls
gl. A.	gleicher Ansicht
GmbH	Gesellschaft mit beschränkter Haftung
GmbHG	GmbH-Gesetz
H	Hinweis im Einkommensteuer-Handbuch
HdwBestG	Gesetz über die Besteuerung der Handwerker (DDR)
HFR	Höchstrichterliche Finanzrechtsprechung (Zeitschrift)
HGB	Handelsgesetzbuch
h. M.	herrschende Meinung
i. d. F.	in der Fassung
i. d. R.	in der Regel
i. e. S.	im engeren Sinne
Inf.	Die Information über Steuer und Wirtschaft (Zeitschrift)
insbes.	insbesondere

InvZulG	Investitionszulagengesetz
i. S.	im Sinne
i. V. m.	in Verbindung mit
KapGes	Kapitalgesellschaft
Kfz	Kraftfahrzeug
KG	Kammergericht/Kommanditgesellschaft
KGaA	Kommanditgesellschaft auf Aktien
Kj	Kalenderjahr
KÖSDI	Kölner Steuerdialog (Zeitschrift)
Komm.	Kommentar
krit.	kritisch
lt.	laut
m. E.	meines Erachtens
m. w. N.	mit weiteren Nachweisen
NBw	Neue Betriebswirtschaft, Beilage zum Betriebsberater (Zeitschrift)
Nds.	Niedersachsen
n. F.	neuer Fassung
nrkr.	nicht rechtskräftig
NRW (NW)	Nordrhein-Westfalen
NStR	Neues Steuerrecht von A bis Z (Zeitschrift)
n. v.	nicht veröffentlicht
NWB	Neue Wirtschafts-Briefe (Zeitschrift), zitiert nach Fach und Seite
OFD	Oberfinanzdirektion
OHG	Offene Handelsgesellschaft
OVG	Oberverwaltungsgericht
PartGG	Gesetz zur Schaffung von Partnerschaftsgesellschaften
PersGes	Personengesellschaft
R	Richtlinie
R.	Rechtssatz
RAO	Reichsabgabenordnung
RAP	Rechnungsabgrenzungsposten
rd.	rund
RdErl	Runderlaß
RdF	Reichsminister der Finanzen
Rdn.	Randnummer(n)
Rev.	Revision
RFH	Reichsfinanzhof
RGBl	Reichsgesetzblatt
Rhld.-Pf.	Rheinland-Pfalz
rkr.	rechtskräftig
r. Sp.	rechte Spalte
Rspr.	Rechtsprechung
RStBl	Reichssteuerblatt
RWP-Bl	Blattei-Handbuch „Rechts- und Wirtschaftspraxis" (Zeitschrift)
s.	siehe

S.	Seite
Schr.	Schreiben
sog.	sogenannte(r/n)
St	Steuer
StÄndG	Steueränderungsgesetz
StandOG	Standortsicherungsgesetz
StAnpG	Steueranpassungsgesetz
Stbg	Die Steuerberatung (Zeitschrift)
StbJb	Steuerberater-Jahrbuch
StBp	Steuerliche Betriebsprüfung (Zeitschrift)
StEK	Sammlung Steuererlasse in Karteiform
StMBG	Gesetz zur Bekämpfung des Mißbrauchs und zur Bereinigung des Steuerrechts
Stpfl.	Steuerpflichtiger
str.	strittig
StRK	Steuerrechtsprechung in Karteiform
StuW	Steuer und Wirtschaft (Zeitschrift)
StW	Steuer-Warte (Zeitschrift)
Tz.	Textziffer
U.	Urteil
u. a.	unter anderem
UmwStG	Umwandlungssteuergesetz
UR	Umsatzsteuer-Rundschau (Zeitschrift)
USt	Umsatzsteuer
UStBG	Umsatzsteuerbinnenmarktgesetz
UStDV	Umsatzsteuer-Durchführungsverordnung
UStG	Umsatzsteuergesetz
UStR	Umsatzsteuer-Richtlinien
u. U.	unter Umständen
VermBDV	Verordnung zur Durchführung des Vermögensbildungsgesetzes
VermG	Gesetz zur Regelung offener Vermögensfragen
Vfg.	Verfügung
vgl.	vergleiche
VO	Verordnung
VSt	Vermögensteuer
VStG	Vermögensteuergesetz
VuV	Vermietung und Verpachtung
VZ	Veranlagungszeitraum
WG	Wirtschaftsgut/-güter
Wj	Wirtschaftsjahr
Wpg	Die Wirtschaftsprüfung (Zeitschrift)
z. B.	zum Beispiel
Ziff.	Ziffer
ZRFG	Zonenrandförderungsgesetz
z. T.	zum Teil

I. Allgemeines

1. Wesen der Gewinnermittlung nach § 4 Abs. 3 EStG

Die Überschußrechnung ist in der Absicht eingeführt worden, bestimmten 1
Personengruppen durch Verzicht auf die steuerliche Mindestbuchführung
eine **Erleichterung** zu verschaffen. Bei diesen Personengruppen tritt an die
Stelle des sonst erforderlichen Vermögensvergleichs eine **vereinfachte Gewinnermittlungsart**, auf Grund derer als Gewinn der Überschuß der Betriebseinnahmen über die Betriebsausgaben versteuert wird. Durch das
StAnpG wurden im Gebiet der ehemaligen DDR und Berlin (Ost) im wesentlichen die Gewinnermittlungsvorschriften des bundesdeutschen ESt-Rechts ab
1. 7. 90 eingeführt (§ 4 EStG-DDR, insoweit gleichlautend mit § 4 EStG). Die
sog. **qualifizierte Einnahmenüberschußrechnung** ist ab 1. 7. 90 **nicht mehr
zulässig**. Die Vorschrift des § 4 Abs. 3 EStG ist lediglich eine **Kannvorschrift**
und steht daher einer freiwilligen Vollbuchführung nicht entgegen.

Die Überschußrechnung ist eine in der Praxis recht häufig vorkommende 2
Gewinnermittlungsart. Wir finden sie vornehmlich bei **Kleingewerbetreiben-
den, Handwerkern und bei der Mehrzahl der Angehörigen der freien Berufe.**
Bei Betrieben der Land- und Forstwirtschaft kann die Gewinnermittlung
nach § 4 Abs. 3 EStG bei **Winzern, Forstwirten**, beim **Gartenbau** und sonstiger landwirtschaftlicher Betätigung (z. B. Fischerei, Wanderschäferei) zur
Anwendung kommen.

a) Die Überschußrechnung als selbständige Gewinnermittlungsart

Die Überschußrechnung nach § 4 Abs. 3 EStG in ihrer heutigen Fassung ist 3
gegenüber dem Bestandsvergleich nach §§ 4 Abs. 1, 5 EStG eine **selbständige
Gewinnermittlungsart** (BT-Dr. 6/1901, S. 11). Bestandsvergleich und Überschußrechnung sind zwei verschiedene Gewinnermittlungsarten, die allerdings auf Dauer gesehen zu demselben Ergebnis führen sollen (**Grundsatz der
Totalgewinnidentität**). Unzutreffend ist danach die Auffassung, daß der
Bestandsvergleich die primäre Gewinnermittlungsart sei. Angesichts des
Grundsatzes der Totalgewinnidentität kann davon keine Rede sein; es handelt
sich vielmehr um zwei unterschiedliche, aber **gleichwertige Gewinnermittlungsmethoden**, die nicht in einem Verhältnis der Subordination stehen.

Nach der Rechtsprechung beinhaltet § 4 Abs. 3 EStG **keinen eigenen Gewinn-** 4
begriff, der zu einem anderen Totalgewinn führen kann als der normale

Gewinnbegriff des § 4 Abs. 1 EStG, sondern beide Formen der Gewinnermittlung müssen im ganzen und auf die Dauer gesehen zu demselben Ergebnis führen (BFH-U. v. 17. 5. 60, BStBl III S. 306; v. 23. 11. 61, BStBl 62 III S. 199; v. 3. 7. 68, BStBl II S. 736; v. 2. 9. 71, BStBl 72 II S. 334; v. 31. 8. 72, BStBl 73 II S. 51; v. 6. 12. 72, BStBl 73 II S. 293); § 4 Abs. 3 EStG schafft lediglich eine „**vereinfachte Technik der Gewinnermittlung**" (BFH-U. v. 2. 9. 71, BStBl 72 II S. 334; v. 6. 12. 72, BStBl 73 II S. 293 und v. 16. 1. 75, BStBl II S. 526; vgl. hierzu das rechtskräftige Urteil des FG München v. 20. 4. 83, EFG S. 595).

5   **Der Grundsatz der Gesamtgewinngleichheit bedeutet nicht, daß die Gesamt-Einkommensteuer für einen Zeitraum bei beiden Gewinnermittlungsarten gleich hoch sein muß** (BFH-U. v. 4. 8. 83 IV R 242/80, n. v., mit dem das Urteil des Hessischen FG v. 25. 9. 80, EFG 81 S. 243, aufgehoben wurde). Der Grundsatz der Totalgewinnidentität ist darüber hinaus **von Verfassungs wegen (Art. 3 Abs. 1 GG)** geboten, da es grundsätzlich keinen sachlichen Grund dafür gibt, daß allein aufgrund verschiedener Methoden der Gewinnermittlung ein unterschiedlicher Gesamtgewinn der Besteuerung zugrunde zu legen ist.

6   In seinen Entscheidungen gibt der BFH bei der Überschußrechnung eindeutig dem **Grundsatz der Gesamtgewinngleichheit** den Vorzug vor dem Zu- und Abflußprinzip (U. v. 6. 12. 72, BStBl 73 II S. 293; v. 16. 1. 75, BStBl II S. 526; v. 23. 2. 84, BStBl II S. 516). Der Grundsatz der Gesamtgewinngleichheit hat in einer ganzen Reihe von Fällen zu einer Einschränkung des reinen Zu- und Abflußprinzips der Überschußrechnung geführt. In Ausnahmefällen kann eine Korrektur des nach § 4 Abs. 3 EStG ermittelten Gewinns gemäß § 163 Abs. 1 AO geboten sein (FG München v. 2. 4. 84, EFG S. 555; Hessisches FG v. 25. 9. 80, EFG 81 S. 243), aber nur bei besonderen Umständen über abweichende Gewinnauswirkung hinaus (FG Rheinland-Pfalz v. 24. 3. 88, EFG S. 421; FG Baden-Württemberg v. 22. 6. 90, EFG 91 S. 5; FG Bremen v. 23. 6. 92, EFG S. 707). Dadurch wird die Gewinnermittlung nach § 4 Abs. 3 EStG unsystematisch und führt oft zu unübersichtlichen Einzelfallentscheidungen.

7   Die Überschußrechnung ist in § 4 Abs. 3 EStG nur **unvollkommen geregelt**; insbes. fehlt eine gesetzliche Definition der „Betriebseinnahmen", eine Regelung über Entnahmen und Einlagen sowie eine Regelung über den Wechsel der Gewinnermittlungsart.

8   Die Einnahme-/Ausgaberechnung wirft eine Fülle von Zweifelsfragen auf, so z. B. bei Eröffnung des Betriebes, beim Wechsel von der Überschußrech-

nung zum Bestandsvergleich und umgekehrt sowie bei der Beendigung (Veräußerung oder Aufgabe) des Betriebes. Es trifft daher nicht zu, wenn die Überschußrechnung gemeinhin als die einfachste Art der Gewinnermittlung bezeichnet wird.

Bei der Überschußrechnung handelt es sich nicht um eine „einfache Buchführung"; die „einfache Buchführung" gehört zur Gewinnermittlung nach dem Bestandsvergleich. Die Gewinnermittlung nach § 4 Abs. 3 EStG hat eine gewisse Ähnlichkeit mit der Gewinn- und Verlustrechnung der doppelten Buchführung. Es ist jedoch zu beachten, daß die Überschußrechnung ganz andere Vorgänge als die Erfolgsrechnung der doppelten Buchführung erfaßt. In der Gewinn- und Verlustrechnung der doppelten Buchführung werden Aufwendungen und Erträge (Sollbeträge; nach dem Prinzip der wirtschaftlichen Verursachung), in der Überschußrechnung dagegen grundsätzlich Betriebseinnahmen und Betriebsausgaben (Istbeträge) erfaßt. Vom Prinzip her ist die Überschußrechnung als eine nach dem Abfluß-/Zuflußprinzip durchgeführte Gewinn- und Verlustrechnung zu charakterisieren. Bei der Überschußrechnung wird gegenüber der doppelten Buchführung jeder Geschäftsvorfall grundsätzlich **nur einfach erfaßt**; aus diesem Grund bleibt unberücksichtigt, daß im allgemeinen mit jeder Betriebseinnahme auch ein Abgang und mit jeder Betriebsausgabe ein Zugang von Werten verbunden ist. Das Totalergebnis wird dadurch nicht berührt; es tritt jedoch eine **zeitliche Verschiebung** ein.

b) Die Überschußrechnung als eingeschränkte Istrechnung

Der **Vorteil** der Überschußrechnung liegt in ihrer **einfachen Grundkonzeption** 10
und in ihrer **einfachen Durchführbarkeit**; sie ist buchungstechnisch einfach, vor allem, weil sie keine Kassenführung, keine Bestandskonten und keine Inventur voraussetzt (s. Rdn. 81 ff.). Die in § 4 Abs. 3 EStG geregelte Gewinnermittlungsart ist ihrem äußeren Anschein nach eine reine Kassenrechnung: Der Unterschied zwischen Betriebseinnahmen und Betriebsausgaben ergibt den Gewinn. Man unterstellt, daß sich das Betriebsvermögen bei den in Betracht kommenden Stpfl. von Jahr zu Jahr nicht wesentlich verändert. **Eine reine Geldrechnung ist die Überschußrechnung jedoch nicht,** da sie auf die Gesamtlebensdauer des Betriebs zum gleichen Ergebnis führen muß wie der Betriebsvermögensvergleich (BFH-U. v. 6. 12. 72, BStBl 73 II S. 293). **Nachteilig** ist die Überschußrechnung dagegen insofern, als sie eine **rein steuerliche Gewinnermittlungsmethode** ist und zur Kontrolle der betrieblichen Situation – anders als die vollkaufmännische Bestandsvergleichsrechnung – wenig bietet.

11   Obwohl die Gewinnermittlungsart nach § 4 Abs. 3 EStG zu den Gewinnermittlungsarten i. S. des § 2 Abs. 1 Nr. 1 bis 3 gehört, wendet man bei ihr im
wesentlichen die gleichen Grundsätze an, die man bei der Einkunftsermitt-
lung für die Einkunftsarten des § 2 Abs. 1 Nr. 4 bis 7 befolgt, so z. B. die
Begriffe „Einnahmen", „Ausgaben", „Zufließen", „Abfließen" usw. (vgl. § 11
EStG). Trotz der äußeren Ähnlichkeit unterscheidet sich die Überschußrechnung sachlich von der Ermittlung der sog. **Überschußeinkünfte** des § 2 Abs. 1
Nr. 4 bis 7 EStG. Der Gewinn nach § 4 Abs. 3 EStG wird als Überschuß der
Betriebseinnahmen über die Betriebsausgaben, die Einkünfte nach § 2 Abs. 1
Nr. 4 bis 7 EStG als Überschuß der Einnahmen über die Werbungskosten
ermittelt. Der wesentlichste **Unterschied** besteht jedoch darin, daß bei der
Überschußrechnung die **Wertsteigerungen** des eingesetzten Vermögens als
steuerpflichtiger Gewinn **erfaßt** werden, während im Rahmen der Überschußeinkünfte diese Wertsteigerungen regelmäßig nicht erfaßt werden. Eine Ausnahme bilden lediglich die Spekulationsgewinne i. S. des § 23 EStG und die
Gewinne aus der Veräußerung wesentlicher Beteiligungen an Kapitalgesellschaften i. S. des § 17 EStG.

12   Durch **Gesetzgebung** und **Rechtsprechung** ist die **Überschußrechnung dem
Betriebsvermögensvergleich** stark **angenähert** worden:

- Angleichung der Totalgewinne (Grund und Boden, Verlustabzug nach
  § 10d EStG);

- Angleichung der Periodengewinne (durchlaufende Posten, AfA, nicht
  abnutzbare Wirtschaftsgüter des Anlagevermögens);

- Gewinnangleichung beim Wechsel der Gewinnermittlungsart, soweit
  periodische Unterschiede bestehen;

- Berücksichtigung von Wertveränderungen im Vermögensbereich bei § 4
  Abs. 3 EStG (endgültige Darlehensverluste, Geldverluste im betrieblichen
  Bereich, Entnahmen und Einlagen von Wirtschaftsgütern, die nicht in
  Geld bestehen, einschl. Forderungen, Zufluß von Wirtschaftsgütern, die
  nicht in Geld bestehen, Betriebseinnahmen durch den Wegfall einer
  betrieblichen Leibrentenverpflichtung, Betriebsausgaben durch den Verlust einer Beteiligung im Betriebsvermögen).

- Die **Verwaltung** läßt darüber hinaus aus Billigkeits- oder Vereinfachungsgründen bei der Rentenbesteuerung rechtsunsystematische Abweichungen
  zu, ebenso bei der „Rücklage für Ersatzbeschaffung".

Die Überschußrechnung lehnt sich zwar weitgehend an den Betriebsvermögensvergleich an. In wichtigen Bereichen löst sie sich jedoch vom Bilanzrecht und geht ihren eigenen Weg, der ihr durch das Zu- und Abflußprinzip gewiesen ist.

c) Durchbrechungen der Istrechnung

Das **Gesetz** enthält eine Reihe von Durchbrechungen der Istrechnung (§ 4 **13**
Abs. 3 Sätze 2 bis 4 EStG):

Eine **Ausnahme vom Geldkontenvergleich** besteht für Ausgaben, die der **14**
Anschaffung von **abnutzbaren Anlagegütern** dienen, deren Nutzung sich auf
einen Zeitraum von mehr als einem Jahr erstreckt. Hier kann der verausgabte
Kaufpreis den Gewinn nicht im Jahr der Anschaffung in vollem Umfang mindern, sondern er ist nach den Grundsätzen des § 7 EStG als Betriebsausgabe
auf die Gesamtdauer der Nutzung zu verteilen. Betriebsausgabe ist in diesem
Fall daher nicht der Anschaffungspreis des Wirtschaftsgutes, sondern nur der
anteilige AfA-Betrag (§ 4 Abs. 3 Satz 3 EStG).

Die Anwendung des § 7 EStG bei der Überschußrechnung war bis zum Er- **15**
gehen des 2. Steueränderungsgesetzes 71 (BStBl I S. 373) die einzige Ausnahme von der Einnahmen-/Ausgabenrechnung. Durch das 2. Steueränderungsgesetz 71 ist eine weitere Ausnahmevorschrift eingeführt worden: § 4
Abs. 3 Satz 4 EStG 71 schreibt vor, daß die Anschaffungs- oder Herstellungskosten für **nicht abnutzbare Wirtschaftsgüter des Anlagevermögens** erst im
Zeitpunkt der Veräußerung oder Entnahme dieser Wirtschaftsgüter als Betriebsausgaben zu berücksichtigen sind (R 16 Abs. 3 EStR). Damit wird das
gesamte Anlagevermögen abweichend von der Grundregel des § 4 Abs. 3 Satz
1 EStG (Überschuß der Betriebseinnahmen über die Betriebsausgaben)
behandelt.

Betriebseinnahmen und Betriebsausgaben, die im Namen und für Rechnung **16**
eines anderen vereinnahmt und verausgabt werden **(durchlaufende Posten)**,
scheiden bei der Gewinnermittlung ohnehin aus (§ 4 Abs. 3 Satz 2 EStG; vgl.
Rdn. 379 ff.).

Rechtsprechung und Verwaltung lassen weitere Ausnahmen zu, zum Teil um **17**
Härten zu beseitigen, zum Teil um die Gesamtgewinngleichheit mit dem
Betriebsvermögensvergleich zu gewährleisten.

Die wichtigsten **Ausnahmen von dem Grundsatz der reinen Geldrechnung** **18**
sind im folgenden zusammengestellt:

- Anschaffung und Veräußerung von Wirtschaftsgütern des nicht abnutzbaren Anlagevermögens (§ 4 Abs. 3 Satz 4 EStG)
- Anschaffung und Veräußerung von Wirtschaftsgütern des abnutzbaren Anlagevermögens (§ 4 Abs. 3 Satz 3 EStG)
- Vereinnahmung und Verausgabung sog. „durchlaufender Posten" (§ 4 Abs. 3 Satz 2 EStG)
- betriebliche Darlehensaufnahmen und Darlehensgewährungen (R 16 Abs. 2 EStR)
- Renten aus der Anschaffung oder Veräußerung von Wirtschaftsgütern des Anlagevermögens (R 16 Abs. 4 EStR)
- Sacheinnahmen und Sachausgaben
- Sachentnahmen und Sacheinlagen
- Nutzungsentnahmen und Nutzungseinlagen
- regelmäßig wiederkehrende Einnahmen und Ausgaben (§ 11 EStG)
- Verluste von Wirtschaftsgütern durch Brand, Diebstahl u. ä.

19 Diese Ausnahmen führen dazu, daß die **Überschußrechnung aufwendiger** und vor allem rechtlich **schwieriger** wird, als es eine reine Geldrechnung wäre.

Es ist mithin zweifelhaft, ob man die Überschußrechnung wegen der vielen Ausnahmen noch als reine Geldrechnung bezeichnen kann (wohl h. M., offen gelassen in BFH-U. v. 16. 1. 75, BStBl II S. 526, unter 2). Sie ist es tatsächlich nur in den durch § 4 Abs. 3 EStG abgesteckten Grenzen.

d) Wegfall des Vermögensvergleichs

20 Tragendes Prinzip der Gewinnermittlung nach § 4 Abs. 3 EStG ist die **Außerachtlassung von Bestandsveränderungen. Vermehrung und Minderung des Betriebsvermögens** sind **unerheblich,** soweit sie sich noch nicht in Betriebseinnahmen oder Betriebsausgaben ausgewirkt haben. Weder Anfangs- noch Endvermögen des Betriebes brauchen für die ESt festgestellt zu werden; das Betriebsvermögen spielt für die Gewinnermittlung keine Rolle. Da Bestände an Bargeld, Vorratsvermögen, Forderungen, Schulden, Anlagevermögen usw. grundsätzlich ohne jeden Einfluß auf das Ergebnis der Überschußrechnung sind, entfällt für diese Stpfl. zugleich die Verpflichtung, Inventur zu machen (RFH-U. v. 27. 4. 38, StuW Nr. 402).

21 Der Teilwertgedanke (§ 6 Abs. 1 Nr. 1 Satz 3 EStG) scheidet grundsätzlich bei der Überschußrechnung aus (str.). **Teilwertabschreibungen** nach § 6 Abs. 1

Nr. 1 und 2 EStG sind **ausgeschlossen.** Sie sind nur bei einer Gewinnermittlung möglich, die vom Wert des Betriebsvermögens ausgeht, d. h. vom Betriebsvermögensvergleich nach §§ 4 Abs. 1, 5 EStG. Eine entsprechende Anwendung des § 6 Abs. 1 Nr. 1 und 2 EStG scheidet ebenfalls aus, da eine Teilwertabschreibung, deren Anwendungsbereich bei der Überschußrechnung ohnehin relativ begrenzt wäre, dem Vereinfachungsgedanken des § 4 Abs. 3 EStG widersprechen würde (so auch BFH-U. v. 24. 11. 59, BStBl 60 III S. 188; Herrmann/Heuer/Raupach, § 4 Anm. 85a; Hartmann/Böttcher/ Nissen/Bordewin, §§ 4, 5 Anm. 51d; Littmann/Bitz/Hellwig, §§ 4, 5 Anm. 2197; Schmidt, § 4 Anm. 371; Blümlich, § 4 Anm. 30; Kirchhof/Söhn, § 4 Anm. D 132, D 151; a. A. FG Köln v. 17. 5. 94, EFG S. 1083, rkr.; zweifelnd: Groh, FR 86 S. 393). Will sich der Stpfl. die Möglichkeit von Teilwertabschreibungen offenhalten, muß er seinen Gewinn durch Bestandsvergleich ermitteln (vgl. BFH-U. v. 24. 11. 55, BStBl 56 III S. 38; Offerhaus, BB 77 S. 1493). Soweit Stpfl. bei Wirtschaftsgütern die Buchwertabsetzung (§ 7 Abs. 2 EStG) angewandt haben, können sie nach § 7 Abs. 3 Satz 1 EStG auf die AfA in gleichen Jahresbeträgen übergehen und dann beim Vorliegen der Voraussetzung eine **Absetzung für außergewöhnliche technische oder wirtschaftliche Abnutzung** vornehmen (§ 7 Abs. 1 Satz 5 EStG; BFH-U. v. 24. 11. 59, BStBl 60 III S. 188; v. 22. 9. 60, BStBl 61 III S. 499). Die übrigen Vorschriften des § 6 Abs. 1 EStG müssen jedoch entsprechend angewandt werden, denn Einlagen und Entnahmen bedürfen schließlich irgendeiner Bewertung, wenn sie nicht in Geld bestehen.

Rechnungsabgrenzungsposten können bei der Überschußrechnung keine   22
Berücksichtigung finden. Vielmehr ist es Überschußrechnern auf Grund des Istprinzips möglich, in gewissem Umfang **Gewinnregulierungen** vorzunehmen. In seinem Urteil v. 12. 7. 90 (BStBl 91 II S. 13) stellt der BFH – wieder einmal – klar, daß Überschußrechner auf die Höhe des Gewinns u. a. dadurch Einfluß nehmen können, daß sie z. B. die Beschaffung von Vorratsvermögen zeitlich vorverlegen oder die Einziehung von Forderungen aufschieben. Gewisse Grenzen sind den Angehörigen freier Berufe freilich entsprechend den Erfordernissen ihres Berufes gesetzt. Die Möglichkeit, Gewinnregulierungen vorzunehmen, ist insbesondere bei bevorstehenden Steuersenkungen von Bedeutung. Vorausgezahlte Ausgaben sind dementsprechend im Zeitpunkt des Abflusses zu erfassen, selbst wenn für viele Jahre vorausgezahlt wird (BFH-U. v. 11. 10. 83, BStBl 84 II S. 267, betr. VuV; Söffing, BB 84 S. 831; Hartmann/Böttcher/Nissen/Bordewin, §§ 4, 5 Anm. 51a). Die im „Bauherrenerlaß" ausgesprochene Beschränkung des

Abzugs auf Vorauszahlungen für ein Jahr ist nicht haltbar (s. dazu schon KÖSDI 84 S. 5700). Nur dann, wenn die getroffene Regelung Darlehenscharakter hat oder die Vorauszahlung nicht betrieblich veranlaßt ist, sind Abweichungen denkbar. Die grobe Regelung nach den Isteinnahmen und -ausgaben nimmt es steuerlich in Kauf, daß die Überschußrechnung Gewinne u. U. verspätet versteuert, denn der bilanzierende Kleinhändler versteuert seinen Gewinn aus einem Verkauf, der am Jahresschluß noch nicht bezahlt ist, schon im Jahre des Verkaufs, der Überschußrechner aber erst dann, wenn ihm der Kaufpreis zugeflossen ist. Umgekehrt kann aber ein bilanzierender Minderkaufmann auch schon jede Schuld im Entstehungsjahr zur Auswirkung bringen, während bei Überschußrechnung der Gewinn erst im Jahre der Zahlung gemindert wird.

23   Die Berücksichtigung von **Schadensersatzverpflichtungen, Garantieverpflichtungen, Prozeßrisiken** ist im Fall der Überschußrechnung nicht möglich. Stpfl., die derartige Lasten als **Rückstellungen** bei der Gewinnermittlung abziehen wollen, müssen den Bestandsvergleich als Gewinnermittlungsart wählen. Im Fall der Überschußrechnung können sie, falls sie zu diesem Zeitpunkt noch bestehen, gewinnmindernd nur beim Übergang zum Bestandsvergleich oder bei einer Betriebsveräußerung berücksichtigt werden.

24   **Außergewöhnliche Härten** können nur im Erlaßwege ausgeräumt werden (§§ 163, 227 AO; vgl. Hessisches FG v. 25. 9. 80, aufgehoben, EFG 81 S. 243; FG München v. 2. 4. 84, rkr., EFG S. 555).

25   **Verluste aus schwebenden Geschäften** haben auf das Ergebnis der Überschußrechnung keine Auswirkung. Hat der Stpfl. z. B. eine im nächsten Jahr zu liefernde Ware zu einem Preis verkauft, der unter dem Wiederbeschaffungswert am Stichtag liegt, so ist das für seine Gewinnermittlung nicht zu berücksichtigen. Hat der Stpfl. eine nach dem Stichtag zu liefernde Ware zu einem Preis bestellt, der am Jahresschluß als viel zu hoch erscheint, weil inzwischen ein Preissturz eintrat, so hat auch dieses schwebende Geschäft keinen Einfluß auf seine Überschußrechnung.

26   **Privatentnahmen und -einlagen in Geld** sind bei der Gewinnermittlung nach § 4 Abs. 1 oder § 5 EStG von Bedeutung. Nach § 4 Satz 1 sind sie dem Unterschied des Betriebsvermögens zu - oder abzurechnen. Da die Überschußrechnung keinen Betriebsvermögensunterschied kennt, unterbleibt hier jede Berücksichtigung. Bar-Entnahmen und Bar-Einlagen haben auf den Überschuß keinen Einfluß, denn Betriebseinnahmen oder Betriebsausgaben liegen

nicht vor, was aber Voraussetzung wäre, wenn sie berücksichtigt werden sollten. **Naturalentnahmen und -einlagen** sind allerdings anders zu behandeln (s. Rdn. 285 ff. und Rdn. 546 ff.). Auch der aus privaten Gründen ausgesprochene **Erlaß einer Honorarforderung** ist als Entnahme zu werten und führt zu einer Erhöhung der Betriebseinnahmen (BFH-U. v. 16. 1. 75, BStBl II S. 526).

e) Betriebsvermögen

Kategorien der Gewinnermittlung nach § 4 Abs. 3 EStG sind (grundsätzlich)   27
allein Betriebseinnahmen und Betriebsausgaben. Gleichwohl hat der Überschußrechner auch Betriebsvermögen; nur ist es für die Gewinnermittlung (mit Ausnahme des Anlagevermögens) ohne unmittelbare Bedeutung.

Daß Überschußrechner Betriebsvermögen haben, ist nicht zweifelhaft; vgl. zur rechtlichen Existenz BFH-U. v. 12. 7. 90 (BStBl 91 II S. 13):

- „Vom Vorhandensein von Betriebsvermögen geht bereits das **Gesetz** aus, indem es in § 4 Abs. 1 Satz 4 und Abs. 3 Satz 4 EStG Regelungen über die Entnahme derartigen Vermögens trifft und in § 4 Abs. 3 Satz 3 EStG sowie in § 6c EStG Vorschriften für betriebliches Anlagevermögen von Stpfl. aufgenommen hat, die ihren Gewinn nach § 4 Abs. 3 EStG ermitteln.

- Auch die **Rechtsprechung** geht von der rechtlichen Existenz derartigen Vermögens aus und hat hieraus in unterschiedlichem Zusammenhang Folgerungen gezogen, so
  - beim Verlust von Betriebsvermögen (Urteile des BFH v. 2. 9. 71, BStBl 72 II S. 334; v. 6. 5. 76, BStBl II S. 560; v. 23. 11. 78, BStBl 79 II S. 109; v. 14. 1. 82, BStBl II S. 345),
  - bei Entstehung und Veränderung betrieblicher Verpflichtungen (BFH-U. v. 31. 8. 72, BStBl 73 II S. 51; v. 23. 2. 84, BStBl II S. 516),
  - beim Tausch von Wirtschaftsgütern (BFH-U. v. 17. 4. 86, BStBl II S. 607)
  - und beim Wechsel zwischen der Gewinnermittlung nach § 4 Abs. 1 EStG und § 4 Abs. 3 EStG (BFH-U. v. 21. 11. 73, BStBl 74 II S. 314; v. 12. 2. 76, BStBl II S. 663; v. 4. 11. 82, BStBl 83 II S. 448)."

Die Zugehörigkeit eines Wirtschaftsguts zum Betriebsvermögen richtet sich   28
bei der Gewinnermittlung nach § 4 Abs. 3 EStG nach den gleichen Vorausset-

zungen wie bei der Gewinnermittlung nach § 4 Abs. 1 EStG (vgl. FG Köln v. 21. 12. 83, EFG 84 S. 337).

Bei der Gewinnermittlung nach § 4 Abs. 3 EStG ist das Betriebsvermögen, das für die Feststellung der Betriebseinnahmen und der Betriebsausgaben maßgebend ist, auf die tatsächlich dem Betrieb dienenden Gegenstände beschränkt.

29 **Notwendiges Betriebsvermögen** sind alle Wirtschaftsgüter, die dem Betrieb dergestalt unmittelbar dienen, daß sie objektiv erkennbar zum unmittelbaren Einsatz im Betrieb selbst bestimmt sind (BFH-U. v. 6. 3. 91, BStBl II S. 829).

30 Notwendiges Betriebsvermögen wird nicht dadurch ausgeschlossen, daß die betriebliche Verwendung aus Gründen scheitert, die vom Unternehmer nicht zu beeinflussen waren. Es kommt also zunächst auf die beabsichtigte Verwendung an (BFH-U. v. 27. 3. 74, BStBl II S. 488; v. 23. 7. 75, BStBl 76 II S. 179). Zur Frage der Behandlung von Wertpapieren als Betriebsvermögen eines Freiberuflers s. BFH-U. v. 14. 11. 72 (BStBl 73 II S. 289), von Patenten als Betriebsvermögen eines freiberuflichen Erfinders s. BFH-U. v. 11. 9. 69 (BStBl 70 II S. 317), von Geldbeständen als Betriebsvermögen eines Freiberuflers s. BFH-U. v. 11. 6. 71 (BStBl II S. 682), von Darlehnsforderungen als Betriebsvermögen eines Rechtsanwalts s. BFH-U. v. 2. 9. 71 (BStBl 72 II S. 334), von Darlehnsforderungen und Beteiligung an einer GmbH als Betriebsvermögen eines Architekten s. BFH-U. v. 11. 3. 76 (BStBl II S. 380), von Beteiligung an einer Kapitalgesellschaft als Betriebsvermögen eines Steuerberaters s. BFH-U. v. 23. 5. 85 (BStBl II S. 517). Forderungen und Schulden entstehen auch bei § 4 Abs. 3 EStG als Betriebsvermögen, sie haben nur (zunächst) keinen Einfluß auf den Gewinn.

31 Eine **vermögensverwaltende Personengesellschaft,** die die Voraussetzungen des § 15 Abs. 3 Nr. 2 EStG nicht erfüllt (nicht gewerblich geprägte Personengesellschaft), erzielt Einkünfte aus Vermietung und Verpachtung oder Kapitalvermögen, die als Überschuß der Einnahmen über die Werbungskosten (§ 2 Abs. 2 Nr. 2 EStG) ermittelt werden. Schwierigkeiten ergeben sich, wenn Anteile an einer vermögensverwaltenden, nicht gewerblich geprägten Personengesellschaft von einem oder mehreren Gesellschaftern **im Betriebsvermögen gehalten** werden. Man spricht dann von einer **Zebra-Gesellschaft.** Nach der BFH-Rechtsprechung (BFH-Beschl. v. 25. 6. 84, BStBl II S. 751; v. 19. 8. 86, BStBl 87 II S. 212 sowie BFH-U. v. 20. 11. 90, BStBl 91 II S. 345) ist den betrieblich beteiligten Gesellschaftern **ein Anteil an den Einkünften aus Vermietung und Verpachtung oder Kapitalvermögen** zuzurechnen und an-

schließend auf der Ebene des Gesellschafters **in betriebliche Einkünfte umzu-
qualifizieren**. Zur Einkunftsermittlung bei im Betriebsvermögen gehaltenen
Beteiligungen an vermögensverwaltenden Personengesellschaften hat der
BMF mit Schr. v. 29. 4. 94 — IV B 2 — S 2241 — 9/94; IV A 4 — S 0361 —
11/94 (BStBl I S. 282) ausführlich Stellung genommen.

Ermittelt der Gesellschafter seinen Gewinn nach § 4 Abs. 3 EStG, so kann
sinngemäß nach den im o. g. BMF-Schr. dargestellten Regelungen verfahren
werden. Dabei ist ein dem Konto „Beteiligung" entsprechender Posten im
Anlageverzeichnis des Gesellschafters zu führen und fortzuentwickeln.

Der Umfang des notwendigen Betriebsvermögens ist grundsätzlich identisch **32**
mit dem bei Bilanzierenden (BFH-U. v. 21. 11. 73, BStBl 74 II S. 314).

Dies soll allerdings offenbar für Geldbestände, Bankguthaben und Bank- **33**
schulden nicht gelten. So hat der BFH im „Schuldzinsen"-Urteil v. 23. 6. 83
(BStBl II S. 723) zu **gemischten** betrieblichen **Kontokorrentkonten** von Überschußrechnern bemerkt: „Hier wird der Gewinn durch Gegenüberstellung
der Betriebseinnahmen und der Betriebsausgaben ermittelt, eine Berücksichtigung der Bestände scheidet aus. Deshalb kann auch ein Kontokorrentkonto in diesem Fall kein betriebliches Bestandskonto darstellen." Diese
Aussage stützt sich auf das BFH-U. v. 22. 2. 73 (BStBl II S. 480), in dessen
Begründung es u. a. zur Überschußrechnung heißt: „Denn grundsätzlich
wird vereinnahmtes Geld sofort Privatvermögen, weil es kein Bestandskonto
und kein betriebliches Umlaufvermögen gibt." Ähnlich entschied das FG
München v. 24. 11. 82 (EFG 83 S. 341): Geldbestände seien bei Überschußrechnung neutral, also weder einlegbar noch entnehmbar, so daß ein **betriebliches Reservekonto** – selbst wenn eine Sozietät es unterhalte – kein Betriebsvermögen darstelle. Die in dem BFH-U. v. 22. 2. 73, a. a. O., vertretene Auffassung, daß es bei der Einnahme-Überschußrechnung kein betriebliches
Umlaufvermögen gebe, ist nicht haltbar (vgl. Rdn. 35). Der Überschußrechner kann auch – ebenso wie Anlagevermögen – (betriebliches) **Umlaufvermögen** besitzen, mag auch der Bestand an Umlaufvermögen für die Gewinnermittlung irrelevant sein, da sich die Anschaffung von Umlaufvermögen in dem Zeitpunkt der Bezahlung auswirkt. Die Annahme, daß bei der
Überschußrechnung ein Kontokorrentkonto kein betriebliches Bestandskonto sein könne, ist unzutreffend. Vgl. Rdn. 704 f.

Eine von einem Rechtsanwalt als Versicherungsnehmer auf sein Leben und **34**
das Leben seines Sozius abgeschlossene **Lebensversicherung,** bei der Versiche-
rungsempfänger im Erlebnisfalle der Versicherungsnehmer und im Falle des

Todes einer der Versicherten der überlebende Versicherte ist, gehört weder zum notwendigen Betriebsvermögen der Sozietät noch zum notwendigen Sonder-Betriebsvermögen des Versicherungsnehmers (BFH-U. v. 21. 5. 87, BStBl II S. 710). Ob ein solcher Versicherungsvertrag zum gewillkürten Sonder-Betriebsvermögen gezogen werden könnte, konnte hier offenbleiben, da bei der Gewinnermittlung durch Überschußrechnung gewillkürtes Betriebsvermögen nicht in Betracht kommt. Der BFH ist weiter der Auffassung, daß Versicherungen auf den Erlebens- und Todesfall grundsätzlich zum Privatvermögen gehören, da mit ihnen nicht ein betriebsbezogenes Risiko abgedeckt, sondern ganz allgemein Daseinsvorsorge betrieben werde. Diese sei dem außerbetrieblichen Bereich zuzuordnen; Aufwendungen für sie seien nach Maßgabe des § 10 EStG als Sonderausgaben abziehbar. Dies gelte auch, wenn auch das Risiko des Unfalltodes abgesichert werde. Vgl. a. BFH-U. v. 10. 4. 90 (BStBl II S. 1017) und v. 6. 2. 92 (BStBl II S. 653).

35 In einer Röntgenarztpraxis gewonnene und zur Veräußerung bestimmte **Silberabfälle** bleiben Betriebsvermögen, auch wenn sie zu Barren umgegossen werden (BFH-U. v. 18. 9. 86, BStBl II S. 907). In der veränderten Nutzung von Gegenständen des Anlagevermögens, nach der diese nicht mehr zum notwendigen Betriebsvermögen, aber auch nicht zum notwendigen Privatvermögen gehören, ist keine zwangsläufige Entnahme zu sehen (s. a. BFH-U. v. 4. 11. 82, BStBl 83 II S. 448, m. w. N.). Hiervon ist gem. § 4 Abs. 1 Satz 4 EStG auch bei Betrieben mit Gewinnermittlung nach § 4 Abs. 3 EStG auszugehen. Der Erwerb von **Feingold** ist hingegen nicht betrieblich veranlaßt (BFH-U. v. 17. 4. 86, BStBl II S. 607, mit Anm. Groh, FR 86 S. 393), da Feingold in der Zahnprothetik nicht zum Einsatz kommt (daher kein notwendiges Betriebsvermögen) und eine solche (spekulative) Vermögensanlage der Ausübung des freien Berufs wesensfremd ist. Vgl. ferner BFH-U. v. 12. 7. 90 (BStBl 91 II S. 13) und v. 12. 3. 92 (BStBl 93 II S. 36).

36 **Grundstücke oder Grundstücksteile** sind nur dann Betriebsvermögen, wenn die Voraussetzungen des R 13 Abs. 7 EStR vorliegen. Danach rechnen die ausschließlich und unmittelbar für Zwecke des eigenen Betriebs genutzten Grundstücksteile zum notwendigen Betriebsvermögen; es gilt aber der Grundsatz, daß deren Wert nicht von untergeordneter Bedeutung sein darf. Ein Grundstücksteil ist von untergeordneter Bedeutung, wenn sein Wert höchstens $^1/_5$ des Werts des ganzen Grundstücks und auch nicht mehr als 20 000 DM beträgt (R 13 Abs. 8 EStR). Diese Grenzen, die jährlich neu zu prüfen sind, gelten für den bilanzierenden Unternehmer genauso wie für den, der den Gewinn nach § 4 Abs. 3 EStG ermittelt. Die **anteiligen Aufwendungen**

erhöhen aber auch dann die Betriebsausgaben des betreffenden Unternehmens, wenn z. B. das häusliche Arbeitszimmer im eigenen Haus einen Grundstücksteil von untergeordneter Bedeutung darstellt. Auch bei einem den Gewinn nach § 4 Abs. 3 EStG ermittelnden Freiberufler gehört ein Grundstück, das objektiv erkennbar zum unmittelbaren Einsatz im Betrieb selbst bestimmt ist, zum notwendigen Betriebsvermögen (FG Baden-Württemberg v. 14. 6. 89, nrkr., EFG S. 560).

Es ist ernstlich zweifelhaft, daß die **Umwandlung privater in betriebliche Verbindlichkeiten** bei Vorhandensein ausreichender entnahmefähiger Barmittel nur bei Gewinnermittlung nach § 4 Abs. 1 EStG, nicht dagegen bei Gewinnermittlung nach § 4 Abs. 3 EStG möglich ist (FG Hamburg, Beschl. v. 17. 10. 85, EFG 86 S. 219).   37

Wird der Gewinn unzulässigerweise nach § 4 Abs. 3 EStG ermittelt (z. B. weil die Grenzen des § 141 AO überschritten sind), so gelten die Regeln des § 5 EStG.   38

Gewillkürtes Betriebsvermögen sind Wirtschaftsgüter, die nicht notwendiges Betriebsvermögen sind, jedoch in einem gewissen objektiven Zusammenhang mit dem Betrieb stehen, d. h. objektiv dem Betrieb zu dienen geeignet und subjektiv ihm zu dienen oder ihn zu fördern bestimmt (Widmung als Betriebsvermögen) sind (BFH-U. v. 27. 3. 68, BStBl II S. 522; vgl. auch BFH-U. v. 14. 11. 72, BStBl 73 II S. 289; v. 18. 7. 74, BStBl II S. 767; v. 30. 4. 75, BStBl II S. 582). Kein Betriebsvermögen sind dagegen Wirtschaftsgüter, die der freiberuflichen Tätigkeit wesensfremd sind und bei denen eine sachliche Beziehung zum Betrieb fehlt (BFH-U. v. 14. 11. 85, BStBl 86 II S. 182). Dazu gehören regelmäßig **Geldgeschäfte**, wie z. B. Beteiligungen an Kapitalgesellschaften oder Personengesellschaften, Darlehensgewährungen, Bürgschaftsübernahmen und dgl., weil sie nicht dem Berufsbild des freien Berufs entsprechen. Geldgeschäfte können deshalb nur ausnahmsweise objektiv in einem unmittelbaren und notwendigen Zusammenhang mit der freiberuflichen Tätigkeit stehen. Die in den einzelnen Entscheidungen gegebenen Definitionen des Begriffs „gewillkürtes Betriebsvermögen" decken sich nicht vollständig; gewisse Unsicherheiten bleiben deshalb bestehen. Vgl. a. H 143 EStH. „Gewillkürtes Betriebsvermögen" gibt es bei Schulden grundsätzlich nicht (BFH-U. v. 24. 8. 56, BStBl III S. 325; v. 24. 11. 67, BStBl 68 II S. 166; v. 1. 6. 78, BStBl II S. 618).   39

Zum gewillkürten Betriebsvermögen gehören die Wirtschaftsgüter, die zu mindestens 10 %, aber nicht zu mehr als 50 % betrieblich genutzt werden   40

(R 13 Abs. 1 Satz 7, zum Begriff des „gewillkürten Betriebsvermögens" bei Grundstücken vgl. R 13 Abs. 9 EStR).

41   Die Behandlung eines Wirtschaftsguts als gewillkürtes Betriebsvermögen setzt die Gewinnermittlung durch Vermögensvergleich voraus. Ordnungsmäßigkeit der Buchführung wird hingegen nicht gefordert. Entscheidend ist allein die Möglichkeit der Kontrolle des Betriebsvermögens. Deshalb kommt bei der Einnahme-Überschußrechnung nach § 4 Abs. 3 EStG gewillkürtes Betriebsvermögen nicht in Betracht (BFH-U. v. 15. 7. 60, BStBl III S. 484; v. 19. 7. 60, BStBl III S. 485; v. 22. 11. 60, BStBl 61 III S. 97; v. 25. 1. 62, BStBl III S. 366; v. 13. 3. 64, BStBl III S. 455; v. 12. 2. 76, BStBl II S. 663; v. 14. 1. 82, BStBl II S. 345, 346, r. Sp.; FG Baden-Württemberg v. 21. 3. 90, EFG 91 S. 12; offengelassen in BFH-U. v. 15. 10. 81, BStBl 82 II S. 345; v. 7. 10. 82, BStBl 83 II S. 101; v. 8. 9. 88, BStBl 89 II S. 27, 32, zur Kontokorrentschuld; R 13 Abs. 16 und R 16 Abs. 6 EStR; Herrmann/Heuer/Raupach, § 4 Anm. 10e; Blümich, § 4 Anm. 162 – allerdings nur für abnutzbare Wirtschaftsgüter des Anlagevermögens –; Hartmann/Böttcher/Nissen/Bordewin, §§ 4, 5 Anm. 43; Lademann/Söffing/Brockhoff, §§ 4, 5 Anm. 35; Offerhaus, BB 77 S. 1493; Schoor, FR 82 S. 505). Die Rechtsprechung tendiert dahin, in den Fällen, in denen eine betriebliche Veranlassung unabweisbar ist, notwendiges Betriebsvermögen anzunehmen (krit. hierzu Schmidt, § 4 Anm. 167). Die bisherige Rechtsprechung basierte im wesentlichen weniger auf rechtlichen Argumentationen als auf praktischen Erwägungen, nach denen die Besteuerung der stillen Reserven bei einem Stpfl., der seinen Gewinn nach § 4 Abs. 3 EStG ermittelt, faktisch nicht gesichert ist, weil er – für den Fiskus häufig unbemerkt – das Wirtschaftsgut aus dem Betriebsvermögen entfernen kann. Daß durch diese praktischen Schwierigkeiten der Kontrolle kein materielles Tatbestandsmerkmal für den Begriff „gewillkürtes Betriebsvermögen" geschaffen werden kann, betont Schmidt, a. a. O.; vgl. a. die dort zitierten zunehmenden krit. Anm. in der Literatur: Littmann/Bitz/Hellwig, §§ 4, 5 Anm. 2173; Lempenau, DB 87 S. 113. Wird dem Überschußrechner die Möglichkeit, gewillkürtes Betriebsvermögen zu bilden, untersagt, ergibt sich zwangsläufig ein anderer Totalgewinn (s. Rdn. 75). Das Gesetz selbst kennt nur das Institut „Betriebsvermögen". Das BFH-U. v. 23. 5. 91 (BStBl II S. 798) kann nicht als (weiterer) Beleg gegen die Zulässigkeit der Bildung gewillkürten Betriebsvermögens bei der Überschußrechnung (vgl. hierzu z. B. Kirchhof/Söhn, § 4 Anm. 155 ff. und Hartmann/Böttcher/Nissen/Bordewin, §§ 4, 5 Anm. 38e ff., m. w. N.) gewertet werden. Zu berücksichtigen ist in diesem Zusammenhang jedoch § 4 Abs. 1 Satz 4 EStG, eingefügt durch das

Gesetz zur Neuregelung der Besteuerung der Land- und Forstwirtschaft v. 25. 6. 80 (BStBl I S. 400). Danach führt eine Nutzungsänderung, durch die das Wirtschaftsgut zwar den Charakter notwendigen Betriebsvermögens verliert, andererseits aber auch nicht zu notwendigem Privatvermögen wird, auch bei der Überschußrechnung nicht zur Entnahme dieses Wirtschaftsguts. Dieser Sonderregelung hätte es nicht bedurft, wenn nach Auffassung des Gesetzgebers (entgegen der Rechtsprechung des BFH) bei der Überschußrechnung generell gewillkürtes Betriebsvermögen gebildet werden dürfte. Gegen ständige Rspr. nunmehr BFH-U. v. 22. 9. 93 (BStBl 94 II S. 172) betr. Wertpapiere als gewillkürtes Betriebsvermögen bei der Überschußrechnung. Bemerkenswert ist m. E., daß der BFH erkennen läßt, er würde vermutlich an der bisherigen BFH-Rechtsprechung nicht mehr festhalten, bei einer Überschußrechnung (§ 4 Abs. 3 EStG) könne kein gewillkürtes Betriebsvermögen gebildet werden. Er brauchte diese Frage im Streitfall nicht zu entscheiden, doch bringt er ausdrücklich „Bedenken" gegen die ständige Rechtsprechung vor.

Bei der Überschußrechnung ist daher als **Abgrenzungsmerkmal** nur das **Überwiegen der Nutzung** gegeben (so auch OFD Kiel v. 20. 7. 83, StEK EStG § 4 Übersch. Nr. 22). Man muß deshalb insbes. Wirtschaftsgüter der gehobenen Lebensführung (z. B. Waschmaschine, Heimbügler, Kühlschrank), wenn die betriebliche Nutzung mehr als 50 v. H. ausmacht, zum notwendigen Betriebsvermögen, in allen anderen Fällen zum notwendigen Privatvermögen rechnen. Unbeschadet der Zugehörigkeit eines solchen Wirtschaftsguts zu einer der beiden Vermögensarten ist der (geringere) Nutzungsanteil innerhalb der anderen Vermögensart als Betriebseinnahme (bei Betriebsvermögen) oder als Betriebsausgabe (bei Privatvermögen) anzusetzen (BFH-U. v. 13. 3. 64, a. a. O.). 42

Beispiel:

Erwirbt ein Freiberufler einen Pkw, um ihn zu 80 v. H. freiberuflich und zu 20 v. H. privat zu nutzen, so zählt der Pkw voll zum Betriebsvermögen. Dies gilt auch dann, wenn der Freiberufler seinen Gewinn gem. § 4 Abs. 3 EStG ermittelt. Veräußert ein Freiberufler einen derart genutzten Pkw, so zählt der Veräußerungserlös voll zu den Betriebseinnahmen. Die durch den Verkauf realisierten stillen Reserven erhöhen zu 100 v. H. den Gewinn aus selbständiger Arbeit (FG Köln v. 21. 12. 83, EFG 84 S. 337).

Aufwendungen für die Anschaffung oder Herstellung von Wirtschaftsgütern, die bei einer Gewinnermittlung durch Betriebsvermögensvergleich zum gewillkürten Betriebsvermögen gehören würden, dürfen dementsprechend **nicht als Betriebsausgaben** abgesetzt werden. Einnahmen aus der Veräußerung solcher Wirtschaftsgüter sind **keine Betriebseinnahmen**. Wer- 43 den nicht zum Betriebsvermögen gehörende Wirtschaftsgüter **auch betrieb-lich genutzt**, so können Aufwendungen, die durch die betriebliche Nutzung entstehen, als Betriebsausgaben abgesetzt werden (wegen anteiliger Kfz-Kosten s. OFD Hannover v. 27. 7. 83, DB S. 1682; vgl. ferner Groh, BB 82 S. 133, 137, dort auch zur Behandlung von Nutzungseinlagen). Das gilt auch für die **anteilige AfA**, wenn die betriebliche Nutzung nicht nur von unter-geordneter Bedeutung ist und der betriebliche Nutzungsanteil sich leicht und einwandfrei an Hand von Unterlagen nach objektiven, nachprüfbaren Merk-malen – ggf. im Wege der Schätzung – von den nicht abzugsfähigen Kosten der Lebensführung trennen läßt (vgl. a. BFH-Urteile v. 19. 10. 70, BStBl 71 II S. 17 und S. 21; R 16 Abs. 6 Satz 2, R 18 Abs. 1 Satz 2 EStR). Für die **Auftei-lung der laufenden Kosten** ist also die Frage, ob das Wirtschaftsgut zum Betriebsvermögen oder zum Privatvermögen gehört, ohne Bedeutung. Diese Frage gewinnt erst Bedeutung, wenn das Wirtschaftsgut veräußert wird. Ein **Veräußerungsgewinn** oder -verlust ist immer zu 100 % entweder dem betrieb-lichen oder dem privaten Bereich zuzuordnen (BFH-U. v. 24. 9. 59, BStBl III S. 466; v. 25. 3. 88, BStBl II S. 655; v. 10. 1. 91, BFH/NV S. 386, und Beschl. v. 16. 5. 91, BFH/NV 92 S. 20; FG Köln v. 21. 12. 83, EFG 84 S. 337, rkr.; Hessisches FG v. 26. 2. 88, EFG S. 465, rkr.; FG Hamburg v. 10. 8. 88, EFG 89 S. 354, rkr.; R 18 Abs. 1 Satz 3 EStR). Außerdem kommt selbstverständlich nur bei Wirtschaftsgütern des Betriebsvermögens eine Entnahme in Betracht. Wird ein Kraftfahrzeug des nicht unternehmerisch tätigen Ehegatten auf einer Dienstreise des Unternehmers beschädigt, liegen bei der Einnahme-Überschußrechnung Betriebsausgaben nur vor, wenn der Unternehmer-Ehe-gatte entweder den Schaden auf eigene Kosten beheben läßt oder tatsächlich einen Ersatzanspruch des anderen Ehegatten befriedigt (FG Düsseldorf v. 24. 6. 81, EFG 82 S. 69).

44   Nun kann allerdings auch der Stpfl., der seinen Gewinn nach § 4 Abs. 3 EStG ermittelt, gewillkürtes Betriebsvermögen **(sog. fortgeführtes oder geduldetes Betriebsvermögen)** haben; das aber, wie nicht übersehen werden darf, nur in den nachfolgend erwähnten Fällen. Die Regelung des § 4 Abs. 1 Satz 3 und 4 EStG hat nichts daran geändert, daß nach der vom BFH ständig vertretenen Auffassung und der auch im Schrifttum überwiegend vertretenen Ansicht ein Stpfl., der seinen Gewinn nach § 4 Abs. 3 EStG ermittelt, grundsätzlich **nicht in der Lage** ist, **gewillkürtes Betriebsvermögen zu bilden** (vgl. Herrmann/ Heuer/Raupach, § 4 Anm. 10e und Littmann/Bitz/Hellwig, §§ 4, 5 Anm. 2196; s. a. R 16 Abs. 6 EStR). Dagegen sind in jüngerer Zeit zunehmend Be-denken aufgekommen; gegen ständige Rspr. jetzt auch BFH-U. v. 22. 9. 93

(BStBl 94 II S. 172). Eingewendet wird, daß die Beurteilung im Gesetzeswortlaut keine Stütze findet. Das Verbot ist m. E. dem Gesetz nicht zu entnehmen, ein rechtlicher Grund für die Ungleichbehandlung besteht nicht (gl. A. Schmidt, § 4 Anm. 167). S. ausführlich Rdn. 41.

Die in Satz 2 enthaltene **Begriffsbestimmung der „Entnahme"** blieb durch　**45** das Gesetz zur Neuregelung der Einkommensbesteuerung der Land- und Forstwirtschaft v. 25. 6. 80 als solche unverändert. Sie wurde aber in ihrer Auswirkung eingeschränkt: Nach Satz 3 wird ein Wirtschaftsgut „nicht dadurch entnommen, daß der Stpfl. zur Gewinnermittlung nach Abs. 3 übergeht", und nach Satz 4 ist „eine Änderung der Nutzung eines Wirtschaftsguts, die bei der Gewinnermittlung nach Satz 1 keine Entnahme ist", auch bei der „Gewinnermittlung nach Abs. 3 keine Entnahme".

Das aber bedeutet, daß die Nutzungsänderung nur dann zwangsläufig zur　**46** Entnahme führt, wenn das Wirtschaftsgut infolge der Nutzungsänderung den Charakter von notwendigem Privatvermögen annimmt. In den Fällen hingegen, in denen das Wirtschaftsgut nach der Nutzungsänderung nicht den Charakter von notwendigem Privatvermögen hat, kann es auch im Rahmen der Überschußrechnung als Betriebsvermögen fortgeführt werden. Die Bebauung eines bisher unmittelbar eigenbetrieblich genutzten Grundstücks durch einen Überschußrechner führt i. d. R. nicht zur Entnahme des Grundstücks (es sei denn, die Entnahme wird ausdrücklich oder schlüssig erklärt). Vgl. hierzu – hys – in BB 80 S. 611.

Beispiel:

Ein Freiberufler mit Gewinnermittlung nach § 4 Abs. 3 EStG vermietet ein Gebäude, das er bisher für eigene Praxiszwecke genutzt hat und das somit zu seinem notwendigen Betriebsvermögen gehörte, an einen Dritten. Nach der Vermietung ist das Gebäude nicht mehr notwendiges Betriebsvermögen.

Der Stpfl. muß diese Wirtschaftsgüter nicht in sein Privatvermögen über-　**47** führen und kann daher die Besteuerung eines Entnahmegewinns vermeiden. Diese Wirtschaftsgüter bleiben vielmehr so lange im Betriebsvermögen, bis sie durch eine **eindeutige (ausdrückliche oder schlüssige) Entnahmehandlung** zum Privatvermögen werden (vgl. z. B. BFH-U. v. 9. 8. 89, BStBl 90 II S. 128). Es ist ein Verhalten des Stpfl. erforderlich, durch das die Verknüpfung des Wirtschaftsguts mit dem Betriebsvermögen **unmißverständlich** gelöst wird (BFH-U. v. 15. 10. 87, BStBl 88 II S. 260).

Zur Vermeidung von Mißverständnissen sei darauf hingewiesen, daß § 4　**48** Abs. 1 Satz 4 EStG nur die Nutzungsänderung von Wirtschaftsgütern betrifft, die vor der Nutzungsänderung zum notwendigen Betriebsvermögen gehört haben. Es bleibt also dabei, daß bei der Überschußrechnung angeschaffte oder hergestellte Wirtschaftsgüter nicht von vornherein zum gewillkürten Betriebsvermögen gezogen werden können.

49   Als **notwendiges Privatvermögen** bezeichnet der BFH (U. v. 15. 7. 60, BStBl III S. 484) Wirtschaftsgüter, die ihrer Natur nach zum privaten Vermögen gehören und die der Unternehmer deshalb nicht als Betriebsvermögen behandeln kann. Bzgl. einer Privatwohnung im Betriebsgebäude vgl. FG Baden-Württemberg v. 21. 3. 90 (EFG 91 S. 12). Ein Wirtschaftsgut wird zwangsläufig ins Privatvermögen überführt, wenn die Änderung in der Nutzung so weitgehend ist, daß das Wirtschaftsgut zum notwendigen Privatvermögen zu zählen ist (bei einer privaten Nutzung von mehr als 90 %, R 13 Abs. 1 Satz 6 EStR). Vgl. ferner Rdn. 34.

50   Allgemein hat sich die Auffassung durchgesetzt, daß der **beruflich veranlaßte Verlust** von Privatvermögen absetzbar sein kann (s. Stichwort „Verluste").

Exkurs: Unternehmensvermögen bei der Umsatzsteuer

51   Gegenständlich wird der Rahmen des Unternehmens durch das Unternehmensvermögen, d. h. durch die dem Unternehmen zuzuordnenden Gegenstände begrenzt. Wegen des Begriffs „Unternehmensvermögen" vgl. Völkel/ Karg, BB 79 S. 1393.

Dieser Zuordnung kommt wesentliche umsatzsteuerrechtliche Bedeutung bei der Steuerbarkeit von Leistungen (§ 3 Abs. 1 und Abs. 9 „eines Unternehmers"), beim Eigenverbrauch (§ 1 Abs. 1 Nr. 2 „aus dem Unternehmen", „außerunternehmerische Zwecke"), aber auch beim Vorsteuerabzug und der Option gem. § 9 („für das Unternehmen", §§ 15 Abs. 1, 9 Abs. 1) zu.

Die **Zuordnung ist nach umsatzsteuerrechtlichen Grundsätzen unabhängig von der ertragsteuerrechtlichen Behandlung** vorzunehmen. Trotzdem wird i. d. R. gleichzeitig Betriebsvermögen und Unternehmensvermögen vorliegen, da beide, Ertragsteuer und Umsatzsteuer, die Zugehörigkeit zum betrieblichen oder unternehmerischen Vermögen von der betrieblichen bzw. der unternehmerischen Nutzung abhängig machen.

Einheitliche Gegenstände sind nach der Einheitstheorie nicht aufteilbar. D. h., daß er nur entweder ganz oder gar nicht dem Unternehmensvermögen zugeordnet werden kann (Abschn. 192 Abs. 18 Nr. 2 UStR). Auch Grundstücke sind der Verwaltungsmeinung nach als einheitliche Gegenstände nicht aufteilbar. Eine Ausnahme gilt nur bei der Errichtung von Gebäuden auf fremdem Grund und Boden (Abschn. 192 Abs. 20 UStR).

Die Zugehörigkeit von sowohl unternehmerisch — als auch nichtunternehmerisch (= gemischt-)genutzten Gegenständen richtet sich nach der **Zuordnungsentscheidung des Unternehmers.** Voraussetzungen sind:

- unternehmerische Nutzung, die sich i. d. R. daraus ergibt, daß der Gegenstand objektiv und erkennbar im wirtschaftlichen Zusammenhang mit der beruflichen oder gewerblichen Tätigkeit steht und diese fördert (EuGH-U. v. 11. 7. 91, UR S. 291; FG Düsseldorf v. 15. 6. 94, EFG 95 S. 95, Rev.: BFW V R 44/94),

- Zuordnungsentscheidung des Unternehmers im Zeitpunkt des Erwerbs (insbes. durch Geltendmachen des Vorsteuerabzugs; vgl. BFH-U. v. 18. 12. 86, BStBl 87 II S. 350). Nach der Rechtsprechung des BFH (U. v. 11. 11. 93, BStBl 94 II S. 335) ist ein Gegenstand, der — wie ein Pkw — sowohl unternehmerisch als auch nichtunternehmerisch verwendet werden kann, dann (insgesamt) als für das Unternehmen angeschafft anzusehen, wenn der Unternehmer eine entsprechende Zuordnungsentscheidung getroffen hat.

Wird z. B. ein Pkw zu 60 % betrieblich genutzt, gehört er zwingend zum notwendigen Betriebsvermögen. **Umsatzsteuerrechtlich** kann der Pkw dem Unternehmensbereich des Stpfl. hinzugerechnet werden.

Macht der Unternehmer beim Erwerb des Pkw gem. § 15 UStG die Vorsteuer geltend, hat er den Pkw zum Unternehmensvermögen gezogen (BFH-U. v. 25. 3. 88, BStBl II S. 649).

Entgegen Abschn. 192 Abs. 17 Satz 1 Nr. 2 UStR 1988 gilt dies auch dann, wenn der Gegenstand zu weniger als 10 % unternehmerisch genutzt wird. Der EuGH hat mit Urteil v. 11. 7. 91 (a. a. O.) entschieden, daß die von der Verwaltung in Deutschland geschaffene 10 %-Grenze des Abschn. 192 Abs. 17 UStR 1988 nicht richtlinienkonform ist.

In den UStR 1992 (Abschn. 192 Abs. 18) ist die 10 %-Grenze bereits nicht mehr enthalten. Die Entscheidung des EuGH bedeutet, daß ein Unternehmer, wenn er einen Gegenstand auch nur im geringsten Maße unternehmerisch nutzt oder zu nutzen beabsichtigt, bereits im Zeitpunkt des Erwerbs den vollen Vorsteuerabzug geltend machen kann. Eine Bagatellgrenze dergestalt, daß bei einer voraussichtlichen unternehmerischen Nutzung von unter 10 % generell kein Vorsteuerabzug möglich ist, verstößt lt. EuGH gegen die Vorschriften der 6. EG-Richtlinie.

Damit hat der **Unternehmer** unter den oben aufgezählten Voraussetzungen ein **uneingeschränktes Zuordnungswahlrecht.** Eine Besonderheit gilt bei **Kleinunternehmern** (vgl. Abschn. 8 Abs. 1 Sätze 5 und 6 UStR). Sie können ebenfalls **grundsätzlich frei** entscheiden, ob ein **Gegenstand dem Unternehmensvermögen zuzuordnen** ist. Dies gilt nicht, wenn aufgrund der tatsächlichen Nutzung die unternehmerische Nutzung offenkundig ist und die außerunternehmerische Nutzung 25 % nicht überschreitet.

52 Eine **Eigenverbrauchsbesteuerung** kommt nur dann in Betracht, wenn die entnommenen oder verwendeten Gegenstände vorher dem Unternehmen zugeordnet waren. Wegen des steuerfreien Verwendungseigenverbrauchs vgl. EuGH-U. v. 25. 5. 93 (BStBl II S. 812) sowie BMF-Schr. v. 28. 9. 93 (BStBl I S. 912). Wegen der Umsatzbesteuerung des Entnahmeeigenverbrauchs vgl. BMF-Schr. v. 13. 5. 94 (BStBl I S. 298) unter Hinweis auf BFH-Beschl. v. 29. 8. 91 (BStBl 92 II S. 267), EuGH-U. v. 27. 6. 89 (UR S. 373) sowie BFH-Beschl. v. 17. 12. 92 (BStBl 94 II S. 370). Wegen der Vorsteuerberichtigung bei Übergang von Kleinunternehmerbesteuerung zur Regelbesteuerung vgl. BFH-U. v. 11. 11. 93 (BStBl 94 II S. 582).

Beispiel:

Ein Kfz wird zu 40 % betrieblich genutzt. Es ist nicht Betriebsvermögen. Bei der **Einkommensteuer** werden die anteiligen Kosten als Betriebsausgabe abgezogen.

Umsatzsteuerlich gilt: Macht der Unternehmer die Vorsteuer geltend, ist der Pkw Unternehmensvermögen, macht er sie nicht geltend, ist der Pkw umsatzsteuerlich Privatvermögen. Bei der Umsatzsteuer ist der volle Vorsteuerabzug möglich, der private Nutzungsanteil in Höhe von 60 % sowie ein etwaiger späterer Verkaufserlös unterliegen der Mehrwertsteuer, soweit beim Betriebsausgabenabzug Vorsteuer geltend gemacht werden konnte (zur Unzulässigkeit der Erhebung von Umsatzsteuer auf den Eigenverbrauch, wenn keine Vorsteuer abgezogen werden konnte nach EG-Recht vgl. EuGH-U. v. 27. 6. 89, HFR S. 518; v. 25. 5. 93, BStBl II S. 812 sowie BMF-Schr. v. 28. 9. 93, BStBl I S. 912).

Zur Verdeutlichung folgende Übersicht:　　　　53

ESt-lich Betriebs-vermögen	USt-lich Unterneh-mensverm.	Vorst. aus der Anschaff.	Vorst. aus den lfd. Kosten	Privat-nutzung	Fahrten Wohnung/ Betrieb	Verkauf des Pkw	Entnahme des Pkw
ja	ja	abzieh-bar	abzieh-bar zu 100 %	EV § 1 (1) 2 b	EV § 1 (1) 2 c	steuer-pflichtig	EV § 1 (1) 2 a UStG
nein	nein	nicht abziehbar	anteilig abziehbar*	kein EV	kein EV	nicht ustbar	kein EV
nein	ja	abziehbar	abziehbar zu 100 %	EV	EV	steuer-pflichtig	EV
ja	nein	nicht abziehbar	anteilig abziehbar	kein EV	kein EV	nicht ustbar	kein EV

* sog. Nutzungseinlage

Exkurs: Betriebsvermögen bei der Einheitsbewertung

Das Betriebsvermögen umfaßt alle Teile eines Gewerbebetriebs, die bei der 54 steuerlichen Gewinnermittlung zum Betriebsvermögen gehören (§ 95 Abs. 1 BewG). Das sind bei der Gewinnermittlung nach § 4 Abs. 1 oder § 5 EStG grundsätzlich alle Besitz- und Schuldposten der Steuerbilanz und bei Gewinnermittlung nach § 4 Abs. 3 EStG alle Wirtschaftsgüter, die bei der steuerlichen Gewinnermittlung zu berücksichtigen sind. Die §§ 4 bis 8 BewG (Bedingung, Befristung) sind bei der Einheitsbewertung des Betriebsvermögens nicht mehr anzuwenden (§ 98 a BewG). Vgl. Überblick über die gesetzlichen Vorschriften zur Einheitsbewertung des Betriebsvermögens ab 1. 1. 1993 der OFD Kiel v. 16. 11. 93 S 3600 A.

Bei nichtbilanzierenden Gewerbetreibenden und freiberuflich Tätigen gehören alle Wirtschaftsgüter, die ausschließlich und unmittelbar für eigenbetriebliche Zwecke genutzt werden, zum Betriebsvermögen (**notwendiges Betriebsvermö-gen**). Wirtschaftsgüter, die zu mehr als 50 % eigenbetrieblich genutzt werden, sind in vollem Umfang notwendiges Betriebsvermögen (Abschn. 27 ff. VStR 1993). **Gewillkürtes Betriebsvermögen** kommt bei Nichtbilanzierenden nicht in Betracht. Abschn. 27 regelt darüber hinaus in den Abs. 3 bis 5 Einzelfragen zum Umfang des Betriebsvermögens bei Nichtbilanzierenden.

Stpfl., die ihren Gewinn nach der Einnahme-Überschußrechnung ermitteln 55 (Nichtbilanzierende), können nach Abschn. 48 ff. VStR 1993 die Wirtschaftsgüter des abnutzbaren Anlagevermögens mit den ertragsteuerlichen Werten aus dem Anlageverzeichnis in die Vermögensaufstellung übernehmen; gemeint sind die Buchwerte aus Bestandsverzeichnissen bzw. die um die jeweiligen Absetzungen für Abnutzungen geminderten Anschaffungs- oder Herstellungskosten (Abschn. 50 VStR). Alle nicht vorgenannten Wirtschaftsgüter sind mit dem bewertungsrechtlichen Teilwert anzusetzen; eine katalogartige, umfangreiche Beschreibung der **Wertansätze** enthält Abschn. 48 VStR. In Abschn. 53 VStR wird das Vorratsvermögen behandelt. Bezüglich der Teilwertermittlung, z. B. der Erzeugnisbestände, ist R 33 EStR entsprechend anzuwenden.

Ein besonderes Thema ist der Ansatz von Kapitalforderungen und Schulden sowie von sonstigen Abzügen in der Vermögensaufstellung eines Nichtbilanzierenden. Da hier ein Rückgriff auf ertragsteuerliche Werte nicht möglich ist, ist der Teilwert der Kapitalforderungen und Schulden nach denselben Grundsätzen zu bewerten, die auch für das sonstige Vermögen gelten (§§ 12 ff. BewG). Nach diesen Regeln richtet sich auch der Ansatz von sonstigen aktiven und passiven Ansätzen dem Grunde und der Höhe nach.

Der Ansatz von betrieblichen Schulden ist im Grundsatz wie bisher zu entscheiden (vgl. Abschn. 54 i. V. mit Abschn. 42 VStR). Umstritten ist hierbei noch, ob Nichtbilanzierende auch Rückstellungen in die Vermögensaufstellung einstellen können. Teilweise wird dies nach einer engen Auslegung des § 95 Abs. 1 BewG für unzulässig gehalten, da im Fall der Einnahme-Überschußrechnung (steuerliche Gewinnermittlung) dies eindeutig auch im Ertragsteuerrecht nicht möglich ist. M. E. sind Rückstellungen wie bisher auch bei Nichtbilanzierenden in der Vermögensaufstellung anzusetzen, wenn sie Schuldcharakter haben, d. h. am Stichtag schon eine wirtschaftliche Belastung sind. Die Frage des Ansatzes von Schulden und Rückstellungen kann letztlich nicht allein von der gewählten Art der Gewinnermittlung abhängig sein, sondern muß sich grundsätzlich an dem bewertungsrechtlichen Teilwertgedanken (§ 10 BewG) orientieren. Da das BewG insoweit kein klares Verbot enthält, ist m. E. zugunsten der Stpfl. die Zulässigkeit von Rückstellungen in den bisherigen Grenzen — d. h. ohne Berücksichtigung der §§ 4 bis 8 BewG — zu bejahen.

Zur bewertungsrechtlichen Behandlung von Pensionsverpflichtungen nichtbilanzierender Gewerbetreibender und freiberuflich Tätiger vom Bewertungsstichtag 1. 1. 1993 an hat die OFD Frankfurt a. M. mit Vfg. v. 5. 8. 94 — S 3235 A — 13 — St III 31 ausführlich Stellung genommen.

Übersicht zu Ansatz und Bewertung ab 1. 1. 1993 in der　　　56
Vermögensaufstellung

Steuer-pflichtige	Ansatz	Bewertung
Nicht bilan-zierende Gewerbe-treibende	Maßgeblichkeit des Ertrag-steuerrechts für den „Quasi-Ansatz" (§ 95 Abs. 1 BewG)	Ertragsteuerwert für abnutzbares Anlagever-mögen (außer Gebäude) (§ 109 Abs. 2 BewG) Teilwert für übrige WG und Schulden (gem. §§ 10, 12 und 13 BewG)
Ausnahmen von der Maßgeblich-keit des Ertrag-steuerrechts	• zusätzlicher Ansatz von Erbbauzinsansprüchen und -verpflichtungen • Schachtelvergünstigungen • WG nach § 101 BewG • organschaftliche Aus-gleichsposten • Rücklagen und • Betriebsgrundstücke diese werden nach bewer-tungsrechtlichen Normen behandelt	Bewertung von • Anteilen an PersGes und KapGes • Wertpapieren und • Betriebsgrundstücken nach bewertungsrecht-lichen Normen

f) Unterschiede gegenüber dem Bestandsvergleich

Die Unterschiede zwischen der Überschußrechnung und dem Bestandsver-　57
gleich bestehen darin, daß im Rahmen der Überschußrechnung für die
Erwerbskosten von **Wirtschaftsgütern des Umlaufvermögens das reine Abflußprinzip** des § 11 EStG gilt, wonach die Anschaffungs- oder Herstellungskosten im Zeitpunkt der Zahlung als Betriebsausgaben ansetzbar sind, während sie im Rahmen des Vermögensvergleichs erst beim Ausscheiden aus dem
Betriebsvermögen zu Aufwand werden, etwa in Form des Wareneinsatzes.
Entsprechendes gilt für die bei Veräußerung betrieblicher Güter erzielten
Erlöse, die im Rahmen der Überschußrechnung bei Eingang des Geldbetra-
ges, im Rahmen des Vermögensvergleichs mit dem Entstehen der Forderung
den Gewinn beeinflussen. Die Behandlung der **abnutzbaren und nicht**

abnutzbaren Anlagegüter ist, soweit es um die Aufwandswirksamkeit der Erwerbskosten geht, bei allen Gewinnermittlungsarten die gleiche. Da es ein Betriebsvermögen gibt, gibt es auch **Einlagen** und **Entnahmen,** die entsprechend nach § 6 EStG zu bewerten sind (BFH-U. v. 22. 1. 80, BStBl II S. 244). Schließlich gibt es im Rahmen der Gewinnermittlung nach § 4 Abs. 3 EStG **keine Rechnungsabgrenzungsposten und Rückstellungen,** die hingegen beim Bestandsvergleich den Gewinn beeinflussen. Ferner erfordert die Gewinnermittlung nach § 4 Abs. 3 EStG **keine Erfassung der Warenbestände** (Inventur), der **Forderungen,** des **Bargelds,** der **Schulden,** von **Delkredere** oder sonstigen **Wertberichtigungen. Wertverschiebungen** im Bereich des Betriebsvermögens wirken sich grundsätzlich **nicht auf den Gewinn** aus (BFH-U. v. 23. 2. 84, BStBl II S. 516); **Teilwertabschreibungen** gem. § 6 Abs. 1 Nr. 1 u. 2 EStG sind grundsätzlich **ausgeschlossen,** nicht aber Absetzungen nach § 7 Abs. 1 Satz 5 EStG. Die Anschaffungs- oder Herstellungskosten von **geringwertigen Wirtschaftsgütern** „können" wie bei der Gewinnermittlung nach § 4 Abs. 1 EStG im Jahr der Anschaffung oder Herstellung als Betriebsausgaben abgesetzt werden (§ 6 Abs. 2 EStG). Für die Angehörigen der freien Berufe, für Rechtsanwälte insbesondere, ist zu beachten, daß **Anzahlungen und Vorschüsse** aus schwebenden Geschäften bei der Überschußrechnung zu den Betriebseinnahmen gehören, während sie der Bilanzierende noch nicht als Gewinn zu behandeln hat. Außerdem kann bei der Überschußrechnung **kein gewillkürtes Betriebsvermögen gebildet** werden (R 16 Abs. 6 EStR). S. Rdn. 41.

58   Den Vorteilen für Stpfl. mit Überschußrechnung, die insbesondere in den **späteren Versteuerungen der Entgelte für Umlaufgüter** bestehen, stehen andererseits auch einige steuerliche Nachteile gegenüber. So können **Betriebsausgaben** (z. B. durch Außenprüfung festgestellte abzugsfähige **Mehrsteuern;** R 20 Abs. 3 EStR) im Gegensatz zur Gewinnermittlung durch Bestandsvergleich **erst bei der Bezahlung abgesetzt** werden.

59   Diese **Gewinnverschiebungen** sind auch der Grund dafür, daß bei einem Wechsel der Gewinnermittlungsart (s. a. Rdn. 741 ff.) Korrektivposten zu bilden sind.

60   Auch konnte der Überschußrechnende im Gegensatz zum Bilanzierenden bis 1974 keine Verluste vortragen; er konnte lediglich Verluste, die sich im Wege der Überschußrechnung ergaben, mit anderen positiven Einkünften ausgleichen (vgl. BFH-U. v. 28. 8. 68, BStBl II S. 819). Durch das EStÄndG v. 20. 4. 76 (BGBl I S. 1054) ist der **Verlustabzug** neu geregelt worden. Der Verlustvortrag ist nicht mehr auf die Gewinneinkünfte begrenzt, sondern gilt grundsätzlich für alle Einkunftsarten, für die ein Verlustausgleich mög-

lich ist. Es ist daher auch unerheblich, auf welche Weise der Gewinn ermittelt worden ist. § 10d EStG wurde durch das Steuerreformgesetz 1990 mit Wirkung für Verluste des VZ 1985 geändert (Wegfall des 5jährigen Vortragszeitraums). Die Änderung des § 10d Abs. 1 EStG durch das StandOG v. 13. 9. 93 (BGBl I S. 1569) ermöglicht es dem Stpfl., ab 1994 zugunsten des Verlustvortrags ganz oder teilweise auf den Verlustrücktrag zu verzichten (**Wahlrecht**).

Hinsichtlich der Gewerbesteuer hatte nur der Bilanzierende den Vorteil eines **61** Verlustabzuges (§ 10a GewStG). Ab 1975 haben auch Überschußrechner die Möglichkeit, Verluste vorzutragen.

Ferner können Überschußrechnende, sofern sie zu den Vertriebenen usw. **62** gehören, nicht die **Bewertungsfreiheit des § 7e EStG** bzw. die **Steuerbegünstigung des nicht entnommenen Gewinns nach § 10a EStG** (s. a. Rdn. 858 und 939) in Anspruch nehmen.

Im Rahmen des StÄndG 1991 v. 24. 6. 91 wurde auch das Fördergebietsgesetz **63** erlassen (BStBl 91 I S. 674). Die Subventionen sind im einzelnen: Sonderabschreibungen, gewinnmindernde Rücklagen (bei Gewinnermittlung nach § 4 Abs. 3 EStG ist die Bildung einer Rücklage ausgeschlossen), Gewinnabzüge und Abzugsbeträge. Neben dem Fördergebietsgesetz gibt es weitere Förderprogramme. Die Neufassungen des InvZulG 93 und des FördG v. 23. 9. 93 sind im BGBl I S. 1650 (BStBl I S. 224) bzw. S. 1654 (BStBl I S. 853) verkündet worden. Wegen der Einzelheiten s. BMF-Schr. v. 29. 3. 93 (BStBl I S. 279).

Der vom BFH hervorgehobene Zwang zur **Gesamtgewinngleichheit** ist bei **64** näherem Hinsehen keine steuerliche Gleichbehandlung:

Die Gesamtgewinngleichheit – über die gesamte Lebensdauer der Unter- **65** nehmung betrachtet = **Totalgewinn** – trifft zwar betriebswirtschaftlich zu.

Trotz dieser betriebswirtschaftlichen Gesamtgewinngleichheit zeigt sich **66** jedoch, daß der **zu versteuernde Gesamtgewinn** beim bilanzierenden Kaufmann und beim Überschußrechner nicht gleich ist. Damit ist aber auch die steuerliche Belastung beider ungleich. Zunächst tritt schon eine **Periodenverschiebung** dadurch ein, daß beim Bilanzgewinn Forderungen und Schulden, sowie Rechenposten wie Delkredere und Rechnungsabgrenzung im Zeitpunkt ihrer Entstehung berücksichtigt werden, während die gleichen Vorgänge bei der Überschußrechnung erst im Zeitpunkt ihrer finanziellen Realisation (Zu- und Abfluß) in die Steuerberechnung miteinbezogen werden. Das kann – bei größeren Schwankungen – durchaus zu **Progressionsunterschieden** in der

Einkommensteuer führen. Dabei sei von Zinsgewinnen und -verlusten durch die zeitlich verschobene Steuerzahlung ganz abgesehen. Es wirkt sich auch bei zwischenzeitlichen **Änderungen des Steuersatzes oder** der **Zuschläge zur Steuer** aus **(fehlende Totalsteueridentität).**

67   Auch darf in diesem Zusammenhang die von amtswegen durchzuführende **Bilanzberichtigung** bei bilanzierenden Steuerpflichtigen nicht unerwähnt bleiben. Die Lehre vom automatischen Fehlerausgleich, die aus der Bindung an die Veranlagungsbilanz folgt, erlaubt allerdings nur die Korrektur bestimmter Fehler, doch längst nicht aller. Fehler, die bereits in der Vergangenheit endgültig abgewickelt wurden (z. B. Abzug privat veranlaßter Aufwendungen als Betriebsausgaben in früheren Veranlagungszeiträumen), werden nicht mehr aufgegriffen (vgl. Littmann, DB 62 S. 814).

68   Im Regelfall wirkt sich eine Bilanzberichtigung wegen z. B. früher gezahlter Anschlußbeiträge zugunsten des Steuerpflichtigen aus. Im Ergebnis sind die früher gezahlten Anschlußbeiträge in dem ersten noch nicht bestandskräftig veranlagten Jahr als Betriebsausgaben abzuziehen.

69   Das gilt allerdings nur für bilanzierende Stpfl. Bei Stpfl. mit Gewinnermittlung nach § 4 Abs. 3 EStG wäre es dagegen nicht möglich, Anschlußbeiträge, die in früheren Jahren gezahlt und die zu Unrecht als Anschaffungskosten des Grund und Bodens behandelt wurden, in späteren Jahren als Betriebsausgaben abzuziehen. Da in diesem Bereich der **Bilanzenzusammenhang,** der zu einer Durchbrechung des Prinzips der Bestandskraft führt, nicht gilt, gibt es i. d. R. keine Möglichkeit, die fehlerhafte Behandlung der Vorjahre in einem späteren Jahr auszugleichen. Falls ein Stpfl. mit Gewinnermittlung nach § 4 Abs. 3 EStG später zum Betriebsvermögensvergleich übergeht, hat er den Grund und Boden mit demjenigen Wert in der Eröffnungsbilanz auszuweisen, der sich bei von Anfang an zutreffender Bilanzierung ergeben hätte.

70   Bereits Charlier (NWB F. 17a S. 1328) sah sich veranlaßt, das Thema „Bilanzenzusammenhang und Verjährung" aufzugreifen und darauf hinzuweisen, daß mit einer solchen Wertung des Begriffs „Bilanzenzusammenhang" die Vorschriften der AO über die Bestandskraft von Veranlagungen (damals: Verjährung, heute: Festsetzungsfrist) unterlaufen werden, wenn es für rechtens gehalten wird, Fehler der Vergangenheit (wie lange zurück eigentlich?) in der sog. ersten noch nicht bestandskräftigen Bilanz bzw. Veranlagung erfolgswirksam zu berichtigen.

71   Man fragt sich, was die Senate des BFH veranlaßt, den Bilanzenzusammenhang zu einem Nachholinstrument umzufunktionieren, ohne dabei daran zu

denken, daß damit die Vorschriften der AO über Bestandskraft, Verjährung und Festsetzungsfrist wirkungslos werden. Der BFH hält seit Jahren (U. v. 29. 11. 65, BStBl 66 III S. 142; v. 14. 12. 82, BStBl 83 II S. 303) an dem Grundsatz fest, daß die Forderung nach dem Bilanzenzusammenhang allen Vorschriften der AO über die Festsetzungsfristen vorzugehen hat. Der BFH berichtigt deshalb mit steuerlicher Wirkung Bilanzen auf Grund fehlerhafter Behandlung in Vorjahren, deren Veranlagungen bestandskräftig sind. Auf die insoweit **ungleiche Behandlung von Bilanzierenden und anderen Stpfl.** wird ausdrücklich hingewiesen. S. hierzu BFH-U. v. 22. 1. 85 (BStBl II S. 309), v. 12. 2. 88 (BStBl II S. 825), v. 7. 6. 88 (BStBl II S. 886), v. 8. 12. 88 (BStBl 89 II S. 407), v. 16. 5. 90 (BStBl II S. 1044) und v. 29. 10. 91 (BStBl 92 II S. 512). Bei einem Stpfl. mit Einnahme-Überschußrechnung sind Gewinnkorrekturen in späteren Veranlagungszeiträumen nicht statthaft. Notwendige Korrekturen sind vielmehr in den Veranlagungen für die Jahre vorzunehmen, in denen der Gewinn unzutreffend ermittelt wurde. Voraussetzung hierfür ist, daß diese Veranlagungen noch nicht bestandskräftig sind oder die Bestandskraft nach §§ 173 ff. AO durchbrochen werden kann (BFH-U. v. 23. 5. 91, BStBl II S. 796). Vgl. a. R 15 Abs. 1 EStR.

Es gibt keine Rechtsgrundlage, einen früher unterlaufenen Fehler später erfolgswirksam zu berichtigen, wenn die fehlerhafte Festsetzung der Steuer bestandskräftig und nicht mehr revisibel ist. Woraus leitet sich ab, daß der Fehler erfolgswirksam berichtigt werden kann bzw. muß? Genau das Gegenteil ist richtig: Da der Fehler das erste noch offene Jahr nicht betrifft, darf auch der Gewinn dieses Jahres davon nicht berührt werden. Die erfolgsneutrale Umbuchung auf das Kapitalkonto ist zwingend. Jede andere Buchung verstößt gegen den Grundsatz der Abschnittsbesteuerung und gegen die Grundgedanken der Vorschriften über die Bestandskraft, die dem Rechtsfrieden dienen sollen. Wie sollte sonst auch eine **Gleichmäßigkeit der Besteuerung** gewährleistet sein, wenn bei bilanzierenden Stpfl. ad infinitum erfolgswirksam berichtigt werden kann, während Fehler der Stpfl. mit anderen Einkunftsarten oder einer anderen Gewinnermittlungsart nicht mehr berichtigt werden, weil die Bestandskraft eingetreten und eine „Nachholung" wegen entgegenstehender Vorschriften der AO bei diesen Stpfl. nicht mehr möglich ist? **72**

Die von der Rechtsprechung hierzu entwickelte „Veranlagungsbilanztheorie" wird neuerdings in einer bemerkenswerten Schrift erneut in Frage gestellt (Wieczorek, Die Berichtigung von Bilanzen nach Bestandskraft der Veranlagung, Diss. Gießen 1989). Der Autor schließt sich mit beachtlichen Argumen- **73** ten der Kritik dieser Rechtsprechung an (S. 52 Fn 95) und erörtert ausführlich auch die verfassungsrechtlichen Bedenken.

74 Außerdem bestehen bei der **Einheitsbewertung des Betriebsvermögens** für bilanzierende Stpfl. und nichtbilanzierende Stpfl. weitgehend unterschiedliche Bewertungsmaßstäbe. Das führt zu einer differenzierten steuerlichen Behandlung beider „Besteuerungsgruppen".

75 *Zusammenfassung (Unterschiede gegenüber dem Bestandsvergleich)*

- Das Anfangs- und das Endvermögen des jeweiligen Gewinnermittlungszeitraums brauchen nicht ermittelt zu werden, für Aktivierungen und Passivierungen ist kein Raum, Feststellungen über den mengen- oder wertmäßigen Bestand der einzelnen Wirtschaftsgüter (Inventuren) sind überflüssig, Wertschwankungen des Betriebsvermögens sind grundsätzlich ohne Bedeutung, Wertberichtigungen können nicht vorgenommen werden, Erfolgsabgrenzungen entfallen, Verbindlichkeiten werden nicht ausgewiesen, Rückstellungen können nicht gebildet werden.

- Einer Kassenbuchführung unter täglicher Abstimmung des Bestandes bedarf es im allgemeinen nicht.

- Barentnahmen und -einlagen werden nicht gebucht, soweit sie bei Vorliegen einer Kassenführung nicht zur Ermittlung der Tageslosung (Kassenberichtszettel) benötigt werden.

- Bei der Überschußrechnung darf kein gewillkürtes Betriebsvermögen gebildet werden. Gewinne oder Verluste aus der Veräußerung oder Entnahme derartigen Vermögens beeinflussen daher nur beim Bestandsvergleich, nicht auch bei § 4 Abs. 3 EStG den Gewinn.

- Bilanzberichtigungen bei bilanzierenden Steuerpflichtigen gleichen fehlerhafte Ergebnisse der Vorjahre in einem späteren Jahr aus.

- Nach § 6c EStG ist die Übertragung stiller Reserven gegenüber § 6b EStG nur in eingeschränktem Umfang zulässig. Soweit die Einschränkung reicht, entfällt der Stundungseffekt des § 6b EStG. Gegebenenfalls entfällt insoweit auch die Anwendung des ermäßigten Steuersatzes nach § 34 Abs. 1 EStG; dann nämlich, wenn der Gewinn aus der Auflösung der § 6b-Rücklage zum begünstigten Veräußerungs- oder Aufgabegewinn gehören würde (vgl. R 41b Abs. 11 Satz 6 EStR).

- Bei der Überschußrechnung können die Stundungs- bzw. Zinsvorteile steuerfreier Rücklagen und Rückstellungen nicht in Anspruch genommen werden (vgl. z. B. §§ 6a, 6d EStG, § 74 EStDV). Soweit die Gewinne aus der Auflösung derartiger Rücklagen und Rückstellungen bei der Gewinnermittlung nach § 4 Abs. 1 EStG zu einem begünstigten Veräußerungs- oder Aufgabegewinn i. S. des § 16 EStG gehören würden (R 139 Abs. 9 EStR), entgeht dem Stpfl. bei der Gewinnermittlung nach § 4 Abs. 3 EStG der Vorteil des ermäßigten Steuersatzes.

* Bestimmte Bewertungsfreiheiten setzen eine Gewinnermittlung durch Bestandsvergleich voraus (vgl. z. B. § 7e EStG, §§ 80, 82f EStDV).

(unbesetzt) 76—80

2. Aufzeichnungspflichten/Aufbewahrungspflichten

a) Allgemeine Voraussetzungen

Bei der Überschußrechnung handelt es sich um Aufzeichnungen aller 81 (betrieblichen) Einnahmen und Ausgaben schlechthin. Nur die Vorschriften der §§ 145 und 146 AO sind dabei zu beachten; Aufzeichnungspflichten können hiernach jedoch nicht begründet werden, da die Anwendung dieser Vorschriften gerade eine ausdrückliche gesetzliche Aufzeichnungsverpflichtung zur Voraussetzung hat (Littmann/Bitz/Hellwig, §§ 4, 5 Anm. 2175; Blümich, § 4 Anm. 70; a. A. Offerhaus, BB 77 S. 1493).

Die Verpflichtung zur Aufzeichnung der einzelnen Betriebseinnahmen folgt 82 **aus § 22 UStG.** Vordergründig wird hiernach zwar nur eine Aufzeichnungsverpflichtung für Zwecke der USt festgelegt, tatsächlich hat diese Regelung aber auch Bedeutung für die ESt (vgl. BFH-U. v. 2. 3. 82, BStBl 84 II S. 504). Hiernach sind umsatzsteuerrechtliche Aufzeichnungen zwar keine Aufzeichnungen nach anderen Gesetzen als den Steuergesetzen (§ 140 AO), die Aufzeichnungsverpflichtung aus einem Steuergesetz — hier dem UStG — wirkt indessen — sofern dieses Gesetz keine Beschränkung auf seinen Geltungsbereich enthält oder sich eine solche Beschränkung aus der Natur der Sache ergibt — unmittelbar für alle Besteuerungszwecke.

Inhalt und Umfang der **umsatzsteuerlichen Aufzeichnungspflichten** wird durch § 22 UStG geregelt. Nähere Bestimmungen darüber, *wie* die Aufzeichnungspflichten zu erfüllen sind und in welchen Fällen Erleichterungen gewährt werden, enthalten die §§ 63 bis 68 UStDV. Erläuterungen zum Umfang der Pflichten und zu den Ordnungsgrundsätzen enthalten die Abschn. 255 bis 259 UStR.

83 Nach § 145 Abs. 1 Satz 1 AO muß die Buchführung so beschaffen sein, daß sie einem **sachverständigen Dritten** innerhalb angemessener Zeit einen **Überblick** über die Geschäftsvorfälle und über die Lage des Unternehmens vermitteln kann.

84 Daß **Geschäftsvorfälle** sich in ihrer Entstehung und Abwicklung in der Buchführung **verfolgen** lassen müssen, verlangt § 145 Abs. 1 Satz 2 AO.

85 Hinzuweisen ist alsdann auf den in § 145 Abs. 2 AO niedergelegten allgemeinen Grundsatz, wonach Aufzeichnungen so vorzunehmen sind, daß der **Zweck**, den sie **für die Besteuerung erfüllen** sollen, erreicht wird. Diese Vorschrift ist an sich selbstverständlich. Sie ist letztlich Ausfluß des Prinzips des wirtschaftlichen Handelns, nach dem Buchführungs- und Aufzeichnungspflichten nicht Selbstzweck sind. Besondere Bedeutung hat diese Vorschrift vor allem für die Überschußrechnung, die keine Bilanz und GuV-Rechnung, sondern grundsätzlich nur die Aufzeichnung der Einnahmen und Ausgaben verlangt.

86 Die Buchungen und die sonst erforderlichen Aufzeichnungen sind nach § 146 Abs. 1 Satz 1 AO **vollständig, richtig, zeitgerecht und geordnet** vorzunehmen.

87 Im Gegensatz zum HGB schreibt die AO im § 146 Abs. 1 Satz 2 vor, daß **Kasseneinnahmen und Kassenausgaben täglich festgehalten** werden sollen (so schon BFH-U. v. 14. 6. 63 VI 2/63, StRK EStG § 10a R. 84). Der Begriff „festhalten" läßt es zu, daß neben dem Aufschreiben auch andere Möglichkeiten des Festhaltens (z. B. Belegsammlung) in Betracht kommen können. Die grundsätzliche Pflicht zum täglichen Festhalten beinhaltet **nicht die Pflicht zur Aufzeichnung jeden Geschäftsvorfalls.** Deshalb sind Kassenberichte bei Einzelhandelsgeschäften zulässig, die im allgemeinen Waren an ihnen der Person nach nicht bekannte Kunden über den Ladentisch gegen Barzahlung verkaufen (BFH-U. v. 12. 5. 66, BStBl III S. 371). § 146 Abs. 1 Satz 2 AO, der die Pflicht zum täglichen Festhalten der Kasseneinnahmen und Kassenausgaben beinhaltet, gilt nicht für Stpfl. mit Überschußrechnung nach § 4 Abs. 3 EStG bzgl. des täglichen Festhaltens der Betriebsausgaben (s. BFH-U. v. 2. 3. 82, BStBl 84 II S. 504).

88 **Eine Verpflichtung zur Führung einer Kasse gibt es** bei Gewinnermittlung nach § 4 Abs. 3 EStG **nicht** (vgl. auch BFH-U. v. 22. 2. 73, BStBl II S. 480). Der Kassenverkehr verlangt also nicht die Darstellung der gesamten Geldbewegungen; **Entnahmen und Einlagen brauchen nicht aufgezeichnet zu werden**. Nach dem Erl. des FinMin NRW v. 20. 8. 51 – S 2209 – 7544/II C (BStBl II S. 128) ist bei der Gewinnermittlung nach § 4 Abs. 3 EStG die Ord-

nungsmäßigkeit der Aufzeichnungen nicht deshalb zu verneinen, weil die Privatentnahmen und -einlagen nicht aufgezeichnet worden sind (vgl. auch OFD Münster v. 15. 7. 63, DB S. 1101). Aus § 146 Abs. 1 AO kann eine Aufzeichnungspflicht für Privatentnahmen und -einlagen nicht hergeleitet werden. Diese Vorschrift besagt nur, *wie* Aufzeichnungen ordnungsgemäß durchgeführt werden sollen. Sie setzt die Aufzeichnungspflicht voraus (Blümich, § 4 Anm. 70). Die Aufzeichnung der Entnahmen und Einlagen ist nicht erforderlich, da § 4 Abs. 3 EStG nur die Erfassung der Betriebseinnahmen und -ausgaben verlangt, Entnahmen aber keine Betriebsausgaben sind (Herrmann/ Heuer/Raupach, § 4 Anm. 85 b). Für die Gewinnermittlung besteht auch kein praktisches Bedürfnis zur Aufzeichnung der Entnahmen (und Einlagen). Müßten die Entnahmen bei Gewinnermittlung nach § 4 Abs. 3 EStG aufgezeichnet werden, so könnte die Begünstigung des nicht entnommenen Gewinns (§ 10a EStG) in Anspruch genommen und brauchte nicht Vermögensvergleich verlangt zu werden.

Die einfache Überschußrechnung erfordert eben nur sehr lückenhafte Aufzeichnungen. Es können sich jederzeit Kassenfehlbeträge ergeben, ohne daß die Ordnungsmäßigkeit der Aufzeichnungen darunter leiden würde. Umgekehrt können die Aufzeichnungen buchmäßige Bestände ausweisen, obwohl kassenmäßig kein Bargeld vorhanden ist. Der Überschußrechner kann jederzeit geltend machen, er führe keine betriebliche Kasse, er entnehme jeden Eingang an Barmitteln und lege bei Bedarf wieder Bargeld ein (vgl. BFH-U. v. 22. 2. 73, a. a. O.). Der Überschußrechner braucht nur betriebliche Einnahmen und Ausgaben aufzuzeichnen. **89**

Da eine Kassenführung nicht vorgeschrieben ist, besteht keine Möglichkeit, den ganzen Geldverkehr an Hand der Aufzeichnungen zu überwachen. Auch die Vorschrift des **§ 22 UStG** zwingt nicht zu einer Kassenführung unter Ausweis der Einlagen und Entnahmen. Sie **verlangt lediglich die Aufzeichnung der Entgelte.** Das Gesagte gilt für *Geld*entnahmen. **Sachentnahmen** (die Betriebseinnahmen darstellen) **müssen aufgezeichnet werden.** Der **Eigenverbrauch** i. S. des § 1 Abs. 1 Nr. 2 UStG ist gem. § 22 Abs. 2 Nr. 4 UStG **aufzuzeichnen.** **90**

Das ursprüngliche (vgl. § 162 Abs. 2 Satz 1 RAO) Erfordernis, daß die Buchungen der Zeitfolge nach vorzunehmen sind, wurde nach § 146 Abs. 1 Satz 1 AO nicht aufrechterhalten. Dadurch soll klargestellt sein, daß **jede sinnvolle Ordnung ausreicht,** die einen sachverständigen Dritten in den Stand setzt, sich in angemessener Frist einen Überblick über die Geschäftsvorfälle und über die Vermögenslage des Unternehmens zu verschaffen. Das Erfor- **91** dernis der Ordnung bedeutet aber nicht, daß alle Aufzeichnungen in einer einzigen Reihenfolge – in sich geordnet – vorzunehmen sind. Es ist also nicht die Aufzeichnung in einer – für alle Aufzeichnungen – gemeinsamen zeitlichen Reihenfolge erforderlich. Eine zeitgerechte Ordnung ist aber nicht gegeben, wenn beispielsweise ein Rechtsanwalt seine Einnahmen und Ausgaben nur in die Prozeßhandakten einträgt (RFH-U. v. 5. 6. 35, RStBl S. 937) oder wenn ein Arzt diese Eintragungen nur in der Patientenkartei vornimmt (RFH-U. v. 12. 9. 34, RStBl S. 1103).

92 Die Aufzeichnungen sind im Geltungsbereich dieses Gesetzes zu führen und aufzubewahren. Dies gilt nicht, soweit für Betriebsstätten außerhalb des Geltungsbereichs dieses Gesetzes nach dortigem Recht eine Verpflichtung besteht, Aufzeichnungen zu führen, und diese Verpflichtung erfüllt wird (§ 146 Abs. 2 AO).

93 § 146 Abs. 3 AO verlangt, daß Buchungen und die sonst erforderlichen Aufzeichnungen in einer **lebenden Sprache** vorzunehmen sind, und daß bei Verwendung von **Abkürzungen**, Ziffern, Buchstaben und Symbolen deren Bedeutung im Einzelfall eindeutig festliegen muß. § 146 Abs. 3 Satz 2 AO bestimmt allerdings darüber hinaus, daß bei Verwendung einer anderen Sprache als der deutschen Sprache die Finanzbehörde vom Stpfl. Übersetzungen verlangen kann.

94 Das **Verbot, Buchungen** oder Aufzeichnungen in der Weise **zu verändern**, daß der ursprüngliche Inhalt nicht mehr feststellbar ist, enthält § 146 Abs. 4 Satz 1 AO. § 146 Abs. 4 Satz 2 AO ordnet an, daß auch solche Veränderungen nicht vorgenommen werden dürfen, deren Beschaffenheit es ungewiß läßt, ob sie ursprünglich oder erst später gemacht worden sind.

95 **Moderne Buchführungsformen** sind in § 146 Abs. 5 AO zugelassen worden. Von gleichen Vorstellungen wie im § 145 Abs. 2 AO ist der Gesetzgeber auch im § 146 Abs. 5 zweiter Halbsatz AO ausgegangen. Hiernach ist bei Aufzeichnungen, die allein nach den Steuergesetzen vorzunehmen sind, die **Zulässigkeit von Verfahren**, die auf der geordneten Ablage von Belegen beruhen oder auf Datenträgern geführt werden, allein nach dem **Zweck zu bestimmen**, den die Aufzeichnungen **für die Besteuerung** erfüllen sollen.

96 Werden Bücher oder Aufzeichnungen freiwillig geführt, so war der Stpfl. von jeher verpflichtet, diese Bücher und Aufzeichnungen **auch im steuerlichen Interesse ordnungsmäßig zu führen** (vgl. RFH-U. v. 24. 10. 38, RStBl 39 S. 193). Die AO schreibt in § 146 Abs. 6 ausdrücklich vor, daß die Ordnungsvorschriften für die Buchführung und für die Aufzeichnungen auch

dann gelten, „wenn der Unternehmer Bücher und Aufzeichnungen, die für die Besteuerung von Bedeutung sind, führt, ohne hierzu verpflichtet zu sein".

Der Stpfl., der freiwillig Bücher und Aufzeichnungen führt, unterliegt damit dem Zwang, die Ordnungsvorschriften der §§ 145 bis 147 AO einzuhalten. Die Folge kann sein, daß bewußt unvollständige Abschlüsse des Stpfl. von der Finanzverwaltung als fehlerhafte Bilanzen oder Überschußrechnungen aufgefaßt und gedeutet werden, mit den entsprechenden ungünstigen steuerlichen Folgen. **97**

Nach § 158 AO werden die Aufzeichnungen des Stpfl. der Besteuerung zugrunde gelegt, wenn sie den Vorschriften der §§ 140 bis 148 AO entsprechen. Bei **Verletzung dieser Vorschriften** kommt eine **Schätzung** nach § 162 AO in Betracht. **Daneben** stellt die Verletzung der Buchführungs- und Aufzeichnungspflichten unter den Voraussetzungen des § 379 Abs. 1 Satz 1 Nr. 2 AO eine **Ordnungswidrigkeit** dar und kann mit einer Geldbuße geahndet werden. Für die Zukunft kann die Einhaltung der Aufzeichnungspflichten mit den Mitteln der §§ 328 ff. AO erzwungen werden. **98**

Zur Erschütterung des **Beweiswerts einer Buchführung** wird von der Rechtsprechung zunehmend verlangt, daß eine Vermögenszuwachsrechnung oder eine Geldverkehrsrechnung durchgeführt wird und daß sich dabei nicht unwesentliche Fehlbeträge ergeben (BFH, BStBl 74 II S. 591; 84 S. 504; 86 S. 732; BFH/NV 89 S. 416). Die **Gesamtgeldverkehrsrechnung** erfaßt den gesamten betrieblichen und privaten Geldverkehr. In dieser Form wird sie angewendet, wenn ein Stpfl. seinen Gewinn nach § 4 Abs. 3 EStG ermittelt. Bei Stpfl. mit Gewinnermittlung nach § 4 Abs. 3 EStG ließe sich auch eine **betriebliche Geldverkehrsrechnung** durchführen. Da die Verwendung der einem Stpfl. zur Verfügung stehenden Mittel aber in erheblichem Umfang im Privatbereich stattfindet, wäre eine nur auf die betrieblichen Geldbewegungen beschränkte Geldverkehrsrechnung nur wenig aussagekräftig. Sie wird daher in der Praxis kaum angewendet. Auf die Aufstellung einer dem Einzelfall angepaßten Verprobungsrechnung kann verzichtet werden, wenn die Verhältnisse einfach gelagert und leicht überschaubar sind. Das kann der Fall sein, wenn der Stpfl. Einkünfte nur aus **einer Quelle** erzielt und er diese durch **Einnahme-Überschußrechnung** nach § 4 Abs. 3 EStG ermittelt. Dann kann u. U. ohne weiteres erkennbar sein, ob die i. d. R. zu schätzenden Lebenshaltungskosten, die sonstigen privaten Ausgaben und etwa festgestellte Geldanlagen aus den erklärten Einkünften geleistet werden konnten (BFH-U. v. 28. 5. 86, BStBl II S. 732). **99**

100 Soweit z. B. die Land- und Forstwirte die für die Gewinnermittlung nach § 4 Abs. 3 EStG erforderlichen Aufzeichnungen der Betriebseinnahmen und Betriebsausgaben nicht führen, ist der Gewinn nach § 4 Abs. 1 EStG zu schätzen (§ 162 AO). Die FinVerw. kann für diese Schätzung **Richtsätze** aufstellen (R 127 Abs. 1 EStR).

101 Das Hessische FG sieht es in seinem Urteil v. 28. 1. 75 (EFG S. 371) als gerechtfertigt an, daß bei einer Überschußrechnung **Gewinnzuschätzungen** erfolgen, wenn Geldkonten geführt werden, die Anfangs- und Endbestände enthalten, und die Geldbewegungen im Laufe des Jahres einen „Fehlbetrag" zu Lasten des Gewinns ausweisen. In diesem Fall kann die Hinzuschätzung in Höhe des Differenzbetrages erfolgen.

102 Soll ein **innerer Betriebsvergleich** zur Verwerfung der Einnahmeaufzeichnungen und zur **Schätzung** von Umsatz und Gewinn führen, dann darf er **keine Unsicherheitsfaktoren** enthalten. Ein innerer Betriebsvergleich, der auf einem nicht mit hinreichender Sicherheit festzustellenden Wareneinsatz beruht, bietet für sich allein keinen ausreichenden Anlaß, an der Richtigkeit der Einnahmeaufzeichnungen zu zweifeln (FG Düsseldorf v. 3. 3. 67, EFG S. 516).

103 Nach dem BFH-U. v. 30. 9. 80 (BStBl 81 II S. 301) ist der Gewinn grundsätzlich nach § 4 Abs. 1 EStG, also durch Betriebsvermögensvergleich zu ermitteln. Davon abweichend räumt § 4 Abs. 3 EStG dem nicht buchführungspflichtigen Stpfl. das **Wahlrecht** ein, den Gewinn als Überschuß der Einnahmen über die Ausgaben zu ermitteln. Hat der Stpfl. das Wahlrecht **nicht**, auch nicht schlüssig (vgl. hierzu Hartmann/Böttcher/Nissen/Bordewin, § 4 Anm. 36) **i. S. der Überschußrechnung ausgeübt**, kann somit das FA den Gewinn nicht als Überschuß der Einnahmen über die Ausgaben, sondern muß ihn durch Schätzung nach § 4 Abs. 1 EStG ermitteln (FG Saarland v. 19. 6. 90, EFG S. 635; BFH-U. v. 20. 5. 88, BFH/NV 90 S. 17; zur Wahl des Wirtschaftsjahres: BFH-U. v. 16. 2. 89, BFH/NV 90 S. 632).

104 Für den umgekehrten Fall, daß der nicht buchführungspflichtige Stpfl. sein **Wahlrecht durch Wahl der Überschußrechnung ausgeübt** hat, folgt hieraus nach dem BFH-U. v. 2. 3. 82 (BStBl 84 II S. 504), daß dann, wenn die für die Überschußrechnung erforderlichen Aufzeichnungen (Wareneinkäufe, Betriebseinnahmen, Eigenverbrauch) nicht oder nur mangelhaft erfolgt sind und deshalb eine Gewinnschätzung erforderlich ist, diese Schätzung im Rahmen der Überschußrechnung zu erfolgen hat, so daß es nicht zu einem Wechsel der Gewinnermittlungsart mit den dadurch bedingten Zu- und Abrechnungen kommt (R 12 Abs. 2 Satz 6 EStR). Nicht statthaft ist in diesem Fall eine Schätzung des Gewinns auf der Grundlage eines Betriebsvermögensvergleichs nach § 4 Abs. 1 EStG (Zubilligung von Gewerbesteuerrückstellungen). Nimmt das Finanzamt bei einem Angehörigen der freien Berufe, der seinen Gewinn bislang nach § 4 Abs. 3 EStG ermittelte, wegen **Nichtabgabe der Erklärung** nach Ankündigung eine Gewinnschätzung vor, bleibt es dabei im Rahmen dieser Gewinnermittlungsart, es sei denn, der Wechsel zur Gewinnermittlungsart nach § 4 Abs. 1 EStG würde erkennbar (BFH-U. v. 16. 7. 87 IV R 242/83, n. v.).

Anders ist es jedoch, wenn der Stpfl. **buchführungspflichtig** ist, tatsächlich   105
aber **seinen Gewinn (unzulässigerweise) durch Überschußrechnung ermittelt** hat. In diesem Fall hatte der Stpfl. das Wahlrecht, den Gewinn statt nach § 4 Abs. 1 nach § 4 Abs. 3 EStG zu ermitteln, nicht. Das FA muß deshalb den Gewinn des Jahres, für das noch keine bestandskräftige Veranlagung vorliegt, durch Betriebsvermögensvergleich nach § 4 Abs. 1 EStG ermitteln, ggf. im Wege der Schätzung (vgl. FG Saarland v. 24. 8. 90, EFG S. 55). Bei dieser Gewinnschätzung handelt es sich um eine solche nach § 4 Abs. 1 EStG, so daß bei zuvor erfolgter, wenn auch unzulässiger Überschußrechnung Zu- und Abrechnungen nach R 17 Abs. 1 EStR erforderlich sind (R 12 Abs. 2 Satz 5 EStR). Die Verpflichtung, von der Gewinnermittlungsart nach § 4 Abs. 3 EStG zur Gewinnermittlung nach § 4 Abs. 1 EStG überzugehen, berechtigt das Finanzamt zur Schätzung eines Übergangsgewinns, wenn der Stpfl. dieser Verpflichtung erkennbar nicht nachkommt (Niedersächsisches FG v. 20. 10. 92, EFG 93 S. 448, aber aufgehoben durch BFH-U. v. 31. 8. 94 X R 2/93, n. v.).

Im einzelnen gilt folgendes:

b) Mindestaufzeichnungen bei der Überschußrechnung

aa) Aufzeichnung der Betriebseinnahmen

Neben den Aufzeichnungspflichten, die sich aus dem HGB und der AO erge-   106
ben, enthält das UStG zur **Feststellung der Besteuerungsgrundlagen** weitere umfangreiche Regelungen. Die danach notwendigen Angaben sollen die Steuerberechnung eindeutig und leicht nachprüfbar machen; insbes. soll eine getrennte Erfassung steuerfreier und steuerpflichtiger Umsätze sowie eine Trennung der steuerpflichtigen Umsätze nach Steuersätzen gewährleistet werden. Inhalt und Umfang der umsatzsteuerlichen Aufzeichnungspflichten wird durch § 22 UStG geregelt. Nähere Bestimmungen darüber, *wie* die Auf-

zeichnungspflichten zu erfüllen sind und in welchen Fällen Erleichterungen gewährt werden, enthalten die §§ 63 bis 68 UStDV. Erläuterungen zum Umfang der Pflichten und zu den Ordnungsgrundsätzen enthalten die Abschn. 255 bis 259 UStR. I. d. R. können die umsatzsteuerlichen Aufzeichnungspflichten im Rahmen der Buchführung erfüllt werden; sofern dies jedoch nicht möglich ist, müssen für umsatzsteuerliche Zwecke besondere Aufzeichnungen erstellt werden.

107 Art und Umfang der Aufzeichnungspflichten sind abhängig von der Besteuerungsform; es ist daher zu unterscheiden zwischen Aufzeichnungspflichten

- im Rahmen der Regelbesteuerung (§§ 22 UStG, 63 UStDV),

- bei Kleinunternehmern (§ 65 UStDV),

- bei der Anwendung allgemeiner Durchschnittsätze (§ 66 UStDV),

- bei der Vorsteuerpauschalierung für Vereine (§§ 23 a UStG, 66 a UStDV),

- bei der Anwendung der Durchschnittsätze für land- und forstwirtschaftliche Betriebe (§ 67 UStDV),

- bei Wandergewerbetreibenden, die ein Steuerheft führen (§§ 22 Abs. 5 UStG, 68 UStDV),

- bei Ausführung von Reiseleistungen (§§ 22 i. V. m. 25 UStG),

- bei Anwendung der Differenzbesteuerung (§§ 22 i. V. m. 25 a Abs. 3 UStG),

- bei Einfuhren (§ 64 UStDV),

- bei Anwendung des Abzugsverfahrens (§ 56 UStDV),

- bei Steuern nach § 14 Abs. 3 UStG (§ 22 Abs. 1 Satz 2 UStG).

108 Soweit die Finanzverwaltung für bestimmte Gewerbezweige **Pauschbeträge für Sachentnahmen** auf Grund von Erfahrungssätzen zuläßt, kann der Pauschbetrag einmalig im Jahr als Betriebseinnahme angesetzt werden.

109 **Unternehmer** haben die vereinbarten **Nettoentgelte** (ohne USt) für die von ihnen ausgeführten steuerbaren Lieferungen und sonstigen Leistungen aufzuzeichnen. Diese Aufzeichnungspflichten gelten auch für innergemeinschaftliche Lieferungen. Aufzuzeichnen sind auch nachträgliche Entgeltänderungen, die nach § 17 Abs. 1 UStG zu Steuerberichtigungen führen. Die Entgelte und die geänderten Entgeltteile für steuerpflichtige Umsätze sind aufzuteilen in solche, die dem allgemeinen Steuersatz, und in solche, die dem ermäßigten Steuersatz unterliegen. Vgl. Abschn. 256 Abs. 2–5 UStR.

Ist dem Unternehmer die **Istbesteuerung** genehmigt (§ 20 Abs. 1 UStG), so treten an die Stelle der vereinbarten die **vereinnahmten Entgelte** oder Teilentgelte für ausgeführte oder noch auszuführende Lieferungen und sonstige Leistungen. Aufzuzeichnen sind ferner nachträgliche Minderungen oder Erhöhungen der vereinnahmten Entgelte. Aus den Aufzeichnungen muß zu ersehen sein, wie sich die Einnahmen auf steuerpflichtige (getrennt nach Steuersätzen) und steuerfreie Umsätze verteilen. **110**

Soll- und Istbesteuerer haben die vereinbarten bzw. vereinnahmten Entgelte für (an sich steuerfreie) Umsätze, die sie nach **§ 9 UStG** als steuerpflichtig behandeln, **getrennt** von den übrigen steuerpflichtigen Umsätzen aufzuzeichnen oder in den Aufzeichnungen besonders kenntlich zu machen. **111**

Der Unternehmer hat die **Netto-Bemessungsgrundlagen** für den **Eigenverbrauch** (Einkaufspreis/Selbstkosten, Kosten, Aufwendungen des § 10 Abs. 4 UStG) aufzuzeichnen. Dabei ist ersichtlich zu machen, wie sich die Nettowerte auf den steuerpflichtigen (getrennt nach Steuersätzen) und auf den steuerfreien Eigenverbrauch verteilen. **112**

Die jeweils aufgezeichneten (vereinbarten bzw. vereinnahmten) Netto-Entgelte, Netto-Teilentgelte, Entgeltänderungen, Beträge der Entgeltminderungen i. S. von § 17 Abs. 1 Satz 2 UStG und die Netto-Bemessungsgrundlagen nach § 10 Abs. 4 und 5 UStG sind am Schluß jedes Voranmeldungszeitraums zusammenzurechnen. **113**

Nicht unter die Aufzeichnungspflicht des § 22 UStG fallen Beträge, die keine steuerlichen Entgelte sind, z. B. durchlaufende Posten, echter Schadensersatz, reine Mitgliederbeiträge, nichtsteuerbare Zuschüsse. **114**

Der Unternehmer kann die Aufzeichnungspflichten auch in der Weise erfüllen, daß er anstelle der Nettoentgelte, Nettoteilentgelte, Entgeltänderungen und der sonstigen Netto-Bemessungsgrundlagen die jeweiligen Bruttobeträge (also einschließlich USt) aufzeichnet. Vgl. dazu § 63 Abs. 3 UStDV und Abschn. 258 UStR. **115**

Wegen der erleichterten Verfahren für die Trennung der Ausgangsentgelte vgl. § 63 Abs. 4 UStDV. **116**

Unternehmer, die für ihre Umsätze **§ 19 Abs. 1 UStG** anwenden, haben lediglich die Werte der erhaltenen Gegenleistungen für die von ihnen ausgeführten Lieferungen und sonstige Leistungen, den Eigenverbrauch mit den Bruttobemessungsgrundlagen, eine nach § 14 Abs. 3 UStG geschuldete USt und ggf. die Bemessungsgrundlagen für den innergemeinschaftlichen Erwerb von **117**

Gegenständen sowie die hierauf entfallenden Steuerbeträge aufzuzeichnen (§ 65 UStDV).

118   Unternehmer, auf deren Umsätze § 24 Abs. 1 UStG anzuwenden ist, sind für den land- und forstwirtschaftlichen Betrieb von den Aufzeichnungspflichten des § 22 UStG befreit (§ 67 UStDV).

119   Wegen der Aufzeichnung von Entgelt und USt für empfangene steuerpflichtige Leistungen vgl. § 22 Abs. 2 Nr. 5–7, Abs. 3 UStG.

120   Wegen der besonderen Aufzeichnungspflichten bei Vorsteuerabzugsberichtigungen wird auf § 15 a UStG verwiesen.

121   Der Unternehmer hat schließlich die Bemessungsgrundlagen für die Einfuhr von Gegenständen (§ 11 UStG), die seinem Unternehmen dienen, und die dafür entrichtete EUSt (§ 22 Abs. 2 Nr. 6 UStG) sowie die Bemessungsgrundlage für innergemeinschaftliche Erwerbe von Gegenständen und die hierauf entfallenden Steuerbeträge (§ 22 Abs. 2 Nr. 7 UStG) aufzuzeichnen.

122   Die Fassung des **§ 4 Abs. 3 EStG selbst begründet keine Verpflichtung zur Aufzeichnung von Betriebseinnahmen und Betriebsausgaben,** da es sich um eine reine Gewinnermittlungsvorschrift handelt. Die in diesem Zusammenhang hier interessierende **Aufzeichnungsverpflichtung ergibt sich für die Einnahmeseite aus § 22 UStG.**

123   Gewerbetreibende, die ihren Gewinn zulässigerweise durch Einnahme-Überschußrechnung nach § 4 Abs. 3 EStG ermitteln, brauchen **lediglich die Wareneinkäufe, die Betriebseinnahmen und den Eigenverbrauch aufzuzeichnen** (BFH-U. v. 2. 3. 82, BStBl 84 II S. 504). Im Urteilsfall ermittelte die Stpfl. ihren Gewinn zulässigerweise durch Einnahme-Überschußrechnung nach § 4 Abs. 3 EStG. Sie war als gewerbliche Unternehmerin verpflichtet, ihren Wareneingang festzuhalten (§ 1 der VO über die Führung eines Wareneingangsbuchs v. 20. 6. 35, RGBl I S. 752; § 143 AO). Außerdem war sie nach § 22 Abs. 2 UStG verpflichtet, die vereinnahmten Entgelte aufzuzeichnen; aufzuzeichnen war ferner nach § 22 Abs. 2 Nr. 3 UStG der Eigenverbrauch (so schon für die Zeit vor Inkrafttreten des UStG 67 BFH-U. v. 9. 10. 58 IV 119/57, StRK AO § 217 R. 20). Umsatzsteuerrechtliche Aufzeichnungen sind zwar keine Aufzeichnungen „nach anderen Gesetzen als den Steuergesetzen" (§ 160 Abs. 1 RAO, § 140 AO). Die Aufzeichnungspflicht aus einem Steuergesetz (hier dem UStG) wirkt indessen, sofern dieses Gesetz keine Beschränkung auf seinen Geltungsbereich enthält oder sich eine solche Beschränkung aus der Natur der Sache ergibt, unmittelbar für alle Besteuerungszwecke.

Weitergehende Aufzeichnungspflichten trafen die Stpfl. nicht; insbesondere war sie **nicht verpflichtet,** ihre **Betriebsausgaben (außer den Wareneinkäufen) aufzuzeichnen.** Auch nach Ansicht des FG Baden-Württemberg (Beschl. v. 6. 8. 84 VIII 391/82) besteht bei Gewinnermittlung nach § 4 Abs. 3 EStG für die betrieblichen Einnahmen nur eine Aufzeichnungspflicht nach § 22 UStG. Die betrieblichen Ausgaben dagegen müssen nach keiner Vorschrift aufgezeichnet werden. Es genügt, wenn der Stpfl. die Betriebsausgaben nachweist, z. B. durch geordnete Belege. Hierbei trifft den Stpfl. allerdings die objektive Beweislast (Feststellungslast).

Der § 12 EStDV 71 ist in die EStDV 75 nicht mehr aufgenommen, Abschn. 18   **124** EStR 72 ist ersatzlos aufgehoben worden. Die Frage, ob auch ohne die Voraussetzungen des § 12 Abs. 2 bis 4 EStDV 71 eine Verpflichtung zur **Einzelaufzeichnung der Bareinnahmen** besteht, wird in der Literatur unterschiedlich beurteilt (verneinend: Adam, StBp 61 S. 114; bejahend: Grieger, BB 63 S. 1289 und Hilbich, StBp 76 S. 87).

Folgt man Adam (a. a. O.), so muß der Überschußrechner die Bareinnahmen   **125** und -ausgaben nicht einzeln aufzeichnen. Selbst wenn es die Grundsätze ordnungsmäßiger Buchführung verlangen sollten, daß jeder einzelne Kasseneingang und Kassenausgang verzeichnet wird (so BFH-U. v. 12. 5. 66, BStBl III S. 371), so kann nach Adam (a. a. O.) gleiches doch nicht für Überschußrechner, die keine Buchführung haben, gefordert werden. Sie haben nur die Verpflichtung des § 146 Abs. 1 Satz 2 AO, die ein tägliches Aufzeichnen verlangt, zu erfüllen. Danach genügt der Überschußrechner seiner Aufzeichnungspflicht, wenn er am Ende des Tages ohne Benennung der einzelnen Kunden den insgesamt vereinnahmten Barbetrag aufzeichnet.

Bareinnahmen und -ausgaben sind täglich aufzuzeichnen, und zwar auch bei   **126** Einnahme-Überschußrechnung (BFH-U. v. 22. 2. 73, BStBl II S. 480; zweifelnd FG Düsseldorf v. 9. 9. 76, EFG 77 S. 55). Nach dem (rechtskräftigen) Urteil des FG Bremen v. 16. 3. 79 (EFG S. 449) sind Steuerpflichtige mit Gewinnermittlung durch Einnahme-Ausgabe-Überschußrechnung nach § 4 Abs. 3 EStG nicht zur Einzelaufzeichnung ihrer Betriebseinnahmen verpflichtet. Es genügt, wenn sie ihre Tageseinnahmen jeweils durch Auszählen (Kassensturz) ermitteln und das Ergebnis schriftlich festhalten. Das braucht nicht in Form von täglichen Kassenberichten zu geschehen.

Demgegenüber ist festzustellen, daß § 22 UStG vom **Grundsatz der Einzel-**   **127** **aufzeichnung aller Betriebseinnahmen** ausgeht. Die für Einzelhandelsgeschäfte aus Gründen der Unzumutbarkeit geltende Ausnahmeregelung –

Aufzeichnung der täglichen Kasseneinnahmen in einer Summe – ist für Freiberufler ohne Bedeutung (Schmitz, StBp 88 S. 44).

128   Die Frage, ob **fehlende Einzelaufzeichnungen** zur Schätzung gem. § 162 AO (Hinzuschätzung, Unsicherheitszuschlag) berechtigen, wird im Schrifttum allgemein verneint (so z. B. Littmann, a. a. O.). Das Urteil des FG Bremen (a. a. O.), das bei dieser Gelegenheit meist zitiert wird, erweist sich indes bei näherer Betrachtung zur Begründung einer solch allgemeinen Aussage als untauglich. Denn dort ging es um einen Einzelhändler, dem – unzweifelhaft zu Recht – zugestanden wurde, daß er seine Kasseneinnahmen in einer Tagessumme festhalten kann, nicht aber einzeln aufzeichnen muß (vgl. a. R 29 Abs. 3 EStR). Von daher war es durchaus nicht zu beanstanden, daß dem FA die Schätzungsbefugnis abgesprochen worden ist. Eine generelle Erkenntnis dergestalt, daß bei Gewinnermittlung nach § 4 Abs. 3 EStG keine Einzelaufzeichnungspflicht für Betriebseinnahmen bestehe und daß das Fehlen von Einzelaufzeichnungen keine ergänzende Schätzung rechtfertige, kann aus diesem Urteil aber nicht hergeleitet werden.

129   Eine **Einzelaufzeichnung der baren Betriebseinnahmen im Einzelhandel** ist nach der Rechtsprechung des BFH unter dem Aspekt der Zumutbarkeit **nicht erforderlich**, wenn Waren von geringem Wert an eine unbestimmte Vielzahl nicht bekannter und auch nicht feststellbarer Personen verkauft werden (BFH-U. v. 12. 5. 66, BStBl III S. 371). Von der Zumutbarkeit von Einzelaufzeichnungen über die Identität ist jedenfalls bei einer Annahme von Bargeld im Wert von 20 000 DM und mehr auszugehen. Außersteuerliche Buchführungs- und Aufzeichnungspflichten bleiben unberührt (BMF-Schr. v. 14. 12. 94 – IV A 8 – S 0315 – 22/94).

bb) Aufzeichnung der Betriebsausgaben

130   Eine **Pflicht zur Aufzeichnung von Betriebsausgaben** für die Überschußrechnung nach § 4 Abs. 3 EStG **sehen** das **Einkommensteuergesetz und** die **Abgabenordnung nicht** ausdrücklich **vor**. Auf § 146 Abs. 1 AO kann man sich hinsichtlich der Aufzeichnung der Betriebsausgaben ebensowenig berufen wie bei der Frage der Aufzeichnung der Privatentnahmen.

131   § 4 Abs. 3 EStG selbst enthält keine allgemein gültige Vorschrift über die Aufzeichnung der Betriebsausgaben. Lediglich für **nicht abnutzbare Wirtschaftsgüter des Anlagevermögens** besteht hiernach eine besondere Aufzeichnungspflicht. Was in die **besonderen, laufend zu führenden Verzeichnisse** aufzunehmen ist, bestimmt § 4 Abs. 3 Satz 5 EStG:

- die einzelnen Wirtschaftsgüter,

- den Tag der Anschaffung oder Herstellung bzw. Einlage,

- die Anschaffungs- oder Herstellungskosten bzw. den Einlagewert.

Im Unterschied zu erhöhten Absetzungen und Sonderabschreibungen (vgl. § 7a Abs. 8 EStG und dazu BFH-U. v. 9. 8. 84, BStBl 85 II S. 47) ist die Führung des Verzeichnisses jedoch **nicht unabdingbare Voraussetzung** für den Abzug der entsprechenden Kosten. Gelingt dem Stpfl. auf andere Art, die Höhe der Kosten nachzuweisen, steht deren Abzug nichts im Wege.

Die Verpflichtung zur Aufzeichnung der Betriebsausgaben ergibt sich für den 132 Stpfl. mit Überschußrechnung jedoch aus der allgemeinen **Mitwirkungspflicht** (§ 90 Abs. 1 AO), wonach die Betriebsausgaben der Finanzbehörde gegenüber auf Verlangen zu erläutern und glaubhaft zu machen sind, sowie aus Gründen der objektiven Beweislast (Feststellungslast), die den Überschußrechner hinsichtlich der betrieblichen Veranlassung der geltend gemachten Aufwendungen trifft (BFH-U. v. 7. 7. 83, BStBl II S. 761). Auch wenn für den Nachweis die **Vorlage geordneter Belege** (ebenso Hartmann/ Böttcher/Nissen/Bordewin, §§ 4, 5 Anm. 53–53a; Schmidt, § 4 Anm. 375; Schnepper, DB 81 S. 287) genügt, so erfüllt der Stpfl. in dieser Form nach § 146 Abs. 5 AO bereits Aufzeichnungspflichten.

Vgl. hierzu auch BFH-U. v. 17. 7. 80 (BStBl 81 II S. 14), wonach das FA mithin berechtigt ist, Betriebseinnahmen und Betriebsausgaben zu **schätzen,** wenn der Stpfl. keine Angaben macht oder sie in unzulänglicher Weise erläutert und insbesondere, wenn er die Betriebsausgaben nicht anhand von Belegen nachweisen kann und auch sonst keine Anhaltspunkte zum Grunde und zur Höhe liefert. Vgl. dazu ferner Lammerding (DB 79 S. 2452), Schnepper (DB 81 S. 287), Offerhaus (BB 77 S. 1493, 1495). Geht es um die Schätzung von Betriebsausgaben, ist zu Gunsten eines Stpfl., der seinen Gewinn nach § 4 Abs. 3 EStG ermittelt, zu berücksichtigen, daß die Betriebsausgaben nicht aufgezeichnet zu werden brauchen (BFH-Beschl. v. 18. 5. 88, BFH/NV S. 731).

Nach § 4 Abs. 3 Satz 3 EStG sind die Vorschriften über die Absetzungen für 133 Abnutzung oder Substanzverringerung zu befolgen. Macht der Stpfl. mit Gewinnermittlung nach § 4 Abs. 3 EStG Absetzungen für Abnutzung für **bewegliche abnutzbare Wirtschaftsgüter des Anlagevermögens** geltend, so sollte aus den zweckmäßigerweise (vgl. Rdn. 194) zu führenden **Bestandsverzeichnissen** ersichtlich sein

- die genaue Bezeichnung des Gegenstandes,
- die Höhe der Absetzungen für Abnutzung,
- der Wert am Ende des jeweiligen Kalenderjahres.

Stpfl., die **ab 1. 7. 90** ihren Gewinn durch **Einnahme-Überschußrechnung** ermitteln, haben die Wirtschaftsgüter unter Angabe ihres Wertes **zum 1. 7. 90** in ein **Anlageverzeichnis** (bisher: Inventar) aufzunehmen. Grundlage ist das D-Markbilanzgesetz — DMBilG — i. d. F. v. 18. 4. 91 (BGBl I S. 971).

In Fällen, in denen Stpfl. ihren Gewinn nach der Einnahme-Überschußrechnung ermitteln, sind für Wirtschaftsgüter des Anlagevermögens als **Anschaffungs- oder Herstellungskosten zum 1. 7. 90** die Werte anzusetzen, die sich in entsprechender Anwendung der handelsrechtlichen Vorschriften des DMBilG ergeben (§ 52 Abs. 1 Satz 1 DMBilG). Diese Werte sind auch künftig als Anschaffungs- oder Herstellungskosten für die steuerrechtliche Ermittlung der Einkünfte maßgebend.

134   Wegen der Verpflichtung zur Aufzeichnung der Aufwendungen für den **Wareneinkauf** s. Rdn. 140 ff. sowie BFH-U. v. 2. 3. 82 (BStBl 84 II S. 504).

135   Bei den **in § 4 Abs. 5 Nr. 1 bis 5 und 7 EStG** i. V. m. R 22 Abs. 1 EStR **genannten Aufwendungen** (für Geschenke, für die Bewirtung usw.) besteht nach § 4 Abs. 7 EStG eine **Pflicht zu besonderen Aufzeichnungen**. Diese Pflicht ist nicht an eine Buchführungspflicht nach §§ 238 ff. HGB oder nach §§ 140, 141 AO geknüpft. Der Stpfl. muß ihr also auch dann nachkommen, wenn er seinen Gewinn nach § 4 Abs. 3 EStG durch Einnahmenüberschußrechnung ermittelt. Vgl. a. BFH-U. v. 26. 10. 88 (BFH/NV 89 S. 571).

Die Aufzeichnungspflicht nach § 4 Abs. 7 EStG ist gem. dem BMF-Schr. v. 23. 7. 92 — IV B 2 — S 2142 — 1/92 (FR S. 601) erfüllt, wenn diese speziellen Betriebsausgaben **fortlaufend, zeitnah** und bei der Gewinnermittlung nach § 4 Abs. 3 EStG von Anfang an **getrennt** von den sonstigen Betriebsausgaben entsprechend den Grundsätzen des BFH-U. v. 22. 1. 88 (BStBl II S. 535) **einzeln** aufgezeichnet werden. Dabei wird dem Erfordernis der getrennten Buchung genügt, wenn für jede der in § 4 Abs. 5 Nr. 1 bis 5 und 7 EStG i. V. m. R 22 Abs. 1 EStR bezeichnete Gruppe von Aufwendungen ein **besonderes Konto** oder eine **besondere Spalte** geführt wird. Wird nur **ein** Konto oder nur **eine** Spalte geführt, muß sich aus jeder Buchung oder Aufzeichnung die Art der Aufwendung ergeben. Im übrigen nimmt das BMF-Schr. auf R 22 Abs. 1 EStR Bezug. Bzgl. der Abzugsfähigkeit von Bewirtungskosten bei Buchung auf zwei Konten vgl. a. OFD München v. 17. 7. 92 — S 2145.

Bei dem in § 4 Abs. 7 EStG verwendeten Begriff der „Aufzeichnungen" handelt es sich um den Oberbegriff für Buchungen innerhalb einer kaufmännischen Buchführung und für Ausgabeaufzeichnungen i. S. des § 4 Abs. 3 EStG. Deshalb ist ein Handelsvertreter, der seinen Gewinn nach § 4 Abs. 3 EStG ermittelt, nach § 4 Abs. 7 EStG verpflichtet, die **Bewirtungsaufwendungen** im Rahmen seiner Ausgabenaufzeichnungen getrennt oder in Form einer gesonderten Aufwendungsaufzeichnung zu verbuchen. Der gesetzlichen Aufzeichnungspflicht ist mit der Anlage einer geordneten Belegsammlung nicht genügt (BFH-U. v. 10. 3. 88, BStBl II S. 611; BFH-Beschl. v. 26. 6. 89, BFH/NV 90 S. 165).

Die **gesonderte und geordnete Ablage von Bewirtungsbelegen** genügt nur dann der Vorschrift des § 4 Abs. 7 EStG, wenn zusätzlich die Summe der Aufwendungen periodisch und zeitnah auf einem besonderen Konto eingetragen wird oder vergleichbare andere Aufzeichnungen geführt werden (BFH-U. v. 26. 2. 88, BStBl II S. 613).

Nach dem BFH-U. v. 5. 6. 91 – XI R 21/89 bedarf es keiner getrennten Einzelaufzeichnungen gem. § 4 Abs. 7 EStG, wenn ein Stpfl. die in Abschn. 119 Abs. 3 Nr. 3 EStR 1978/1990 festgelegten **Pauschbeträge** in Anspruch nimmt.

Nicht abziehbare Betriebsausgaben (§ 4 Abs. 5 EStG) sind betrieblich veranlaßte Aufwendungen i. S. von § 4 Abs. 4 EStG. Sie werden nicht gebucht.

Degressive AfA, erhöhte Absetzungen und Sonderabschreibungen werden nur gewährt, wenn die begünstigten Wirtschaftsgüter, falls die nachstehend aufgeführten Angaben nicht aus der Buchführung zu entnehmen sind, in ein **besonderes,** laufend zu führendes **Verzeichnis** aufgenommen werden (§ 7 Abs. 2 Satz 3 EStG; § 7a Abs. 8 EStG). Aus diesem Verzeichnis müssen sich **136**

* der Tag der Anschaffung oder Herstellung,

* die Anschaffungs- oder Herstellungskosten,

* die betriebsgewöhnliche Nutzungsdauer und

* die Höhe der jährlichen AfA, erhöhten AfA und Sonder-AfA

ergeben. Dieses Verzeichnis kann auch nachträglich erstellt werden (H 45 EStH). Das besondere Verzeichnis erübrigt sich vollständig, wenn im Rahmen der Überschußrechnung nach § 4 Abs. 3 EStG ein Anlageverzeichnis geführt wird.

Die **Vorsteuer** ist gem. § 22 Abs. 2 Nr. 5 UStG aufzuzeichnen. **137**

Die Aufzeichnung aller Betriebsausgaben kann nicht gefordert werden. Es **138** muß grundsätzlich genügen, wenn der Stpfl. die **Höhe seiner Betriebsaus-**

gaben, auf deren Nachweis die FinVerw. selbstverständlich nicht verzichten kann, **auf andere Weise nachweist**, z. B. durch **Vorlage geordneter Belege** (Hartmann/Böttcher/Nissen/Bordewin, §§ 4, 5 Anm. 53–53a; Schmidt, § 4 Anm. 375; Schnepper, DB 81 S. 287).

139 **Belege** i. S. des Handels- und damit auch des Steuerrechts sind alle Urkunden, die im geschäftlichen Betrieb anfallen. Darunter fallen die eigentlichen Rechnungen, ferner alles, was über Geld- und Warenbewegungen Auskunft gibt und was in einem ordnungsgemäß geführten Unternehmen an Schriftstücken überhaupt anfällt.

Beispiele:
Bankauszüge, Kostenbelege, Quittungen, Korrespondenz einschl. der Abschriften der eigenen Schreiben, Verträge, Reiseberichte, Fertigungsnachweise, Streifen der Registrierkasse, Kassenbelege, Einnahmelisten usw.

Fremdbelege nennt man solche, die von außen her in das Unternehmen gelangen. Eigenbelege solche, die das Unternehmen selbst im Rahmen seines Betriebes erstellt. Zu letzteren gehören auch die sog. Notbelege, die ein Unternehmen ausstellt, weil ein Fremdbeleg nicht erteilt wurde oder verlorenging.

cc) Aufzeichnung des Wareneingangs

140 Die Vorschrift des § 143 Abs. 1 AO verpflichtet **alle** gewerblichen Unternehmer, den Wareneingang **gesondert** aufzuzeichnen. Zweck dieser besonderen Aufzeichnungspflicht ist es vor allem, der Finanzbehörde zu ermöglichen, das Betriebsergebnis des Stpfl. durch **Nachkalkulation** zu überprüfen. Hierbei ist es nicht erforderlich, daß ein besonderes Wareneingangsbuch geführt wird. Die Aufzeichnungspflichten können auch durch die gesonderte Ablage der Belege oder im EDV-Verfahren erfüllt werden, soweit diese Formen den Grundsätzen ordnungsmäßiger Buchführung entsprechen (§ 146 Abs. 5 AO).

141 Von der Verpflichtung, den Wareneingang gesondert aufzuzeichnen, sind alle **gewerblichen Unternehmer** ohne Rücksicht darauf betroffen, ob sie im übrigen buchführungs- oder aufzeichnungspflichtig sind. § 143 AO sieht Befreiungen von der Pflicht zur Aufzeichnung des Wareneingangs nicht vor.

142 Gewerbliche Unternehmer sind solche Unternehmer, die einen Gewerbebetrieb i. S. des § 15 Abs. 2 oder 3 EStG bzw. des § 2 Abs. 2 oder 3 GewStG ausüben (BMF-Schr. v. 24. 9. 87 IV A 5 – S 0062 – 38/87, zu § 143 AO, BStBl I S. 664).

143 Die neben § 143 AO bestehenden besonderen Aufzeichnungspflichten nach § 22 Abs. 2 UStG bleiben unberührt. Beide Vorschriften verfolgen verschie-

dene Zwecke und sind verschieden weit. § 143 AO dient insbesondere der **Überprüfung der Aufzeichnungsergebnisse durch Nachkalkulation, § 22 Abs. 2 UStG** dagegen u. a. dem **Nachweis der Vorsteuerbeträge.** Es ist nicht zu beanstanden, wenn beide **Aufzeichnungen zusammengefaßt** werden, sofern damit den nach § 143 AO und den nach § 22 UStG gestellten Anforderungen genügt wird.

Aufzuzeichnen sind alle Waren einschließlich der Rohstoffe, unfertigen Erzeugnisse, Hilfsstoffe und Zutaten, die der Unternehmer im Rahmen seines Gewerbebetriebes zur Weiterveräußerung oder zum Verbrauch entgeltlich oder unentgeltlich, für eigene oder für fremde Rechnung, erwirbt (§ 143 Abs. 2 AO); dies gilt auch dann, wenn die Waren vor der Weiterveräußerung oder dem Verbrauch be- oder verarbeitet werden sollen. Waren, die nach Art des Betriebes üblicherweise für den Betrieb zur Weiterveräußerung oder zum Verbrauch erworben werden, sind auch dann aufzuzeichnen, wenn sie für betriebsfremde Zwecke (so z. B. für den Privatgebrauch) verwendet werden.   144

Die Aufzeichnungen über den Wareneingang müssen gem. § 143 Abs. 3 AO die folgenden Angaben enthalten: 145

- den Tag des Wareneingangs oder das Datum der Rechnung,

- den Namen oder die Firma und die Anschrift des Lieferers,

- die handelsübliche Bezeichnung der Ware,

- den Preis der Ware,

- einen Hinweis auf den Beleg.

Gem. § 143 Abs. 1 AO müssen alle gewerblichen Unternehmer den Wareneingang **gesondert** aufzeichnen, d. h. also, die Aufzeichnungen müssen losgelöst von den sonstigen Aufzeichnungen geführt werden, z. B. in Form eines Wareneingangsbuches. Das gilt insbes. für Gewerbetreibende, die ihren Gewinn nach § 4 Abs. 3 EStG ermitteln.   146

Die **äußere Gestaltung der Aufzeichnung des Wareneingangs** bleibt dem aufzeichnungspflichtigen gewerblichen Unternehmer völlig überlassen; er muß dabei lediglich die allgemeinen Anforderungen an Aufzeichnungen des § 145 AO und die Ordnungsvorschriften des § 146 AO beachten. Auch die Aufzeichnungen, zu denen bestimmte Gewerbetreibende nach außensteuerlichen Vorschriften verpflichtet sind (vgl. Einführungserlaß zur AO 1977, Anm. zu § 140), reichen aus, wenn sie den Erfordernissen des § 143 Abs. 3 AO entsprechen. Es sei hierzu z. B. auf die Gebrauchtwarenbücher des Gebrauchtwaren-   147 händlers, die Metallbücher der Metallhändler und das Straßensteuerheft der Wandergewerbetreibenden hingewiesen.

148   Eine **Aufgliederung** der Aufzeichnungen **nach Warengruppen,** die im Interesse der Nachkalkulation z. B. bei einem Gastwirt, einem Bäcker oder einem Lebensmitteleinzelhändler von großem Vorteil wäre, ist zwar zulässig, kann aber von dem gewerblichen Unternehmer **nicht gefordert** werden. § 143 AO enthält keine Bestimmung, die den gewerblichen Unternehmer zur Aufgliederung der Aufzeichnungen nach Warengruppen verpflichten würde (vgl. auch BFH-Beschluß v. 9. 11. 55, BStBl III S. 383).

149   Die gewerblichen Unternehmer, die keine Bücher zu führen brauchen und auch nicht führen, werden im allgemeinen nur eine Einnahme-Überschußrechnung nach § 4 Abs. 3 EStG haben und in diesem Rahmen die entsprechenden Aufzeichnungen führen. Diese Unternehmer sind gut beraten, wenn sie zum Zwecke der gesonderten Aufzeichnung des Wareneingangs ein Wareneingangsbuch führen. Sie eröffnen sich dadurch selbst die Möglichkeit, ihr Betriebsergebnis ohne besondere Schwierigkeiten und ohne größeren Zeitaufwand im Weg der Nachkalkulation zu kontrollieren.

150   In der Praxis hat sich bewährt, dann in das Wareneingangsbuch nicht nur den Wareneingang einzutragen, sondern das Wareneingangsbuch gleichzeitig den Erfordernissen des § 22 Abs. 2 UStG anzupassen.

dd) Aufzeichnung des Warenausgangs

151   Die Vorschrift des § 144 Abs. 1 AO gilt nur für den Großhandel. Für die meisten Überschußrechner hat § 144 AO deshalb keine praktische Bedeutung.

152   **Gewerbliche Unternehmer,** die nach der Art ihres Geschäftsbetriebes Waren regelmäßig **an andere gewerbliche Unternehmer** zur Weiterveräußerung oder zum Verbrauch als Hilfsstoffe liefern, müssen den erkennbar für diese Zwecke bestimmten Warenausgang gesondert aufzeichnen. Die Vorschrift soll es u. a. den FinBeh ermöglichen, den Warenausgang vom Großhandel zum Abnehmer (Wiederverkäufer) nachzuvollziehen (BMF-Schr. v. 13. 7. 92 S 0314).

153   Aufzuzeichnen sind auch alle Waren, die der Unternehmer

- auf Rechnung (auf Ziel, Kredit, Abrechnung oder Gegenrechnung), durch Tausch oder unentgeltlich liefert, oder

- gegen Barzahlung liefert, wenn die Ware wegen der abgenommenen Menge zu einem Preis veräußert wird, der niedriger ist als der übliche Preis für Verbraucher.

Dies gilt nicht, wenn die Ware erkennbar nicht zur gewerblichen Weiterverwendung bestimmt ist.

Die Aufzeichnungen müssen die folgenden Angaben enthalten: 154

- den Tag des Warenausgangs oder das Datum der Rechnung,
- den Namen oder die Firma und die Anschrift des Abnehmers,
- die handelsübliche Bezeichnung der Ware,
- den Preis der Ware,
- einen Hinweis auf den Beleg.

Der Unternehmer muß gem. § 144 Abs. 4 AO über jeden Ausgang der obengenannten Waren einen **Beleg erteilen**, der die vorbezeichneten Angaben sowie seinen Namen oder die Firma und seine Anschrift enthält. Dies gilt insoweit nicht, als nach § 14 Abs. 5 des Umsatzsteuergesetzes eine Gutschrift an die Stelle einer Rechnung tritt oder auf Grund des § 14 Abs. 6 des Umsatzsteuergesetzes Erleichterungen gewährt werden. 155

Die Verpflichtung nach § 144 AO ist teils weiter als die nach §§ 14 und 22 UStG. Soweit das UStG Erleichterungen zuläßt, gelten diese nach Abs. 4 Satz 2 auch im Rahmen des § 144 AO. Nach § 33 UStDV kann z. B. bei Rechnungen bis zu 200 DM auf die Angabe des Namens und der Anschrift des Abnehmers verzichtet werden. Die Verpflichtung zur Aufzeichnung des Warenausgangs kann auch durch die gesonderte Ablage der Belege oder im EDV-Verfahren erfüllt werden, soweit diese Formen den Grundsätzen ordnungsmäßiger Buchführung entsprechen (§ 146 Abs. 5 AO). 156

ee) Lohnkonten

Wenn ein Arbeitgeber Arbeitnehmer beschäftigt, so besteht eine weitere Aufzeichnungspflicht. Es ist nämlich für jeden Arbeitnehmer am Ort der Betriebsstätte ein Lohnkonto zu führen (§ 41 EStG, § 4 LStDV). 157

ff) Bestandsaufnahmen

Die Anwendung des § 4 Abs. 3 EStG setzt grundsätzlich keine jährlichen Bestandsaufnahmen voraus (RFH-U. v. 27. 4. 38, StuW Nr. 402). Es ist lediglich das Bestandsverzeichnis für die abnutzbaren (vgl. hierzu Rdn. 194) und nicht abnutzbaren Wirtschaftsgüter des Anlagevermögens zu führen. 158

gg) Anbauverzeichnis

159   Der Landwirt mit Einnahme-Überschußrechnung braucht kein Anbauver-
zeichnis nach § 142 AO zu führen.

hh) Verzeichnis betr. Tiere des Anlagevermögens

160   Nach R 125a Nr. 1 EStR haben Landwirte, die ihren Gewinn nach § 4 Abs. 3
EStG ermitteln und die Bewertung der Tiere des Anlagevermögens mit den
Durchschnittswerten in Anspruch nehmen, ein Verzeichnis hierüber laufend
zu führen. In dem Verzeichnis ist jede Tierart, für die ein besonderer Durchschnittswert gilt, getrennt zu führen. Außerdem sind sowohl Anschaffungs-
und Herstellungs-(Aufzucht-)kosten als auch der Durchschnittswert für jedes
einzelne Tier ebenso aufzuzeichnen wie die Abgänge der Tiere durch Verkauf
und Tod sowie die Zugänge durch Anschaffung und Geburt (Bichel, Inf. 87
S. 291).

ii) Ausgestaltung der Aufzeichnungen

161   Hinsichtlich der Form der Aufzeichnungen sind die **Ordnungsvorschriften**
der §§ 145 und 146 AO zu beachten, die auch dann gelten, wenn Bücher und
Aufzeichnungen freiwillig geführt werden (§ 146 Abs. 6 AO).

162   § 4 Abs. 3 EStG enthält keine Aussage, *wie* die Überschußrechnung technisch
durchzuführen ist. Es existieren auch keine allgemein anerkannten Regeln
einer „ordnungsmäßigen Überschußrechnung". Allerdings ist die Überschußrechnung nach § 4 Abs. 3 EStG nur durchführbar, wenn die Betriebseinnahmen und -ausgaben ziffernmäßig feststehen.

163   Prinzipiell genügt für die Überschußrechnung die **geordnete Zusammenstellung** der Betriebseinnahmen und -ausgaben. Als zweckmäßig erweist sich
hierbei die Führung eines **Einnahme-Ausgabe-Buches in der Form eines
amerikanischen Journals**, wobei jeweils für die Einnahmen und die Ausgaben
Hauptspalten bestehen, während diese nochmals durch Nebenspalten unter-
teilt werden. Außerdem kann der Zahlungsverkehr über Kasse, Bank und
Postbank in entsprechenden Spalten mit Einnahmen und Ausgaben festgehalten werden.

164   In der Praxis werden oft nicht nur die Betriebseinnahmen aufgezeichnet, die
sich auf die Gewinnermittlung nach der Überschußrechnung auswirken. Es
werden vielmehr alle Geldbewegungen aufgezeichnet. Die Betriebseinnahmen, die sich auf den Gewinn auswirken, werden dabei nur in einer oder

mehreren Spalten erfaßt. Die Einnahmen, die sich nicht auf den Gewinn auswirken, müssen dann ebenfalls in besonderen Spalten erfaßt werden. Wieviel Spalten für derartige Einnahmen eingerichtet werden, hängt von den Umständen des Einzelfalls ab. Notwendig ist mindestens eine Spalte für alle Einnahmen, die keine Betriebseinnahmen sind. Zweckmäßig sind jedoch getrennte Spalten für

- Durchlaufende Posten,
- Innerbetrieblichen Geldverkehr,
- Geldeinlagen aus dem Privatvermögen und
- Darlehen.

In der Praxis werden nicht nur die Betriebsausgaben aufgezeichnet, die sich bei der Überschußrechnung auf den Gewinn auswirken. Zur Kontrolle der Bestände der Geschäftskasse und des Bankkontos werden auch

- Durchlaufende Posten,
- Anschaffungskosten für Wirtschaftsgüter des Anlagevermögens,
- Innerbetrieblicher Geldverkehr,
- Geldentnahmen für private Zwecke und
- Darlehen

aufgezeichnet.

(unbesetzt) 165–170

c) Aufzeichnungspflichten als Voraussetzung für die Inanspruchnahme einzelner Steuervergünstigungen

Die Bewertungsfreiheit für geringwertige Wirtschaftsgüter (§ 6 Abs. 2 EStG), 171 die erhöhten Absetzungen für Wirtschaftsgüter, die dem Umweltschutz dienen (§ 7d EStG), die Bewertungsfreiheit nach § 7f EStG (Krankenanstalten), die Sonderabschreibungen für kleine und mittlere Betriebe (§ 7g EStG) sowie nach den §§ 82a, 82g und 82i EStDV und nach § 3 ZRFG, ferner die erhöhten Absetzungen nach § 7b EStG sowie nach den §§ 14 und 14a BerlinFG können auch bei der Überschußrechnung in Anspruch genommen werden. Schließlich kann die Finanzierungserleichterung für Reinvestitionen nach § 6c EStG genutzt werden.

Steuererleichterungen beim Vorratsvermögen, die an das System des Be 172 standsvergleichs anknüpfen (Rücklage für Preissteigerung gem. § 74 EStDV,

Bewertungsabschlag für bestimmte Importwaren gem. § 80 EStDV), scheiden bei der Überschußrechnung aus; sie sind hier aber auch entbehrlich, da die Bezahlung gewinnmindernde Betriebsausgabe ist.

173 Für die Zeit nach Inkrafttreten des EStG 75 kann die **Bewertungsfreiheit für die sog. geringwertigen Wirtschaftsgüter** unter den Voraussetzungen des § 6 Abs. 2 Satz 2 und 3 EStG 75 grundsätzlich von allen Steuerpflichtigen mit Gewinneinkünften in Anspruch genommen werden. In der ÄnderungsVO v. 13. 12. 74 zur EStDV 74 ist die (bisherige) Vorschrift des § 12 EStDV demzufolge gestrichen worden. Demgemäß steht die Sofortabschreibung nicht nur dem bilanzierenden Unternehmer, sondern auch dem Stpfl. mit Gewinnermittlung durch Überschußrechnung nach § 4 Abs. 3 EStG zur Verfügung (vgl. a. R 40 Abs. 4 EStR).

174 § 6 Abs. 2 Satz 4 EStG schreibt vor, daß die Bewertungsfreiheit nur für die Wirtschaftsgüter in Anspruch genommen werden kann, die unter Angabe des Tages der Anschaffung oder Herstellung und der Anschaffungs- oder Herstellungskosten in einem **besonderen, laufend zu führenden Verzeichnis** aufgeführt sind.

175 In dieses Verzeichnis brauchen sofort abgeschriebene geringwertige Anlagegüter nur dann nicht aufgenommen zu werden, wenn die Anschaffungs- oder Herstellungskosten, vermindert um einen darin enthaltenen Vorsteuerbetrag, für das einzelne Wirtschaftsgut 100 DM nicht überstiegen haben (R 40 Abs. 3 EStR); dies gilt auch für Stpfl., die den Gewinn durch Überschußrechnung gem. § 4 Abs. 3 EStG ermitteln (R 40 Abs. 4 EStR). Da für dieses Verzeichnis keine besondere Form vorgeschrieben ist, dürfte es ausreichen, wenn die aufzuzeichnenden geringwertigen Anlagegüter unter Angabe des Tages ihrer Lieferung oder Fertigstellung sowie ihrer Anschaffungs- oder Herstellungskosten laufend in einer besonderen Spalte der Ausgabenaufzeichnungen erfaßt werden.

176 Ein entsprechendes Verzeichnis ist nach § 4 Abs. 3 Satz 5 EStG für die **nicht abnutzbaren Wirtschaftsgüter des Anlagevermögens** zu führen. Da die Anschaffungs- oder Herstellungskosten für solche Wirtschaftsgüter nach § 4 Abs. 3 Satz 4 EStG erst im Zeitpunkt ihrer Veräußerung oder Entnahme als Betriebsausgabe berücksichtigt werden können, müssen diese Wirtschaftsgüter unter Angabe des Tages der Anschaffung oder Herstellung und der Anschaffungs- oder Herstellungskosten oder des an deren Stelle getretenen Werts in **besondere, laufend zu führende Verzeichnisse** aufgenommen werden. Gleiches gilt für mit dem Teilwert eingelegte Wirtschaftsgüter des nicht abnutzbaren Anlagevermögens.

Nichtbuchführende Land- und Forstwirte müssen in diesem Verzeichnis den 177
zu ihrem Anlagevermögen gehörenden **Grund und Boden** vom 1. 1. 71 an ausweisen. Nichtbuchführende Gewerbetreibende und nichtbuchführende Freiberufler müssen in dem Verzeichnis ihren Grund und Boden des Anlagevermögens ab 15. 8. 71 ausweisen (FinMin NRW v. 9. 3. 72 S 2188/S 2239 a-1-
VB 2).

In dem Verzeichnis ist der Grund und Boden, der mit Ablauf des 30. 6. 70 178
zum Anlagevermögen gehört hat, mit dem doppelten Ausgangsbetrag (§ 55
Abs. 1 bis 4 EStG) oder mit dem höheren Teilwert (§ 55 Abs. 5 EStG) auszuweisen.

Zu den Anschaffungskosten gehören neben dem Anschaffungspreis die 179
Anschaffungsnebenkosten. Hierzu rechnen nach § 9b Abs. 1 und 3 EStG
auch die nichtabziehbare Vorsteuer, soweit es sich nicht um Bagatellbeträge
handelt. Ein anderer Wert als die Anschaffungs- oder Herstellungskosten
kommt vor allem in Betracht, wenn Veräußerungsgewinne nach § 6c EStG auf
nicht abnutzbare Anlagegüter übertragen worden sind. In diesem Fall sind die
Anschaffungs- oder Herstellungskosten um die übertragenen stillen Reserven
zu kürzen (§ 6b Abs. 5 EStG).

Nach dem Sinn und Zweck der Vorschrift und auch im Interesse der Steuer- 180
pflichtigen sind dabei auch nachträgliche Anschaffungs- oder Herstellungskosten, die nicht sofort als Betriebsausgaben abgesetzt werden können und
infolgedessen bei bilanzierenden Stpfl. zu aktivieren wären, in diese Verzeichnisse einzutragen.

Wegen der Unmöglichkeit, die Anwendung des § 6c EStG anhand der Buch- 181
führung zu überwachen, müssen Stpfl., die die **Begünstigung des § 6c EStG**
in Anspruch nehmen, die Wirtschaftsgüter, bei denen sie einen Abzug von
den Anschaffungs- oder Herstellungskosten gemacht haben, in **besondere,**
fortlaufend zu führende Verzeichnisse aufnehmen (§ 6c Abs. 2 Satz 1 EStG).
M. E. genügt es, wenn solche Verzeichnisse erst bei der **Geltendmachung der**
Gewinnübertragung erstellt werden (zu § 76 EStDV: BFH-U. v. 9. 8. 84, BStBl
85 II S. 47).

Ein Verstoß gegen diese Aufzeichnungspflicht hat zwingend die Nichtaner- 182
kennung der Vergünstigung zur Folge. Das gilt auch, wenn der Gewinn eines
Landwirts, der nicht buchführungspflichtig ist, für den aber andererseits die
Durchschnittsbesteuerung nach § 13a Abs. 1 EStG wegfällt, nach § 4 Abs. 1
EStG **geschätzt** werden muß. Die Reinvestitionsbegünstigung nach § 6b EStG
entfällt mangels Buchführung (§ 6b Abs. 4 Nr. 5 EStG), diejenige nach § 6c

EStG, weil keine Gewinnermittlung nach § 13 a EStG oder § 4 Abs. 3 EStG vorliegt (BFH-U. v. 24. 1. 90, BStBl II S. 426).

183   In dem Verzeichnis sind für jedes Wirtschaftsgut nachzuweisen (§ 6 c Abs. 2 Satz 2 EStG):

- der Tag der Anschaffung oder Herstellung,

- die Anschaffungs- oder Herstellungskosten,

- der von den Anschaffungs- oder Herstellungskosten abgezogene Betrag,

- die Absetzungen für Abnutzung,

- die Abschreibungen (z. B. auf den niedrigeren Teilwert),

- die Beträge, die in entsprechender Anwendung von § 6 b Abs. 3 EStG als Betriebsausgaben (Abzug) oder als Betriebseinnahmen (Zuschlag) behandelt worden sind (§ 6 c Abs. 1 Nr. 2 EStG).

Aus einem Verzeichnis i. S. des § 6 c i. V. m. § 6 b Abs. 4 Satz 1 Nr. 5 EStG muß ersichtlich sein, welche Wirtschaftsgüter mit welchem Buchwert und zu welchem Veräußerungspreis aus dem Betriebsvermögen ausgeschieden sind. Werden diese Anforderungen nicht erfüllt, kann keine Rücklage gem. § 6 c EStG gebildet werden (FG Münster v. 4. 7. 91, EFG 92 S. 119).

184   **§ 7 d EStG (erhöhte Absetzungen für Wirtschaftsgüter, die dem Umweltschutz dienen)** setzt nicht voraus, daß der Gewinn nach § 4 Abs. 1 oder § 5 EStG ermittelt wird. § 7 d EStG ist somit auch anwendbar, wenn der Gewinn durch Einnahme-Überschußrechnung nach § 4 Abs. 3 EStG ermittelt wird (vgl. Grützner, BBK F. 13 S. 2632). Die Vorschrift läuft Ende 1990 aus.

185   Für die Steuervergünstigung des § 7 f EStG **(Bewertungsfreiheit für abnutzbare Anlagegüter privater Krankenanstalten)** ist ordnungsmäßige Buchführung ab 1975 nicht mehr Voraussetzung. Diese Vorschrift ist also auch im Rahmen der Überschußrechnung anwendbar, sofern ein **besonderes Verzeichnis** geführt wird (vgl. § 7 f EStG i. V. m. § 7 a Abs. 8 EStG).

186   Bei einer Überschußrechnung nach § 4 Abs. 3 EStG kann auch die Absetzung nach § 7 g EStG **(Sonderabschreibung zur Förderung kleiner und mittlerer Betriebe)** bereits nach vollendeter Anschaffung oder Herstellung und nicht erst bei Bezahlung in Anspruch genommen werden (vgl. ferner R 83 EStR). § 7 g Abs. 6 ist an § 6 c EStG orientiert; ein besonderes Investitionsverzeichnis ist bei Abs. 6 aber nicht zu führen.

187   Bei der Gewinnermittlung nach § 4 Abs. 3 EStG sind erstmals für die nach dem 26. 6. 82 angeschafften oder hergestellten abnutzbaren Wirtschaftsgüter

Sonderabschreibungen nach § 76 EStDV zulässig; ihre Inanspruchnahme setzt Aufzeichnungen nach Maßgabe des § 7a Abs. 8 EStG voraus. Diese Aufzeichnungen in dem in § 7a Abs. 8 EStG genannten **besonderen Verzeichnis** müssen spätestens bis zur Abgabe der Steuererklärung für das Wirtschaftsjahr der Anschaffung oder Herstellung des begünstigten Wirtschaftsguts vorgenommen werden. Es reicht nicht aus, wenn das Verzeichnis erst im Zeitpunkt einer späteren Antragstellung nach der Abgabe der Steuererklärung, wie z. B. einer späteren Betriebsprüfung, aufgestellt wird (FinMin Rheinland-Pfalz v. 17. 1. 84 S 2230 A; vgl. a. H 231 EStH). Dazu ist auf das BFH-U. v. 9. 8. 84 (BStBl 85 II S. 47) zu verweisen, wonach das Verzeichnis auch dann i. S. des § 7a Abs. 8 EStG „laufend" geführt sein soll, wenn es z. B. erst nach einer Betriebsprüfung erstellt worden ist. Dieses mit dem Gesetzeswortlaut schwerlich zu vereinbarende Urteil ist m. E. auf alle Sonderabschreibungen und erhöhten Absetzungen, nicht nur auf die im Streitfall geltend gemachten Sonderabschreibungen nach § 76 EStDV anzuwenden.

Die Vergünstigungen nach §§ 76, 78 EStDV laufen zum Ende des Wirtschaftsjahres 1991/92 bzw. Ende des Kalenderjahres 1992 aus. Bei entsprechenden Anschaffungen können die Betriebe im Regelfall jetzt die Sonderabschreibungen nach § 7g EStG in Anspruch nehmen, die jedoch zum Teil deutlich niedriger sind.

Sonderabschreibungen nach dem Zonenrandförderungsgesetz dürfen bei   **188** Stpfl. zugelassen werden, die ihren Gewinn durch Betriebsvermögensvergleich oder nach § 4 Abs. 3 EStG ermitteln, nicht hingegen bei Gewinnermittlung nach § 13a EStG. Soweit entsprechende Angaben nicht aus der Buchführung ersichtlich sind, ist ein Verzeichnis zu führen, das

- den Tag der Anschaffung oder Herstellung,

- die Anschaffungs- oder Herstellungskosten,

- die Nutzungsdauer der WG und

- die AfA und Sonderabschreibungen

enthält (§ 7a Abs. 8 EStG).

Eine **ordnungsmäßige Buchführung** ist für die Inanspruchnahme von   **189** Steuervergünstigungen nach dem EStG 75, der EStDV 75 und der durch das Einführungsgesetz zum ESt-Reformgesetz geänderten übrigen steuerlichen Vorschriften grundsätzlich **nicht mehr erforderlich.** Trotzdem sind für die Inanspruchnahme von **verschiedenen Steuervergünstigungen noch bestimmte,** mit der Buchführung und der Gewinnermittlung zusammenhängende **Voraussetzungen** bestehengeblieben (vgl. §§ 7 e, 10 a EStG, §§ 80, 82 f EStDV).

190–193 *(unbesetzt)*

194 *Zusammenfassung (Aufzeichnungspflichten)*

- Nach § 22 Abs. 2 Nrn. 1 bis 4 UStG sind im Rahmen der Regelbesteuerung zur Ermittlung der Ausgangs-USt u. a. aufzuzeichnen:

  - die vereinbarten Entgelte für ausgeführte Leistungen, verteilt auf steuerfreie und steuerpflichtige Umsätze (insoweit getrennt nach Steuersätzen),

  - die vereinnahmten Anzahlungen für noch nicht ausgeführte Leistungen,

  - die Bemessungsgrundlagen für Leistungen an Arbeitnehmer sowie an Gesellschafter,

  - die Bemessungsgrundlagen für den Eigenverbrauch,

  - die Beträge, auf welche die Regelung über die Mindestbemessungsgrundlage (§ 10 Abs. 5 UStG) angewendet wurde.

- Gem. § 22 Abs. 2 Nrn. 5 und 6 UStG sind des weiteren zur Ermittlung der Vorsteuer aufzuzeichnen:

  - die Entgelte für steuerpflichtige Eingangsumsätze und die darauf entfallenden Steuerbeträge,

  - die vor Ausführung der Umsätze gezahlten Entgelte und Teilentgelte und die darauf entfallenden Steuerbeträge, für die die Steuer nach der Mindest-Ist-Besteuerung (§ 13 Abs. 1 a Sätze 4 und 5 UStG) entstanden ist,

  - die Bemessungsgrundlagen für die Einfuhr von Gegenständen und die dafür entrichtete Einfuhrumsatzsteuer.

- Aufzeichnungspflichten aufgrund des UStBG (ab 1. 1. 93)

  - § 22 Abs. 2 Nr. 7 UStG: Aufzeichnung der Bemessungsgrundlagen für den innergemeinschaftlichen Erwerb von Gegenständen und die darauf entfallenden Steuerbeträge,

  - § 22 Abs. 4 a UStG: Führung eines Ausgangsregisters,

  - § 22 Abs. 4 b UStG: Führung eines Eingangsregisters.

Die Warenbewegungen, die nach § 22 Abs. 4a und Abs. 4b UStG aufzuzeichnen sind, lassen sich nicht der Finanzbuchhaltung entnehmen; es handelt sich hierbei um nicht steuerbare Vorgänge, die außerhalb der Buchführung angeschrieben werden müssen.

- § 4 Abs. 3 Satz 5 EStG: Verzeichnis des nicht abnutzbaren Anlagevermögens (bei Mitunternehmerschaften getrennt nach Gesamthandsvermögen der Gesellschaft und Sonderbetriebsvermögen der Gesellschafter, vgl. Bichel, StBp 82 S. 18, 136),

- § 4 Abs. 7 EStG: Gesonderte Aufzeichnung der Betriebsausgaben (vgl. Niedersächsisches FG v. 6. 8. 86, EFG 87 S. 234),

- § 6 Abs. 2 Satz 4 EStG: Verzeichnis der geringwertigen Anlagegüter (R 40 Abs. 3 und 4 EStR),

- § 6c Abs. 2 EStG: Verzeichnis bei der Übertragung stiller Reserven,

- § 7 Abs. 2 Satz 3 EStG: Verzeichnis bei Inanspruchnahme der degressiven AfA für bewegliche Wirtschaftsgüter,

- § 7a Abs. 8 EStG: Verzeichnis der Wirtschaftsgüter, für die erhöhte Absetzungen oder Sonderabschreibungen in Anspruch genommen werden,

- § 41 Abs. 1 EStG: Führung eines Lohnkontos,

- § 143 AO: Gesonderte Aufzeichnung des Wareneingangs (nur bei Gewerbetreibenden),

- § 144 AO: Gesonderte Aufzeichnung des Warenausgangs (nur bei gewerblichen Großhändlern),

- § 4 Abs. 3 Satz 3 EStG: Verzeichnis für abnutzbare Wirtschaftsgüter des beweglichen Anlagevermögens.

Zum Nachweis der AfA empfiehlt es sich, ein Bestandsverzeichnis zu führen (Offerhaus, BB 77 S. 1493), auch wenn der Stpfl. im Unterschied zu § 4 Abs. 3 Satz 5 oder § 7a Abs. 8 EStG **dazu nicht verpflichtet** ist.

- Buchführungs- und Aufzeichnungspflichten für bestimmte Betriebe und Berufe (vgl. im einzelnen den – teilweise überholten – Einführungserlaß zu § 140 AO, BStBl 76 I S. 576, 600 ff.).

Nach § 140 AO sind außersteuerliche Aufzeichnungspflichten, die für die Besteuerung von Bedeutung sind, auch für die Besteuerung zu erfüllen. Vgl. hierzu Schnepper, DB 81 S. 287 und Langheim, DB 81 S. 913.

d) Aufbewahrungspflichten

195   Die steuer- und handelsrechtlichen Aufbewahrungspflichten und -fristen
ergeben sich aus § 257 HGB und § 147 AO. Nach § 147 Abs. 3 AO sind Bücher,
Aufzeichnungen, Inventare, Bilanzen sowie die zu ihrem Verständnis erforderlichen Arbeitsanweisungen und sonstigen Organisationsunterlagen
10 Jahre, empfangene und abgesandte Handels- und Geschäftsbriefe,
Buchungsbelege und sonstige Unterlagen, soweit sie für die Besteuerung von
Bedeutung sind, **6 Jahre aufzubewahren**.

Die **Aufbewahrungsfrist beginnt** mit dem Schluß des Kalenderjahres, in dem
die letzte Eintragung in Geschäftsbücher gemacht, das Inventar aufgestellt,
die Bilanz festgestellt, ein Handels- und Geschäftsbrief empfangen oder
abgesandt oder der Buchungsbeleg entstanden ist, die Aufzeichnungen vorgenommen oder die sonstigen Unterlagen entstanden sind.

Die **Aufbewahrungsfrist endet** i. d. R. mit Ablauf des Kalenderjahres, das
sich aus Beginn und Dauer der Frist errechnen läßt.

196   Hinsichtlich der Aufbewahrungspflicht gem. § 147 AO im Zusammenhang
mit der Gewinnermittlung nach § 4 Abs. 3 EStG bei **Freiberuflern** bestehen
unterschiedliche Auffassungen:

- Nach der Vfg. der OFD Bremen v. 30. 6. 80 S 0072 – St 242 sowie einem
  Erl. des FinMin Nordrhein-Westfalen unterliegen der Aufbewahrungspflicht nach § 147 AO nur solche Unterlagen und Belege, die Bestandteil
  der Buchführung sind.

- In Archivmitteilungen nehmen mehrere OFDen folgenden strengeren
  Standpunkt ein:

  Im Falle der Gewinnermittlung nach § 4 Abs. 3 EStG besteht für den Bereich
  der betrieblichen **Einnahmen** eine Aufzeichnungspflicht nach § 22 UStG. Da
  es sich hierbei um Aufzeichnungen i. S. der Steuergesetze handelt, sind die
  entsprechenden **Unterlagen gem. § 147 AO aufzubewahren**. Soweit für den
  Bereich der betrieblichen **Ausgaben** nicht schon die Aufbewahrungspflicht
  des § 22 Abs. 2 Nr. 5 UStG 80 Anwendung findet, ergibt sich eine Verpflichtung zur Aufzeichnung und Aufbewahrung von Belegen aufgrund der dem
  Stpfl. zufallenden objektiven Beweislast (Feststellungslast). Da es sich
  hierbei um steuerbegünstigende (steuerbefreiende) Tatsachen handelt,
  hätte der Stpfl. andernfalls die Folgen der Beweislosigkeit zu tragen (vgl.
  Tipke/Kruse, § 88 AO Anm. 11 b). Dieser während des Besteuerungsverfah-
  rens geltende Grundsatz umfaßt auch das Verfahren der Betriebsprüfung.

Der gleiche Wortlaut wurde in die Bp-Kartei der OFDen Düsseldorf/ Köln/Münster Teil I „Buchführung (Aufbewahrungspflichten)" Abschn. B übernommen (§ 200 AO Karte 2.2).

Zwar knüpft die **Aufbewahrungspflicht des § 147 AO** an die Buchführungs-   197 pflicht an. Es darf aber nicht übersehen werden, daß die angesprochenen Regelungen im Zweiten Abschnitt des Vierten Teils der AO, der mit „Mitwirkungspflichten" überschrieben ist, stehen. Danach kann es nicht richtig sein, eine bestimmte Berufsgruppe mit bestimmter Gewinnermittlung aus der Aufbewahrungspflicht betrieblicher Unterlagen zu entlassen. § 147 Abs. 1 Nr. 5 AO ist dementsprechend dahingehend zu interpretieren, daß **Bankkontoauszüge als sonstige Unterlagen** angesehen werden. Im übrigen werden auch § 147 Abs. 1 Nr. 2 und Nr. 3 AO zu beachten sein. Für eine unterschiedliche Handhabung von Freiberuflern je nach Gewinnermittlungsart besteht kein Anhalt. Die Pflicht zur Vorlage der Auszüge ergibt sich aus § 200 Abs. 1 Satz 2 AO.

Vgl. a. FG Hamburg v. 22. 3. 91 (EFG S. 636; Revision beim BFH unter Az. VII R 66/91): Ermittelt ein Arzt seinen Gewinn nach § 4 Abs. 3 EStG und wickelt er alle unbaren Geschäftsvorfälle **betrieblicher und privater Art** über ein Girokonto ab, so hat er alle **Auszüge** des Girokontos zur Prüfung der hierüber laufenden unbaren betrieblichen Einnahmen und Ausgaben **aufzubewahren** und dem Außenprüfer auf Verlangen **vorzulegen**. Da es sich um ein einheitliches Konto handelt, beschränkt sich die Vorlagepflicht nicht nur auf Kontoauszüge mit betrieblichen Vorgängen. Hat der Stpfl. die Kontoauszüge vernichtet, so ist es ihm zumutbar, sich vom Postgiroamt (von der Postbank) Ersatzbelege ausstellen zu lassen und diese vorzulegen.

Zur Frage der Aufbewahrungspflicht im Falle der Überschußermittlung nach § 4 Abs. 3 EStG wurde auch von den Betriebsprüfungs-Referenten der OFDen überwiegend die Auffassung vertreten, daß eine Pflicht i. S. des § 147 AO besteht. Diese Auffassung wird bestätigt durch FG Düsseldorf v. 15. 11. 83 XIII 247/81, rkr. So a. Schwarz, § 147 AO Anm. 2a.

Zur Aufbewahrungspflicht der **Handakten bei Rechtsanwälten** vgl. § 50   198 Abs. 2 der Bundesrechtsanwaltsordnung sowie BFH-U. v. 2. 2. 82 (BStBl II S. 409).

Auf das BFH-U. v. 2. 3. 82 (BStBl 84 II S. 504) zur Aufbewahrungspflicht bei   199 **Gewerbetreibenden,** die ihren Gewinn nach § 4 Abs. 3 EStG ermitteln, wird hingewiesen. Vgl. im übrigen BBK F. 8 S. 1033 f.

200 Wegen des **Verlusts von Aufzeichnungen** als unmittelbare Folge von Naturkatastrophen s. z. B. FM NW v. 14. 4. 83 (DB S. 912).

201–205 *(unbesetzt)*

3. Beschränkter Bestandsvergleich

206 Früher war es zulässig, die Überschußrechnung noch durch einen Bestandsvergleich hinsichtlich der Waren, Forderungen und Schulden zu ergänzen und
dadurch zu verfeinern. Dieser sog. beschränkte Vermögensvergleich ist dann
zulässig gewesen, wenn der Überschußrechner bei der einmal gewählten
Methode blieb; er bildete eine Ausnahme von dem Grundsatz, daß nur Isteinnahmen und Istausgaben berücksichtigt werden durften (RFH-U. v. 17. 12.
30, RStBl 31 S. 448).

207 Dieser beschränkte Vermögensvergleich wird jedoch seit Jahren nicht mehr
als zulässige Gewinnermittlungsart anerkannt (vgl. die ESt-Karteien der einzelnen OFDen zu § 4 EStG). Das BFH-U. v. 24. 11. 59 (BStBl 60 III S. 188)
führt hierzu aus:

„Ein sogenannter **beschränkter Bestandsvergleich,** wie er zuweilen noch
angewendet wird, bei dem nur bestimmte Vermögensteile, z. B. Forderungen
und Schulden, Rechnungsabgrenzungsposten, Warenbestände usw. in die
Überschußrechnung einbezogen werden, ist nach dem System des EStG
unzulässig, wie auch in der Entscheidung des BFH v. 2. 9. 54 (BStBl III S. 314,
am Schluß) zutreffend ausgeführt ist."

Wegen der sog. **qualifizierten Überschußrechnung** vgl. Rdn. 950.

II. Zur Überschußrechnung berechtigte Personenkreise

208 **Stpfl., die nicht** auf Grund gesetzlicher Vorschriften **verpflichtet sind, Bücher
zu führen und regelmäßig Abschlüsse zu machen** (eine solche Verpflichtung
könnte sich aus handelsrechtlichen – §§ 238, 240 und 242 HGB i. V. m. § 140
AO – oder aber aus steuerrechtlichen Vorschriften – § 141 AO – ergeben),
und die auch tatsächlich (freiwillig) keine Bücher führen und keine
Abschlüsse machen, **können** statt des sonst erforderlichen Vermögensvergleichs **als Gewinn den Überschuß der Betriebseinnahmen über die Betriebs-**

ausgaben ansetzen (§ 4 Abs. 3 EStG, R 16 EStR). Auch hier verschweigt das Gesetz, daß die Betriebsausgaben die Betriebseinnahmen übersteigen können und dadurch ein Verlust entstehen kann. Auch dieser ist durch eine solche Einnahme-Ausgabe-Rechnung festzustellen.

Nach § 141 Abs. 3 AO geht die Buchführungspflicht auf denjenigen über, der 209
den Betrieb im ganzen übernimmt. Die Buchführungspflicht geht nunmehr sozusagen „automatisch" über, wenn der Betrieb im ganzen, sei es zur Bewirtschaftung als Eigentümer oder nur als Nutzungsberechtigter, z. B. Pächter, übernommen wird. § 141 Abs. 3 Satz 2 AO stellt darüber hinaus klar, daß auf den Beginn der Buchführungspflicht in diesen Fällen nicht hingewiesen zu werden braucht.

Personenhandelsgesellschaften haben ihren Gewinn stets durch Betriebsver- 210
mögensvergleich nach § 5 Abs. 1 EStG zu ermitteln, weil sie nach § 6 i. V. mit
§ 238 HGB buchführungspflichtige Gewerbetreibende sind.

Die GbR hingegen ist **handelsrechtlich nicht buchführungs- und bilanzie-** 211
rungspflichtig, da sie kein Vollkaufmann ist. Die Buchführungspflicht kann sich allerdings aus dem Steuerrecht (§ 141 AO) ergeben. In diesem Falle sind Gewinn und Verlust durch Betriebsvermögensvergleich zu ermitteln. Besteht auch nach Steuerrecht keine Buchführungspflicht, ist die GbR berechtigt, den Gewinn entweder durch Betriebsvermögensvergleich oder durch Einnahme-Überschuß-Rechnung nach § 4 Abs. 3 EStG zu ermitteln. In der Praxis häufig anzutreffen ist die **Freiberufler-Sozietät**, die eine GbR ist. Auch für eine ein Kleingewerbe betreibende Personenmehrheit (§ 4 Abs. 2 HGB) kommt eine GbR (§§ 705 ff. BGB) in Betracht. Als neue Rechtsform steht **Freiberuflern** zum 1. 7. 95 die **Partnerschaft** zur Verfügung (Gesetz zur Schaffung von Partnerschaftsgesellschaften und zur Änderung anderer Gesetze v. 25. 7. 94, BGBl I S. 1744). Eine Partnerschaft ist nach § 1 Abs. 1 PartGG eine Gesellschaft, in der sich Angehörige Freier Berufe zur Ausübung ihrer Berufe zusammengeschlossen haben. Steuerrechtlich erzielt die Partnerschaft grundsätzlich Einkünfte aus selbständiger Arbeit (§ 18 EStG). Die Eintragung im Partnerschaftsregister steht der Eintragung im Handelsregister nicht gleich (BMF-Schr. v. 21. 12. 94 – IV B 2 – S 2115 – 6/94).

Die Gewinnermittlung nach § 4 Abs. 3 EStG kann bei folgenden Personengruppen zur Anwendung kommen:

1. Land- und Forstwirte

Hierunter fallen Land- und Forstwirte, soweit sie nicht nach § 140 AO buch- 212
führungspflichtig sind (z. B. als OHG, § 6 HGB), die ihren Gewinn nicht nach

§ 13a Abs. 1 EStG (Durchschnittsbesteuerung) ermitteln und die auch nach den bei der letzten Veranlagung getroffenen Feststellungen weder einen größeren Gesamtumsatz (§ 19 Abs. 3 UStG) als 500 000 DM im Kj noch eine selbstbewirtschaftete luf Fläche mit einem Wirtschaftswert (§ 46 BewG) bzw. Ersatzwirtschaftswert (§ 125 BewG, eingeführt für das Gebiet der neuen Bundesländer) von mehr als 40 000 DM noch einen höheren Gewinn aus Land- und Forstwirtschaft als 36 000 DM (ab 1995 48 000 DM) im Kj gehabt haben – nach § 141 Abs. 1 AO **zur Führung von Büchern** also **nicht verpflichtet** sind – und die auch nicht von der Möglichkeit des § 13a Abs. 2 Nr. 1 EStG Gebrauch machen, den Gewinn durch Betriebsvermögensvergleich zu ermitteln.

213 Wie oben ausgeführt, können die Land- und Forstwirte, die weder gesetzlich buchführungspflichtig sind noch die Voraussetzungen des § 13a Abs. 1 EStG erfüllen, den Gewinn durch **Abzug der Betriebsausgaben von den Betriebseinnahmen** (§ 4 Abs. 3 EStG) ermitteln. Hierbei handelt es sich insbesondere um **Landwirte** mit einem Ausgangswert i. S. des § 13a Abs. 4 EStG von mehr als 32 000 DM, **kleinere Forstwirte sowie kleinere reine Weinbau- und Gartenbaubetriebe.**

214 Für die gesondert zu ermittelnden Gewinne im Rahmen des § 13a Abs. 8 EStG überläßt es der Gesetzgeber — mit Ausnahme der Nr. 4 (Veräußerung oder Entnahme von Grund und Boden; der dabei entstehende Gewinn ist aufgrund ausdrücklicher Bestimmung nach den Grundsätzen des § 4 Abs. 3 EStG zu ermitteln) — dem Stpfl., ob er die Gewinne nach den Grundsätzen des § 4 Abs. 3 oder nach § 4 Abs. 1 EStG ermitteln will (BFH-U. v. 24. 1. 85, BStBl II S. 255; v. 14. 4. 88, BStBl II S. 774). In der Regel ist von einer Gewinnermittlung durch Vergleich der Betriebseinnahmen mit den Betriebsausgaben auszugehen (BFH-U. v. 31. 3. 77, BStBl II S. 549). Wird der Gewinn nicht entsprechend ermittelt, wird er nach den Grundsätzen des § 4 Abs. 1 oder des § 4 Abs. 3 EStG geschätzt (§ 162 AO). Hat der Land- und Forstwirt im Vorjahr den Gewinn nach § 4 Abs. 3 EStG ermittelt, so ist ggfs. auch eine Gewinnschätzung in dieser Gewinnermittlungsart durchzuführen (BFH-U. v. 2. 3. 82, BStBl 84 II S. 504). Ein Gewinn aus Land- und Forstwirtschaft ist auch dann nach Durchschnittssätzen ermittelt, wenn dieser ausschließlich aus einzubeziehenden Sondergewinnen i. S. des § 13a Abs. 8 EStG besteht, die tatsächlich nach § 4 Abs. 3 EStG ermittelt werden. In diesem Fall ist daher die Steuerermäßigung nach § 34e EStG ausgeschlossen (BFH-U. v. 28. 11. 91, BStBl 92 II S. 458).

Im Hinblick auf die Steuerermäßigung nach § 34e EStG oder ggf. eines 215
Verlustausgleichs ist es überlegenswert, die Gewinnermittlung nach Durchschnittssätzen für vier Wirtschaftsjahre nach § 13a Abs. 2 EStG vorübergehend zu verlassen.

Liegen die **Voraussetzungen zur Ermittlung des Gewinns aus Land- und
Forstwirtschaft nach Durchschnittssätzen** gem. § 13a Abs. 1 EStG vor, so ist
auf **Antrag** des Stpfl. der Gewinn für **vier aufeinanderfolgende Wirtschaftsjahre durch Abzug der Betriebsausgaben von den Betriebseinnahmen** zu
ermitteln, wenn für das erste Wirtschaftsjahr keine Bücher geführt, aber die
Betriebseinnahmen und Betriebsausgaben aufgezeichnet werden. Der Stpfl.
ist an seinen Antrag für vier Wirtschaftsjahre gebunden. Wird der Stpfl. in
diesem Zeitraum nach § 141 AO buchführungspflichtig, geht die Besteuerung
nach § 4 Abs. 1 EStG der Besteuerung nach § 13a Abs. 2 EStG vor (§ 13a
Abs. 2 Nr. 2 zweiter Halbsatz EStG); in diesem Fall hat das Finanzamt den
Stpfl. auf die Buchführungspflicht hinzuweisen (§ 13a Abs. 1 Satz 2 EStG).

Werden die **Aufzeichnungen für das zweite, dritte oder vierte Jahr nicht** 216
erstellt, so ist der Gewinn insoweit nach § 162 AO zu **schätzen**. Diese Schätzung hat bei Land- und Forstwirten, die eine Gewinnermittlung durch Vergleich der Betriebseinnahmen mit den Betriebsausgaben beantragt haben,
nach den für diese Gewinnermittlungsart geltenden Grundsätzen, d. h. nach
den Grundsätzen der Gewinnermittlung **nach § 4 Abs. 3 EStG** zu erfolgen
(R 127 Abs. 3 EStR).

Soweit die Land- und Forstwirte die für die Gewinnermittlung **nach § 4 Abs. 3** 217
EStG erforderlichen Aufzeichnungen der Betriebseinnahmen und Betriebsausgaben **nicht führen**, ist der Gewinn **nach § 4 Abs. 1 EStG zu schätzen**
(§ 162 AO). Die FinVerw kann für diese Schätzung Richtsätze aufstellen
(R 127 Abs. 1 EStR).

Reicht ein Land- und Forstwirt mit der Einkommensteuererklärung lediglich 218
eine auf das Kalenderjahr abgestellte Einnahme-Überschußrechnung ein, die
einen Verlust ausweist, so kann darin **kein Antrag** auf freiwillige Gewinnermittlung nach der Einnahme-Überschußrechnung gem. § 13a Abs. 1 Satz 2
Nr. 2 EStG 1975 erblickt werden (BFH-U. v. 28. 1. 88, BStBl II S. 532). Nach
dem BFH-U. v. 4. 6. 92 (BStBl 93 II S. 125) kann auch beim Fehlen der Anlage L der Ausweis des nach § 4 Abs. 3 EStG ermittelten Gewinns in der unter-
schriebenen ESt-Erklärung **als Antrag** nach § 13a Abs. 2 Satz 1 Nr. 2 EStG
zu verstehen sein (Anschluß und Abgrenzung zu den BFH-U. v. 28. 1. 88,
BStBl II S. 530 und BStBl II S. 532). Nach dem BFH-U. v. 18. 3. 93 (BStBl II

S. 549) ist der **Antrag** auf anderweitige Gewinnermittlung nach § 13 a Abs. 2 Satz 1 Nr. 2 EStG nur **wirksam**, wenn die vorgelegte Gewinnermittlung durch Einnahme-Überschußrechnung auf tatsächlichen Aufzeichnungen der Betriebseinnahmen und Betriebsausgaben beruht.

219 Schließlich bestehen für bestimmte Betriebe und bestimmte Tätigkeiten besondere Aufzeichnungspflichten (vgl. im einzelnen die Zusammenstellung im Einführungserlaß zur AO (BStBl 76 I S. 576). Sind Bücher und Aufzeichnungen lediglich aufgrund von **Verwaltungsvorschriften** zu führen, greift § 140 AO („nach anderen Gesetzen") nicht ein. Die Finanzverwaltung vertritt in R 16 Abs. 1 Satz 2 EStR die Auffassung, daß die Einnahme-Überschußrechnung nicht ausgeschlossen sei, wenn eine Buchführung als **Testbetrieb für den Agrarbericht** oder als **Betrieb des EG-Informationsnetzes** sowie die **Auflagenbuchführung** bei Inanspruchnahme staatlicher Förderungsmaßnahmen durchgeführt wird. Diese Verwaltungsanweisung kann m. E. mit § 4 Abs. 3 Satz 1 EStG nicht vereinbart werden, weil in diesen Fällen die Bücher nicht auf Grund einer gesetzlichen Anordnung, sondern **freiwillig geführt** werden.

220 Bei der Prüfung der Frage, ob die **Gewinngrenzen** überschritten sind, dürfen gem. § 7 a Abs. 6 EStG erhöhte Absetzungen und Sonderabschreibungen nicht berücksichtigt werden.

221 Bei der Prüfung der Buchführungspflicht einer Personengesellschaft, die ihren Gewinn bisher zulässigerweise durch Einnahme-Überschußrechnung nach § 4 Abs. 3 EStG ermittelte, ist hinsichtlich des Überschreitens der Grenze von 36 000 DM (ab 1995 48 000 DM) nach § 141 Abs. 1 Nr. 5 AO (Gewinngrenze) vom gesamten Erfolg **einschließlich** des Erfolgs aus dem **Sonderbetriebsvermögen** auszugehen. Hier ist somit das Gesamthandsvermögen und Sonderbetriebsvermögen als Einheit zu behandeln.

222 In § 141 Abs. 1 Nr. 5 AO ist ausdrücklich auf das **Kalenderjahr** abgestellt. Bei der Ermittlung der Buchführungsgrenze sind deshalb die **anteiligen** (halben) **Gewinne aus zwei Wirtschaftsjahren** anzusetzen. Dadurch wird bei schwankenden Gewinnen eine Nivellierung erreicht. So a. BFH-U. v. 27. 1. 94 IV R 56/93.

223 Ist eine der Buchführungsgrenzen überschritten, so **beginnt** damit die **Buchführungspflicht** nicht automatisch, sondern erst dann, wenn das FA den Stpfl. auf den Beginn der Buchführungspflicht durch die in § 141 Abs. 2 AO vorgeschriebene **Mitteilung** hingewiesen hat.

224 Die **Buchführungspflicht endet** nicht von selbst. Ihre Beendigung setzt vielmehr eine besondere Prüfung und ausdrückliche **Feststellung des FA** voraus,

daß die betreffende Buchführungsgrenze nicht mehr überschritten ist. Nach dem rechtmäßigen Eintritt in die Buchführungspflicht kann diese nicht mehr rückwirkend wegfallen. Sie endet auch nicht schon mit dem Ablauf des Wirtschaftsjahres, in dem das FA feststellt, daß die Voraussetzungen nicht mehr vorliegen, sondern mit Ablauf eines weiteren Wirtschaftsjahres, wenn die Voraussetzungen auch in diesem weiteren Jahr nicht wieder durch Überschreitung derselben Buchführungsgrenze oder einer anderen ohne besondere Mitteilung eingetreten sind (§ 141 Abs. 2 Satz 2 AO; BFH-U. v. 2. 12. 82, BStBl 83 II S. 254). Die Entlassung aus der Buchführungspflicht ist durch diese zeitliche Verzögerung bewußt erschwert worden, um einen häufigen Wechsel der Gewinnermittlungsarten zu verhindern.

(unbesetzt) 225–230

2. Gewerbetreibende

Dazu gehören Gewerbetreibende, die nicht als Vollkaufleute (§ 4 HGB: Min- 231
der-Kaufleute sind Kaufleute, die ein Grundhandelsgewerbe betreiben, welches nach Art und Umfang einen in kaufmännischer Weise eingerichteten Geschäftsbetrieb nicht erfordert; s. Rdn. 242) handelsrechtlich buchführungspflichtig sind und die nach den bei der letzten Veranlagung getroffenen Feststellungen für den einzelnen Betrieb weder einen Gesamtumsatz (§ 19 Abs. 3 UStG) von mehr als 500000 DM im Kj noch ein Betriebsvermögen (Einheitswert des gewerblichen Betriebs) von mehr als 125000 DM noch einen Gewinn aus Gewerbebetrieb von mehr als 36000 DM (ab 1995 48000 DM) im Kj gehabt haben und daher auch nicht steuerrechtlich nach § 141 Abs. 1 AO buchführungspflichtig sind und die auch freiwillig keine Bücher führen.

Nicht buchführungspflichtige Gewerbetreibende können also statt des Ver- 232
mögensvergleichs **ihren Gewinn** auch nach § 4 Abs. 3 EStG **durch Vergleich der Einnahmen mit den Ausgaben durch Überschußrechnung ermitteln.**
Nach der Rechtsprechung (vgl. BFH-U. v. 2. 3. 78, BStBl II S. 431; FG des Saarlandes v. 19. 6. 90 – 1 K 14/90) **steht dieses Wahlrecht allein dem Stpfl. zu,** nicht jedoch dem FA. I. d. R. übt ein Stpfl. dieses Wahlrecht zugunsten der Gewinnermittlungsart durch Überschußrechnung nach § 4 Abs. 3 EStG dadurch aus, daß er nur die Betriebseinnahmen und Betriebsausgaben aufzeichnet. Das ist aber nach Ansicht des BFH im U. v. 30. 9. 80 (BStBl 81 II S. 301) dann nicht der Fall, wenn der Stpfl. sich nicht bewußt war, steuerpflichtige Einnahmen zu erzielen. Denn wer keinen Gewinn ermitteln will, weil er der – irrigen – Auffassung ist, die Einnahmen seien nicht steuer-

pflichtig, kann denknotwendig keine Wahl zwischen verschiedenen Gewinnermittlungsarten getroffen haben. Kann eine vom Stpfl. getroffene Wahl
für die Gewinnermittlung durch Überschußrechnung nicht festgestellt werden, so muß das FA den Gewinn nach § 4 Abs. 1 EStG durch Vermögensvergleich ermitteln, gleichgültig, wie auch immer die Buchführung beschaffen ist.

233   Führt ein nicht zur Buchführung verpflichteter Gewerbetreibender zwar
Bücher und hat er auch einen Abschluß gemacht, hat er darüber hinaus aber
seinen Gewinn auch noch nach § 4 Abs. 3 EStG ermittelt, so ist der nach § 4
Abs. 3 EStG ermittelte Gewinn der Besteuerung zugrunde zu legen, wenn
die **Buchführung schwerwiegende,** ihre Ordnungsmäßigkeit ausschließende
Mängel aufweist (BFH-U. v. 19. 1. 67, BStBl III S. 228 und v. 9. 2. 67, BStBl
III S. 310).

234   Hat der Stpfl. für seinen Betrieb zulässigerweise die Gewinnermittlung nach
§ 4 Abs. 3 EStG gewählt, so ist eine erforderlich werdende **Gewinnschätzung**
in dieser Gewinnermittlungsart durchzuführen (BFH-U. v. 2. 3. 82, BStBl 84
II S. 504; R 12 Abs. 2 Satz 6 EStR und H 16 EStH).

235   Bei der Prüfung der Frage, ob die **Gewinngrenze** gem. § 141 AO überschritten
wird, sind gem. § 7a Abs. 6 EStG erhöhte Absetzungen und Sonderabschreibungen unberücksichtigt zu lassen; soweit sie der Stpfl. vom Gewinn in
Abzug gebracht hat, müssen sie für die Beurteilung, ob Buchführungspflicht
besteht, dem Gewinn wieder zugerechnet werden.

Maßgebend ist das Wirtschaftsjahr; das ist bei Gewerbetreibenden, deren
Firma nicht im Handelsregister eingetragen ist, das Kalenderjahr (§ 4a Abs. 1
Satz 2 Nr. 3 EStG).

236   Die Bestimmungen des § 141 AO werden allerdings von **Binnenschiffern** vielfach nicht beachtet. Bei ihnen liegt regelmäßig Gewinnermittlung nach § 4
Abs. 3 EStG vor. Da häufig Fernbuchführung gegeben ist, stellen sich für
die chronologische Verbuchung immer wieder Schwierigkeiten ein. Die
Buchungsbelege gelangen häufig erst nach Rückkehr in den Heimathafen in
den Besitz der Buchstelle. Aus diesen Gründen wird eine gewisse großzügige
Beurteilung hinsichtlich der Ordnungsvorschriften für die Buchführung und
für Aufzeichnungen am Platze sein (OFD Kiel, Archivmitteilung Nr. 7/58;
§ 146 AO).

237–238 *(unbesetzt)*

3. Angehörige der freien Berufe

Für freie Berufe besteht **keine Buchführungspflicht,** und zwar auch dann   239
nicht, wenn die in § 141 AO genannten Buchführungsgrenzen überschritten
werden, da unter diese Vorschrift lediglich Gewerbetreibende und Land- und
Forstwirte fallen. Handelsrechtlich gilt die Tätigkeit der sog. freien Berufe
nicht als Gewerbe; die Freiberufler sind daher nicht Kaufleute. **Freiberufler
können** also **auch bei Überschreiten der** in § 141 AO genannten **Buchführungsgrenzen ihren Gewinn nach § 4 Abs. 3 EStG ermitteln.** Insoweit ist anerkannt, daß sie ein uneingeschränktes **Wahlrecht** dahingehend haben, ihren
Gewinn durch Vermögensvergleich (§ 4 Abs. 1 EStG) oder durch Überschußrechnung (§ 4 Abs. 3 EStG) zu ermitteln (BFH-U. v. 30. 9. 80, BStBl 81 II
S. 301). Dessen ungeachtet können bestimmte Aufzeichnungspflichten bestehen (z. B. § 22 UStG i. V. m. §§ 63 ff. UStDV).

Die Einnahme-Überschußrechnung nach § 4 Abs. 3 EStG ist für die freien Berufe die einfachste und zweckmäßigste Gewinnermittlungsart. Eine kaufmän-
nische Buchführung mit Betriebsvermögensvergleich wird nur in Ausnahmefällen notwendig werden, wenn die besondere Art der Praxis es erfordert.

Negativ setzt die Überschußrechnung voraus, daß auch freiwillig keine   240
Bücher geführt und keine Abschlüsse gemacht werden. Dieser Regelung liegt
die Überlegung zugrunde, daß – wenn schon eine Buchführung vorhanden
ist – diese auch wegen ihrer größeren Exaktheit Grundlage der Gewinnermittlung sein soll (BFH-U. v. 24. 11. 59, BStBl 60 III S. 188).

Führt ein Angehöriger der freien Berufe Bücher, hat er einen Abschluß ge-   241
macht und hat er darüber hinaus den Gewinn auch noch nach § 4 Abs. 3 EStG
ermittelt, so ist der nach § 4 Abs. 3 EStG ermittelte Gewinn steuerlich maßgebend, wenn die **Buchführung schwerwiegende,** ihre Ordnungsmäßigkeit ausschließende **Mängel** aufweist (BFH-U. v. 30. 9. 80, a. a. O.). Hat der Angehörige der freien Berufe für seinen Betrieb (Praxis) die Gewinnermittlung nach
§ 4 Abs. 3 EStG gewählt, so ist eine erforderlich werdende **Gewinnschätzung**
in dieser Gewinnermittlungsart durchzuführen (BFH-U. v. 30. 9. 80, a. a. O.).

Zusammenfassung (Buchführungspflichten)   242

Buchführungspflicht nach Handelsrecht (§ 238 HGB)

• **Vollkaufleute** (§§ 1, 2, 3 und 6 HGB)	Vollkaufleute (§§ 1, 2, 3 und 6 HGB) sind buch-führungspflichtig nach HGB.
— Mußkaufleute	Einzelkaufleute und Personenhandelsgesell-

— Sollkaufleute

— Kannkaufleute

— Formkaufleute

• **Minderkaufleute**
(§ 4 HGB)

• **Scheinkaufleute**
(§ 5 HGB)

schaften (OHG, KG), die eines der neun im § 1 HGB aufgeführten Grundhandelsgewerbe betreiben, sind uneingeschränkt buchführungspflichtig, unabhängig von einer eventuellen Eintragung im Handelsregister.

Bei Sollkaufleuten, die kein Grundhandelsgewerbe betreiben, deren Betrieb aber nach Art und Umfang einen in kaufmännischer Weise eingerichteten Geschäftsbetrieb erfordert, beginnt die Buchführungspflicht bereits vor Eintragung (§ 262 HGB). So ist z. B. ein gewerblicher Grundstückshändler nur dann buchführungspflichtig, wenn sein Betrieb nach Art und Umfang einen in kaufmännischer Weise eingerichteten Geschäftsbetrieb erfordert (FG Berlin v. 20. 4. 93, EFG 94 S. 148, Rev.: BFH VIII R 40/94).

Bei freiwilliger Eintragung ins Handelsregister von Land- und Forstwirten beginnt die Buchführungspflicht erst mit der Eintragung.

GmbH, AG, KGaA und Genossenschaften sind buchführungspflichtig.

Die handelsrechtliche Buchführungspflicht gilt nicht für Minderkaufleute i. S. des § 4 HGB. Das gilt auch dann, wenn Minderkaufleute im Handelsregister eingetragen sind (Einzelunternehmen, OHG und KG, die die Voraussetzungen für die Vollkaufmannseigenschaft nicht erfüllen. Gesellschaften sind dann automatisch GbR und nicht Personenhandelsgesellschaften).

Die Kaufmannseigenschaft gilt nur „im Geschäftsverkehr". D. h., fälschlicherweise im Handelsregister eingetragene Kaufmannseigenschaft gilt nicht gegenüber den Steuerbehörden.

Neben der „Hauptbuchführungspflicht" nach §§ 238 ff. HGB gibt es noch eine Vielzahl von Gesetzen und Verordnungen, die **Buchführungs- und Aufzeichnungspflichten für bestimmte Unternehmensformen, Gewerbezweige und Berufe** enthalten, die nach § 140 AO **auch für die Besteuerung zu erfüllen** sind.

- **Handels- und wirtschaftsrechtliche Buchführungspflichten**
  Ab 1. 1. 86 sind die grundlegenden, allgemeinen Buchführungs- und Jahresabschlußpflichten in §§ 238 ff. HGB geregelt. **Ergänzende Vorschriften** sind im AktG, GmbHG, PublG, GenG u. a. enthalten. Das BGB enthält keine Vorschriften zur Buchführung und Bilanzierung. Hinzuweisen ist jedoch auf die Pflicht zur Rechenschaftslegung nach § 259 BGB.

- **Buchführungs- und Aufzeichnungspflichten für bestimmte Betriebe und Berufe**
  Die Vielzahl der Verordnungen, nach denen bestimmte Branchen und Berufe Bücher und Aufzeichnungen zu führen haben, ist im **Einführungserlaß des BdF zur AO 77 v. 1. 10. 76 IV A 7 — S 0015 — 30/76 (BStBl I S. 576)** wiedergegeben. Diese Vorschriften zwingen aber nur zur Führung einzelner Bücher und einzelner Aufzeichnungen, die bei der Ausübung der einzelnen Gewerbe aus verschiedenen Gründen von Bedeutung sind. Diese Verpflichtungen sind nach § 140 AO auch für die Besteuerung zu erfüllen; diese Vorschriften enthalten aber keine generelle, der Anwendbarkeit des § 4 Abs. 3 EStG entgegenstehende Buchführungs- und Abschlußpflicht.

Daneben gibt es eine eigene Buchführungspflicht nach Steuerrecht. D. h., wer nicht bereits nach Handelsrecht buchführungspflichtig ist, kann trotzdem buchführungspflichtig nach Steuerrecht sein:

Buchführungspflicht nach Steuerrecht

Das Steuerrecht sieht in folgenden Gesetzen der Besteuerung dienende Buchführungs- und Aufzeichnungspflichten vor:

- **Abgabenordnung (§§ 141 f. AO)**
  Die Buchführungspflicht nach Steuerrecht tritt für Stpfl., die nicht bereits nach Handelsrecht buchführungspflichtig sind, bei Überschreiten bestimmter Größenmerkmale ein (§ 141 AO):

Land- und Forstwirte	Umsatz	500 000 DM
	– oder – Wirtschaftswert	40 000 DM
	– oder – Gewinn (ab 1995)*	48 000 DM
Gewerbetreibende	Umsatz	500 000 DM
i. S. des § 1 Abs. 1	– oder – Betriebsvermögen	125 000 DM
GewStDV	– oder – Gewinn (ab 1995)*	48 000 DM

(* Zur Anhebung der Buchführungsgrenze durch das StMBG vgl. BMF-Schr. v. 28. 9. 94 – IV A 8 – S 0311 –12/94.)
Angehörige der freien Berufe sind nicht buchführungspflichtig.

- **Einkommensteuergesetz (§§ 4 f. EStG)**
  Vgl. Rdn. 135 f., 171 ff. und 194.

- **Umsatzsteuergesetz (§ 22 UStG)**
  Vgl. Rdn. 82 f., 106 ff. und 194.

Beginn und Ende der steuerlichen Buchführungspflicht

Vgl. § 141 Abs. 2 AO.

Beginn der Buchführungspflicht grundsätzlich erst nach entsprechendem Hinweis des FA (FG des Saarlandes, EFG 90 S. 635, aber Zurückverweisung an das FG durch BFH-U. v. 31. 8. 94 X R 110/90, n. v.).

Die Buchführungspflicht setzt mit dem Beginn des Wj ein, das auf die Bekanntgabe der Mitteilung der Finanzbehörde folgt, die oben erwähnten Grenzen seien überschritten. Die Aufforderung ist ein rechtsgestaltender Verwaltungsakt. Die Verpflichtung endet nach Ablauf eines vollen Wj, nachdem die Finanzbehörde festgestellt hat, daß deren Voraussetzungen nicht mehr vorliegen. Auch bei Erhöhung der Buchführungsgrenzen durch Gesetz endet sie nicht ohne eine Feststellung nach § 141 Abs. 2 Satz 2 AO (BFH-U. v. 28. 6. 84, BStBl II S. 782).

Auf Antrag dürfen die Finanzbehörden für einzelne Fälle oder für bestimmte Gruppen von Fällen nach § 148 AO **Erleichterungen bezüglich der steuerlichen Buchführungs-, Aufzeichnungs- und Aufbewahrungspflichten** gewähren. So können z. B. kleinere Betriebe, die nur deshalb buchführungspflichtig werden, weil sie in einem besonders günstigen Jahr einmal die Gewinngrenze überschritten haben, von der Pflicht zur Erstellung eines Vermögensvergleichs befreit werden. Dagegen rechtfertigen persönliche Gründe wie Alter, Krankheit etc. nicht die Bewilligung von Erleichterungen und Befreiungen von der Buchführungspflicht.

243   *Zusammenfassung (Zur Gewinnermittlung nach § 4 Abs. 3 EStG berechtigte Personenkreise)*

- Land- und Forstwirte, die weder zur Buchführung verpflichtet sind, noch die Voraussetzungen des § 13 a Abs. 1 Nr. 2 und 3 EStG erfüllen,

- Land- und Forstwirte, die nicht zur Buchführung verpflichtet sind, aber die Voraussetzungen für die Gewinnermittlung nach § 13 a EStG erfüllen,

- Gewerbetreibende, die weder nach § 140 AO noch nach § 141 AO zur Buchführung verpflichtet sind,

• Angehörige der freien Berufe, die nicht freiwillig Bücher führen und auf Grund jährlicher Bestandsaufnahmen Abschlüsse machen.

(unbesetzt) 244–245

III. Gewinnermittlungszeitraum

Bei der Gewinnermittlung nach § 4 Abs. 3 EStG ist der Gewinn für **Land- und** 246 **Forstwirte** nach dem **Wirtschaftsjahr** (grundsätzlich also für den Zeitraum vom 1. 7. bis 30. 6., vgl. § 4a Abs. 1 Satz 2 Nr. 1 EStG) zu ermitteln. Aufgrund der gesetzlichen Ermächtigung in § 4a Abs. 1 Nr. 1 EStG sind in § 8c EStDV für bestimmte Gruppen von Land- und Forstwirten andere Zeiträume vorgeschrieben. **Gartenbaubetriebe, Baumschulbetriebe und reine Forstbetriebe** können ohne Zustimmung des FA auch das **Kalenderjahr** als Wirtschaftsjahr bestimmen (§ 8c Abs. 2 EStDV). § 8c Abs. 2 EStDV erlaubt nunmehr auch den **Obstbaubetrieben**, das Kalenderjahr als Wirtschaftsjahr zu bestimmen (StandOG v. 13. 9. 93, BGBl I S. 1569).

Für **Gewerbetreibende** (vgl. § 4a Abs. 1 Satz 2 Nr. 3 EStG) und für **selbständig Tätige** (vgl. § 2 Abs. 7 Satz 2 EStG) ist der Gewinn nach dem **Kalenderjahr** zu ermitteln. Die Frage, ob **Partnerschaftsgesellschaften** den Gewinn nach einem vom Kj abweichenden Wj ermitteln können, hat der BMF mit Schr. v. 21. 12. 94 – IV B 2 – S 2115 – 6/94 wie folgt beantwortet: Eine Partnerschaft ist nach § 1 Abs. 1 PartGG eine Gesellschaft, in der sich **Angehörige Freier Berufe** zur Ausübung ihrer Berufe zusammengeschlossen haben. Steuerrechtlich erzielt die Partnerschaft grundsätzlich Einkünfte aus selbständiger Arbeit (§ 18 EStG). Der **Gewinnermittlungszeitraum** für diese Einkünfte ist daher **stets** das **Kj.** Dies gilt auch, wenn die Einkünfte der Partnerschaft aufgrund berufsfremder Tätigkeiten (z. B. Treuhandtätigkeiten) oder wegen Beteiligung berufsfremder Personen steuerrechtlich als Einkünfte aus Gewerbebetrieb (§ 15 EStG) zu qualifizieren sind. Da die Partnerschaft nicht im Handelsregister eingetragen ist, kann sie auch in diesem Fall den Gewinn nicht in einem vom Kalenderjahr abweichenden Wirtschaftsjahr ermitteln. Die Eintragung im Partnerschaftsregister steht der Eintragung im Handelsregister insoweit nicht gleich.

IV. Wahlrecht

247 Die Vorschrift des § 4 Abs. 3 EStG ist eine **Kann-Vorschrift.** Selbst wenn daher die Voraussetzungen für ihre Anwendung gegeben sind, braucht von der in ihr vorgesehenen Art der Gewinnermittlung nicht notwendig Gebrauch gemacht zu werden (BFH-U. v. 13. 5. 59, BStBl III S. 270). Wenn der Stpfl. nicht zum Bestandsvergleich verpflichtet ist, kann er zwischen ihm und der Überschuß-rechnung wählen. Wählt er Bestandsvergleich, so muß er ihn auch so weit durchführen, daß man vom Vorliegen dieser Gewinnermittlungsart sprechen kann.

Bei der **Ausübung der Wahl** für die Gewinnermittlung nach § 4 Abs. 3 EStG sind bei allen Gewinneinkünften die BFH-Urteile v. 2. 3. 78 (BStBl II S. 431) und v. 30. 9. 80 (BStBl 81 II S. 301) zu beachten. Nach diesen Entscheidungen wird durch den **Verzicht** auf die **Aufstellung einer Eröffnungsbilanz und** auf die **Einrichtung einer** den jeweiligen Stand des Vermögens darstellenden **Buchführung** die Wahlmöglichkeit des Stpfl. zugunsten der Gewinnermitt-lung durch Einnahme-Überschußrechnung nach § 4 Abs. 3 EStG ausgeübt, es sei denn, der Stpfl. bestreitet, überhaupt betriebliche Einkünfte erzielt zu haben, weil er z. B. der Meinung ist, sich im Rahmen einer Liebhaberei be-tätigt zu haben. Das Urteil ist m. E. nicht anwendbar, wenn das Vorbringen des Steuerpflichtigen, es lägen keine steuerpflichtigen Einnahmen vor, offen-sichtlich abwegig ist und nur dazu dient, nachträglich die Gewinnermittlungs-art zu ändern.

Bestehen bei **gravierenden Mängeln in der „Buchführung"** Zweifel über die getroffene Wahl, „so kann auch die Angabe, die der Stpfl. in der Steuer-erklärung über die Form der Gewinnermittlung gemacht hat, herangezogen werden. In erster Linie muß aber das Buchführungswerk als solches dafür maßgebend sein, in welcher Richtung der Stpfl. sein Wahlrecht hinsichtlich der Form der Gewinnermittlung ausgeübt hat" (BFH-U. v. 24. 11. 59, BStBl 60 III S. 188 und v. 19. 1. 67, BStBl III S. 288; fortgeführt durch BFH-U. v. 12. 11. 92, BStBl 93 II S. 366; vgl. auch Knief/Böttges-Minten, DStR 81 S. 579; Herrmann/Heuer/Raupach, § 4 Anm. 88). Soweit der BFH mit U. v. 9. 2. 67 (BStBl III S. 310) dem FA einräumte, den Gewinn eines nicht Buchfüh-rungspflichtigen nach § 4 Abs. 3 EStG zu ermitteln, da hiernach auf Grund der vorhandenen Unterlagen die größte Wahrscheinlichkeit für eine zutref-fende Gewinnermittlung bestünde, konnte der Eindruck entstehen, die Wahl der Gewinnermittlungsart läge beim Finanzamt (vgl. wegen der Kritik gegen diese Entscheidung auch Littmann, FR 67 S. 422); tatsächlich hatte der Stpfl.

seine Wahl jedoch bereits i. S. der für maßgeblich gehaltenen Gewinnermitt-
lungsart ausgeübt. **Das Wahlrecht hinsichtlich der Gewinnermittlungsart
kann nur von dem Stpfl. selbst ausgeübt werden** (FG Saarland v. 19. 6. 90,
EFG S. 635, aber Zurückverweisung an das FG durch BFH-U. v. 31. 8. 94 X
R 110/90, n. v.). Eine Wahl des Stpfl. hinsichtlich der Gewinnermittlungsar-
ten setzt voraus, daß er weiß, daß er die Gewinne aus seinem wirtschaftlichen
Geschäftsbereich durch Vermögensvergleich (§ 4 Abs. 1 EStG) oder durch
Überschußrechnung (§ 4 Abs. 3 EStG) ermitteln kann. Ohne diese Kenntnis
kann er weder auf die Ausübung des Wahlrechts verzichten noch diese auf das
FA übertragen (FG Rheinland-Pfalz v. 2. 7. 87, EFG S. 607, im Anschluß an
BFH-U. v. 30. 9. 80, BStBl 81 II S. 301; BFH/NV 88 S. 296). Die **Entscheidung**
eines Stpfl., seinen Gewinn durch Überschußrechnung nach § 4 Abs. 3 EStG
zu ermitteln, **muß sich nach außen dokumentiert haben.** Das Sammeln z. B.
der maßgebenden Einnahmebelege reicht hierfür aus (Ergänzung zum BFH-
U. v. 30. 9. 80, a. a. O.; BFH-U. v. 13. 10. 89, BStBl 90 II S. 287). Bzgl. der zeitlichen Grenzen s. BFH/NV 87 S. 256.

Demzufolge hat der Stpfl. sich **für die Gewinnermittlung nach § 4 Abs. 3**　248
EStG entschieden, wenn er keine Eröffnungsbilanz aufstellt und nicht mit
einer Buchführung mit Bestandsrechnung beginnt, sondern **nur die Betriebseinnahmen und Betriebsausgaben aufzeichnet** (BFH-U. v. 29. 4. 82,
BStBl II S. 593; v. 20. 5. 88, BFH/NV 90 S. 17). Die Wahl zugunsten der
Überschußrechnung muß **positiv** (ausdrücklich oder konkludent) ausgeübt
werden; die Gewinnermittlung nach § 4 Abs. 1 EStG ist die Regel („Gewinn
ist . . ."), die nach § 4 Abs. 3 EStG die Ausnahme („. . . können als Gewinn . . .").

Sieht die Buchführung **Verprobungsmöglichkeiten** vor, sei es auch durch doppelte Erfassung der Geschäftsvorgänge, ist dies allein keine Gewinnermittlung nach § 4 Abs. 1 EStG, sofern nicht auch sachliche Vorgänge erfaßt werden, die zur Gewinnermittlung nach Abs. 1 gehören (RAP, Bestandskonten –
außer Erfassung von Forderungen und Wirtschaftsgütern i. S. des § 4 Abs. 3
S. 5 EStG, vgl. Knief/Böttges-Minten, DStR 81 S. 579). Sollte der Stpfl. später gleichwohl einen Abschluß machen, fehlt es im Zweifel an der Führung der
Bücher (Abs. 3 S. 1). In jedem Fall ist dies eine insoweit unzulässige nachträgliche Änderung der Gewinnermittlungsart (BFH-U. v. 29. 4. 82, a. a. O.). Die
Ausübung des Wahlrechts bezieht sich grundsätzlich nur auf den jeweiligen
Gewinnermittlungszeitraum; an die getroffene Wahl ist der Stpfl. daher nur
für das jeweilige Wirtschaftsjahr gebunden (BFH-U. v. 29. 4. 82, a. a. O.; v.
23. 6. 83, BStBl II S. 723; Schleswig-Holsteinisches FG v. 9. 12. 92, EFG 94

S. 87, aber Zurückverweisung an das FG durch BFH-U. v. 12. 10. 94 X R 192/93, n. v.). Etwas anderes gilt, wenn festgestellt wird, daß der Stpfl. in Wirklichkeit den Gewinn nach einer anderen als der angegebenen Methode ermittelt hat; in diesem Fall ist die **tatsächlich praktizierte Methode** maßgeblich (FG Münster v. 3. 7. 68, DStZ/B S. 456).

Kann **keine Wahl** für die Gewinnermittlung durch Überschußrechnung festgestellt werden, muß das FA den Gewinn nach § 4 Abs. 1 EStG durch Vermögensvergleich ermitteln, gleichgültig, wie auch immer die Buchführung beschaffen ist. Ggfs. sind die Besteuerungsgrundlagen, die einen Vermögensvergleich ermöglichen, zu schätzen (BFH-U. v. 30. 9. 80, a. a. O.). Nicht erforderlich ist hingegen, daß sich der Stpfl. aller Folgen der getroffenen Wahl bewußt ist.

Kann ein Stpfl. trotz Entscheidung für die Überschußrechnung die notwendigen **Aufzeichnungen nicht vorlegen**, so ist der Gewinn durch Vergleich der – geschätzten – Einnahmen und der – geschätzten – Ausgaben zu ermitteln (BFH-U. v. 2. 3. 82, BStBl 84 II S. 504). Nach Auffassung des BFH ist das **Wahlrecht** auf anderweitige Gewinnermittlung **nicht wirksam ausgeübt**, wenn eine Überschußrechnung vorgelegt wird, die mangels Aufzeichnung der Betriebsausgaben nicht den gesetzlichen Anforderungen entspricht. Nach der Vorschrift des **§ 13a Abs. 2 Satz 1 Nr. 2 EStG** werden ausdrücklich auf den Betrieb des Stpfl. bezogene **tatsächliche Aufzeichnungen gefordert**, zu denen der Stpfl. ansonsten bei der Gewinnermittlung nach § 4 Abs. 3 EStG nicht verpflichtet ist (Hinweis auf BFH-U. v. 2. 3. 82, a. a. O.). Die Ausübung des auf Gewinnermittlung nach § 4 Abs. 3 EStG gerichteten Wahlrechts nach § 13a Abs. 2 EStG erlegt dem Stpfl. für das erste Wj nach dem Übergang besondere Aufzeichnungspflichten auf (BFH-U. v. 18. 3. 93, BStBl II S. 549).

249   **Der Stpfl. kann** in den Grenzen seines Wahlrechts **die Gewinnermittlungsart wechseln,** er kann auch nach einem solchen Wechsel zum früher angewendeten Verfahren zurückkehren. Ein wiederholter Wechsel innerhalb der möglichen Gewinnermittlungsmethoden ohne wirtschaftliche Begründung ist jedoch unstatthaft (RFH-U. v. 17. 12. 30, RStBl 31 S. 448; Falterbaum, BBK F. 8 S. 1119; Herrmann/Heuer/Raupach, § 4 Anm. 88). Der Wechsel erschwert eine zutreffende Gewinnermittlung und wird daher auch von der Rechtsprechung des BFH (U. v. 24. 11. 59, BStBl 60 III S. 188 und v. 2. 3. 78, BStBl II S. 431) ohne besonderen Grund nicht zugelassen. Nach Offerhaus (BB 77 S. 1493) widerspricht ein **willkürlicher Wechsel** der gebotenen Rücksicht auf die Belange der Verwaltung. Die Rechtsprechung des RFH, auf die sich die vorgenannten Autoren berufen, ist nach Mittelbach (Praxis der

Gewinnermittlung durch Überschußrechnung, S. 12) überholt. Durch sie sollte verhindert werden, daß durch den wiederholten Wechsel der Gewinnermittlungsmethode steuerliche Vorteile erreicht wurden. Dieser Grund ist jedoch überholt, weil heute die bisher nicht erfaßten Gewinne und Verluste beim Wechsel der Gewinnermittlungsart erfaßt werden.

Grundsätzlich ist der Stpfl. frei in der Ausnutzung der ihm durch die Steuergesetze gebotenen Möglichkeiten, seine Steuerlast tunlichst gering zu halten. Diesem Grundsatz steht aber der andere der Einfachheit der Verwaltung gegenüber; der Stpfl. wird auf die technischen Belange der Verwaltung Rücksicht nehmen müssen. Ein **willkürliches Schwanken liegt nicht vor** bei einem Einschub einer 3jährigen Periode des Vermögensvergleichs in eine sonst ununterbrochen durchgeführte Überschußrechnung (Niedersächsisches FG v. 30. 5. 60, EFG 61 S. 12; Herrmann/Heuer/Raupach, § 4 Anm. 88; Littmann/Bitz/Hellwig, §§ 4, 5 Anm. 2169; Richter, StBp 67 S. 229). Innerhalb eines Gewinnermittlungszeitraums darf die Art der Gewinnermittlung nicht geändert werden (BFH-U. v. 29. 8. 85, BFH/NV 86 S. 158). Wegen der Einzelheiten zum Wechsel der Gewinnermittlungsart vgl. Rdn. 741 ff.

Die **Gewinnermittlung nach dem Vermögensvergleich** kann für die Besteuerung verlangt werden, wenn der Stpfl. selbst den Vermögensvergleich angestellt hat. In diesem Fall kann er die Gewinnermittlung nach § 4 Abs. 3 EStG nicht in Anspruch nehmen (RFH-U. v. 24. 10. 38, RStBl 39 S. 193). Auch das BFH-U. v. 28. 1. 60 (BStBl III S. 291) hält einen Gartenarchitekten an der Gewinnermittlung nach § 4 Abs. 1 EStG fest, weil er Bilanzen erstellt und dem Finanzamt eingereicht hatte. Es ist nach diesem Urteil nicht zulässig, ihm wieder das **Wahlrecht** (das **verbraucht** war) zur Gewinnermittlung einzuräumen, damit er der drohenden Aktivierung seiner Außenstände entgehen kann. Nach dem Wortlaut des § 4 Abs. 3 Satz 1 EStG können nur diejenigen als Gewinn den Überschuß ansetzen, die auch von sich aus keine Bücher führen und keine Abschlüsse machen. Werden tatsächlich Bücher geführt, ist das Wahlrecht gegenstandslos; durch die Führung der Bücher (nebst Abschluß) hat sich der Stpfl. bereits entschieden. Die Verpflichtung, den nach § 4 Abs. 1 EStG ermittelten Gewinn der Besteuerung zugrunde zu legen, gilt auch dann, wenn ein Systemfehler in der Buchführung vorliegt, der aber die sachliche Zuverlässigkeit der Gewinnermittlung nach § 4 Abs. 1 EStG nicht beeinträchtigt hat (Niedersächsisches FG v. 12. 11. 58, EFG 59 S. 155). A. A. Mittelbach (RWP-Bl 14 D Buchführung II B/59): Wenn die Aufzeichnungen der Stpfl. wenigstens für eine Gewinnermittlung nach § 4 Abs. 3 EStG ausreichen, kann er verlangen, daß diese Gewinnermittlung erfolgt, er kann also noch zu dieser

Gewinnermittlungsart übergehen; m. E. nicht zutreffend, da der Stpfl. Bestandsvergleich gewählt hatte und die Gewinnermittlungsart nach Ablauf des Wj nicht mehr ändern kann.

251 Die **Ausübung des Wahlrechts** erfolgt dadurch, daß der Stpfl. **zu Beginn des Wirtschaftsjahres** der gewählten Gewinnermittlungsart entsprechende Unterlagen schafft (FG des Saarlandes v. 19. 6. 90 – 1 K 14/90; Schleswig-Holsteinisches FG v. 9. 12. 92, EFG 94 S. 87, aber Zurückverweisung an das FG durch BFH-U. v. 12. 10. 94 X R 192/93, n. v.; BFH-U. v. 2. 3. 78, BStBl II S. 431; Herrmann/Heuer/Raupach, § 4 Anm. 88). Hat der Stpfl. den Gewinn in bestimmter Weise ermittelt, so kann er nicht nach Abgabe der Steuererklärung den Gewinn nach einer anderen Methode ermitteln (BFH-U. v. 28. 1. 60, BStBl III S. 291; OLG Düsseldorf v. 21. 11. 88, NJW 89 S. 2143). § 4 Abs. 2 Satz 2 EStG betreffend Bilanzänderung bezieht sich nur auf die Änderung des Gewinns ohne Wechsel der Gewinnermittlungsart und kann hier nicht entsprechend angewendet werden.

252 Bei Anerkennung oder Ablehnung der vom Stpfl. gewählten Gewinnermittlungsart durch das FA handelt es sich nicht um eine Ermessensentscheidung, sondern um die Entscheidung der Rechtsfrage, wieweit das Wahlrecht des Stpfl. geht (Niedersächsisches FG v. 30. 5. 60, EFG 61 S. 12).

253 Obwohl – wie oben dargestellt – für **Angehörige der freien Berufe** keine Verpflichtung zum Übergang von der Überschußrechnung zum Vermögensvergleich nach § 4 Abs. 1 EStG besteht, ist ein **freiwilliger Übergang** jedoch durchaus denkbar und auch zu empfehlen, wenn Freiberufler **Steuervergünstigungen,** die eine Buchführung voraussetzen (z. B. nicht entnommener Gewinn), in Anspruch nehmen wollen. So hatten z. B. die Inhaber eines Vermessungsbüros ihren Gewinn durch Einnahme-/Ausgaberechnung ermittelt. Bei einer späteren Betriebsprüfung wurde mittels einer Einnahmen-Ausgaben-Rechnung ein wesentlich höherer als der erklärte Gewinn festgestellt. Hieraufhin beantragten die Gesellschafter, den Gewinn durch Vermögensvergleich gem. § 4 Abs. 1 EStG zu ermitteln, insbesondere deshalb, um im Rahmen dieser Gewinnermittlungsart Rückstellungen bilden zu können. Das FG Münster (Urteil v. 4. 5. 70, EFG S. 596) vertrat hierzu die Auffassung, daß diesem Antrag zu folgen sei, wenn die wesentlichen Grundlagen für einen durchzuführenden Bestandsvergleich vorliegen. Vgl. a. Herrmann/Heuer/ Raupach, § 4 Anm. 88.

254–257 *(unbesetzt)*

V. Zufließen von Betriebseinnahmen/ Abfließen von Betriebsausgaben

1. Zeitliche Abgrenzung

Da nach § 11 Abs. 1 Satz 4 bzw. § 11 Abs. 2 Satz 3 EStG lediglich die Ge- 258
winnermittlungsvorschriften i. S. von § 4 Abs. 1 und § 5 EStG unberührt
bleiben, **erfaßt § 11 EStG auch die Überschußrechnung** nach § 4 Abs. 3 EStG.
§ 11 EStG ist ein unvollständiger Rechtssatz, der seine Wirkung erst im Zusammenhang mit anderen Rechtssätzen entfaltet. Danach bestimmt sich auch
das Verhältnis der Vorschrift zu anderen Bestimmungen des EStG. Auch § 4
Abs. 3 EStG zeigt, daß zwischen Gewinnermittlung und Zuflußprinzip keine
unüberbrückbare Kluft besteht.

Vorrangige gesetzliche Ausnahmevorschriften zu § 11 Abs. 2 Satz 1 EStG sind
u. a.:

- § 11 Abs. 2 Sätze 2 und 3 EStG,

- § 7 EStG (i. V. m. § 4 Abs. 3 Satz 3 EStG) für die AfA bei abnutzbaren
  Wirtschaftsgütern,

- § 6 Abs. 2 EStG für Anschaffungskosten von geringwertigen Wirtschaftsgütern (Jahr der Anschaffung),

- § 4 Abs. 3 Satz 4 EStG für nicht abnutzbare Wirtschaftsgüter des Anlagevermögens,

- § 10d EStG zur Verlustverteilung.

Nicht gesetzlich geregelte Ausnahmen (im Billigkeitswege: § 163 Abs. 1 Satz 2
AO):

Beispiele zu Einnahmen:
- R 139 Abs. 11 EStR, H 167 EStH betr. Wahlrecht bei Betriebsveräußerung auf Ren-
  tenbasis,
- R 16 Abs. 4 EStR betr. Wahlrecht bei Veräußerung einzelner Wirtschaftsgüter bei § 4
  Abs. 3 EStG,
- R 16 EStR betr. Übergangsgewinn beim Wechsel der Gewinnermittlungsart,
- R 163 und 34 EStR betr. Besteuerung öffentlicher Zuschüsse.

Beispiel zu Ausgaben:
- R 16 Abs. 4 Satz 6 EStR betr. Wahlrecht bei Veräußerung eines Wirtschaftsguts auf
  Rentenbasis.

Abweichend vom Zuflußprinzip hat die Finanzverwaltung bei Land- und Forstwirten in folgenden Fällen Erleichterungen zugelassen:

- Entschädigungen für Wertminderungen des Grund und Bodens,

- Gewinne durch Ausmerzung von Vieh,

- Zinsverbilligungszuschüsse nach dem Agrarkreditprogramm,

- Vergütungen für die Aufgabe der Milcherzeugung nach dem Milchaufgabevergütungsgesetz (sog. Milchrente),

- Entschädigung für Wirtschaftserschwernisse.

S. a. Rdn. 955 ff.

259　§ 11 EStG regelt, **welchem VZ Einnahmen zuzurechnen** sind, sagt hingegen nicht, ob Einnahmen vorliegen. Daraus ist nicht zu folgern, daß § 11 Abs. 1 Satz 1 EStG ohne Berücksichtigung der den § 4 Abs. 3 EStG zu entnehmenden Wertungen ausgelegt werden könnte. Bei der Ermittlung des Sinngehalts ist vielmehr zu berücksichtigen, daß die verschiedenen Vorschriften von einem einheitlichen Grundverständnis geprägt werden (Kirchhof/Söhn, § 11 Anm. B 30).

260　Der Leistungszeitpunkt hat für die Ausgabenseite die gleiche Bedeutung wie der Zuflußzeitpunkt für die Einnahmenseite. Zufluß und Leistung sind **korrespondierende Begriffe**; deshalb wird in der Praxis häufig nicht von der Leistung, sondern vom Abfluß von Ausgaben gesprochen.

261　Die **Betriebseinnahmen** (Sonderbetriebseinnahmen) und **Betriebsausgaben** (Sonderbetriebsausgaben) sind danach grundsätzlich bei der Ermittlung des Gewinns des Jahres zu berücksichtigen, in dem sie **zugeflossen** oder **abgeflossen** sind; **Sacheinnahmen** sind wie Geldeingänge in dem Zeitpunkt als Betriebseinnahme zu erfassen, in dem der Sachwert zufließt (BFH-U. v. 12. 3. 92, BStBl 93 II S. 36; R 16 Abs. 2 EStR). Nur ausnahmsweise, nämlich bei regelmäßig wiederkehrenden Betriebseinnahmen und Betriebsausgaben, kommt eine Berücksichtigung bei der Ermittlung des Gewinns des Jahres in Betracht, zu dem sie wirtschaftlich gehören.

Bei der Gerwinnermittlung nach § 4 Abs. 3 EStG müssen Betriebsausgaben in dem Steuerabschnitt geltend gemacht werden, in dem sie angefallen sind (BFH-U. v. 13. 5. 59, BStBl III S. 279).

262　Hiermit – und übrigens auch damit, daß es in aller Regel auf die Fälligkeit nicht ankommt – hängt es zusammen, daß der Stpfl., für dessen einkommensteuerliche Erfassung das Zufließen der Einnahme oder die Leistung der

Ausgabe von Bedeutung ist, einen gewissen **Spielraum in der Gestaltung** eben dieser Umstände hat (vgl. BFH-U. v. 12. 7. 90, BStBl 91 II S. 13).

Die Anknüpfung der steuerlichen Zuordnung an den **tatsächlichen Zufluß** **263** **und Abfluß** ermöglicht es den Stpfl., sich in der Gestaltung ihrer Verhältnisse so einzurichten, wie es steuerlich am vorteilhaftesten ist. So kann ein Stpfl. eine im Dezember ausgeführte Reparatur sogleich im Dezember oder erst im Januar bezahlen, je nachdem, ob es ihm darauf ankommt, die Ausgabe noch im ablaufenden oder im neuen Jahr steuermindernd anzusetzen. Ein Anwalt kann die Berechnung von bereits verdienten Honoraransprüchen bis in das Folgejahr hinauszögern, um zu erreichen, daß sich die darauf eingehenden Einnahmen erst im Folgejahr gewinnerhöhend auswirken. Solche Maßnahmen stellen **grundsätzlich keine mißbräuchlichen Gestaltungen** i. S. des § 42 AO dar, denn die Besteuerung nach dem tatsächlichen Zu- und Abfluß entspricht der gesetzlichen Wertung, wie sie in § 11 EStG zum Ausdruck kommt. Der Gesetzgeber hat es mit dieser Regelung in Kauf genommen, daß es durch die Zusammenballung von Ausgaben zu erheblichen Steuerentlastungen kommen kann (BFH-U. v. 24. 9. 85, BStBl 86 II S. 284; vgl. auch BFH-U. v. 11. 10. 83, BStBl 84 II S. 267). Eine **mißbräuchliche Gestaltung** liegt jedoch vor, wenn der Art nach abzugsfähige Ausgaben ohne wirtschaftlich vernünftigen Grund bezahlt oder vorausgezahlt werden (BFH-U. v. 23. 2. 51, BStBl III S. 79). Ebenso hat der BFH in einem Fall entschieden, in dem ein Stpfl. eine Gebühr für eine erst weit in der Zukunft liegende Leistung und für die Übernahme eines erst in ferner Zukunft eintretenden Haftungsrisikos bezahlte (BFH-U. v. 23. 9. 86, BStBl 87 II S. 219). In diesem Fall sei für die Zahlung kein anderer Grund ersichtlich, als einen besonders hohen Abzug zu erreichen. Die Grenze der Anerkennung bildet also der Gestaltungsmißbrauch. Eine **Vorauszahlung des Damnums** wird steuerrechtlich nur anerkannt, wenn sie wirtschaftlich sinnvoll ist. Nunmehr gilt hierfür eine Dreimonatsfrist zwischen Abfluß und Auszahlung bzw. Teilauszahlung des Damnums, wenn das Damnum auch in diesem Fall vereinbarungsgemäß in voller Höhe sofort anfällt (BMF-Schr. v. 22. 10. 93, BStBl I S. 827, Abs. 7; früher: Einmonatsfrist, vgl. BFH-U. v. 13. 12. 83, BStBl 84 II S. 428). Durch diese Änderung besteht insbesondere die Möglichkeit, bei einem schwankenden zu versteuernden Einkommen die Zahlung und damit den Abzug in ein früheres Jahr zu verlegen. Für den Abzug des Damnums als Betriebsausgaben bei Überschußrechnern nach § 4 Abs. 3 EStG entfaltet die neue Rechtsprechung des BFH (Urteile v. 8. 6. 94 X R 36/91, X R 26/92 und X R 30/92, DB S. 1903 ff.) keine Wirkung. Dazu ergibt sich aus dem Urteil X R 26/92 allenfalls, daß die Frage des Gestaltungsmißbrauchs nach § 42 AO vom BFH nicht kleinlich gesehen wird. In der **Vorauszahlung** eines tatsächlich geschuldeten und deshalb auch nicht rückforderbaren Betrages, wie z. B. der Vorauszahlung von **Zinsen** bei einem schon bestehenden Darlehen, ist kein Mißbrauch zu sehen (BFH-U. v. 24. 9. 85, BStBl 86 II S. 284). Werden Leistungen ohne wirtschaftlich vernünftigen Grund im voraus erbracht, so kann hierin ein Mißbrauch von Gestaltungsmöglichkeiten des Rechts liegen (hier: Gebühren zur Erlangung von sofort abziehbaren Werbungskosten; BFH-U. v. 11. 8. 87, BStBl 89 II S. 702).

264   Da § 11 EStG ausdrücklich vom Kalenderjahr spricht, ist es zweifelhaft, ob die Vorschrift auch dann anzuwenden ist, wenn das Wirtschaftsjahr mit dem Kalenderjahr nicht übereinstimmt. Diese Frage ist erst entstanden, seit es auch Land- und Forstwirten unter bestimmten Voraussetzungen gestattet ist, ihren Gewinn nach § 4 Abs. 3 EStG zu ermitteln. Wenn man aber in der Vorschrift des **§ 11 EStG** eine allgemeine Abgrenzungsregel erblickt, muß sie sinngemäß **auch bei der Abgrenzung abweichender Wirtschaftsjahre anwendbar** sein.

Beispiele:

- A ist Obst- und Gemüsehändler. Er führt nur Aufzeichnungen seiner Betriebseinnahmen und Betriebsausgaben. Sein Umsatz, Betriebsvermögen und Gewerbegewinn überschreiten nicht die in § 141 AO genannten Grenzen. Mitte Januar 1994 bezahlt eine Kundin die Waren, die A ihr in der Zeit vom 1. Dezember 1993 bis zum Zeitpunkt der Bezahlung auf Kredit geliefert hat. Der von der Kundin gezahlte Betrag ist, wenngleich ihm auch Warenlieferungen des Jahres 1993 gegenüberstehen, voll eine Betriebseinnahme des Jahres 1994 und nur bei der Gewinnermittlung dieses Jahres zu berücksichtigen.

- Rechtsanwalt B ermittelt seinen Gewinn im Wege der Überschußrechnung, also der Gegenüberstellung von Betriebseinnahmen und Betriebsausgaben. Er muß, weil er eine Mandantin falsch beraten hat, mit einer Inanspruchnahme auf Schadensersatz rechnen und ist, wie wir annehmen wollen, durch keine Versicherung gedeckt. Auch wenn der Sachverhalt bereits zum Ende des Jahres klar zu übersehen ist, kann B ihn doch bei der Gewinnermittlung für dieses Jahr nicht berücksichtigen, sondern erst bei der Gewinnermittlung für das Jahr, in dem er den Schadensersatz tatsächlich leistet.

265   **Regelmäßig wiederkehrende Einnahmen und Ausgaben** i. S. dieser Vorschrift sind nur solche, die nach dem zugrunde liegenden Rechtsverhältnis grundsätzlich am Beginn (kurze Zeit vor Beginn) oder am Ende (kurze Zeit nach Beendigung) des Kj zahlbar sind, zu dem sie wirtschaftlich gehören. Einnahmen und Ausgaben gehören wirtschaftlich zu dem Zeitraum, **für** den die Zahlung erfolgt (BFH-U. v. 24. 7. 86, BStBl 87 II S. 16; Tehler, DB 87 S. 1168).

Wirtschaftliche Zugehörigkeit und regelmäßige Wiederkehr sind also das **entscheidende Kriterium.** Nur unter dieser Voraussetzung ist es wirtschaftlich gerechtfertigt, die Einnahmen und Ausgaben steuerlich auch dann dem Kj zuzurechnen, zu dem sie wirtschaftlich gehören, wenn sie im Einzelfall kurze Zeit früher oder später zugeflossen bzw. abgeflossen sind (BFH-U. v. 10. 10. 57, BStBl 58 III S. 23; s. a. BFH-U. v. 3. 6. 75, BStBl II S. 696, sowie Littmann/Bitz/Hellwig, § 11 Anm. 136; a. A. Herrmann/Heuer/Raupach, § 11 Anm. 37). Entscheidend ist daher im allgemeinen, ob ein Dauerschuldverhältnis vorliegt, d. h. meistens ein Vertrag oder ein öffentliches Rechtsverhältnis, aus dem Leistungen geschuldet werden. Zu den regelmäßig wiederkehrenden Einnahmen bzw. Ausgaben gehören danach z. B. Zinsen (BFH-U. v. 3. 6. 75, BStBl II S. 696), **Renten, Löhne, Gehälter, Mieten, Pachten,** auch Wasser-, Strom-, Müll- und Telefongebühren, mag der am Beginn oder Ende des Kj liegende Fälligkeitstermin nun ein monatlicher, vierteljährlicher, halbjährlicher oder jährlicher sein (str.). Dazu gehören auch die **Zahlungen der Kassenärztlichen Vereinigungen** an Ärzte, die regelmäßig im Januar für den vorangegangenen Dezember überwiesen werden (BFH-U. v. 24. 7. 86, BStBl 87 II S. 16; Tehler, DB 87 S. 1168; Horlemann, DB 87 S. 1711; Günter, FR 89 S. 428). Daß solche Zahlungen in unterschiedlicher Höhe anfallen können, steht der wirtschaftlichen Zuordnung nicht entgegen. Da die Rechtsprechung die wirtschaftliche Zuordnung immer dann vornimmt, wenn es sich um Leistungen handelt, die ihrer Natur nach regelmäßig wiederkehren (BFH-U. v. 10. 12. 85, BStBl 86 II S. 342), kommt es nicht darauf an, ob im Einzelfall solche Vorgänge über längere Zeit immer wiederkehren. Die Vorschrift des § 11 Abs. 1 Satz 2 EStG soll Zweifel vermeiden, zu denen der Zufluß von Einnahmen um die Jahreswende Anlaß geben könnte. Bei der Gewinnermittlung eines Arztes durch Überschußrechnung (§ 4 Abs. 3 EStG) sind die jeweils für Dezember des Vorjahres Anfang Januar des Folgejahres zu leistenden Abschlagszahlungen der Kassenärztlichen Vereinigung gem. § 11 Abs. 1 Satz 2 EStG als regelmäßig wiederkehrende Einnahmen des Arztes dem vorangegangenen Kalenderjahr zuzurechnen (BFH-U. v. 24. 7. 86, a. a. O. mit umfangreichen Ausführungen und Rechtsprechungs-Hinweisen zu den Begriffen „regelmäßig wiederkehrende Einnahmen" und „kurze Zeit nach Beendigung des Kalenderjahres"). In Niedersachsen gilt ein besonderer Honorarverteilungsmaßstab der Kassenärztlichen Vereinigung (HVM Niedersachsen). Die Ärzte erhalten danach regelmäßig monatliche Abschlagszahlungen, die in den ersten 10 Tagen nach Ablauf des jeweiligen Monats zu leisten sind. Damit – so der BFH – erfüllen diese Zahlungen den Tatbestand der in § 11 Abs. 1 Satz 2 EStG genannten „regelmäßig wiederkehrenden Einnahmen". Auch der Begriff „kurze Zeit" nach Beginn des Kalenderjahres ist erfüllt (10 Tage). Die Zahlungen sind auch innerhalb dieses Zeitraums fällig. Mit diesem Urteil, das speziell auf die Verhältnisse in Niedersachsen Bezug nimmt, ist die Entscheidung des BFH v. 10. 10. 57 (BStBl 58 III S. 23) keinesfalls überholt. Es verbleibt dabei, daß vierteljährliche Abschlagszahlungen der Kassenärztlichen Vereinigungen nach dem Zuflußprinzip zu behandeln sind. Nicht hierher gehören Auszahlungen von Gewinnanteilen, insbesondere Dividenden und Vergütungen auf stille Beteiligungen, sowie Aufsichtsratsvergütungen und Tantiemen, weil diese zwar wirtschaftlich zum vorausgegangenen Jahr gehören, aber tatsächlich stets erst im nachfolgenden Jahr ausgezahlt werden. Der Zufluß gehört also nicht mehr zum „Ertragsjahr", sondern zum „Auszahlungsjahr". Als „**kurze Zeit**" in diesem Sinne ist nach der Rechtsprechung regelmäßig je ein **Zeitraum von höchstens 10 Tagen** anzusehen (BFH-U. v. 13. 3. 64 VI 152/63, StRK EStG § 11 R. 50; v. 9. 5. 74, BStBl II S. 547; v. 10. 12. 85, BStBl 86 II S. 342; v. 24. 7. 86, BStBl 87 II S. 16; vgl. ferner Blümich, § 11 Anm. 67 und Hartmann/Böttcher/Nissen/Bordewin, § 11 Anm. 4), wobei sowohl die **Fälligkeit** als auch der **Zufluß** in diesen 20-Tageszeitraum (z. B. vom 22. 12. 01−10. 1. 02) fallen müssen (BFH-U. v. 24. 7. 86, a. a. O.); Grundbedingung für die Anwendung der Ausnahmeregelung ist, daß Zu- bzw. Abfluß und wirtschaftliche Zugehörigkeit in zwei verschiedenen, aufeinanderfolgenden Kalenderjahren liegen. Man wird aber, weil keine absolute Grenze (eine feste Zahl von Tagen) gesetzt ist, die Verhältnisse des Einzelfalles nicht außer acht lassen dürfen. Die Rechtsprechung hat die wirtschaftliche Zuordnung allerdings nur bei solchen **Zahlungen** zugelassen, **die üblicherweise zur Jahreswende bezahlt werden;** sie gilt nicht für die Bezahlung von Rückständen aus weiter zurückliegenden Zeiträumen (BFH-U. v. 9. 5. 74, a. a. O.).

266 Zusammenfassend bleibt festzustellen, daß die Regelung des § 11 Abs. 1 Satz 2 EStG

- eine Systemwidrigkeit darstellt, weil den Überschußeinkünften die Periodenabgrenzung grundsätzlich wesensfremd ist und

- zur Vermeidung von Zufallsergebnissen bei der Besteuerung regelmäßig wiederkehrender Einnahmen dienen soll.

Nach dem BFH-U. v. 9. 5. 74 (a. a. O.) reicht die Feststellung der **Fälligkeit** der Einnahmen aus. Nach dem BFH-U. v. 24. 7. 86 (a. a. O.) werden alle regelmäßig wiederkehrenden Einnahmen, selbst wenn sie erst kurze Zeit nach dem Ende des Kalenderjahres fällig sind, dem Vorjahr zugeordnet. Nach dem

Urteil von 1974 geschieht dies dagegen nur in den Fällen, in denen zwar die Fälligkeit im Vorjahr liegt, die Zahlung aber erst in den ersten 10 Tagen des Folgejahres erfolgt. Dieses Urteil, insbes. S. 549, nach dem wirtschaftliche Zugehörigkeit Fälligkeit bedeutete, ist jetzt überholt.

(unbesetzt) 267

Ob ein **Zufluß oder** ein **Abfluß** vorliegt, ist nach ständiger Rechtsprechung 268 und einhelliger Meinung in der Literatur **nach wirtschaftlichen Gesichtspunkten** zu entscheiden (s. z. B. Schmidt, § 11 Anm. 12; BFH-U. v. 26. 7. 83, BStBl II S. 755). Danach ist eine Einnahme bereits dann zugeflossen, wenn der Stpfl. über sie verfügen kann. Eine Ausgabe ist geleistet, wenn sie wirtschaftlich aus dem Vermögen ausgeschieden ist. Das ist i. d. R. der Zeitpunkt des Leistungserfolges oder der Eintritt der Möglichkeit, durch zusätzliches eigenes Handeln den Leistungserfolg herbeizuführen (BFH-U. v. 30. 10. 80, BStBl 81 II S. 305; v. 14. 5. 82, BStBl II S. 469). Ein Zufluß i. S. von § 11 Abs. 1 EStG liegt nach Auffassung des BFH-U. v. 1. 10. 93 (BStBl 94 II S. 179) erst mit der **tatsächlichen Erlangung der wirtschaftlichen Verfügungsmacht** über ein in Geld oder Geldeswert bestehendes Wirtschaftsgut vor. Die Form des Übergangs der wirtschaftlichen Verfügungsmacht ist unerheblich. Der Stpfl. erlangt diese auch dann, wenn der Geld- oder Sachwert an einen Dritten für Rechnung des Stpfl. geleistet wird. **Rückzahlungen** wirken sich erst in dem betreffenden VZ aus. Die Verfügungsmacht muß nicht endgültig erlangt sein (BFH-U. v. 25. 10. 94 VIII R 79/91).

Ein Zufluß von Einnahmen ist auch in jenen Fällen anzunehmen, in denen 269 noch nicht zweifelsfrei feststeht, ob die Einnahmen dem Empfänger endgültig verbleiben. So sind z. B. Provisionsvorschüsse auch dann zugeflossen, wenn im Zeitpunkt der Veranlagung feststeht, daß sie teilweise zurückzuzahlen sind. Das „Behaltendürfen" des Zugeflossenen ist **nicht Merkmal des Zuflusses** i. S. des § 11 Abs. 1 EStG (Bestätigung der bisherigen Rechtsprechung: BFH-U. v. 13. 10. 89, BStBl 90 II S. 287). Vgl. a. BFH-U. v. 1. 10. 93 (a. a. O.); v. 25. 10. 94 (a. a. O.).

Auch hindern **Verfügungsbeschränkungen** grundsätzlich den Zufluß nicht. Dies gilt nicht nur für nachträgliche Verfügungsbeschränkungen, sondern auch für im Leistungszeitpunkt bereits bestehende (BFH-U. v. 1. 10. 93, a. a. O.).

Stehen mehreren Stpfl. als **Gesamtgläubigern** Einnahmen zu und vereinbaren 270 sie mit dem Schuldner, daß dieser nur an einen bestimmten Gesamtgläubiger leisten soll, so tritt bei jedem der Gesamtgläubiger anteilsmäßig ein Zufluß in dem Zeitpunkt ein, in dem die Einnahmen bei dem bestimmten Gesamtgläubiger eingehen (BFH-U. v. 10. 12. 85, BStBl 86 II S. 342; s. a. FG Düsseldorf, EFG 94 S. 104, rkr.).

Beispiele:

• Die **Gutschrift** auf einem Bankkonto oder einem ähnlichen Konto bedeutet für den Stpfl. ein Zufließen. Er kann über die Konten ohne weiteres durch Abhebung verfügen. Das gilt bereits für die Gutschrift als solche und nicht erst für die Benachrichtigung des Stpfl. von der Gutschrift (vgl. BFH-U. v. 5. 11. 70, BStBl 71 II S. 97, für das Postbankkonto). Ein Zufluß anläßlich einer Gutschrift liegt jedoch dann nicht vor, wenn der Empfänger deswegen über den Betrag nicht verfügen kann, weil der Schuldner zahlungsunfähig ist und deswegen der Betrag „stehenbleiben" muß (BFH-U. v. 21. 7. 87, BFH/NV 88 S. 224). Bei Änderung der Verhältnisse kann jedoch ein Zufluß eintreten.

  Eine Ausgabe, die mittels **Überweisungsauftrag** von einem Bankkonto geleistet wird, ist bei dem Kontoinhaber in dem Zeitpunkt abgeflossen, in dem der Überweisungsauftrag der Bank zugegangen ist und der Stpfl. im übrigen alles in seiner Macht Stehende getan hat, um eine unverzügliche banktübliche Ausführung zu gewährleisten. Hierzu gehört insbes., daß der Stpfl. im Zeitpunkt der Erteilung des Überweisungsauftrags für eine genügende Deckung auf seinem Girokonto gesorgt hat (BFH-U. v. 14. 1. 86, BStBl II S. 453; v. 22. 5. 87, BStBl II S. 673). Entscheidend ist der Zeitpunkt, zu dem der Stpfl. die wirtschaftliche Verfügungsmacht über den Gegenstand der geschuldeten Erfüllungsleistung verloren hat; auf den Verlust der rechtlichen Verfügungsmacht kommt es nicht an. Wird ein Bankkonto des Stpfl. von der Bank mit Zinsen belastet, so sind diese „nicht geleistet", wenn das Konto kein Guthaben aufweist. Unbare Zahlungen, die im Wege der Überweisung von einem Bankkonto bewirkt werden, sind grundsätzlich im Zeitpunkt des Eingangs des Überweisungsauftrags bei der Überweisungsbank abgeflossen und damit i. S. des § 11 Abs. 2 Satz 1 EStG geleistet, selbst wenn sie auf einem Sperrkonto des Zahlungsempfängers gutgeschrieben werden und das Guthaben daran anschließend der Bank verpfändet wird (BFH-U. v. 11. 8. 87, BStBl 89 II S. 702, mit Hinweis auf BFH-U. v. 14. 1. 86, a. a. O.; H 116 EStH).

• In dem – einen Vertrag erfordernden (§ 397 Abs. 1 BGB) – **Erlaß einer Schuld** durch den Gläubiger liegt zwar eine Verfügung des Gläubigers, indem dieser auf seine Forderung verzichtet. Die Verfügung bedeutet aber nicht, daß der Forderungsbetrag als „eingegangen" zu behandeln sei. Dem Gläubiger ist weder rechtlich noch tatsächlich etwas zugeflossen (vgl. RFH-U. v. 27. 5. 43, RStBl S. 594; s. a. BFH-U. v. 22. 9. 59, BStBl 60 III S. 37; v. 25. 1. 85, BStBl II S. 437).

  Dem entspricht, daß bei dem Schuldner, dessen Schuld durch den Erlaßvertrag ja erlischt, keine Ausgabe anfällt. Sind Zinsen auf ein Darlehen erlassen worden, so können die erlassenen Zinsen nicht als Betriebsausgaben abgesetzt werden. Es gibt keine „fiktiven" Zinsen.

• **Wechsel** werden „zahlungshalber" gegeben; der Betrag fließt erst bei Einlösung oder Diskontierung zu (BFH-U. v. 1. 7. 52, BStBl III S. 205; v. 5. 12. 52, BStBl 53 III S. 49; v. 5. 5. 71, BStBl II S. 624; H 116 EStH).

• Wird mit **Scheck** (Verrechnungsscheck) gezahlt, so ist für den Abfluß (Zufluß) des Betrages der Tag der Hingabe (Entgegennahme) des Schecks maßgebend, nicht der

Tag seiner Einlösung (BFH-U. v. 7. 12. 62, BStBl 63 III S. 162; v. 8. 11. 68, BStBl 69 II S. 76; v. 29. 10. 70, BStBl 71 II S. 94; v. 30. 10. 80, BStBl 81 II S. 305; v. 24. 9. 85, BStBl 86 II S. 284; H 116 EStH). Die Regelung des § 7a Abs. 2 Satz 5 EStG, nach der Anzahlungen durch Hingabe eines Schecks erst im Zeitpunkt der Einlösung oder Gutschrift aufgewendet sind, gilt nur für den Bereich der erhöhten Absetzungen und Sonderabschreibungen.

- **Stundung einer Schuld,** weil der Schuldner nicht zahlt oder nicht zahlen kann, bedeutet, daß das Geld beim Schuldner nicht abfließt und beim Gläubiger nicht zufließt. Hat der Gläubiger aber über den Betrag verfügen können, will er ihn aber im Augenblick nicht haben (Gutschrift, Stehenlassen), dann ist der Betrag zugeflossen, weil über ihn verfügt worden ist, ist also Einnahme. Vgl. hierzu auch BFH-U. v. 26. 11. 74 (BStBl 75 II S. 330), v. 14. 5. 82 (BStBl II S. 469) sowie v. 14. 2. 84 (BStBl II S. 550).

- **Abtretung einer Forderung** für eine Schuld ist dann der Bezahlung der Schuld gleichzusetzen, wenn der Gläubiger durch die Abtretung endgültig abgefunden ist (Leistung an Zahlungs Statt). Die Abtretung ist dann aber keine Bezahlung der Schuld, wenn der Gläubiger die Forderung abgetreten erhalten hat, um sich zu befriedigen und weiter fordern kann, wenn er sein Geld nicht oder nicht vollständig erhält (Leistung zahlungshalber). Erst dann, wenn der Drittschuldner auf die abgetretene Forderung zahlt, wird die Schuld des Abtretenden getilgt, also bezahlt (vgl. RFH-U. v. 20. 6. 34, RStBl S. 1030; BFH-U. v. 22. 4. 66, BStBl III S. 394, zur Abtretung an Erfüllungs Statt; zur Abtretung zahlungshalber s. BFH-U. v. 30. 10. 80, BStBl 81 II S. 305). Wird dem Stpfl. eine fällige, unbestrittene und einziehbare Forderung zum Ausgleich von Honoraransprüchen abgetreten, so sind ihm nach dem Urteil des KG Berlin v. 19. 1. 84 (BB S. 2175) Einnahmen i. S. von § 11 Abs. 1 Satz 1 EStG zugeflossen, auch wenn er die Forderung nicht eintreibt.

- Bei der **Aufrechnung** erfolgt die Vereinnahmung und Verausgabung im Zeitpunkt der Erklärung der Aufrechnung, wenn auch bürgerlich-rechtlich die Forderungen in dem Zeitpunkt erlöschen, in dem sie sich erstmalig aufrechnungsfähig gegenüberstehen (vgl. BFH-U. v. 19. 4. 77, BStBl I S. 601; BFH/NV 86 S. 733 und 87 S. 495; H 116 EStH; Herrmann/Heuer/Raupach, § 11 Anm. 50; Schmidt, § 11 Anm. 30). Diese Auffassung verkennt nach FG Münster jedoch, daß durch das Gegenüber von Forderung und Schuld eine wirtschaftliche Verknüpfung beider Rechtspositionen eintritt, die es ausschließt, daß eine der Forderungen noch gesondert geltend gemacht werden kann. Die Beteiligten werden sich wirtschaftlich nicht mehr als Gläubiger und Schuldner empfinden, sondern mit dem Entstehen der Aufrechnungslage ihre gegenseitigen Rechtsbeziehungen als erledigt betrachten (FG Münster v. 24. 9. 85, EFG 86 S. 229). Der Zufluß ist danach bereits anzunehmen, sobald sich beide Forderungen als erfüllbare, wenn auch noch nicht fällige Ansprüche gegenüberstehen. Ein Leistungsentgelt, das mit einem vorweg gewährten unverzinslichen Darlehen verrechnet werden soll, ist nach dem BFH-U. v. 21. 9. 82 (BStBl 83 II S. 289) erst im Zeitpunkt der Verrechnung zugeflossen, wenn die Darlehensvereinbarung wirtschaftlich sinnvoll erscheint.

- Wie die **Umwandlung einer Schuld** (Schuldumschaffung, Novation; vgl. BFH-U. v. 14. 2. 84, BStBl II S. 480; BStBl 93 II S. 602 und S. 507) für den Gläubiger zu einem Zufließen führen kann, so kann sich umgekehrt für den Schuldner, weil die alte Schuld untergeht und durch die neue ersetzt wird, eine jenem Zufließen entsprechende Leistung ergeben. Hat z. B. ein Gewerbetreibender, der seinen Gewinn durch Überschußrechnung nach § 4 Abs. 3 EStG ermittelt, mit dem Vermieter seiner Ladenräume, mit deren Miete er in Höhe von 20000 DM im Rückstande ist, eine Beteiligung an seinem Gewerbebetrieb als stiller Gesellschafter vereinbart mit der Abrede, daß der Mietrückstand als Einlage gelte, so sind die rückständigen Mieten – vorausgesetzt, daß sich keine Bedenken hinsichtlich der Zahlungsfähigkeit des Stpfl. ergeben – von diesem als „verausgabt" und von dem Vermieter als „vereinnahmt" anzusetzen.

271   Das durchgängige Festhalten an der zeitlichen Zuordnung nach dem tatsächlichen Zufluß und Abfluß kann für Stpfl. erhebliche Härten zur Folge haben, wenn z. B. hohe Ausgaben in einem Jahr wegen geringer Einkünfte steuerlich ohne Auswirkung bleiben, während die hohen damit bewirkten Einnahmen im Folgejahr oder später die Steuerpflicht in einer hohen Progressionsstufe auslösen. Solche besonderen Umstände können es rechtfertigen, im **Billigkeitswege** nach § 163 AO Einnahmen oder Ausgaben entsprechend ihrem wirtschaftlichen Zusammenhang früher oder später zu berücksichtigen, als sie tatsächlich angefallen sind (FG München v. 2. 4. 84, EFG S. 555). Für einige Fälle ist die vom Zufluß- und Abflußzeitpunkt abweichende Versteuerung von Einnahmen und Ausgaben aus Billigkeitsgründen von der FinVerw. nach § 163 AO allgemein zugelassen, z. B. R 163 EStR (Behandlung von Zuschüssen aus öffentlichen oder privaten Mitteln, entweder nach tatsächlichem Zufluß oder nach wirtschaftlicher Zuordnung). In entsprechender Anwendung des Abschn. 78 EStR 1971 hat der BFH (U. v. 28. 10. 80, BStBl 81 II S. 161) den verlorenen Mieterzuschuß beim Vermieter abweichend vom tatsächlichen Zuflußzeitpunkt als Einnahme über die Dauer der Mietzeit verteilt; auch das entspricht der wirtschaftlichen Zuordnung der Einnahme aus Billigkeitsgründen.

272–275 *(unbesetzt)*

2. Betriebseinnahmen

276   Im Unterschied zu dem Begriff der „Betriebsausgabe" (vgl. § 4 Abs. 4 EStG) enthält das EStG **keine Definition** des Begriffes „Betriebseinnahme". Nach der Rechtsprechung sind Betriebseinnahmen alle Zugänge (präziser: Nicht Zugang, sondern **Zufluß**) in Geld oder Geldeswert, die durch den Betrieb veranlaßt sind (BFH-Urteile v. 21. 11. 63, BStBl 64 III S. 183; v. 13. 12. 73, BStBl 74 II S. 210; v. 16. 1. 75, BStBl II S. 526; v. 18. 3. 82, BStBl II S. 587, betr. Einnahmen aus dem Verkauf von Wertpapieren; v. 22. 7. 88, BStBl II S. 995; v. 27. 2. 91 XI R 24/88; v. 1. 10. 93, BStBl 94 II S. 179). Einschränkend ist allerdings festzustellen: Nur reale und erfolgswirksame Zuflüsse können

Betriebseinnahmen sein (BFH-U. v. 17. 4. 86, BStBl II S. 607; v. 10. 8. 72, BStBl II S. 902). **Der Begriff „Betriebseinnahme" gilt einheitlich** und gleichermaßen **für alle Arten der Gewinnermittlung** (BFH-U. v. 18. 3. 65, HFR S. 410); gemeint ist: Betriebseinnahme und Ertrag sind insofern identisch, als sie nur die betrieblich veranlaßten Zugänge von Vermögenswerten erfassen. Die **Betriebseinnahmen** bilden eine **unmittelbare Besteuerungsgrundlage** für die Gewinnermittlung nach § 4 Abs. 3 EStG.

Betriebseinnahmen sind alle **Erlöse aus Verkäufen sowie aus Dienst- und**   277
Werkleistungen. Dazu gehören auch Provisionseinnahmen, Zinseinnahmen, erstattete Betriebssteuern, Schadensersatzleistungen aus betrieblicher Veranlassung, Vergütungen und Entschädigungen für frühere unternehmerische Betätigungen. Zuschüsse der öffentlichen Hand sind Betriebseinnahmen dann, wenn sie nicht die Anschaffungs- oder Herstellungskosten mindern. Zu den Betriebseinnahmen gehören auch solche, die in Sachwerten vollzogen werden (vgl. BFH-U. v. 17. 4. 86, BStBl II S. 607) oder solche, die durch Umwandlung von Forderungen aus Lieferungen und Leistungen in langfristige Forderungen entstehen (z. B. Hypothekenforderungen). **Gleichgültig ist es, ob die Betriebseinnahmen aus Haupt- und Grundgeschäften oder aus sog. Hilfs- und Nebengeschäften herrühren** (BFH-U. v. 8. 10. 64, BStBl 65 III S. 12; v. 18. 3. 65, HFR S. 410; v. 28. 6. 84, BStBl II S. 798). Entscheidend ist, daß die Zuflüsse mit betrieblichem Geschehen zusammenhängen. **Durchlaufende Posten gehören nicht zu den Betriebseinnahmen.** Die Umsatzsteuer (MwSt) ist bei der Überschußrechnung i. S. des § 4 Abs. 3 EStG kein durchlaufender Posten in diesem Sinn, sondern wird in eigenem Namen und für eigene Rechnung vereinnahmt, weswegen die vereinnahmten USt-Beträge im Zeitpunkt ihrer Vereinnahmung zu den Betriebseinnahmen gehören (BFH-U. v. 19. 2. 75, BStBl II S. 441). Für die Frage der betrieblichen Veranlassung ist **ohne Bedeutung,** ob das der Einnahme zugrundeliegende Geschäft gesetz- oder sittenwidrig ist. Zu den Betriebseinnahmen zählen nach dem BFH-U. v. 15. 10. 81 (BStBl 82 II S. 340) auch standesrechtlich unzulässige Einnahmen, so z. B. unzulässige Erfolgshonorare eines Rechtsanwalts. Die in finanzgerichtlichen Urteilen immer wieder zu findende Begründung, standeswidriges Verhalten führe zur Ablehnung der Zuordnung zu § 18 EStG, lehnt der BFH unter Hinweis auf §§ 40, 41 AO ausdrücklich ab. In den Fällen der aufgedrängten Bereicherung kann die Frage der betrieblichen Veranlassung zweifelhaft sein (BFH-U. v. 17. 9. 82, BStBl 83 II S. 39).

Dagegen sind **keine Betriebseinnahmen:** Schenkung, Vermächtnis, Erb-   278
schaft, durchlaufende Posten, Wertsteigerungen. Ebenso stellen Geldbeträge,

die dem Betrieb durch die Aufnahme von Darlehen zugeflossen sind, keine Betriebseinnahmen dar (R 16 Abs. 2 EStR). Keine Betriebseinnahmen sind ferner Einnahmen, die durch **private** Umstände veranlaßt sind (vgl. BFH-U. v. 19. 1. 77, BStBl II S. 287).

279   Die steuerlich maßgeblichen Einnahmen und Ausgaben bestehen in aller Regel in geldlichen Vorgängen: in Barleistungen oder Bewegungen auf Konten. Einnahmen und Ausgaben können aber **auch Sachleistungen** sein, **die Geldeswert haben**. Das ist in § 8 Abs. 1 EStG für die Einnahmen bei den Überschußeinkünften ausdrücklich geregelt, gilt aber auch für die Ausgaben und allgemein für die Gewinnermittlung nach § 4 Abs. 3 EStG (BFH-U. v. 21. 12. 63, BStBl 64 III S. 183). Aus § 8 Abs. 1 EStG und aus der Überlegung, daß der Stpfl. keinen Vorteil dadurch haben kann, daß er sich für seine Lieferungen oder Leistungen statt Bargeld freie Wohnung, Waren, Dienstleistungen usw. gewähren läßt, folgt, daß alle geldwerten betrieblichen Zuflüsse Betriebseinnahmen sein müssen, wie es andererseits auch als Betriebsausgabe angesehen werden muß, wenn der Stpfl. betrieblich statt Bargeld Naturalien hingibt. Nach der Rechtsprechung des BFH besteht zwischen den Begriffen „Betriebseinnahmen" und „Einnahmen" weitgehende Übereinstimmung. Die Rechtsprechung hat sich deshalb schon bisher für die Umschreibung der gesetzlich nicht definierten Betriebseinnahmen an die Begriffsbestimmung des § 8 Abs. 1 EStG angelehnt, der seinem Wortlaut nach lediglich für die Einkunftsarten des § 2 Abs. 1 Nr. 4 bis 7 EStG von Bedeutung ist. Betriebseinnahmen sind daher alle Zugänge in Geld oder Geldeswert, die durch den Betrieb veranlaßt sind. Die zu § 8 EStG entwickelten Grundsätze gelten im betrieblichen Bereich auch für Sachleistungen und Nutzungsvorteile (BFH-U. v. 22. 7. 88, BStBl II S. 995). Einnahmen, die nicht in Geld bestehen (Waren und sonstige Sachbezüge), sind mit den üblichen Endpreisen am Abgabeort anzusetzen (§ 8 Abs. 2 EStG).

280   Einnahmen sind demnach alle Zuwendungen, die einen wirtschaftlichen Wert haben, insbes. **Sachen** (vgl. BFH-U. v. 17. 4. 86, BStBl II S. 607), **Leistungen** und **Nutzungen** (z. B. Überlassung eines Pkw). Nutzungs**rechte** sind dagegen — ebenso wie Forderungen — (noch) keine Einnahmen i. S. des § 4 Abs. 3 EStG. Auch lediglich **ideelle** Vorteile sind keine Einnahmen (BFH-U. v. 17. 9. 82, BStBl 83 II S. 39).

Eine (Betriebs-)Einnahme setzt nicht voraus, daß die erlangte Leistung Betriebsvermögen wird (vgl. BFH-U. v. 17. 4. 86, BStBl II S. 607; v. 13. 12. 73, BStBl 74 II S. 210; v. 2. 10. 86, BFH/NV 87 S. 495).

Fiktive Einnahmen, d. h. Einnahmen, die der Stpfl. bei einer anderen Gestal- 281
tung des Sachverhalts hätte erzielen können, tatsächlich aber nicht erzielt hat,
sind grundsätzlich keine Betriebseinnahmen, da ein realer Zufluß von Geld
oder geldwerten Gütern fehlt (vgl. BFH-U. v. 8. 11. 60, BStBl III S. 513; RFH-
U. v. 30. 4. 41, RStBl S. 523).

Bei (unentgeltlichem) **Verzicht auf Einnahmen** fallen keine Betriebseinnah- 282
men an, da ein realer Zufluß von Geld oder geldwerten Gütern fehlt; allerdings kann der Verzicht einen Entnahmetatbestand verwirklichen, der zu
einer entsprechenden Gewinnerhöhung führt (BFH-U. v. 16. 1. 75, BStBl II
S. 526).

Bei **entgeltlichem „Verzicht"** fallen in Höhe des Entgelts (Entschädigung)
Betriebseinnahmen an (BFH-U. v. 18. 3. 65, HFR S. 410; v. 3. 6. 76, BStBl 77
II S. 62).

Konnten Ausgaben (z. B. wegen § 160 AO oder § 4 Abs. 5 EStG) **nicht gewinn-** 283
mindernd berücksichtigt werden, ist deren Rückzahlung nach Auffassung des
BFH (Urteile v. 10. 10. 63, HFR 64 S. 78; v. 28. 5. 68, BStBl II S. 581; v.
8. 12. 71, BStBl 72 II S. 292; v. 15. 12. 76, BStBl 77 II S. 220) gleichwohl als
Betriebseinnahme zu erfassen.

Im übrigen sind bei der Überschußrechnung die **tatsächlichen Betriebsein-**
nahmen und Betriebsausgaben im Veranlagungsjahr **maßgebend**, und zwar
auch dann, wenn im darauffolgenden Jahr Betriebseinnahmen zurückzuzahlen sind und sich die Rückzahlung dann mangels entsprechend hoher
Betriebseinnahmen nicht voll auswirkt (BFH-U. v. 27. 5. 64, HFR S. 452).

Der Begriff **„betriebliche Veranlassung"** ist ein **zentraler** Begriff der betrieb- 284
lichen Einkunftsarten; zum identischen Veranlassungsprinzip bei § 4 Abs. 1
und § 4 Abs. 3 EStG s. BFH-Beschl. v. 4. 7. 90 (BStBl II S. 817). Besondere
Bedeutung hat dieser Begriff für die Kategorien „Betriebsvermögen",
„Betriebsausgabe" und „Betriebseinnahme". Der Begriff „betriebliche Ver-
anlassung" ist ein ertragsteuerrechtlicher Begriff, der seiner ertragsteuerrechtlichen Bedeutung gemäß auszulegen ist. Nach der **Rechtsprechung des**
BFH ist entscheidendes Merkmal der **sachliche Zusammenhang** mit dem
Betrieb (Urteile v. 21. 11. 63, BStBl 64 III S. 183; v. 1. 10. 64, BStBl III S. 629;
v. 8. 10. 64, BStBl 65 III S. 12; v. 18. 3. 65, StRK § 18 EStG R. 369; v. 9. 5. 85,
BStBl II S. 427; v. 1. 10. 93, BStBl 94 II S. 179). Der Begriff der „betrieblichen
Veranlassung" wird von der Rechtsprechung des BFH im gleichen Sinn verwendet wie bei den Betriebsausgaben. Für die Frage der betrieblichen Veran-
lassung von erheblicher Relevanz ist die Art der Einnahme. Einnahmen, die

aus Tätigkeiten und Geschäften herrühren, die den **eigentlichen Gegenstand des Betriebs** ausmachen und die unter Einsatz betrieblicher Mittel (Produktionsfaktoren) erwirtschaftet werden, die also als **Gegenleistung für betriebliche Leistungen** gewährt werden (z. B. Entgelte für verkaufte Waren oder sonstige Leistungen), sind unzweifelhaft betrieblich veranlaßt. Dabei spielt es keine Rolle, ob es sich um laufende, vorbereitende oder abwickelnde, einmalige oder außerordentliche, u. U. auch ungewöhnliche Einnahmen handelt. Das sog. **Aufteilungs- und Abzugsverbot für gemischte Aufwendungen**, das die Rechtsprechung aus § 12 Nr. 1 Satz 2 EStG ableitet, kann für gemischt veranlaßte Einnahmen auch nicht sinngemäß herangezogen werden. Einnahmen, die teils den betrieblichen, teils den privaten Bereich betreffen, sind also **aufzuteilen**, bei gemischter Veranlassung ist das **Übergewicht** entscheidend. Bei betrieblicher Veranlassung führen auch unentgeltliche Einnahmen (das sind solche, für die der Stpfl. keine Gegenleistung aufzuwenden hat) zu Betriebseinnahmen.

3. Betriebseinnahmen im besonderen

a) Abfindungen

285   **Erhält der Stpfl. eine Abfindung,** ist diese als Betriebseinnahme sofort anzusetzen. Vgl. z. B. BFH-U. v. 8. 10. 64 (BStBl 65 III S. 12) für die einem freiberuflich tätigen Arzt für die vorzeitige Aufgabe seiner Praxisräume gezahlte Abfindung. Dies gilt auch dann, wenn sich der Stpfl. lediglich die besondere Lage des an den Räumen interessierten Erwerbers zunutze macht, wenn auf die Nutzung der Räume entgeltlich verzichtet wird sowie für Zuschüsse, die der bisherige Mieter vom Vermieter zur Beschaffung neuer Büroräume erhält (Littmann/Bitz/Hellwig, §§ 4, 5 Anm. 1615).

286   **Leistet der Stpfl. eine Abfindung,** ist die Rechtsfolge umstritten. Die Freimachung von Räumen eines Grundstücks durch Abfindung an vorhandene Mieter, Pächter, dinglich Nutzungsberechtigte oder sonstige Besitzer stellt einen greifbaren, vermögensmäßig faßbaren und abgrenzbaren Vorteil dar, so daß man grundsätzlich von einem immateriellen Anlagegut gem. § 5 Abs. 2 EStG auszugehen hat (BFH-Beschl. v. 2. 3. 70, BStBl II S. 382). Das BFH-U. v. 2. 8. 62 (HFR 63 S. 134) – Abfindung an einen Vormieter ist sofort abzugsfähige Betriebsausgabe – ist überholt. Da auch in der Gewinnermittlung gem. § 4 Abs. 3 EStG AfA-fähige Wirtschaftsgüter angesetzt werden müssen, sind diese Abfindungen auf die Nutzungsdauer zu verteilen, d. h. auf die Zeit

des sonst ablaufenden Miet- oder Pachtvertrags (vgl. Littmann/Bitz/ Hellwig, §§ 4, 5 Anm. 1770). Ist der Miet- oder Pachtvertrag schon abgelaufen, bringt die Abfindung zwar auch einen Vorteil, die Kosten sind aber zeitlich nicht mehr fixierbar. In diesen Fällen liegen daher m. E. sofort abzugsfähige Betriebsausgaben vor. Die Rechtsprechung des BFH (z. B. U. v. 17. 1. 78, BStBl II S. 337) zu Abstandszahlungen an Mieter im privaten Bereich (= sofort abziehbare Werbungskosten aus Vermietung und Verpachtung) läßt sich auf die Gewinneinkunftsarten nicht übertragen. Denn im Privatbereich gibt es keine immateriellen Anlagegüter. Soll ein Gebäude errichtet werden, geht der Vorteil durch Zahlung einer Abfindung für die vorzeitige Räumung des Grundstücks durch den Pächter in den Herstellungskosten des Gebäudes auf (BFH-U. v. 29. 7. 70, BStBl II S. 810).

b) Abtretung von Forderungen

Der Erwerb einer Forderung ist grundsätzlich noch keine Betriebseinnahme, sondern erst der Zufluß des Geldwertes, auf den die Forderung gerichtet ist. Dieser Grundsatz gilt aber nicht uneingeschränkt. Verfügt der Stpfl. über die Forderung z. B. durch Abtretung (§ 398 BGB), dann ist ihm der Wert der Forderung zu diesem Zeitpunkt als Betriebseinnahme zugeflossen. Gleiches gilt, wenn dem Stpfl. eine Forderung an Zahlungs Statt übertragen worden ist (§ 364 BGB; vgl. BFH-U. v. 22. 4. 66, BStBl III S. 394) – anders, wenn nur zahlungshalber übertragen. Ein Weniger gegenüber dem Nennwert der abgetretenen Forderung wirkt sich hier durch die geringere Einnahme auf den Gewinn aus. Ein aus außerbetrieblichen Gründen zu niedrig bemessenes Abtretungsentgelt ist wie beim Betriebsvermögensvergleich zu korrigieren. Auch beim gesetzlichen Forderungsübergang fließt der übergegangene Betrag dem Stpfl. in dem Zeitpunkt zu, in dem der Betrag beim neuen Gläubiger eingeht (BFH-U. v. 16. 3. 93, BStBl II S. 507).

287

c) Betrieb

aa) Gründung

Nach dem BFH-U. v. 10. 12. 92 (BStBl 93 II S. 538) beginnt die gewerbliche Betätigung einer natürlichen Person im **Einkommensteuerrecht** nicht erst mit der Aufnahme der eigentlichen werbenden Tätigkeit, sondern bereits mit den ersten Maßnahmen, die deren Vorbereitung dienen und mit dieser in unmittelbarem wirtschaftlichen Zusammenhang stehen. Voraussetzung dafür ist, daß der Stpfl. bereits endgültig entschlossen ist, einen Gewerbebetrieb zu eröffnen (BFH-U. v. 26. 11. 93, BStBl 94 II S. 293). Einkünfte aus Land- und Forstwirt-

288

schaft können auch schon aus Maßnahmen entstehen, die der Vorbereitung einer werbenden Tätigkeit dienen und mit dieser in einem unmittelbaren Zusammenhang stehen; hierzu zählen alle Maßnahmen, die auf die Aufnahme der betrieblichen Tätigkeit gerichtet sind. Einkommensteuerrechtlich beginnt der Betrieb bereits mit der Vorbereitungshandlung (BFH-U. v. 17. 6. 93, BStBl II S. 752). Die durch die Vorbereitungshandlungen entstehenden Aufwendungen sind Betriebsausgaben und führen ggf. zu Verlusten aus Gewerbebetrieb.

Beabsichtigt ein Unternehmer, eine neue, in keinem sachlichen Zusammenhang mit seiner bisherigen Tätigkeit stehende, unternehmerische Betätigung aufzunehmen und bereitet er sie vor, ist im **Umsatzsteuerrecht** diese Tätigkeit seiner unternehmerischen Sphäre erst dann zuzurechnen, wenn er im Rahmen des neuen Tätigkeitsfeldes nachhaltig Leistungen gegen Entgelt i. S. des § 1 Abs. 1 Nr. 1 Satz 1 UStG 1980 erbringt. Für juristische Personen des öffentlichen Rechts gilt dies ebenfalls in bezug auf Vorbereitungshandlungen für einen neuen Betrieb gewerblicher Art (BFH-U. v. 16. 12. 93, BStBl 94 II S. 278).

289   Zunächst einmal dürfte es allen Stpfl. möglich sein, in der Anlaufzeit den Erfolg (zumeist Verlust) nach der Einnahme-Überschußrechnung zu ermitteln, um später — nach Eröffnung — zur Gewinnermittlung nach dem Bestandsvergleich (also zum Bilanzieren) überzugehen. Selbstverständlich sind dabei die Übergangsvorschriften in R 17 EStR und der Anl. 1 zu beachten.

290   Aufwendungen, die zeitlich vor der Eröffnung eines Betriebs, vor Beginn der eigentlichen Berufstätigkeit, zumindest aber vor dem Zufließen entsprechender Einnahmen anfallen, bezeichnet man als **vorweggenommene Betriebsausgaben**. Sie dienen dem Aufbau, dem Ingangsetzen eines Betriebs, sind also Gründungs- oder Anlaufkosten, und sie können insgesamt auch als vorbereitende Aufwendungen bezeichnet werden (BFH-U. v. 17. 4. 86, BStBl II S. 527). Nach den BFH-U. v. 28. 1. 54 (BStBl III S. 109) und v. 14. 6. 55 (BStBl III S. 221) gehören vorbereitende Betriebsausgaben zu denen des ersten Wirtschaftsjahres. Demzufolge sind die typischen Vorwegausgaben für Inserate, Pläne, Standortsuche, Geschäftsreisen, Vertragsabschlüsse, Mietzahlungen usw. als Betriebsausgaben zu behandeln. Ferner sind die *vor* oder *bei* Neugründung eines Betriebes gemachten Aufwendungen für die Anschaffung von Umlaufgütern bei der Gewinnermittlung nach § 4 Abs. 3 EStG Betriebsausgaben, genau wie Aufwendungen, die für derartige Wirtschaftsgüter *nach* Eröffnung des Betriebes vorgenommen werden. Unwesentlich ist dabei, ob der Betrieb neu gegründet oder erworben ist. Hierdurch wird die Behandlung

der Aufwendungen als Betriebsausgaben nicht beeinflußt (Döring, StW 58 S. 169). Eine „Aktivierung" solcher vorbereitenden Betriebsausgaben kommt nur dann in Betracht, wenn ihnen ein aktivierungsfähiges Wirtschaftsgut gegenübersteht (BFH-U. v. 14. 6. 55, a. a. O.). Erwirbt der Stpfl. z. B. ein Kraftfahrzeug oder ein anderes abnutzbares Gut des Anlagevermögens, so sind die dafür aufgewendeten Vorwegausgaben zu „aktivieren" und nur in Form der AfA aufwandswirksam. Das gilt auch bei der Gewinnermittlung nach § 4 Abs. 3 EStG, bei der die Grundsätze der Kostenverteilung des § 7 EStG zu beachten sind (BFH-U. v. 25. 7. 57, BStBl III S. 346). Mit dem BFH-U. v. 3. 5. 67 (BStBl III S. 463) wurden Überpreise, die im Rahmen der Eröffnung eines Gewerbebetriebes gezahlt wurden, als Betriebsausgaben anerkannt. Die Zuführung eines Wirtschaftsguts in einen erst zu eröffnenden Betrieb ist keine Einlage (§ 6 Abs. 1 Nr. 6 EStG, wo die Betriebseröffnung besonders, d. h. neben der Einlage i. S. der Nr. 5, geregelt wird; vgl. a. BFH-U. v. 28. 10. 64, BStBl 65 III S. 15). § 6 Abs. 1 Nr. 6 EStG sieht vor, daß die **Vorschriften über die Einlage von einzelnen Wirtschaftsgütern** auch bei der Betriebseröffnung entsprechend anzuwenden sind. Die dem neu eröffneten Betrieb dienenden Wirtschaftsgüter sind auch bei Gewinnermittlung nach § 4 Abs. 3 EStG **wie Einlagen zu bewerten** (vgl. BFH-U. v. 7. 12. 78, BStBl 79 II S. 729). Wird ein Gewerbebetrieb eröffnet, entspricht der Wert der eingelegten Wirtschaftsgüter des **Umlaufvermögens** i. d. R. ihrem gemeinen Wert (BFH-U. v. 10. 7. 91, BStBl II S. 840).

Bei der (erstmaligen) Neueröffnung eines Unternehmens bzw. der erstmaligen Aufnahme einer freiberuflichen Tätigkeit **im Jahr 1990 in den neuen Bundesländern** wird dem/den Inhaber(n) eine einmalige **Steuerbefreiung** für höchstens zwei Jahre bis max. 10 000 DM gewährt. Vgl. ferner FG Brandenburg v. 26. 1. 94 – 2 K 112/93 F. Einzelheiten zur Anwendung der entsprechenden Vorschriften enthält das BMF-Schr. v. 22. 7. 91 (BStBl I S. 737), ergänzt durch BMF-Schr. v. 24. 4. 92 (BStBl I S. 287). Mit den speziellen Fragen zur Berechnung der Steuerbefreiung bei Gewinnermittlung nach § 4 Abs. 3 EStG beschäftigt sich FinMin Sachsen-Anhalt (Erl. v. 30. 4. 92 – 42 – S 2259c – 2, DB S. 1117). Vgl. a. BFH-U. v. 6. 3. 95 VI R 81/94.

bb) Erwerb und Veräußerung

(1) Kauf gegen festen Kaufpreis

Ein fester Kaufpreis liegt vor, wenn eine bestimmte Kaufsumme vereinbart worden ist und sich das Risiko des Veräußerers darauf beschränkt, daß die festgelegten Beträge tatsächlich eingehen. 291

292 Erwirbt ein Stpfl. entgeltlich einen Betrieb, hat er gem. § 6 Abs. 1 Nr. 7 EStG die Wirtschaftsgüter mit dem Teilwert, höchstens mit den Anschaffungskosten anzusetzen. Aus dieser Vorschrift ergibt sich, daß es im Grunde genommen keinen Unterschied macht, ob ein einzelnes Wirtschaftsgut oder ob mehrere Wirtschaftsgüter entgeltlich erworben werden. Werden mehrere Wirtschaftsgüter gegen einen Gesamtkaufpreis übernommen, entsteht nur das Problem der Aufteilung des Preises auf die einzelnen Wirtschaftsgüter. Der Kaufpreis ist dabei im Verhältnis der übernommenen Wirtschaftsgüter aufzuteilen und wie folgt zu behandeln:

- Die **abnutzbaren Anlagegegenstände** sind entsprechend der Nutzungsdauer abzuschreiben.

- Beim Erwerb von **nicht abnutzbarem Anlagevermögen** (z. B. Beteiligung, Genossenschaftsanteil) ist der gezahlte Aufwand erst im Zeitpunkt der Veräußerung oder Entnahme als Betriebsausgabe zu behandeln.

- Bei den Ausgaben für die Anschaffung des **Umlaufvermögens** handelt es sich um laufende Betriebsausgaben. Bei Veräußerung von Umlaufvermögen ist die ganze Einnahme als solche zu buchen, erhöht also den Überschuß. Die Zahlungen wirken sich demnach in voller Höhe sowohl bei der Anschaffung als auch bei der Veräußerung aus.

- Ebenso sind übernommene **Verbindlichkeiten** bei Zahlung als Betriebsausgaben abzusetzen.

293 Wegen der Behandlung beim **Veräußerer** s. Rdn. 322 ff.

(2) Kauf gegen Zahlung des Kaufpreises in Raten

294 Kaufpreisraten liegen vor, wenn der Kaufpreis ziffernmäßig bestimmt, vom Veräußerer gestundet ist und nur in Teilbeträgen bezahlt werden soll (BFH-U. v. 30. 7. 65, BStBl III S. 613; v. 26. 7. 84, BStBl II S. 829). Nach der Rechtsprechung sind ohne Rücksicht auf die Benennung durch die Vertragsparteien Kaufpreisraten oder Tilgungsraten überall dort anzunehmen, wo die einzelnen Zahlungen wirtschaftlich noch als Kapitalrückzahlungen (ggf. zuzüglich Zinsen) aus einem darlehensähnlichen Geschäft (Stundung des Kaufpreises) angesehen werden können. Kaufpreisraten sind nach dem BFH-U. v. 12. 6. 68 (BStBl II S. 653) grundsätzlich anzunehmen, wenn sich die Zahlungen **nicht über** einen längeren Zeitraum als **zehn Jahre** erstrecken. Auch die Gefahr einer künftigen Geldentwertung rechtfertigt es nicht, bei einer Abzahlung des Kaufpreises in zehn Jahren eine Veräußerungsrente anzunehmen

(vgl. dazu auch BFH-U. v. 20. 1. 59, BStBl III S. 192). Kaufpreisraten liegen aber nicht vor, wenn es sich um eine Leibrente, um eine Umsatz- oder Gewinnbeteiligung, um auf unbestimmte Zeit vereinbarte („ewige") Renten oder um Zeitrenten handelt.

Bei **Ratenzahlungen** liegt das **Interesse** auf Aufspaltung des Gesamtbetrags beim **Käufer;** er läßt den Betrag stunden, weil er nicht sofort bezahlen kann oder will. Bei **Rentenzahlungen** liegt das **Interesse** auf Aufspaltung des Gesamtbetrags beim **Verkäufer;** er läßt sich im Interesse seiner Versorgung die Leistungen sukzessive erbringen (BFH-U. v. 12. 6. 68, BStBl II S. 653; v. 24. 4. 70, BStBl II S. 541).

Bei Kaufpreisraten verlangt die Rechtsprechung eine **Aufteilung in Zins- und Tilgungsanteile** (Zinssatz i. d. R. 5,5 v. H.; vgl. BFH-U. v. 24. 4. 70, BStBl II S. 541; v. 20. 8. 70, BStBl II S. 808; v. 29. 10. 70, BStBl 71 II S. 92; v. 29. 10. 74, BStBl 75 II S. 173). Der Kaufpreis ist bei **normaler Verzinsung** der Raten gleich der Summe der vereinbarten Raten. Wird **unverzinslich** gestundet, so ist der Kaufpreis gleich dem abgezinsten Betrag der Raten (Barwert). Die **Zinszahlungen** bzw. die in den Raten enthaltenen Zinsanteile sind im Jahre der Zahlung als Betriebsausgaben abzugsfähig. **295**

- Der Anteil der Tilgungsraten, der auf **abnutzbares Anlagevermögen** entfällt, ist zu inventarisieren und entsprechend der Restnutzungsdauer der Wirtschaftsgüter abzuschreiben.

- Der auf **nicht abnutzbare Wirtschaftsgüter des Anlagevermögens** entfallende Anteil kann erst im Zeitpunkt der Veräußerung oder Entnahme als Betriebsausgabe berücksichtigt werden.

- Der in den Kaufpreisraten enthaltene Tilgungsanteil, der auf **Umlaufgüter** entfällt, stellt im Zeitpunkt der Verausgabung Betriebsausgabe dar.

In welcher Höhe die in der Ratenzahlung enthaltene Tilgungsquote Betriebsausgabe ist, kann sich nur danach richten, in welchem Wertverhältnis (Verhältnis der Teilwerte der Wirtschaftsgüter) die im Rahmen der Gewinnermittlung nach § 4 Abs. 3 EStG unterschiedlich zu behandelnden Wirtschaftsgüter zueinander stehen.

Für Kaufpreisraten kann nicht die Vereinfachungsregelung des R 16 Abs. 5 Satz 1 EStR in Anspruch genommen werden (FG Baden-Württemberg v. 5. 11. 86, EFG 87 S. 289). **296**

Wegen der Behandlung beim **Veräußerer** s. Rdn. 322 ff. **297**

298 **Veräußerungszeitrenten** sind von Kaufpreisraten abzugrenzen. Die Unterscheidung zwischen Kaufpreisraten und Veräußerungszeitrenten ist allein bedeutsam für das Wahlrecht zwischen Sofort- und Zuflußversteuerung (BFH-U. v. 19. 5. 92, BFH/NV 93 S. 87). Vgl. ferner BFH-Urteile v. 31. 8. 94 – X R 58/92 und X R 44/93.

(3) Kauf gegen Rente

Betriebsveräußerungsrente

299 Zum Unterschied zwischen betrieblicher Veräußerungsrente und betrieblicher Versorgungsrente vgl. BFH-U. v. 12. 11. 85 (BStBl 86 II S. 55); zur Unterscheidung zwischen betrieblicher Veräußerungs- bzw. Erwerbsrente und privater Versorgungsrente vgl. BFH-U. v. 3. 6. 92 (BStBl 93 II S. 23). Mit Urteil v. 29. 1. 92 (BStBl II S. 465) nimmt der BFH ausführlich Stellung zur Unterscheidung zwischen betrieblicher Veräußerungs- bzw. Erwerbsrente und privater Versorgungsrente, wenn der Vater aus einer zweigliedrigen OHG ausscheidet und der Sohn das Geschäft allein fortführt (u. a. Vermutung der Unentgeltlichkeit der Vermögensübergabe von Eltern an Kinder). Eine sog. betriebliche Veräußerungsrente ist gegeben, wenn die Rente Gegenleistung für die Übertragung eines Gewerbebetriebs ist. Bei Vermögensübertragungen von Eltern auf ihre Kinder spricht allerdings eine Vermutung dafür, daß die vereinbarte Rente nach den Versorgungsbedürfnissen der Eltern unabhängig vom Wert der übertragenen Vermögenswerte ausgerichtet ist. Diese Vermutung ist allerdings widerlegbar (BFH-U. v. 17. 12. 91, BStBl 93 II S. 15).

300 Der Wert einer übernommenen Rentenverpflichtung ist der Barwert der Rente, der grundsätzlich nach den §§ 12 ff. des BewG zu ermitteln ist (BFH-U. v. 31. 1. 80, BStBl II S. 491); er kann aber auch nach versicherungsmathematischen Grundsätzen berechnet werden (R 32a Abs. 2 EStR). Die Grundsätze der R 32a Abs. 2 EStR werden auch bei der Gewinnermittlung nach § 4 Abs. 3 EStG übernommen (R 16 Abs. 4 Satz 1 EStR).

301 Bei der Gewinnermittlung nach § 4 Abs. 3 EStG kann der Stpfl. die Aufwendungen für den Erwerb der Wirtschaftsgüter im Zeitpunkt der Zahlung als Betriebsausgaben abziehen (§ 11 Abs. 2 EStG). Dies gilt nicht für die Wirtschaftsgüter des Anlagevermögens. Soweit diese der Abnutzung unterliegen, sind die Vorschriften über die Absetzung für Abnutzung oder Substanzverringerung anzuwenden (§ 4 Abs. 3 Satz 3 EStG). Die Anschaffungs- und Herstellungskosten für die nicht abnutzbaren Wirtschaftsgüter des Anlagevermö-

gens sind erst im Zeitpunkt der Veräußerung oder Entnahme als Betriebsausgaben zu berücksichtigen (§ 4 Abs. 3 Satz 4 EStG).

Diese Grundsätze müssen beim Erwerb eines Betriebs gegen eine betriebliche Veräußerungsrente ebenso gelten wie beim Kauf gegen ein in der Höhe genau festgelegtes Entgelt, falls der Käufer des Betriebs den laufenden Gewinn zulässigerweise nach § 4 Abs. 3 EStG ermittelt, wobei es keine Rolle spielt, nach welchen Bestimmungen der Veräußerer den Gewinn berechnet hatte. Somit ist die **Rente beim Erwerber aufzuteilen** (vgl. a. BFH-U. v. 31. 8. 72, BStBl 73 II S. 51), und zwar

- in den Teil, der auf die **abnutzbaren und nicht abnutzbaren Wirtschaftsgüter des Anlagevermögens** entfällt, sowie

- in den Teil, der sich auf die **anderen Wirtschaftsgüter** bezieht.

Entsprechend sind etwaige sonstige Erwerbskosten aufzuspalten.

Diese **Aufteilung** muß gemäß der Vorschrift des § 6 Abs. 1 Nr. 7 EStG, die auch bei der Gewinnermittlung des § 4 Abs. 3 EStG Anwendung findet, nach dem **Verhältnis der Teilwerte** der einzelnen Wirtschaftsgüter zueinander erfolgen (Richter, StBp 70 S. 232). **302**

Der versicherungsmathematische Barwert des Anteils der Rente, der den Kaufpreis für die **abnutzbaren Wirtschaftsgüter des Anlagevermögens** bildet, stellt zuzüglich der anderen auf diese Wirtschaftsgüter entfallenden Erwerbskosten die Anschaffungskosten dieser Wirtschaftsgüter dar; er ist zusammen mit diesen Erwerbskosten die Grundlage für die Bemessung der AfA nach § 7 EStG. **303**

Der Tilgungsanteil des Rententeils, der sich auf ein **nicht abnutzbares Wirtschaftsgut des Anlagevermögens** bezieht, ist als Betriebsausgabe erst im Jahre der Veräußerung dieses Wirtschaftsgutes anzusetzen (§ 4 Abs. 3 Satz 4 EStG); soweit diese Rententeile in den Jahren nach der Veräußerung gezahlt werden, sind sie nach § 11 Abs. 2 EStG Betriebsausgaben erst im Jahr der Zahlung. **304**

Davon unabhängig mindern die **Zinsen,** die in dem die abnutzbaren und nicht abnutzbaren Anlagegüter betreffenden Rentenanteil enthalten sind, als Betriebsausgaben den Gewinn in den Jahren, in denen sie geleistet werden (vgl. BFH-U. v. 23. 2. 84, BStBl II S. 516; v. 23. 5. 91, BStBl II S. 796; Harwardt, FR 64 S. 142; R 16 Abs. 4 Satz 2 EStR). **305**

Nach einer Verwaltungsanweisung (R 16 Abs. 4 Satz 6 EStR) wird es **aus Vereinfachungsgründen** nicht beanstandet (Wahlrecht des Erwerbers), wenn **306** der Teil der einzelnen Rentenzahlungen, der auf den Erwerb **abnutzbarer Wirtschaftsgüter des Anlagevermögens** entfällt, in voller Höhe – gewinnneutral – mit dem anteiligen Barwert verrechnet wird (sog. buchhalterische Methode); sobald die Summe dieser Rentenzahlungen den anteiligen Barwert übersteigt, sind die übersteigenden Beträge in voller Höhe als Betriebsausgaben abzusetzen. Der sofort mögliche Abzug des Zinsanteils wird durch dieses Verfahren verzögert. Leistungen, die über den versicherungsmathematischen Barwert der Rente hinausgehen, weil der Berechtigte ein die **statistische Lebenserwartung übersteigendes Alter** erreicht, sind – einerlei, ob sie auf Umlauf- oder Anlagevermögen entfallen – in vollem Umfang als Betriebsausgaben abziehbar.

307 Nach den für § 4 Abs. 3 EStG maßgebenden Grundsätzen ist der Teil der Rente, der sich auf die Wirtschaftsgüter des **Umlaufvermögens** bezieht, in dem Jahr der Leistung (§ 11 Abs. 2 EStG) in vollem Umfang Betriebsausgabe (R 16 Abs. 4 Satz 8 EStR); eine Aufspaltung in einen nicht abzugsfähigen Tilgungs- und abzugsfähigen Zinsanteil kommt nicht in Betracht (vgl. W. Theis, Beilage 1/73 zu DB 73 Heft 3 S. 11; Döring, DB 59 S. 1210; Thoma, BBK F. 8 S. 141; Richter, StBp 70 S. 231).

Wollte man in diesem Falle allein den **Zinsanteil** der gesamten Rente als Betriebsausgabe anerkennen, läge darin ein Verstoß gegen den klaren Wortlaut und den Sinn des § 4 Abs. 3 EStG.

308 Jansen/Wrede (a. a. O., Rdn. 261) geben folgendes Beispiel:

Beispiel:

A veräußert sein in gemieteten Räumen geführtes Lebensmittelgeschäft, für das er keine Bücher zu führen braucht, am 2. 1. 00 an B gegen eine betriebliche Veräußerungsrente in Höhe von 1800 DM jährlich. B ermittelt den Gewinn aus dem Geschäft berechtigterweise nach § 4 Abs. 3 EStG. Die Summe der Teilwerte der von B übernommenen Anlagegüter beträgt 4000 DM (je 2000 DM für abnutzbare und nicht abnutzbare Anlagegüter) und die Summe der Teilwerte für das Warenlager 8000 DM. Der Barwert der gesamten Rente beläuft sich am 2. 1. 00 auf 12 000 DM und am 31. 12. 00 auf 10 500 DM. Die Veräußerungskosten trägt A.

Die jährlichen Rentenzahlungen in Höhe von 1800 DM sind im Verhältnis 1:2 aufzuspalten, und zwar entfallen 600 DM auf die Anlagegüter und 1200 DM auf das Warenlager. Die Rente von 1200 DM ist in vollem Umfange jährlich Betriebsausgabe. Von der Rente in Höhe von 600 DM kann nur der Zinsanteil als Betriebsausgabe abgezogen werden. Dieser ist zu ermitteln, indem der Rentenanteil von 600 DM um ein Drittel der Barwertminderung der gesamten Rente – im Jahre 00 also um 500 DM – zu verringern ist; die bei der Gewinnermittlung des Jahres 00 zu berücksichtigenden Zinsen betragen demnach 100 DM. B kann somit im Jahr 00 von der Rente insgesamt 1300 DM als Betriebsausgaben geltend machen. Außerdem kann B von 2000 DM Anschaffungskosten für Anlagegüter (anteiliger Rentenbarwert für abnutzbare Anlagegüter) die Absetzung für Abnutzung nach § 7 EStG beanspruchen.

Die steuerliche Behandlung der Rente in dieser Form kommt jedoch nur in **309** Betracht, wenn der Erwerber den Gewinn zu Recht nach § 4 Abs. 3 EStG ermittelt hat. Ist er buchführungspflichtig, kann die Rente nicht aufgeteilt werden; von den laufenden Rentenzahlungen wirkt sich dann nur der Zinsanteil gewinnmindernd aus.

Besteht das Entgelt für den veräußerten Betrieb **nicht nur** in einer **Rentenver-** **310** **pflichtung, sondern auch in anderen Gegenleistungen** (z. B. Barzahlungen oder Übernahmen von Schulden), sind diese in demselben Verhältnis wie die Rentenverpflichtung auf die einzelnen Wirtschaftsgüter aufzuteilen. Dies gilt aber nicht, wenn sich feststellen läßt, daß das nicht in einer Rente bestehende Entgelt einem oder mehreren erworbenen Wirtschaftsgütern zuzurechnen ist, was z. B. bei der Übernahme von Warenschulden möglich ist; in diesem Fall mindert sich der Rentenanteil, der auf diese Wirtschaftsgüter entfällt, für die Berechnung der Abzugsfähigkeit entsprechend (Harwardt, FR 64 S. 143).

Hat der Stpfl., der den Gewinn nach § 4 Abs. 3 EStG ermittelt, auch **gering-** **311** **wertige Wirtschaftsgüter** i. S. des § 6 Abs. 2 Satz 1 EStG übernommen und sind die Voraussetzungen des § 6 Abs. 2 Satz 2 bis 5 EStG erfüllt, kann er grundsätzlich die Aufwendungen für diese Wirtschaftsgüter im Jahr der Anschaffung sofort in voller Höhe als Betriebsausgaben abziehen, ohne daß es auf die Zahlung des Kaufpreises im Jahr der Anschaffung ankommt (R 40 Abs. 5 EStR). Dies muß m. E. auch beim Kauf des Betriebs gegen eine betriebliche Veräußerungsrente gelten. Der auf diese Anlagegüter entfallende Teil des Rentenbarwerts stellt somit im Jahr des Erwerbs in voller Höhe eine Betriebsausgabe dar; die in diesem Rententeil steckenden Zinsen sind wie bei den übrigen Wirtschaftsgütern, die der Absetzung für Abnutzung unterliegen, im Jahr der Zahlung Betriebsausgaben.

Wenn die **Rentenverpflichtung durch** den **Tod** derjenigen Person **erlischt,** bis **312** zu deren Lebensende die Rente zu zahlen ist, ist der Wegfall der Rentenverpflichtung grundsätzlich als gewinnerhöhende Betriebseinnahme anzusehen (BFH-U. v. 31. 8. 72, BStBl 73 II S. 51; v. 23. 5. 91, BStBl II S. 796; R 16 Abs. 4 Satz 5 EStR; die Anschaffungskosten werden nicht gemindert). Die Gewinnerhöhung tritt jedoch nicht ein, soweit die künftigen Rentenzahlungen auf Wirtschaftsgüter des Umlaufvermögens entfallen wären, weil in diesen Fällen die gewinnmäßige Auswirkung in der Ersparung künftiger Betriebsausgaben liegt (Richter, NWB F. 3 S. 3928). Dies ergibt sich daraus, daß die Gewinnermittlung nach § 4 Abs. 3 EStG – auf die Dauer gesehen – zu demselben Gesamtergebnis führen muß wie der Vermögensvergleich (Grundsatz der Gesamtgewinngleichheit). Vgl. hierzu BFH-U. v. 17. 5. 60 (BStBl III S. 306), v. 23. 11. 61 (BStBl 62 III S. 199), v. 31. 8. 72 (BStBl 73 II S. 51), FG Köln v. 20. 2. 90 – 7 K 2140/89. Wurden aus Vereinfachungsgründen die laufenden wiederkehrenden Zahlungen mit dem Barwert der Leistungsverpflichtung saldiert, ist bei vorzeitigem Fortfall der Rentenverpflichtung der Betrag als Betriebseinnahme anzusetzen, der nach Abzug aller bis zum Fortfall geleisteten Rentenzahlungen von dem ursprünglichen versicherungsmathematischen Barwert verbleibt (R 16 Abs. 4 Satz 7 EStR).

313   Ermittelt der Rentenverpflichtete den Gewinn nach § 4 Abs. 3 EStG, kann er im Falle der Erhöhung der Rente auf Grund einer **Wertsicherungsklausel** den Erhöhungsbetrag der betrieblichen Veräußerungsrente als sofortige Betriebsausgabe (also keine AfA auf den Tilgungsanteil) abziehen, soweit er auf **abnutzbare Wirtschaftsgüter des Anlagevermögens** entfällt (BFH-U. v. 23. 2. 84, BStBl II S. 516; R 16 Abs. 4 Satz 4 EStR; Bordewin, NWB F. 3 S. 5831; a. A. Paus, FR 85 S. 288, nach ihm ist der gesamte Erhöhungsbetrag im Jahr der Zahlung Betriebsausgabe. Umgekehrt bei Rentenermäßigung sofortige Besteuerung als Betriebseinnahme); dies wird damit begründet, daß die Gewinnermittlung nach § 4 Abs. 3 EStG auf Dauer gesehen zu keiner Abweichung gegenüber der Gewinnermittlung nach dem Bestandsvergleich führen darf. Zweifelhaft ist, ob der auf die Erhöhung entfallende Rentenbarwert im Jahr der Erhöhung und der Zinsanteil jährlich abzuziehen sind oder ob — was eine beachtliche Vereinfachung wäre — der jährlich gezahlte Erhöhungsbetrag — ohne Aufteilung in einen Zins- und Tilgungsanteil — im Jahr der Zahlung Betriebsausgabe ist. M. E. ist entsprechend dem Abflußprinzip (§ 11 Abs. 2 EStG) der jährlich tatsächlich geleistete Erhöhungsanteil als Betriebsausgabe abzusetzen (vgl. a. BFH-U. v. 23. 5. 91, BStBl II S. 796, im Verfahren des vorläufigen Rechtsschutzes; Jansen, FR 85 S. 212). Auch soweit der Rentenerhöhungsbetrag auf den Erwerb von **nicht abnutzbarem Anlagevermögen** und von **Umlaufvermögen** entfällt, ist die jährliche Zahlung ebenfalls im Zeitpunkt der Zahlung — ohne Aufteilung in einen Zins- und Tilgungsanteil — als Betriebsausgabe zu berücksichtigen (Jansen, FR 85 S. 212).

Der BFH teilte in seinem Urteil v. 23. 5. 91, a. a. O., die Auffassung des Finanzamts, der **Wegfall der Rentenverbindlichkeit** sei (auch) bei der Überschußrechnung gewinnerhöhend zu erfassen. Der BFH führte zunächst aus, die Veräußerungsrente sei bei der Überschußrechnung grundsätzlich ebenso zu behandeln wie beim Betriebsvermögensvergleich: Abzug der tatsächlichen

Rentenzahlungen als Betriebsausgaben, Erfassung der jeweiligen Barwertminderung als Betriebseinnahme, AfA auf die mit dem (anteiligen) Barwert
aktivierten abnutzbaren Wirtschaftsgüter. So werde erreicht, daß sich außer
der AfA auf den aktivierten Rentenbarwert nur der in der jeweiligen Renten-
zahlung enthaltene **Zinsanteil** als Betriebsausgabe auswirke. Daraus folge,
daß auch der Stpfl. mit Überschußrechnung bei Wegfall der Rentenverbindlichkeit eine Betriebseinnahme in Höhe des Barwerts ansetzen müsse (BFH-
U. v. 31. 8. 72, BStBl 73 II S. 51). Es sei jedoch ernstlich zweifelhaft, ob auch
bei der Überschußrechnung Erhöhungen der Rente so zu behandeln seien.
Diese Auffassung „verkennt, daß bei einem Stpfl. mit Überschußrechnung die
Betriebsausgaben nach § 11 Abs. 2 EStG im Jahr der Zahlung zu berücksichtigen sind, wohingegen **Veränderungen des Betriebsvermögens** außer Betracht
bleiben. Es liegt demnach nahe, daß bei einem Stpfl. mit Überschußrechnung
die infolge der Wertsicherungsklausel erhöhten **Rentenzahlungen** in voller
Höhe abgesetzt werden und eine Passivierung der Erhöhung der **Rentenverpflichtung** unterbleibt (Richter, DB 84 S. 2322; Jansen, FR 85 S. 212; Paus, FR
85 S. 288). Nach dieser Auffassung ist bei Wegfall der Rentenverpflichtung
lediglich der Rentenbarwert zu versteuern, der sich auf der Grundlage der
ursprünglich vereinbarten Zahlungen errechnet."

Die Entscheidung verdeutlicht die Gemeinsamkeiten, aber auch die Unterschiede zwischen Betriebsvermögensvergleich und Überschußrechnung. Bei
beiden wird die Veräußerungsrente zwar grundsätzlich gleichbehandelt.
Erhöhungen der Rente infolge einer Wertsicherungsklausel führen bei der
Überschußrechnung jedoch, anders als beim Betriebsvermögensvergleich,
nicht zu einer Gewinnminderung in Höhe der Bartwerterhöhung. Vielmehr
wird der Erhöhungsbetrag nach dem **Abflußprinzip** (§ 11 Abs. 2 EStG) im
jeweiligen Zahlungsjahr als Betriebsausgabe abgezogen. Demzufolge kann
auch die bei Wegfall der Rentenverbindlichkeit zu erfassende Betriebseinnahme nur auf der Basis des Barwerts der ursprünglich (vor Wirksamwerden
der Wertsicherungsklausel) vereinbarten Rente ermittelt werden. Der BFH
hat es im übrigen abgelehnt, den (als Betriebseinnahme zu erfassenden) Barwert entsprechend der sog. **buchhalterischen Methode** (R 16 Abs. 4 Satz 7
EStR) um die geleisteten Rentenzahlungen zu kürzen. Denn nach dieser
Methode sei der Stpfl. in den Vorjahren nicht verfahren.

Erhöht sich in den dem Veräußerungsjahr nachfolgenden VZ aufgrund einer
Wertsicherungsklausel der Jahresbetrag der laufenden Bezüge, so wirkt dies
nicht auf die Bemessung des Veräußerungspreises zurück, erhöht also nicht
den Wert des veräußerten Wirtschaftsguts. Bei Kaufpreisraten und den gleich

zu behandelnden Veräußerungsrenten stellen die Mehrbeträge ein zusätzliches Entgelt für den gestundeten, seiner Höhe nach unveränderten Kaufpreis dar (BFH-U. v. 19. 5. 92, BFH/NV 93 S. 87). Eine rückwirkende Erhöhung des Veräußerungsgewinns (vgl. § 175 Abs. 1 Satz 1 Nr. 2 AO) dürfte trotz der Entscheidung des GrS v. 19. 7. 93 (BStBl II S. 897) – vgl. Rdn. 328 – nicht zulässig sein, da der höhere „tatsächlich erzielte Erlös‘‘ nicht durch „Vertragsstörung‘‘ verursacht ist.

314   Veräußern Stpfl., die den laufenden Gewinn aus ihrem Unternehmen nach § 4 Abs. 3 EStG ermitteln, ihren Betrieb, ist bei der **Berechnung des Veräußerungsgewinns** gemäß § 14, § 16 oder § 18 Abs. 3 EStG als buchmäßiges Betriebsvermögen der Betrag anzusetzen, der sich ergeben hätte, wenn der Stpfl. den Gewinn ständig nach dem Vermögensvergleich gem. § 4 Abs. 1 EStG ermittelt hätte (BFH-U. v. 7. 5. 60, BStBl III S. 306). Die Zu- und Abrechnungen, die wegen des Übergangs in der Gewinnermittlung von § 4 Abs. 3 EStG zum Bestandsvergleich nach § 4 Abs. 1 EStG zu machen sind (s. hierzu R 17 Abs. 1 EStR), erhöhen oder verringern den laufenden Gewinn und nicht den Veräußerungsgewinn (BFH-U. v. 23. 11. 61, BStBl 62 III S. 199; R 16 Abs. 7 EStR).

Diese Grundsätze sind auch zu beachten, wenn der Stpfl. einen solchen Betrieb gegen eine Veräußerungsrente verkauft.

315   Die steuerliche Behandlung der Rente ist unabhängig davon, ob der Erwerber des Betriebs den Gewinn nach § 4 Abs. 1, § 4 Abs. 3 oder § 5 EStG ermittelt.

316   Auch wenn der Rentenberechtigte den Gewinn nach § 4 Abs. 3 EStG ermittelt hat, kann er nach R 139 Abs. 11 EStR zwischen sofortiger und nachträglicher Versteuerung des Gewinns der Veräußerung nach §§ 14, 16 oder 18 Abs. 3 EStG i. V. m. § 34 Abs. 1 und 2 EStG **wählen.** Bei sofortiger Versteuerung liegt ein Übergang zur Gewinnermittlung nach dem Bestandsvergleich vor.

317   Der Stpfl. kann aber auch – unter Verzicht auf die in §§ 16, 34 EStG eingeräumten Vergünstigungen (vgl. BFH-U. v. 21. 12. 88, BStBl 89 II S. 409; R 139 Abs. 11 EStR) – die Rentenzahlungen als **laufende nachträgliche Betriebseinnahmen** i. S. des § 24 Nr. 2 EStG behandeln.

Das Wahlrecht trägt dem Umstand Rechnung, daß der Veräußerer den Kaufpreis nur nach und nach erhält und beim Zwang zur sofortigen Versteuerung in Liquiditätsschwierigkeiten geraten könnte (BFH-U. v. 20. 1. 71, BStBl II S. 302).

Nach R 139 Abs. 11 Satz 7 EStR entsteht in diesem Fall ein Gewinn, wenn die Rentenzahlungen das steuerliche Kapitalkonto des Veräußerers — zuzüglich etwaiger Veräußerungskosten — übersteigen. Der Überschußrechner kennt **kein Kapitalkonto.** Er kann den Rentenzahlungen — unter Einbeziehung nachträglich anfallender Betriebseinnahmen und -ausgaben — lediglich die noch nicht abgesetzten Aufwendungen für Wirtschaftsgüter des **Anlagevermögens** (§ 4 Abs. 3 **Sätze 3 und 4 EStG**) gegenüberstellen. Auf diese Weise wird die Totalgewinnidentität gewahrt; ein Wechsel der Gewinnermittlungsart ist nicht erforderlich. Aus Gründen der **Vereinfachung** und vor allem zur Vermeidung einer übermäßigen Belastung läßt die Verwaltung zu, daß in jedem Wirtschaftsjahr ein Teilbetrag der noch nicht als Betriebsausgaben berücksichtigten Anschaffungs- und Herstellungskosten **pauschal in Höhe der in demselben Wirtschaftsjahr zufließenden Rentenzahlungen** als Betriebsausgaben abgesetzt werden (R 16 Abs. 4 Satz 6 EStR).

Bei nachträglicher Versteuerung ist der **Wegfall der Rentenverpflichtung** **durch** den **Tod** des Berechtigten ein steuerlich zu beachtender Verlust des Rentenberechtigten, wenn die Summe der Rentenzahlungen geringer als das auf den Veräußerungszeitpunkt errechnete Kapitalkonto des Rentenberechtigten ist (Thoma, BBK F. 8 S. 144; Richter, NWB F. 3 S. 3927; Meyer/Richter, StBp 67 S. 8; Fella, StW 69 S. 132). **318**

Die Rechtsprechung behandelt **Zeitrenten** wie Leibrenten; der Veräußerer hat auch hier die Möglichkeit, zwischen der Realisierung des Veräußerungsgewinns und der laufenden Besteuerung zu **wählen** (BFH-U. v. 23. 1. 64, BStBl II S. 239; v. 12. 6. 68, BStBl II S. 653; v. 20. 12. 88, BFH/NV 89 S. 630; Herrmann/Heuer/Raupach, § 16 Anm. 210; R 139 Abs. 11 Satz 13 EStR). **319**

Betriebliche Versorgungsrente

Die betriebliche Versorgungsrente ist eine Rente, die **aus betrieblichem Anlaß** — in den meisten Fällen aus Anlaß der Übertragung eines Betriebs, Teilbetriebs oder Mitunternehmeranteils — zur **Versorgung des Rentenberechtigten** geleistet wird. Ihr Zweck ist die Versorgung des Rentenberechtigten; dagegen soll die betriebliche Veräußerungsrente das angemessene Entgelt für die Übertragung von Betriebsvermögen sein. Es handelt sich bei einer betrieblichen Versorgungsrente um eine Rente, die als **Gegenleistung für früher im Betrieb erbrachte Leistungen** bezahlt wird (BFH-U. v. 26. 1. 78, BStBl II S. 301; v. 12. 11. 85, BStBl 86 II S. 55; v. 27. 6. 89, BStBl II S. 888). Sie kommt vor allem bei Personengesellschaften, nur ausnahmsweise bei Einzelunternehmen vor (BFH-U. v. 26. 1. 78, a. a. O.). **Versorgungsrenten an Familienangehörige** beruhen im Zweifel auf privaten Gründen (BFH-U. v. 16. 11. 72, **320**

BStBl 73 II S. 184). Rechtsprechung und wohl h. M. im Schrifttum behandeln betriebliche Versorgungsrenten auch bei gleichzeitiger Betriebsübertragung bisher beidseitig als unentgeltlich und nicht z. T. als Veräußerung, unabhängig vom Wertverhältnis (BFH-U. v. 27. 4. 77, BStBl II S. 603; v. 15. 7. 91, BStBl 92 II S. 78). Die laufenden, vom Verpflichteten zu erbringenden Versorgungsleistungen sind aufgrund des betrieblichen Anlasses, auf dem die Zahlungen beruhen, beim Verpflichteten in voller Höhe als Betriebsausgaben abzugsfähig. Eine Verrechnung der laufenden Versorgungsleistungen mit dem übernommenen Kapitalkonto ist nicht vorzunehmen (BFH-U. v. 27. 4. 77, a. a. O.; v. 7. 7. 92, BStBl 93 II S. 26). Die Leistungen wirken sich also vom Zahlungsbeginn an gewinnkürzend aus. Eine „Passivierung" der Schuld entfällt, weil wirtschaftlich erst die künftigen Erträge belastet sind (BFH-U. v. 18. 6. 80, BStBl II S. 741). Bei gleichzeitiger Übernahme eines (Teil-)Betriebes oder Mitunternehmeranteils sind die Buchwerte folgerichtig gem. § 7 Abs. 1 EStDV fortzuführen, wenn der Vorgang nicht als entgeltlicher Erwerb behandelt wird. Beim **Zahlungsempfänger** sind betriebliche Bezüge nachträgliche Betriebseinnahmen (§ 24 Nr. 2 EStG i. V. mit §§ 13, 15 oder 18 EStG), und zwar auch bei gleichzeitiger Übertragung eines Betriebes von Anfang an. Ein Wahlrecht auf Sofortversteuerung mit dem ermäßigten Steuersatz nach § 34 EStG unter Anwendung der Freibeträge der §§ 14, 14a, 16 Abs. 4 oder 18 Abs. 3 EStG besteht nicht. Ein Veräußerungsgewinn entsteht nicht; es fehlt am Tatbestand einer Betriebsveräußerung. Da die betriebliche Versorgungsrente keine Gegenleistung für die Übertragung eines Wirtschaftsgutes ist, führt ihr **Wegfall** nicht zu einem Verlust bei dem Berechtigten oder einem Gewinn bei dem Verpflichteten.

(4) Kauf gegen Gewinn- oder Umsatzbeteiligung

321   Bei dauernden Lasten in Form von Gewinn- und Umsatzbeteiligungen schlägt sich neben dem Zins- bzw. Ertragsanteil der Zahlungen auch eine Änderung der Höhe der laufenden Bezüge/Leistungen erfolgswirksam nieder. Bei Gewinnermittlung nach § 4 Abs. 3 EStG ist die Erhöhung bzw. Verringerung der auf das Anlagevermögen entfallenden Zahlungen als Betriebsausgabe bzw. (fiktive) Betriebseinnahme zu erfassen.

Wird der Veräußerer mit einer Gewinnbeteiligung abgefunden, so sind **die dem Veräußerer gutgebrachten Gewinne im Jahr des Zuflusses** (§ 11 EStG) als **nachträgliche Einkünfte** aus Gewerbebetrieb, Land- und Forstwirtschaft bzw. selbständiger Arbeit zu versteuern, und zwar erst von dem Zeitpunkt ab und nur insoweit, als das Schlußbetriebsvermögen des Veräußerers im Zeitpunkt der Veräußerung überschritten wird (Krah, BB 61 S. 1372; Theis, Beilage 1/73 zu DB 73 Heft 3 S. 9). **Freibeträge** und die **Tarifvergünstigung** nach § 34 EStG **werden nicht gewährt**, da es sich um laufende und nicht um einmalige außerordentliche Erlöse handelt.

(5) Veräußerungsgewinn

Der **Veräußerungsgewinn** wird in jedem Fall nach § 16 Abs. 2 Satz 1 EStG **322** durch **Vergleich des Veräußerungspreises abzüglich der Veräußerungskosten mit dem Wert des Betriebsvermögens** ermittelt. Zum Zeitpunkt der Gewinnverwirklichung vgl. BFH-U. v. 26. 7. 84 (BStBl II S. 829); zum Zeitpunkt der Übergabe einer Arztpraxis vgl. BFH-U. v. 23. 1. 92 (BStBl II S. 525); zur Veräußerung eines Kommanditanteils „mit Wirkung vom 1. Januar" eines Jahres vgl. BFH-U. v. 22. 9. 92 (BStBl 93 II S. 228); bei Stundung der Kaufpreisforderung vgl. BFH-U. v. 30. 1. 74 (BStBl II S. 452). Der Veräußerungsgewinn kann nicht nach § 4 Abs. 3 EStG ermittelt werden (vgl. FG Baden-Württemberg v. 29. 3. 79, EFG S. 379). Der **Wert** des Betriebsvermögens muß nach § 4 Abs. 1 EStG oder nach § 5 EStG ermittelt werden (§ 16 Abs. 2 Satz 2 EStG; vgl. a. BFH-U. v. 6. 5. 54, BStBl III S. 197; v. 4. 4. 57, BStBl III S. 195; v. 17. 5. 60, BStBl III S. 306; v. 23. 11. 61, BStBl 62 III S. 199; R 16 Abs. 7 EStR). § 16 Abs. 2 EStG begründet **keine besondere Bilanzierungspflicht** auf den Zeitpunkt der Veräußerung (Aufgabe). Die Bezugnahme auf § 4 Abs. 1 oder § 5 EStG besagt, daß die Wertermittlung nach den materiell-rechtlichen Vorschriften über die Gewinnermittlung nach Betriebsvermögensvergleich durchzuführen ist (BFH-U. v. 12. 6. 75, BStBl II S. 853; v. 3. 7. 91, BStBl II S. 802, 805). Diese Prozedur hat **allein** den Zweck, den – begünstigten – Veräußerungsgewinn vom laufenden Gewinn abzugrenzen; mit den Mitteln der Überschußrechnung ist das nicht möglich (vgl. § 6 Abs. 2 EStDV; Theis, DB 62 S. 1185). Die einzelnen Wirtschaftsgüter sind bei der Ermittlung des Betriebsvermögens mit den Werten anzusetzen, mit denen sie zu Buche stehen würden, wenn von Anfang an der Gewinn durch Bestandsvergleich ermittelt worden wäre (BFH-U. v. 23. 11. 61, a. a. O.). Es ergeben sich jedoch gewisse Schwierigkeiten, weil bei der Überschußrechnung der Wert des Schlußvermögens buchmäßig nicht vorhanden ist und erst ermittelt werden muß (fiktiver Bestandsvergleich). Die Buchwerte des abnutzbaren und nicht abnutzbaren Anlagevermögens dürften jedoch den geführten Verzeichnissen zu entnehmen sein.

Veräußerungskosten i. S. des § 16 Abs. 2 EStG sind Aufwendungen, die **323** in unmittelbarer sachlicher Beziehung zum Veräußerungsvorgang stehen

(BFH-U. v. 6. 10. 93, BStBl 94 II S. 287; Anschl. an BFH-U. v. 26. 3. 87, BStBl II S. 561, 563). Veräußerungskosten sind auch dann bei der Ermittlung des nach §§ 34, 16 EStG begünstigten Veräußerungsgewinns abzuziehen, wenn sie bereits im VZ vor dem Entstehen des Veräußerungsgewinns angefallen sind. Über die Frage, wann Veräußerungskosten steuerlich zu berücksichtigen sind, wenn sie nicht im VZ der Veräußerung entstehen, sondern vorher oder nachher, sind die Meinungen im **Schrifttum nicht einheitlich.** Der Auffassung, die Abschnittsbesteuerung habe Vorrang und deshalb müßten bei der Überschußrechnung die Kosten im Jahr der Zahlung (§ 11 EStG) abgezogen werden, steht die überwiegend vertretene Ansicht gegenüber, § 16 EStG (i. V. mit § 34 EStG) verlange eine **eigene,** mit Sinn und Zweck der Tarifbegünstigung entsprechende **Gewinnermittlungsmethode,** bei der grundsätzlich alle Veräußerungskosten — gleichgültig, wann sie gezahlt werden — den Veräußerungserlös mindern. Diese Auffassung teilt auch der BFH.

324 Bei einer Betriebsveräußerung mindert bei Gewinnermittlung nach § 4 Abs. 3 EStG der Teil der Anschaffungskosten, der sich durch AfA noch nicht als Betriebsausgabe ausgewirkt hat, in voller Höhe den Veräußerungsgewinn (BFH-U. v. 7. 10. 71, BStBl 72 II S. 271).

325 Besteht das Entgelt in einem **festen Betrag,** so ist der Veräußerungsgewinn durch Gegenüberstellung dieses Betrages mit dem Schlußbetriebsvermögen des Veräußerers bei Abzug etwaiger Veräußerungskosten zu ermitteln. Auf diesen Veräußerungsgewinn ist der ermäßigte Steuertarif nach § 34 EStG **anwendbar.**

Der bei einer Veräußerung entstandene Veräußerungsgewinn i. S. des § 16 Abs. 1 EStG gilt ab VZ 1994 insoweit **als laufender Gewinn,** als auf der Seite des Veräußerers und auf der Seite des Erwerbers dieselben Personen Unternehmer/Mitunternehmer sind. Bei der Veräußerung einzelner WG im Rahmen einer Betriebsaufgabe gilt die Neuregelung entsprechend (§ 16 Abs. 2, Abs. 3 EStG).

Ebenfalls geändert wurde § 24 Abs. 3 UmwStG durch Art. 11 des StMBG. Wird zukünftig ein Betrieb/Teilbetrieb/Mitunternehmeranteil gem. § 24 Abs. 1 UmwStG in eine Personengesellschaft eingebracht und wird das eingebrachte Betriebsvermögen mit dem Teilwert angesetzt, finden §§ 16 Abs. 4, 34 EStG keine Anwendung, soweit der Einbringende selbst an der Personengesellschaft beteiligt ist. Insoweit gilt der **durch die Einbringung entstandene Gewinn als laufender Gewinn.** Nach § 28 Abs. 6 UmwStG i. d. F. des StMBG findet die Neuregelung auf nach dem 31. 12. 1993 vorgenommene Einbringungen Anwendung.

Ist der Kaufpreis in **zinslosen Raten** zu zahlen, so ist der Barwert der Raten, **326**
der nach der Rentenformel zu ermitteln ist (BFH-U. v. 19. 1. 78, BStBl II
S. 295; R 139 Abs. 11 Satz 15 EStR), dem Schlußbetriebsvermögen gegenüberzustellen. Die Differenz abzüglich etwaiger Veräußerungskosten, die der Veräußerer tragen muß, stellt wiederum Veräußerungsgewinn dar, der **nach § 34
EStG begünstigt** besteuert werden kann. Ob der Kaufpreis in einem Einmal-
betrag oder in Raten erbracht wird, ist — auch bei der Gewinnermittlung nach
§ 4 Abs. 3 EStG — für die steuerliche Behandlung ebenso unerheblich wie der
Zeitpunkt, zu dem die Raten zufließen; der gesamte Gewinn ist im **Zeitpunkt
der Veräußerung** zu versteuern (BFH-U. v. 17. 10. 57, BStBl III S. 443; v.
16. 7. 64, BStBl III S. 622). Die Zinsanteile, die auf die einzelnen Jahresraten
entfallen, sind, wenn die Kaufpreisforderung zum Privatvermögen gehört, im
Jahre des Zufließens als Einkünfte aus Kapitalvermögen steuerpflichtig.

Veräußerungsgewinn ist im Falle der **Veräußerung gegen** eine **Leibrente** der **327**
versicherungsmathematische Barwert der Rente, vermindert um Veräußerungskosten und den im Kapitalkonto dokumentierten Buchwert des Betriebs (R 139 Abs. 11 Satz 4 EStR). Daneben sind die in den Rentenzahlungen
enthaltenen Ertragsanteile als sonstige Einkünfte i. S. des § 22 Nr. 1 Satz 3
Buchst. a EStG zusätzlich zu versteuern (R 167 Abs. 2, 139 Abs. 11 Satz 5
EStR).

Die **Forderung** aus der Veräußerung eines Betriebs oder eines Mitunterneh- **328**
meranteils wird der Besteuerung des Veräußerungsgewinns als Veräußerungserlös zugrunde gelegt. Der Große Senat des BFH hat in zwei Beschl. v.
19. 7. 93 – GrS 1/92 (BStBl II S. 894) und GrS 2/92 (BStBl II S. 897) entschieden, daß im Falle der **Veräußerung eines ganzen Gewerbebetriebs** nachträgliche Änderungen des Veräußerungspreises steuerrechtlich stets auf den
Zeitpunkt der Veräußerung zurückwirken. Im Unterschied zur bisherigen
Rspr. des BFH ist danach unerheblich, ob diese Änderungen auf einem dem
Veräußerungsvorgang selbst anhaftenden Mangel oder ausschließlich auf
nachträglich eingetretenen Umständen beruhen. Zahlt z. B. der Erwerber des
Gewerbebetriebs den vereinbarten Veräußerungspreis nicht oder nicht in vollem Umfang, so ist demnach der aufgrund der vertraglichen Vereinbarung
ermittelte Veräußerungsgewinn rückwirkend auf den Veräußerungszeitpunkt
entsprechend zu mindern (Beschl. GrS 2/92; BFH-U. v. 14. 12. 93, BFH/NV
94 S. 543). Ein für den VZ der Veräußerung bereits ergangener und bestands-
kräftiger Steuerbescheid ist entsprechend zu ändern. Weiter hat der BFH
durch Urteil v. 10. 2. 94 (BStBl II S. 564) entschieden, daß die Rechtsprechung
des GrS des BFH v. 19. 7. 93 (BStBl II S. 897), wonach der **Ausfall** einer im

Rahmen einer Betriebsveräußerung gestundeten **Kaufpreisforderung** ein auf den Veräußerungszeitpunkt rückwirkendes Ereignis i. S. des § 175 Abs. 1 Nr. 2 AO darstellt, bei einer **Betriebsaufgabe** entsprechend anzuwenden ist.

(6) Korrekturen beim laufenden Gewinn

329   Bei einem Betrieb, der seinen Gewinn nach § 4 Abs. 3 EStG ermittelt, darf diese Gewinnermittlungsart während des Bestehens des Betriebes (von der Eröffnung bis zur Schließung) insgesamt keine anderen Gewinne ergeben, als sich bei der Gewinnermittlung durch Bestandsvergleich ergeben hätten (vgl. BFH-U. v. 2. 9. 71, BStBl 72 II S. 334 mit weiteren Hinweisen). Das ist für Veräußerungsgewinne ausdrücklich durch die §§ 14, 16 und 18 EStG sichergestellt worden. Für den laufenden Gewinn wird dies durch R 16 Abs. 7 EStR bestimmt. Danach sind Stpfl. mit Gewinnermittlung nach § 4 Abs. 3 EStG, die ihren Betrieb veräußern, so zu behandeln, als wären sie **im Zeitpunkt der Veräußerung** zunächst **zur Gewinnermittlung durch Bestandsvergleich übergegangen.** Das bedeutet, daß unter Beachtung des R 17 Abs. 1 und 3 EStR die **Zu- und Abrechnungen,** die beim Übergang zur Gewinnermittlung durch Bestandsvergleich beim ersten Gewinn nach dem Übergang vorzunehmen wären, bei der Veräußerung des Betriebs beim **laufenden Gewinn** des letzten Wirtschaftsjahres zu berücksichtigen sind (BFH-U. v. 23. 11. 61, BStBl 62 III S. 199; vgl. hierzu Kritik von Theis, DB 62 S. 1185, und Charlier, BBK F. 17 S. 570). Dabei muß davon ausgegangen werden, daß von bloßen Aktivierungsrechten (gewillkürtes Betriebsvermögen) kein Gebrauch gemacht wurde (BFH-U. v. 3. 6. 65, BStBl III S. 579). Diese Korrektivposten fallen also **nicht** unter die **Tarifvergünstigung** des § 34 EStG. Das Nieders. FG hat im Urteil v. 3. 5. 63 (EFG S. 553) entschieden, daß diese Grundsätze für die Ermittlung der Einkünfte aus Land- und Forstwirtschaft, Gewerbebetrieb und selbständiger Arbeit gelten.

Beispiel:

Hat der die Praxis veräußernde oder aufgebende Freiberufler seinen Gewinn bisher nach § 4 Abs. 3 EStG ermittelt, muß zwecks Errechnung des Veräußerungs- oder Aufgabegewinns zur Gewinnermittlung durch Bestandsvergleich nach § 4 Abs. 1 EStG übergegangen werden (BFH-U. v. 17. 4. 86, BFH/NV 87 S. 759 und v. 15. 5. 86, BFH/NV 88 S. 84). Mit Hilfe von Zu- und Abschlägen (vgl. R 17 Abs. 1 EStR) wird dann der Gewinn im Wirtschaftsjahr der Veräußerung oder Aufgabe in der Weise korrigiert, daß der Freiberufler im Gesamtergebnis Gewinne erzielt, wie er sie erzielt hätte, wenn er auch in der Zeit der Überschußrechnung seinen Gewinn durch Bestandsvergleich ermittelt hätte (BFH-U. v. 24. 1. 85, BStBl II S. 255). Ein durch die Korrektivposten entstehender Gewinn – sog. Übergangsgewinn – gehört seiner Art nach zum laufenden Gewinn, nicht zum begünstigten Veräußerungs- oder Aufgabegewinn.

Es kann vorkommen, daß die **Zuschläge** zum laufenden Gewinn **zu Här-** 330
ten für den Stpfl. **führen.** Hier stellt sich die Frage, ob ein Stpfl., der den
Gewinn nach § 4 Abs. 3 EStG ermittelt, im Fall der Betriebsveräußerung die
in R 17 Abs. 1 EStR vorgesehene Billigkeitsregelung betr. die Verteilung der
Zurechnungsbeträge (R 16 Abs. 7 EStR) für das Jahr des Übergangs und die
beiden folgenden Jahre beanspruchen kann. Die **Billigkeitsregelung** in R 17
Abs. 1 EStR **bezieht sich nicht auf die Auswirkungen** des Vermögensvergleichs, der bei der Gewinnermittlung nach § 4 Abs. 3 EStG **anläßlich der**
Veräußerung des Betriebes (§ 16 EStG) erforderlich wird (vgl. BFH-U. v. 3. 8.
67, BStBl III S. 755). Auftretende **Härten** können daher in besonders gelagerten Einzelfällen **nur gem. §§ 163, 227 AO gemildert** werden (OFD Düsseldorf
v. 23. 4. 65 S 2209 A – St 111, Anl. 2).

Sehr häufig wird der steuerliche Berater seinem Mandanten bei einer Ge- 331
schäftsveräußerung bzw. -aufgabe empfehlen, als Zeitpunkt den Bilanzstichtag zu wählen. Dabei werden doppelte Kosten der Bestandsaufnahme und der
Bilanzerstellung vermieden. Aus steuerlichen Gesichtspunkten kann sich
jedoch eine andere Auffassung ergeben: Ist bei einem Stpfl. Kalenderjahr und
Wirtschaftsjahr identisch und wird der Gewerbebetrieb zum 31. Dezember
aufgegeben, so hat der Stpfl. den laufenden Gewinn, die Hinzurechnungen
und evtl. einen Veräußerungsgewinn zu versteuern. Gibt der Stpfl. dagegen
den Betrieb erst zum 31. Januar des folgenden Jahres auf, so dürfte der laufende Gewinn erheblich geringer sein, so daß sich die Hinzurechnungen bei
der zu zahlenden ESt wegen deren Progression nicht in gleichem Maße auswirken.

Zur Veräußerung im „**Schnittpunkt der Kalenderjahre**" s. BFH-U. v. 2. 5. 74
(BStBl II S. 707). Zum **Zeitpunkt des Erwerbs eines Grundstücks:** Gehen
Besitz, Nutzungen und Lasten eines Grundstücks zum ersten Tag eines Wirt-
schaftsjahres auf den Erwerber über, so ist nach dem BFH-U. v. 7. 11. 91
(BStBl 92 II S. 398) das Grundstück regelmäßig in diesem Wirtschaftsjahr
angeschafft. Zur **Veräußerung eines Kommanditanteils „mit Wirkung vom**
1. Januar" eines Jahres vgl. BFH-U. v. 22. 9. 92 (BStBl 93 II S. 228). Zum
Zeitpunkt der Übergabe einer Arztpraxis vgl. BFH-U. v. 23. 1. 92 (BStBl II
S. 525): Der BFH verweist darauf, daß die Übergabe einer Praxis nicht nur ein
Rechtsvorgang ist, sondern auch **reale Handlungen** erfordert wie die Übergabe der Patientenkartei und der Praxiseinrichtung. Der Fall ist also nicht ver-
gleichbar mit jenen Sachverhalten, bei denen die „logische Sekunde" (z. B.
31. 12., 24 Uhr; 1. 1., 0 Uhr) Bedeutung hat. Wenn — wie im Streitfall — die
Übergabe auf den 1. 1. terminiert ist, ist die Praxis an diesem Tage übergegan-

gen, und der Veräußerungsgewinn fällt in den an diesem Tag beginnenden Veranlagungszeitraum. Das BFH-U. v. 29. 4. 93 (BStBl II S. 666) enthält Ausführungen zur **Zurechnung des Veräußerungsgewinns** bei Übertragung eines Gesellschaftsanteils **im Jahreswechsel.**

cc) Unentgeltlicher Übergang/Gesamtrechtsnachfolge

332   Wird ein Gewerbebetrieb (Teilbetrieb, Mitunternehmeranteil) voll unentgeltlich übertragen, ist nicht § 16 EStG, sondern § 7 Abs. 1 EStDV anzuwenden.

Beim unentgeltlichen Übergang eines Betriebes tritt der Rechtsnachfolger (Gesamtrechtsnachfolger oder Einzelrechtsnachfolger) gem. § 1922 BGB bzw. § 7 Abs. 1 EStDV in die Rechtsstellung des Rechtsvorgängers ein. Der Betrieb wird steuerrechtlich unverändert durch den Rechtsnachfolger fortgeführt. Dieser ist bei seiner Gewinnermittlung **an die Buchwerte** des Rechtsvorgängers **gebunden.** An dieser rechtlichen Beurteilung hat auch der Große Senat im Beschl. v. 5. 7. 90 (BStBl II S. 847) im Grundsatz festgehalten. § 7 Abs. 1 EStDV bindet den Betriebsübernehmer nicht nur hinsichtlich der Aktivposten, sondern auch hinsichtlich der Passivposten des Betriebsvermögens an die Buchwerte des Rechtsvorgängers. Insbesondere kommt es beim Betriebsübergeber auch nicht zu einer gewinnerhöhenden Auflösung von nach § 6b EStG gebildeten steuerfreien Rücklagen, bei Gewinnermittlung nach § 4 Abs. 3 EStG folglich auch nicht zu einem als Betriebseinnahme zu erfassenden Zuschlag nach § 6c Abs. 1 Nr. 2 EStG (BFH-U. v. 22. 9. 94 — IV R 61/93). Deshalb geht die Rücklage mit der Hypothek der späteren **Nachversteuerung** auf den **unentgeltlichen Erwerber** über (vgl. Herrmann/Heuer/Raupach, § 6b Anm. 300; Blümich, § 6b Anm. 218; Hartmann/Böttcher/Nissen/Bordewin, § 6b Anm. 164).

Hatte der Rechtsvorgänger seinen Gewinn durch Überschußrechnung ermittelt, so **setzt der Rechtsnachfolger die Gewinnermittlung durch Überschußrechnung fort,** ohne daß es irgendeiner Berücksichtigung des Übergangsvorganges bedarf. Wegen der Gewinnkorrekturen bei unentgeltlicher Übertragung einer Einzelfirma auf eine GbR unter gleichzeitigem Übergang zur Gewinnermittlung durch Bestandsvergleich vgl. FG Rheinland-Pfalz v. 29. 11. 61 (EFG 62 S. 245).

333   Bei der unentgeltlichen Übernahme eines Betriebes sind nach dem BFH-U. v. 7. 12. 71 (BStBl 72 II S. 338) **Zu- und Abschläge anläßlich des vom Rechtsvorgänger vorgenommenen Wechsels der Gewinnermittlungsart bei dem laufenden Gewinn des Rechtsnachfolgers zu berücksichtigen.** Dies gilt auch für

Zurechnungen, die aus Billigkeitsgründen nach R 17 Abs. 1 EStR auf Antrag des Rechtsvorgängers auf das Jahr des Übergangs und die beiden folgenden Jahre zu verteilen sind.

Ermittelt der Erbe den Gewinn aus einem im Erbgang auf ihn übergegange- **334** nen Betrieb wie sein Rechtsvorgänger nach § 4 Abs. 3 EStG, so sind bei einem Wechsel der Gewinnermittlungsart für die notwendigen Korrekturen beim Gewerbeertrag die Verhältnisse während der Besitzzeit seines Rechtsvorgängers maßgebend zu berücksichtigen. Der Erbe hat im Jahr des Wechsels der Gewinnermittlungsart das als eigenen Gewinn oder Verlust zur Geltung zu bringen, was die auf ihn übertragenen Vermögenswerte an Korrektiven in sich tragen (BFH-U. v. 1. 4. 71, BStBl II S. 526; vgl. a. Littmann, FR 72 S. 521 und Birkholz, FR 71 S. 368).

Wurde im übergebenen Betrieb bilanziert und will der Stpfl. seinen Gewinn **335** nach § 4 Abs. 3 EStG ermitteln, ändert er und nicht der Vorgänger die Gewinnermittlungsart. Die Zu- und Abrechnungen sind bei ihm und nicht beim Vorgänger anzusetzen, denn er hat den Betrieb so übernommen, wie er vorher bestand.

(unbesetzt) **336**

Hat der Erblasser seinen Gewinn durch Überschußrechnung ermittelt und **337** wird die Praxis von den Erben nicht fortgeführt, sondern nach Abwicklungstätigkeiten veräußert oder aufgegeben, so können die Erben die Gewinnermittlung nach § 4 Abs. 3 EStG bis zum Zeitpunkt der Veräußerung oder Aufgabe beibehalten (BFH-U. v. 10. 7. 73, BStBl II S. 786; ebenso wohl auch BFH-U. v. 30. 3. 89, DStR S. 389, BB S. 1267; krit. Glanegger, FR 87 S. 406). Ein Übergang zur Gewinnermittlung durch Bestandsvergleich (R 17 Abs. 1 EStR) braucht daher erst im Zeitpunkt der Praxisveräußerung oder -aufgabe zu erfolgen.

Beispiel:

Die Praxis des am 15. 12. 93 verstorbenen Arztes A wird am 20. 2. 94 von seiner Alleinerbin B verkauft. A ermittelte seinen Gewinn durch Überschußrechnung (§ 4 Abs. 3 EStG). B kann die Überschußrechnung bis zum Zeitpunkt der Praxisveräußerung (20. 2. 94) beibehalten. Ein Übergang zur Gewinnermittlung durch Bestandsvergleich hat nicht bereits im Jahr 93, sondern infolge der Praxisveräußerung erst im Jahr 94 zu erfolgen. Die sich aufgrund des Übergangs ergebenden Gewinnkorrekturen sind also erst im Jahr 94 zu berücksichtigen.

dd) Liquidation

338   Liquidation liegt vor, wenn der **Betrieb allmählich aufgelöst und eingestellt** wird. Allgemeine Merkmale: Waren werden ausverkauft, Forderungen eingezogen und Schulden beglichen. Wesentliche Gegenstände (z. B. Inventar) werden regelmäßig nicht sofort veräußert, sondern es werden erst günstige Verkaufsgelegenheiten abgewartet.

339   Der Gewerbebetrieb wird einkommensteuerlich bis zur Beendigung der Abwicklung als fortbestehend behandelt. Auch der Warenausverkauf ist Vorgang des laufenden Betriebes.

340   **Im Falle der Liquidation verbleibt es bei der Überschußrechnung;** die Gewinnermittlung nach § 4 Abs. 3 EStG darf bei Einstellung des Betriebs beibehalten werden, weil nach den einkommensteuerlichen Vorschriften ein **Übergang zum Vermögensvergleich** nicht schon bei der Betriebseinstellung, sondern **erst bei der Veräußerung oder Aufgabe** unterstellt werden kann (BFH-U. v. 10. 7. 73, BStBl II S. 786). **Steuerbegünstigter Veräußerungs- oder Aufgabegewinn entsteht nicht;** es gelten vielmehr bis zur restlosen Abwicklung die Regeln der Überschußrechnung.

Nach Ansicht von Hundt (StW 59 S. 231) ist dagegen auch bei dem Auslaufen des Betriebes durch Liquidation das Ergebnis des letzten Abschnitts noch durch einen Korrektivposten zu berichtigen. In diesem Zusammenhang wird (aus praktischen Erwägungen) vorgeschlagen, den Schlußkorrektivposten in dem Kalenderjahr zu berücksichtigen, in dem mit der Liquidation des Betriebes begonnen wird. Die Rechnung der folgenden Jahre sei dann nur noch auf die tatsächlichen Einnahmen (und evtl. noch anfallenden Ausgaben) beschränkt.

ee) Aufgabe

341   Als Betriebsaufgabe ist nach ständiger Rechtsprechung (vgl. BFH-U. v. 26. 5. 93, BStBl II S. 710) in erster Linie ein Ereignis anzusehen, bei dem nach dem Entschluß des Steuerpflichtigen, den Betrieb aufzugeben, **in einem einheitlichen Vorgang innerhalb kurzer Zeit die wesentlichen Grundlagen des Betriebs an verschiedene Abnehmer veräußert oder ganz oder teilweise in das Privatvermögen überführt** werden. Dabei wird die Betriebsaufgabe als ein Entnahmevorgang besonderer Art – Totalentnahme aller Wirtschaftsgüter

des Betriebs – angesehen, der ebenso wie die Entnahme i. e. S. ein bewußtes Handeln des Stpfl. voraussetzt, durch das die Verknüpfung der Wirtschafts- güter mit dem Betrieb gelöst wird. So wie bei der Entnahme deshalb grund- sätzlich eine Entnahmehandlung des Steuerpflichtigen erforderlich ist, bedarf es deshalb für die Annahme einer Betriebsaufgabe grundsätzlich eines entsprechenden, nach außen hin in Erscheinung tretenden **Entschlusses des Stpfl.**

Unabhängig von einem solchen bewußten, auf den Betrieb unmittelbar be- 342 zogenen Vorgang kann eine Betriebsaufgabe nach der Rechtsprechung des BFH auch durch einen bestimmten **Rechtsvorgang** verwirklicht werden, der dazu führt, daß eine spätere Erfassung der stillen Reserven des Betriebs- vermögens nicht mehr gewährleistet ist (vgl. BFH-U. v. 13. 12. 83, BStBl 84 II S. 474).

Betriebsaufgabe und Geschäftsveräußerung im ganzen werden steuerlich 343 **gleichbehandelt** (vgl. BFH-U. v. 10. 3. 60, HFR 61 S. 28). Demzufolge ist es zweckmäßig, für den Zeitpunkt der Stillegung eine Bilanz aufzustellen und entsprechende Bewertungen vorzunehmen. Bezüglich der Verpflichtung zur Aufstellung einer **Aufgabebilanz im Falle der Betriebsaufgabe** eines Stpfl., der seinen Gewinn nach § 4 Abs. 3 EStG ermittelt hat, vgl. BFH-U. v. 3. 7. 91 (BStBl II S. 802, 805) sowie H 16 EStH. § 16 Abs. 2 EStG begründet keine Bilanzierungspflicht auf den Zeitpunkt der Veräußerung oder Aufgabe (offen in BStBl 75 II S. 853). Wird keine Bilanz erstellt, ist der Buchwert zu schätzen (BFH-U. v. 3. 7. 91, a. a. O.). Ferner ist zur Gewinnermittlung nach dem Bestandsvergleich überzugehen (R 16 Abs. 7 EStR). Das bedeutet, daß unter Beachtung des R 17 Abs. 1 und 3 EStR und der Anlage 1 zu den EStR Zu- und Abrechnungen beim laufenden Gewinn des letzten Wirtschaftsjahres zu berücksichtigen sind (vgl. BFH-U. v. 23. 11. 61, BStBl 62 III S. 199). Sachent- nahmen sind im Zuge einer Betriebsaufgabe mit dem gemeinen Wert zu bewerten.

Aufgabegewinn ist der Betrag, um den die Summe der erzielten Veräu- 344 ßerungspreise und der gemeine Wert der nicht veräußerten WG im Zeitpunkt der Aufgabe den Wert des BV im Aufgabezeitpunkt übersteigt (§ 16 Abs. 3 EStG). Bei der Ermittlung des Aufgabegewinns ist zu beachten, daß insbeson- dere auch die stillen Reserven aus Wirtschaftsgütern erfaßt werden, die im Rahmen des Betriebs angeschafft oder betrieblich genutzt worden sind und anläßlich der Betriebsaufgabe **ins Privatvermögen überführt** werden. Hierzu gehören beispielsweise bei Zahnärzten die Bestände an **Zahngold** oder bei Freiberuflern allgemein, die ihre Praxis in Räumen ihres im übrigen selbstbewohnten Einfamilienhauses ausüben, der **beruflich genutzte Teil des Grundstücks**. Angesammeltes **Altgold** gehört bei einem Zahnarzt zum Vorratsvermögen. Altgoldabfälle sind Betriebsvermögen des Zahnarztes auch dann, wenn der Zahnarzt die Abfälle vom Patienten käuflich erwirbt. Sie bleiben mangels eindeutiger Entnahmehandlung auch so lange Betriebsvermögen, bis sie z. B. durch Weitergabe an eine Scheideanstalt in **Feingold** umgetauscht werden, da die Goldabfälle sich ansonsten zur privaten Vermögensvorsorge nicht eignen (BFH-U. v. 18. 9. 86, BFH/NV 87 S. 761). Die Grundsätze gelten auch für Gemeinschaftspraxen (BFH-U. v. 17. 4. 86, BFH/NV 87 S. 760). Einnahmen eines Zahnarztes aus dem Verkauf von Zahngoldabfällen sind bei Gewinnermittlung nach § 4 Abs. 3 EStG im Jahr des Zahlungseinganges Betriebseinnahmen (FG Baden-Württemberg v. 14. 4. 94 — 14 K 61/91 — rkr.). Bei Aufgabe der Zahnarztpraxis kann der aus der Veräußerung des Zahngoldvorrates an die Scheideanstalt erzielte Gewinn Teil des steuerbegünstigten Aufgabegewinns sein (BFH-U. v. 25. 11. 93, BFH/NV 94 S. 540).

345 Soweit bei Stpfl., die ihren Gewinn nach § 4 EStG ermitteln, **Grund und Boden** bereits seit 1970 oder früher zum Betriebsvermögen gehört, ist der Buchwert nach § 55 EStG zu ermitteln.

346 Steuerrelevante Ereignisse, die nach einer Veräußerung (Aufgabe) des ganzen Gewerbebetriebs eintreten, können auch nach Ergehen der Beschlüsse des GrS des BFH v. 19. 7. 93 (BStBl II S. 894 und S. 897) sowie nach Ergehen des BFH-U. v. 10. 2. 94 (BStBl II S. 564) nach wie vor zu nachträglichen positiven oder negativen Einkünften aus Gewerbebetrieb (§ 24 Nr. 2 EStG) oder zu einer rückwirkenden Änderung des Veräußerungs-(Aufgabe-)gewinns oder -verlustes führen. Wegen der **Bildung von Rückstellungen** nach Veräußerung oder Aufgabe des Betriebs vgl. BFH-U. v. 22. 2. 78 (BStBl II S. 430). Nach Veräußerung oder Aufgabe des gewerblichen Betriebs können bei der Ermittlung nachträglicher Einkünfte aus Gewerbebetrieb Rückstellungen für künftige Betriebsausgaben nicht mehr gebildet werden. Die Pflicht und das Recht zur Buchführung und Bilanzierung gem. §§ 238 ff. HGB, § 160 Abs. 1, § 161 AO enden im Zeitpunkt der Betriebsaufgabe (vgl. BFH-U. v. 13. 11. 63, BStBl 64 III S. 124). Nach diesem Zeitpunkt können zwar noch Betriebseinnahmen und -ausgaben anfallen, welche zu nachträglichen Einkünften aus Gewerbebetrieb führen. Aber diese Einkünfte sind nicht mehr nach den Grundsätzen des Vermögensvergleichs, sondern in sinngemäßer Anwendung der Vorschrif-

ten des § 4 Abs. 3 EStG (vgl. a. FG Baden-Württemberg v. 15. 9. 93, EFG 94
S. 611) zu ermitteln (vgl. Rdn. 357). Zur Gewinnermittlung nach § 4 Abs. 3
EStG und Beendigung des Vertragsverhältnisses durch Tod des **Handelsver-
treters** vgl. BStBl 73 II S. 786.

ff) Verpachtung

Bei der Verpachtung eines gewerblichen Unternehmens oder eines selbständig   347
geführten Teilbetriebs an **einen** Pächter hat der Verpächter nach dem
Beschluß des Großen Senats des BFH v. 13. 11. 63 (BStBl 64 III S. 124) und
einem ergänzenden Ländererlaß der Finanzministerien v. 28. 12. 64 (BStBl 65
II S. 4) folgende **Wahlmöglichkeit:**

* Er **erklärt** bei Pachtbeginn oder während der Pachtzeit die **Betriebsaufgabe**
  und löst so die Feststellung eines Aufgabegewinns oder -verlusts nach § 16
  Abs. 3 EStG aus. Danach bezieht der Verpächter aus dem Pachtverhältnis
  Einkünfte aus Vermietung und Verpachtung gem. § 21 EStG.

* Er erklärt die Aufgabe des Unternehmens bzw. des selbständigen Teilbetriebs weder zu Pachtbeginn noch während der Pachtdauer und **führt** demnach nach **einkommensteuerlichen Grundsätzen den Betrieb fort**, so daß
  für den Verpächter weiterhin Einkünfte aus Gewerbebetrieb gegeben sind
  (grundlegend BFH-Beschl. v. 13. 11. 63, a. a. O.; v. 26. 3. 91, BFH/NV 92
  S. 227, 228 und v. 26. 4. 89, BFH/NV 91 S. 357, 358, ständige Rechtsprechung). Die Gewerbesteuerpflicht erlischt allerdings für den Verpächter bei
  Pachtbeginn, weil er mit dem verpachteten Betrieb nicht mehr am allgemeinen wirtschaftlichen Verkehr teilnimmt.

Von dem Wahlrecht kann der Verpächter des Gewerbebetriebs ohne Rücksicht   348
auf die Art seiner Gewinnermittlung (Betriebsvermögensvergleich oder § 4
Abs. 3 EStG) Gebrauch machen.

Erklärt oder vollzieht der Verpächter bei Pachtbeginn oder im Laufe des   349
Pachtverhältnisses die **Betriebsaufgabe** und hat er bisher den Gewinn oder
Verlust seines Unternehmens nach § 4 Abs. 3 EStG ermittelt, so muß zur
Ermittlung des Aufgabegewinns oder -verlusts zunächst das Betriebsvermögen nach den Grundsätzen des Bestandsvergleichs erfaßt werden (R 16 Abs. 7
i. V. m. R 17 Abs. 1 EStR). Die sich dabei ergebenden Zu- oder Abrechnungen
gehören zum letzten nach § 4 Abs. 3 EStG errechneten Gewinn des bisherigen
Unternehmens. Sie werden nicht Bestandteil des steuerbegünstigten Aufgabegewinns.

350 Wird der verpachtete Betrieb einkommensteuerlich als **fortbestehendes Gewerbe** behandelt und war seither bereits Gewinnermittlung nach § 4 Abs. 3 EStG gegeben, so kann der Verpächter diese Gewinnermittlungsart auch während der Pachtzeit beibehalten, wenn ihn nicht steuerliche Vorschriften zur Bilanzierung verpflichten oder er freiwillig zum Betriebsvermögensvergleich wechselt. In diesen letztgenannten Fällen wären ebenfalls die Zu- oder Abrechnungen nach R 17 Abs. 1 EStR festzustellen und außerhalb des Bestandsvergleichs bei den gewerblichen Einkünften zu erfassen. Sollte sich ein erheblicher Zurechnungsbetrag ergeben, kann dieser auf Antrag auf das Jahr des Übergangs und die beiden folgenden Jahre gleichmäßig verteilt außerhalb der Bilanz zugerechnet werden (R 17 Abs. 1 Satz 6 EStR).

351 Sollte die bisher bestehende **Buchführungspflicht** ab Pachtbeginn **nicht mehr** vorliegen oder während des Pachtverhältnisses entfallen, **kann** der Verpächter zur **Gewinnermittlung** durch Gegenüberstellung der Betriebseinnahmen und der Betriebsausgaben nach § 4 Abs. 3 EStG **übergehen**. Eine Pflicht zu diesem Wechsel besteht jedoch nicht. Macht der Verpächter aber von dieser Möglichkeit Gebrauch, sind die sich aus R 17 Abs. 2 EStR und Anlage 1 zu den EStR ergebenden Zu- und Abrechnungen zu beachten.

352 Die in dem zum notwendigen Betriebsvermögen zählenden **Grund und Boden** enthaltenen **stillen Reserven** werden durch den Wechsel der Gewinnermittlungsart **nicht realisiert**. Beim Übergang zur Überschußrechnung nach § 4 Abs. 3 EStG ist vielmehr der Buchwert des Grund und Bodens mit den Buchwerten anderer nicht abnutzbarer Wirtschaftsgüter des notwendigen Betriebsvermögens in ein besonderes Verzeichnis nach § 4 Abs. 3 Satz 5 EStG aufzunehmen. Diese Buchwerte gelten bei der späteren Veräußerung als Anschaffungskosten (§ 4 Abs. 3 Satz 4 EStG). **Anlagegüter,** die bei der Gewinnermittlung durch Betriebsvermögensvergleich zulässigerweise als **gewillkürtes Betriebsvermögen** bilanziert wurden, **brauchen** beim Wechsel zur Gewinnermittlung nach § 4 Abs. 3 EStG **nicht entnommen zu werden.**

Ist ein Verpächter, der die Betriebsaufgabe nicht erklärt hat, vor dem 15. 8. 71 vom Bestandsvergleich nach § 5 EStG zur Überschußrechnung des § 4 Abs. 3 EStG übergegangen, so gilt für den zum Anlagevermögen des verpachteten Betriebs zählenden Grund und Boden der nach § 55 EStG maßgebende Wert als Anschaffungskosten i. S. des § 4 Abs. 3 Satz 4 EStG.

353 In vielen Fällen verpflichtet sich der Pächter im Pachtvertrag, die Wirtschaftsgüter des übernommenen Betriebsvermögens bei Pachtende mit dem Wertigkeitsgrad zurückzugeben, mit dem er sie bei Pachtbeginn übernommen

hat, wobei der während der Pachtdauer eingetretene technische Fortschritt beachtet wird.

Ermittelt der Pächter den Gewinn nach § 4 Abs. 3 EStG, sind die Anschaf-   354
fungskosten der ersatzbeschafften Wirtschaftsgüter in voller Höhe Betriebsausgaben; die für die Beseitigung der errichteten Bauten oder vorgenommenen Veränderungen erforderlichen Kosten können erst **im Zeitpunkt ihrer
Verausgabung** als Betriebsausgabe abgesetzt werden (OFD Düsseldorf/
Köln/Münster, o. Dat., DB 65 S. 80).

Ermittelt der Verpächter den Gewinn nach § 4 Abs. 3 EStG, erhöhen die   355
Anschaffungskosten des vom Pächter ersatzbeschafften Wirtschaftsgutes die
Betriebseinnahmen des Verpächters, der auch AfA-berechtigt ist.

gg) Nachträgliche Einnahmen und Ausgaben

Steuerrelevante Ereignisse, die **nach** einer Veräußerung (Aufgabe) des ganzen   356
Gewerbebetriebs eintreten, können

• zu nachträglichen positiven oder negativen Einkünften aus Gewerbebetrieb (§ 24 Nr. 2 EStG) oder

• zu einer rückwirkenden Änderung des Veräußerungs-(Aufgabe-)gewinns
  oder -verlustes führen.

Die frühere BFH-Rechtsprechung zu nachträglichen Einkünften aus Gewerbebetrieb ist teilweise überholt (z. B. BFH-U. v. 13. 5. 80, BStBl II S. 692, betr.
Betriebssteuern, die nach der Betriebsaufgabe gezahlt wurden; BFH-U. v.
27. 11. 84, BStBl 85 II S. 323, betr. die Behandlung nachträglich geleisteter
Schuldzinsen; BFH-U. v. 25. 2. 72, BStBl II S. 936, betr. Zahlungen auf in der
Schlußbilanz nicht erfaßte Forderungen; FG Hamburg v. 15. 12. 87, EFG 88
S. 287, rkr., betr. nach Betriebsaufgabe anfallende Pensionsaufwendungen
für frühere Arbeitnehmer). Denn der GrS des BFH hat in zwei Beschl. v.
19. 7. 93 (BStBl II S. 894 und S. 897) entschieden, daß nicht nur der Ausfall
der Kaufpreisforderung aus der Betriebsveräußerung, sondern auch Ereignisse, die nach der Veräußerung neu hinzutreten und ergeben, daß der der
Besteuerung zugrunde gelegte Wert des Betriebsvermögens zu hoch oder zu
niedrig angesetzt ist, materiell-rechtlich auf den Zeitpunkt der Veräußerung
zurückwirken, d. h. den begünstigten Veräußerungsgewinn oder -verlust
rückwirkend mindern oder erhöhen (vgl. Rdn. 328). Welche Ereignisse materiell-rechtlich zurückwirken und inwieweit daher die bisherige Rechtspre-

chung überholt ist, kann allerdings fraglich sein (s. dazu ausführlich Schmidt, § 16 Anm. 360 ff.). Es bleibt aber dabei, daß nicht alle nach Betriebsveräußerung/-aufgabe eintretenden steuerrelevanten Ereignisse zurückwirken, sondern daß nach wie vor bestimmte Vorgänge zu nachträglichen Einkünften aus Gewerbebetrieb führen (s. Schmidt, § 16 Anm. 371 ff.): Z. B.

* durch Zinszahlungen auf Betriebsschulden – gleichgültig, ob bilanziert oder nicht –, die nach Betriebsaufgabe als passives Betriebsvermögen zurückgeblieben sind (BStBl 90 II S. 213),

* wenn Wirtschaftsgüter, insbes. Umlaufvermögen bei Betriebsaufgabe oder -veräußerung zurückbehalten und/oder ins Privatvermögen überführt werden, um sie bei sich bietender Gelegenheit zu veräußern, und diese tatsächlich veräußert werden (BStBl 94 II S. 105),

* wenn nach Betriebsveräußerung oder -aufgabe (zurückbehaltene) schwebende Geschäfte abgewickelt werden und die Einkünfte wirtschaftlich in der Zeit vor Betriebsveräußerung oder -aufgabe verursacht sind.

357 Nach welcher **Gewinnermittlungstechnik** nachträgliche Betriebseinnahmen oder Betriebsausgaben zu berechnen sind, ist strittig (BFH-U. v. 24. 10. 79, BStBl 80 II S. 186). M. E. sind nicht die Vorschriften des Betriebsvermögensvergleichs, sondern der Überschußrechnung anzuwenden (vgl. Blümich, § 11 Anm. 6; Schmidt, § 16 Anm. 354; Wismeth, DB 83 S. 521, m. w. N.). Der Gewinn ist „in sinngemäßer Anwendung der Vorschriften des § 4 Abs. 3 EStG" zu ermitteln. Dabei sind die Regeln der Überschußrechnung jedoch nicht schematisch anwendbar; sie müssen vielmehr entsprechend modifiziert werden. Das folgt schon daraus, daß bei Veräußerung oder Aufgabe des Betriebs keine Korrektivposten wegen des Wechsels zur Überschußrechnung gebildet werden (BFH-U. v. 22. 2. 78, BStBl II S. 430). Übergangskorrekturen werden nicht im Gewinnermittlungszeitraum nach dem Übergang vorgenommen (BFH-U. v. 24. 10. 79, a. a. O.), sondern erst, wenn die Einnahme erfolgt bzw. die Ausgabe getätigt wird. Das FG Hamburg vertritt in seinem rechtskräftigen Urteil v. 15. 12. 87 (EFG 88 S. 287) die Auffassung, daß der Stpfl. ein **Wahlrecht** habe, diese Einkünfte durch Vermögensvergleich nach § 4 Abs. 1 EStG oder durch Einnahmeüberschußrechnung nach § 4 Abs. 3 EStG zu ermitteln; gl. A. BFH-U. v. 19. 9. 89 IV R 24/88, n. v., m. w. N. Nachträgliche positive Einkünfte sind nicht nach § 34 Abs. 2 Nr. 1 und § 16 Abs. 4 EStG begünstigt; nachträgliche negative Einkünfte können mit anderen tariflich zu versteuernden Einkünften ausgeglichen werden.

Bestimmte **erbschaftsteuerpflichtige Erwerbe von Todes wegen** führen beim   358
Erwerber im Jahr des Erwerbs oder in den folgenden Jahren zu Einkünften
i. S. des EStG. Sie können zugleich mit Erbschaftsteuer belastet sein. Dies gilt
u. a. für **Forderungen** aus einer betrieblichen Tätigkeit des Erblassers bei
einer Gewinnermittlung nach § 4 Abs. 3 EStG, die als nachträgliche Betriebseinnahmen dem Erben zufließen. Auf Antrag wird diese **Doppelbelastung
gemildert** (§ 35 EStG). Vgl. a. BFH-U. v. 7. 12. 90 (BStBl 91 II S. 350).

(unbesetzt)   359–365

d) Darlehen, Damnum, Geldbeschaffungskosten

Darlehnsschulden bleiben bei der Gewinnermittlung durch Vermögensver-   366
gleich auf den Gewinn so lange ohne Einfluß, als sie nicht durch Erlaß zu
einer Erhöhung des Betriebsvermögens und damit zu einem Gewinn führen.
Ihre Rückzahlung wirkt sich auf den Gewinn nicht aus.

Auch bei der Gewinnermittlung nach § 4 Abs. 3 EStG bleiben **Darlehensauf-**   367
nahmen und Darlehenshingaben unberücksichtigt: Darlehenszuflüsse an den
Betrieb sind keine Betriebseinnahmen, wie andererseits die Tilgung von Darlehensschulden nicht zu Betriebsausgaben führt (BFH-U. v. 11. 3. 65, HFR
S. 461; v. 8. 10. 69, BStBl 70 II S. 44; v. 23. 11. 78, BStBl 79 II S. 109; R 16
Abs. 2 Satz 6 EStR). Das gilt auch für Fremdwährungsdarlehen. Der BFH
begründet dieses Ergebnis zutreffend damit, daß der Stpfl. bei Hingabe von
Darlehensmitteln Anschaffungskosten für das nicht abnutzbare Wirtschaftsgut des Anlagevermögens „Forderung" aufwende (BFH-U. v. 6. 12. 72, BStBl
73 II S. 293; a. A. FG Köln v. 20. 4. 83, EFG 84 S. 64).

Hat der Stpfl. ein **Darlehen in ausländischer Währung** aufgenommen und   368
muß er wegen einer Kurssteigerung dieser Währung in DM mehr zurückzahlen als er erhalten hat, gehört der Mehrbetrag (der Kursverlust) wohl
unstreitig zu den Betriebsausgaben. Fraglich ist, wann der Mehrbetrag abziehbar ist:

• Bei jeder Tilgungsrate ist nach dem jeweiligen Kurs der Mehrbetrag zu
  errechnen.

• Der Mehrbetrag ist erst „am Ende" zu erfassen, wenn die Tilgungen die
  empfangenen Beträge übersteigen.

Die erste Auffassung erscheint systematisch überzeugender (so auch BFH-U.
v. 15. 11. 90, BStBl 91 II S. 228; vgl. auch Bordewin, DStR 92 S. 244).

369   Bei der Überschußrechnung wird jeweils nur der Kursverlust und nur der Kursgewinn als Einnahme und Ausgabe erfaßt, der sich im jeweiligen Tilgungszeitpunkt aus den dann geltenden Paritäten ergibt.

370   Die **Zinsen für** ein betriebliches **Darlehen** sind dagegen sowohl auf der Einnahmenseite (bei Darlehensforderungen = Betriebseinnahmen) als auch auf der Ausgabenseite (bei Darlehensschulden = Betriebsausgaben) zu erfassen (BFH-U. v. 12. 3. 70, BStBl II S. 518; vgl. Herrmann/Heuer/Raupach, § 4 Anm. 90).

371   Der **Verlust einer** betrieblich veranlaßten **Darlehensforderung** kann nach den BFH-U. v. 2. 9. 71 (BStBl 72 II S. 334), v. 11. 3. 76 (BStBl II S. 380) und v. 23. 11. 78 (BStBl 79 II S. 109) bei der Gewinnermittlung nach § 4 Abs. 3 EStG in dem Zeitpunkt gewinnmindernd berücksichtigt werden, in dem der Verlust feststeht. Allerdings ist nach der erstgenannten Entscheidung die Hingabe von Darlehen regelmäßig eine dem Anwalt berufsfremde Tätigkeit, wenn nicht ganz besondere Umstände den Zusammenhang mit der Anwaltstätigkeit ergeben (vgl. auch H 143 EStH). Umgekehrt dürfte der endgültige **Wegfall** einer betrieblichen **Darlehensverbindlichkeit** aus betrieblichen Gründen zu einer Gewinnerhöhung führen.

372   Ist der Verfügungsbetrag eines Darlehens geringer als die Nominalschuld, so entsteht ein **Damnum** (Abgeld). Werden Einkünfte durch Überschußrechnung ermittelt, so gilt gem. § 11 Abs. 2 EStG, daß Ausgaben für das Kj abzusetzen sind, in dem sie geleistet worden sind. Danach führt das Damnum in dem Kj zu Betriebsausgaben, in dem es wirtschaftlich aus dem Vermögen des Schuldners abgeflossen ist. Dabei ist der Zeitpunkt des Abfließens eine Frage des einzelnen Falles. Hinsichtlich der Gestaltung des Sachverhalts sind die Stpfl. frei und können deshalb auch bestimmen, wie und wann eine Darlehensschuld erfüllt werden soll (BFH-U. v. 1. 7. 60, BStBl III S. 347; v. 8. 11. 63, BStBl 64 III S. 31; v. 10. 1. 64, BStBl III S. 157).

373   Nach BFH (Beschl. v. 6. 12. 65, BStBl 66 III S. 144; bestätigt durch BFH-U. v. 13. 12. 83, BStBl 84 II S. 428) sind für den Abzug des Damnums grundsätzlich die **Parteivereinbarungen** maßgebend. Das bedeutet bei Darlehen, die um den Damnum-Betrag gekürzt ausgezahlt werden, den sofortigen Abzug des Damnums im Jahr der Darlehensauszahlung. Das gilt für **Tilgungshypotheken** wie für **Hypotheken**, die zu einem **festen Termin zurückzuzahlen** sind. Abweichend von der früheren Rechtsprechung, wonach sich das Damnum anteilig mit dem Rückfluß der einzelnen Tilgungsrate auswirkte, stellt der BFH vorrangig auf das Abflußprinzip des § 11 Abs. 2 EStG ab, wonach Aus-

gaben für das Kalenderjahr abzusetzen sind, in dem sie geleistet wurden. Der Zeitpunkt des tatsächlichen Abflusses hängt von den Umständen des einzelnen Falles ab. In vielen Fällen ist der Abfluß des Damnums mit der Darlehensauszahlung gekoppelt, so daß im Zeitpunkt der Darlehensauszahlung beim Darlehensnehmer der Abfluß des Damnums stattfindet.

Die Parteien können allerdings – abweichend von den üblichen Gepflogen-   374
heiten – auch vereinbaren, daß das Damnum bereits vor Darlehensauszahlung entrichtet wird. Grundsätzlich stellt die Rechtsprechung auf die bürgerlich-rechtlichen Vereinbarungen der Beteiligten ab, sofern sie tatsächlich durchgeführt werden (BFH-U. v. 26. 11. 74, BStBl 75 II S. 330). In solchen Fällen erkennt die Rechtsprechung die Abzugsfähigkeit im Jahr der Leistung aber nicht an, wenn die **Vorausleistung** als eine willkürliche Zahlung und als ein **Mißbrauch von Gestaltungsmöglichkeiten** i. S. von § 42 AO zu werten ist (BFH-U. v. 24. 9. 85, BStBl 86 II S. 284). Die rechtliche Gestaltung muß dem angestrebten Ziel angemessen sein. Sie ist unangemessen, wenn sie ungewöhnlich ist, der Steuerminderung dienen soll und bei sinnvoller, Zweck und Ziel der Rechtsordnung berücksichtigender Auslegung vom Gesetz mißbilligt wird. Sie muß von sinnvollen wirtschaftlichen Erwägungen getragen sein (BFH-U. v. 3. 2. 87, BStBl II S. 492; ebenso für vorausgezahlte Treuhandgebühren v. 23. 9. 86, BStBl 87 II S. 219). Für den Abzug des Damnums als Betriebsausgaben bei Überschußrechnern nach § 4 Abs. 3 EStG entfaltet die neue Rechtsprechung (BFH-Urteile v. 8. 6. 94 X R 36/91, X R 26/92 und X R 30/92, DB S. 1903 ff.) keine Wirkung. Dazu ergibt sich aus dem Urteil X R 26/92 allenfalls, daß die Frage des Gestaltungsmißbrauchs nach § 42 AO vom BFH nicht kleinlich gesehen wird.

Mitunter vereinbaren die Parteien eine **Tilgungsstreckung,** weil der Kredit-   375
nehmer etwa über den vollen Darlehensbetrag verfügen möchte. Dabei wird der volle Darlehensbetrag ausgezahlt und das **Damnum gestundet,** d. h. in bestimmten Teilbeträgen neben der laufenden Annuität oder unter zeitweiliger Aussetzung der Tilgung vorab gezahlt.

Dieser Vorgang ist wirtschaftlich nicht anders zu werten als die sofortige Ein-   376
behaltung des Damnums unter gleichzeitiger Gewährung eines Zusatzdarlehens in Höhe des Damnums und anschließender Tilgung dieses Zusatzdarlehens. In diesen Fällen fließt das Damnum zeitanteilig erst mit der Zahlung der Stundungsraten bzw. der **Rückzahlung des Zusatzdarlehens** ab (BFH-U. v. 26. 11. 74, BStBl 75 II S. 330).

377   Bei einem **nichtbilanzierenden Darlehensgeber** ist das Damnum in dem Zeitpunkt als vereinnahmt anzusehen, zu dem es dem Darlehensgeber tatsächlich zufließt (§ 11 Abs. 1 EStG). Bei Darlehensauszahlung unter gleichzeitiger Einbehaltung des Damnums ist dies der Zeitpunkt der Darlehensauszahlung (BFH-U. v. 7. 11. 78, BStBl 79 II S. 169).

378   **Geldbeschaffungskosten,** wie z. B. die Vermittlungsprovisionen, Bereitstellungsgebühren und ähnliche (zinsgleiche) Ausgaben sind im Jahr der Zahlung bzw. Einbehaltung als Betriebsausgaben abzusetzen, ggf. als vorweggenommene Betriebsausgaben (BFH-U. v. 24. 4. 59, BStBl III S. 236; v. 1. 7. 60, BStBl III S. 347; v. 4. 5. 77, BStBl II S. 802; v. 19. 1. 78, BStBl II S. 262).

e) Durchlaufende Posten

379   Begrifflich keine Einnahmen und Ausgaben i. S. der §§ 4 Abs. 3, 11 EStG sind die durchlaufenden Posten. Das ist in § 4 Abs. 3 EStG ausdrücklich geregelt, gilt aber auch für § 11 EStG. **Durchlaufende Posten bleiben** deshalb bei der Einkünfteermittlung **außer Betracht** (vgl. BFH-U. v. 26. 6. 79, BStBl II S. 625). Durchlaufende Posten liegen nicht schon dann vor, wenn zwischen einer Einnahme und einer Ausgabe eine gewisse wirtschaftliche Verknüpfung besteht. Vielmehr muß es sich um Einnahmen (oder Ausgaben) handeln, die der Stpfl. **im Namen und für Rechnung eines Dritten** eingenommen (oder ausgegeben) hat. Es muß ein bestimmtes Rechtsverhältnis des Stpfl. zu dem Leistenden bestehen, kraft dessen der Stpfl. verpflichtet ist, den Betrag an einen bestimmten Dritten abzuführen. Dieses Pflichtenverhältnis muß nach außen in Erscheinung getreten sein. Vereinnahmter und verausgabter Betrag müssen identisch sein (vgl. BFH-U. v. 20. 7. 82, BStBl 83 II S. 196).

380   Durchlaufende Posten spielen insbesondere bei den **Vorschüssen der Rechtsanwälte** eine Rolle. Insoweit die Vorschüsse für Gerichtsgebühren (BFH-U. v. 18. 12. 75, BStBl 76 II S. 370), Zeugen- und Sachverständigengebühren, Streitsummen und Sicherheitsgelder bestimmt sind, bleiben sie in der Einnahmen-Ausgaben-Überschußrechnung unberücksichtigt. Es wird dadurch verhindert, daß am Ende des Wirtschaftsjahres ein zu hoher Gewinn ausgewiesen wird, wenn ein Stpfl. die im Namen und für Rechnung eines anderen vereinnahmten Gelder bis zu diesem Zeitpunkt noch nicht weitergeleitet hat (vgl. Teske, DStZ 65 S. 131). Hierbei spielt es keine Rolle, ob der Verausgabung von Geldern in fremden Namen und für fremde Rechnung eine entsprechende Vereinnahmung vorangegangen ist oder der Dritte, für den die Zahlung

erfolgt, erst nach der Verausgabung die Kosten erstattet (BFH-U. v. 10. 4. 84 – IV R 180/82, n. v.). Hat der Stpfl. die vorweggenommene Zahlung entgegen § 4 Abs. 3 Satz 2 EStG als Betriebsausgabe gebucht, kann er nicht im Folgejahr unter Berufung auf diese Vorschrift von der Besteuerung der Betriebseinnahmen absehen. **Der Begriff des durchlaufenden Postens setzt die gewinnneutrale Vereinnahmung und Verausgabung voraus** (BFH-U. v. 18. 12. 75, a. a. O.). Hat der Stpfl. in fremdem Namen und für fremde Rechnung Gelder verausgabt, ohne daß er noch im gleichen Wirtschaftsjahr entsprechende Gelder vereinnahmt, so kann er in dem Wirtschaftsjahr, in dem er nicht mehr mit einer Erstattung der verausgabten Gelder rechnen kann (z. B. wegen Konkurses des Auftraggebers), einen entsprechenden Posten als Betriebsausgabe absetzen. Wird dann jedoch der verausgabte Betrag von dem Dritten, für dessen Rechnung er verausgabt war, in einem späteren Wirtschaftsjahr erstattet, so ist er dann insoweit als Betriebseinnahme anzusetzen, als die Verausgabung zuvor als Betriebsausgabe abgesetzt war (vgl. R 16 Abs. 2 EStR).

Zur Frage der Behandlung der **USt** bzw. **Vorsteuer** sind in der Vergangenheit **381** im Schrifttum unterschiedliche Auffassungen vertreten worden. Bei der Gewinnermittlung nach § 4 Abs. 3 EStG sind nur echte durchlaufende Posten (Betriebseinnahmen und -ausgaben, die im Namen und für Rechnung eines anderen vereinnahmt und verausgabt werden) nicht zu berücksichtigen. Die USt wird jedoch **im eigenen Namen und für eigene Rechnung vereinnahmt und verausgabt** (BdF v. 27. 5. 69 – IV B/1 – S 2142 – 1/69 –, BB S. 148). Sie ist demzufolge als **Betriebseinnahme oder Betriebsausgabe** anzusetzen **und nicht als durchlaufender Posten** (FG Berlin v. 2. 12. 70, EFG 71 S. 325; FG Hamburg v. 17. 11. 89, EFG 90 S. 624; BFH-U. v. 19. 2. 75, BStBl II S. 441; v. 29. 6. 82, BStBl II S. 753, 755; v. 8. 5. 91 – I R 14/90; R 86 Abs. 4 EStR).

Der Umstand, daß Einnahmen, die im eigenen Namen und für eigene Rech- **382** nung vereinnahmt werden, **aus Rechtsgründen zurückgezahlt** werden müssen, macht sie nicht zu durchlaufenden Posten (BFH-U. v. 30. 1. 75, BStBl II S. 776; a. A., aber nicht überzeugend, Rasenack, FR 76 S. 306).

Entsprechendes gilt z. B. für die Auslagen für **Fernsprechgebühren** und **Porti**, **383** die den Mandanten in Rechnung gestellt und von ihnen auch erstattet werden; es liegen insoweit **keine durchlaufenden Posten** vor, weil der Praxisinhaber gegenüber der Post keine fremde, sondern eine eigene Schuld begleicht.

Ebenfalls **kein durchlaufender Posten** ist die Entgegennahme der Leistung aus einer **Betriebsunterbrechungsversicherung**, wenn diese zur Abwendung eines Betriebsunterbrechungsschadens verwendet wird (vgl. BFH-U. v. 18. 7. 68, BStBl II S. 737).

384 Ein Tankstellenpächter, der **Kraft- und Schmierstoffe** im Namen und für Rechnung einer Mineralölfirma verkauft, wird auf Grund eines Handelsvertretervertrages tätig (BGH v. 9. 6. 69, NJW S. 1662). Die Übernahme der Kraft- und Schmierstoffe durch den Pächter, deren Veräußerung, die Vereinnahmung der Kaufpreisgelder und deren Weiterleitung an die Mineralölfirma berührt nicht die Gewinnermittlung durch Einnahme-Überschußrechnung. Bei der Einnahme-Überschußrechnung sind die Vorgänge **durchlaufende Posten.** Beim Wechsel der Gewinnermittlungsart bedarf es insoweit keiner Korrektur (BFH-U. v. 15. 5. 74, BStBl II S. 518).

385 Ermittelt der Hausgewerbetreibende seinen Gewinn nach § 4 Abs. 3 EStG, dann sind die Vereinnahmung und Abführung der **Arbeitgeberanteile zur Sozialversicherung** ein **durchlaufender Posten, wenn** sie **im Namen des Sozialversicherungsträgers** oder der Auftraggeber **erfolgen; andernfalls** sind die Zahlungen der Auftraggeber beim Hausgewerbetreibenden **Betriebseinnahmen und** die Zahlungen an den Versicherungsträger **Betriebsausgaben** (BFH-U. v. 20. 7. 82, BStBl 83 II S. 196).

386 Das FG Düsseldorf (v. 19. 1. 83, rkr., EFG S. 546) hat die von einem **Lottovermittler** vereinnahmten und an die Lottogesellschaft weitergeleiteten Spieleinsätze als durchlaufende Posten angesehen.

387 Hat ein Stpfl. einen durchlaufenden Posten in seiner Überschußrechnung nicht als solchen behandelt, dann ist er auch steuerlich daran gebunden (Schmidt, § 4 Anm. 388).

f) Entnahmen

388 Die Begriffsbestimmung des Gewinns in § 4 Abs. 3 Satz 1 EStG enthält keine Verweisung auf Einlage- oder Entnahmevorschriften. Daß die Überschußrechnung nicht ohne diese Begriffe auskommt, ergibt sich jedoch zum einen aus dem Wortlaut des § 4 Abs. 3 Satz 4 EStG, zum anderen aus den allgemeinen Grundsätzen, bei der Gewinnermittlung (nur) alle betrieblich veranlaßten Vorgänge zu erfassen, und der **Identität der Totalgewinne** (BFH-U. v. 16. 1. 75, BStBl II S. 526 zur Entnahme, BFH-U. v. 31. 10. 78, BStBl 79 II S. 401 a. E. zur Einlage; v. 22. 1. 80, BStBl II S. 244; Herrmann/Heuer/ Raupach, § 4 Anm. 90 und 91; Blümich, § 4 Anm. 36; Schmidt, § 4 Anm. 340; Hartmann/Böttcher/Nissen/Bordewin, §§ 4–5 Anm. 57; Littmann/Bitz/

Hellwig, §§ 4, 5 Anm. 2201; Speich, DStR 72 S. 743). Es ist demzufolge der Wert der Entnahmen den Betriebseinnahmen und der Wert der Einlagen den Betriebsausgaben hinzuzurechnen. Diese **Hinzurechnungen** tragen der nicht betrieblich veranlaßten Änderung des Betriebsvermögens Rechnung (BFH-U. v. 18. 9. 86, BStBl II S. 907).

Da es sich um **echte Entnahmen und Einlagen** handelt, ist nach der wohl zutreffenden h. M. nicht nur die bisherige Gewinnauswirkung rückgängig zu machen. Es sind vielmehr die **Bewertungsvorschriften** des § 6 Abs. 1 Nr. 4 und 5 EStG anzuwenden, wohl einschließlich der Ausnahmeregelungen. Nur so kann die Identität der Totalgewinne sichergestellt werden. Ggf. sind fiktive Betriebseinnahmen/Betriebsausgaben anzusetzen (BFH-U. v. 10. 4. 90, BStBl II S. 742). Einlage- und entnahmefähig sind auch bei § 4 Abs. 3 EStG zunächst alle Wirtschaftsgüter.

Als Entnahmen bezeichnet § 4 Abs. 1 Satz 2 EStG „alle Wirtschaftsgüter, die **389** der Stpfl. für sich, seinen Haushalt oder für andere betriebsfremde Zwecke im Laufe des Wirtschaftsjahres entnommen hat". Richtiger wäre es wohl gewesen, die Entnahmen (auch Privatentnahmen) nicht als das entnommene Wirtschaftsgut, sondern als den Vorgang zu bezeichnen, durch den das Wirtschaftsgut entnommen wird. Die Begriffe „Entnahmen" und „Einlagen"(s. § 4 Abs. 1 Satz 5 EStG) entsprechen einander, wenn auch mit entgegengesetzten Vorzeichen. Bei den **Entnahmen** gehen **Wirtschaftsgüter aus dem Betriebsvermögen in das Privatvermögen** über, während **Einlagen zum Übergang von Wirtschaftsgütern aus dem Privatvermögen in das Betriebsvermögen** führen. Man kann folgende Arten von Entnahmen unterscheiden:

- Geldentnahmen,
- Sachentnahmen,
- Nutzungsentnahmen,
- Leistungsentnahmen.

Bei der Gewinnermittlung im Wege der Überschußrechnung ergibt sich die **390** Nichtabzugsfähigkeit von Entnahmen bereits daraus, daß den Einnahmen nur die Betriebsausgaben gegenübergestellt werden dürfen. Erforderlichenfalls ist auch der Überschuß zu berichtigen, wenn ein einer Entnahme entsprechender Vorgang vorliegt. **Erläßt** z. B. ein selbständiger Architekt, der seinen Gewinn nach § 4 Abs. 3 EStG ermittelt, einem Schuldner **aus privaten Gründen** eine Honorarforderung, so ist das als **Entnahme** der Forderung zu werten und der Überschuß um den Wert der entnommenen Forderung zu erhöhen (BFH-U. v. 16. 1. 75, a. a. O.). Dies wird auch bestätigt durch § 4 Abs. 3 Satz 4

EStG, der von der Veräußerung oder Entnahme bestimmter Wirtschaftsgüter spricht.

391 Obwohl die **Bewertungsvorschrift des § 6 Abs. 1 Nr. 4 EStG** die Gewinnermittlung durch Bestandsvergleich voraussetzt, **ist** sie nach h. M. **auch bei der Gewinnermittlung durch Überschußrechnung zu beachten** (BFH-U. v. 31. 10. 78, BStBl II S. 584). Dem liegt die Überlegung zugrunde, daß hier wie dort die stillen Reserven des entnommenen Wirtschaftsgutes „im Betriebsvermögen' erwirtschaftet" wurden und deshalb dem betrieblichen Gewinn zugeführt werden müssen. Entnahmen werden also bei § 4 Abs. 3 EStG *wie* Betriebseinnahmen besteuert, soweit sonst – entgegen § 4 Abs. 3 Satz 1 EStG – außerbetrieblich veranlaßte Wertabgänge den Gesamtgewinn durch die vorangegangene Aufzeichnung von Betriebsausgaben bzw. durch den Wegfall der späteren Aufzeichnung von Betriebseinnahmen beeinflussen würden.

392 Vereinzelt sind Zweifel vorgetragen worden, ob Entnahmen bei der Überschußrechnung nach § 4 Abs. 3 EStG gleichfalls mit dem Teilwert zu bewerten seien (vgl. Hauer, FR 59 S. 117; Vollnberg, NWB F. 17 S. 441). Weil § 6 EStG sich ausdrücklich auf die Bewertung beim Bestandsvergleich nach § 4 Abs. 1 EStG oder § 5 EStG beziehe, könne das **Teilwertgebot** des § 6 Abs. 1 Nr. 4 EStG bei der Gewinnermittlung ohne Bestandsvergleich nicht zum Tragen kommen, sondern es sei vielmehr der Buchwert des entnommenen Wirtschaftsgutes zulässig. Die h. M. indes geht mit Recht davon aus, daß auch hier der Teilwert der für eine Entnahme zutreffende Wert ist (vgl. BFH-U. v. 22. 5. 69, BStBl II S. 584; v. 31. 10. 78, BStBl 79 II S. 401; v. 22. 1. 80, BStBl II S. 244; Herrmann/Heuer/Raupach, § 4 Anm. 90 und 91; Littmann/Bitz/ Hellwig, §§ 4, 5 Anm. 2201; Blümich, § 4 Anm. 36; Theis, DB 59 S. 441; Offerhaus, BB 77 S. 1493). Andernfalls könnte es sein, daß durch den Ansatz des Buchwertes die stillen Reserven der Besteuerung verloren gingen und damit der bei Überschußrechnung ermittelte Gesamtgewinn ein anderer wäre als der, der bei Bestandsvergleich ermittelt worden wäre. Ein solches Ergebnis würde dem vom BFH in ständiger Rechtsprechung entwickelten Grundgedanken widersprechen, daß, aufs Ganze gesehen, der **gleiche Gesamtgewinn** herauskommen soll. Zudem wird auch der Gedanke der reinen Geldrechnung durch die Regelungen in § 4 Abs. 3 Satz 3 und 4 EStG durchbrochen, wonach die Vorschriften über die AfA oder AfS zu befolgen sind und die Anschaffungs- oder Herstellungskosten für nicht abnutzbare Wirtschaftsgüter des Anlagevermögens erst im Zeitpunkt ihrer Veräußerung oder Entnahme als Betriebsausgaben zu berücksichtigen sind. Im übrigen werden die stillen Reserven auch dann erfaßt, wenn ein durch Überschußrechnung ermittelnder

Betrieb veräußert oder aufgegeben wird. Warum sollte eine Reservenbesteue-
rung nur im Fall der Totalentnahme, nicht aber im Fall der Einzelentnahme
erfolgen?

Als Besonderheit ist zu beachten, daß bei Ansatz des Teilwerts für die Ent- **393**
nahme gleichzeitig die noch nicht verbrauchten Anschaffungs- oder Herstellungskosten des entnommenen Anlageguts dem Betrieb als **Betriebsausgaben**
angelastet werden, da sonst der Gewinn um diesen Betrag zu hoch ausgewiesen würde; stattdessen ist es auch möglich, nur den Differenzbetrag zwischen
Teilwert und nicht verbrauchten Erwerbskosten als Betriebseinnahme anzusetzen (BFH-U. v. 4. 4. 57, BStBl III S. 195).

aa) Entnahme abnutzbarer Anlagegüter

Das Gesetz (vgl. § 4 Abs. 3 S. 4 EStG) geht davon aus, daß abnutzbare Wirt- **394**
schaftsgüter des Anlagevermögens entnommen werden können. Beim ent-
geltlichen Erwerb konnten die Anschaffungskosten dieser Wirtschaftsgüter
nicht als Ausgabe behandelt werden; die **Aufwendungen** hierfür durften **nur
im Wege der AfA** (§ 7 EStG) **auf die Nutzungsdauer** des Wirtschaftsguts **verteilt** werden, sofern nicht die Voraussetzungen für ihre Behandlung nach § 6
Abs. 2 EStG vorlagen.

Bei der Bewertung der Entnahmen wird man auch bei der Gewinnermittlung **395**
des § 4 Abs. 3 EStG den **Teilwert** gem. § 6 Abs. 1 Nr. 4 EStG ansetzen müssen
(vgl. FG München v. 20. 4. 83, EFG S. 595; gl. A. Theis, DB 59 S. 442; a. A.
Hauer, FR 59 S. 117; Hanraths, BlStA 60 S. 226 f.). Gleichzeitig rechnet der im
Entnahmezeitpunkt vorhandene **Restwert des abnutzbaren Anlageguts** zu
den **Betriebsausgaben.** Gewinn oder Verlust ist danach also der Unterschied
zwischen dem Teilwert des entnommenen Wirtschaftsguts und seinem fiktiven Buchwert, d. h. seinen Anschaffungs- oder Herstellungskosten (ggf.
abzüglich AfA); bei früherer Einlage des Wirtschaftsguts tritt an die Stelle
der Anschaffungs- oder Herstellungskosten der als Betriebsausgabe angesetzte Betrag.

§ 6 Abs. 1 Nr. 4 Sätze 4 und 5 EStG läßt unter bestimmten Voraussetzungen
die **Buchwertentnahme** von zum Betriebsvermögen gehörenden **Gebäuden,**
die nicht Wohnzwecken dienen, zu. Mit Zweifelsfragen bei der Anwendung
dieser Regelung befaßt sich BMF v. 10. 3. 92 (BStBl I S. 188).

Bei Entnahme **geringwertiger Wirtschaftsgüter** entsteht ein Gewinn in Höhe
des Teilwerts; ein etwaiger (bei § 6 Abs. 2 EStG fiktiver) Restbuchwert ist
abzusetzen.

bb) Entnahme nicht abnutzbarer Anlagegüter

396   Nach der Regelung des § 4 Abs. 3 Satz 4 EStG sind die Anschaffungskosten von nicht abnutzbaren Wirtschaftsgütern des Anlagevermögens einschließlich Grund und Boden als **Betriebsausgaben erst in dem Wj** abzugsfähig, in dem die Wirtschaftsgüter **entnommen** werden. Mit dieser Regelung wurde erreicht, daß die steuerliche Auswirkung sowohl der Anschaffung als auch der Entnahme von nicht abnutzbaren Wirtschaftsgütern voll in ein Wj verlagert wird, nämlich in das der Entnahme.

397   Die Entnahme dieser Anlagegegenstände hat wiederum zum **Teilwert** nach § 6 Abs. 1 Nr. 4 EStG zu erfolgen; sie ist als Einnahme zu buchen. Damit wird bei einem Teilwert, der höher als der Anschaffungspreis ist, zugleich die Wertsteigerung der Zwischenzeit erfaßt, bei einem Teilwert, der niedriger als der Anschaffungspreis ist, ein Verlust realisiert.

398   Im Zusammenhang mit dem **Wegfall der Nutzungswertbesteuerung** ist angeordnet worden, daß der **Entnahmegewinn**, der beim Wegfall der Nutzungswertbesteuerung und dem dadurch bedingten Übergang der **Wohnung und des zugehörigen Grund und Bodens** in das Privatvermögen anfällt, außer Ansatz, d. h. **steuerfrei** bleibt (§ 52 Abs. 15 Sätze 6 und 7 EStG, erweitert durch Satz 8). Später hat der Gesetzgeber an diese „Übergangsregelung" eine Dauerregelung zur Freistellung von Entnahmegewinnen angehängt. Nach § 52 Abs. 15 Satz 10 EStG bleibt der Entnahmegewinn „ebenfalls" außer Ansatz, wenn Grund und Boden nach dem 31. 12. 86 dadurch entnommen wird, „daß auf diesem Grund und Boden die Wohnung des Stpfl. oder eine Altenteilerwohnung errichtet wird". Damit wird der Grundsatz des § 4 Abs. 1 EStG durchbrochen, wonach Entnahmen mit ihrem Teilwert (§ 6 Abs. 1 Nr. 4 Satz 1 EStG) bei der Gewinnermittlung hinzuzurechnen sind. Es ist unverständlich, daß diese (systemwidrige) Ausnahmeregelung, die nach § 52 Abs. 15 Satz 11 EStG auch für Gewerbetreibende und Freiberufler gilt, nicht in den § 4 oder den § 6 EStG aufgenommen, sondern in den „Anwendungsvorschriften" des § 52 EStG versteckt worden ist (vgl. auch Seithel, DStR 89 S. 55). Der Finanzausschuß hat zur Begründung der neuen Steuervergünstigung, die der Stpfl. „nur für eine zu eigenen Wohnzwecken genutzte Wohnung und für eine Altenteilerwohnung in Anspruch nehmen" kann, ausgeführt, die organische Weiterentwicklung der Agrarstruktur, z. B. durch Aussiedlung von Höfen aus enger Dorflage heraus, dürfe nicht steuerlich „behindert" werden! Wegen Zweifelsfragen im Zusammenhang mit der neuen Vorschrift vgl. Seithel (a. a. O.).

cc) Entnahme einer Forderung

Die Entnahme einer betrieblichen Forderung, z. B. der Erlaß einer Hono- **399**
rarforderung aus privaten Gründen (BFH-U. v. 16. 1. 75, BStBl II S. 526),
stellt eine Betriebseinnahme dar, da ansonsten der betrieblich entstandene
Gewinn der Besteuerung entzogen würde. Willigt der Stpfl. dagegen lediglich ein, daß das Honorar an einen Dritten erbracht werden soll, ohne
daß es zur Tilgung der Honorarforderung kommt, so liegt keine Entnahme
vor (BFH-U. v. 2. 10. 86, BFH/NV 87 S. 495). Einlage und Entnahme von
Darlehensforderungen berühren den Gewinn nicht, da auch die von
vornherein betrieblich veranlaßte Hingabe eines Darlehens und dessen
spätere Tilgung nicht zu einer Betriebsausgabe bzw. Betriebseinnahme geführt hätte.

dd) Entnahme einer Verbindlichkeit

Die Entnahme- und Einlagemöglichkeit von Verbindlichkeiten ist begrenzt. **400**
Die Entnahme einer laufenden Verbindlichkeit wirkt wie die Einlage der Mittel, der Erlaß aus privaten Gründen wie die private Schenkung und Einlage
der Mittel. Bei Anschaffungsverbindlichkeiten gleiche Wirkung wie bei
privater Schenkung und Einlage des angeschafften Wirtschaftsgutes. Die
Entnahme selbst hat meist keine Gewinnauswirkung. Die Zinsen sind
Betriebsausgaben bis zu diesem Zeitpunkt.

ee) Entnahme von Bargeld

Die Entnahme von Geld ist bei dieser Gewinnermittlungsart nicht zu berück- **401**
sichtigen. Das hat nach Kirchhof/Söhn, § 4 Anm. D 199, seinen Grund allein
darin, daß „**Buchwert**" und „**Teilwert**" von Geld **identisch** sind und sich dementsprechend Entnahme und Einlage von Geld auf den Gewinn nicht auswirken. Anderslautende Begründungen vgl. z. B. BFH-U. v. 16. 1. 75 (BStBl II
S. 526); Herrmann/Heuer/Raupach, § 4 Anm. 90 und 91; Blümich, § 4
Anm. 36; Schoor, FR 82 S. 505.

ff) Entnahme von Waren

Daß ein solches Wirtschaftsgut aus dem Betriebsvermögen ausscheidet, wirkt **402**
sich zwar wegen des Fehlens eines Betriebsvermögensvergleichs nicht unmittelbar aus. Es darf aber nicht übersehen werden, daß die Aufwendungen für
die Anschaffung dieser betrieblichen Wirtschaftsgüter sich bei Zahlung als

Betriebsausgabe ausgewirkt und den Gewinn entsprechend beeinflußt haben. Die Entnahme der Ware verhindert es, daß die Ware dem normalen Verlauf der Dinge entsprechend verkauft wird und zu Betriebseinnahmen führt. Nach dem BFH-U. v. 18. 9. 86 (BStBl II S. 907) werden Wertabgaben in das Privatvermögen in der Überschußrechnung in der Weise berücksichtigt, daß bei Entnahme des Wirtschaftsgutes aus dem Betriebsvermögen eine **fiktive Betriebseinnahme** angesetzt wird.

403   Nach § 6 Abs. 1 Nr. 4 EStG ist die Warenentnahme mit dem **Teilwert** anzusetzen (Hessisches FG v. 28. 1. 75, EFG S. 300; Littmann/Bitz/Hellwig, §§ 4, 5 Anm. 2203). Das gilt auch für die Einnahme-Überschußrechnung. Sie ist i. d. R. so auszulegen und abzugrenzen, daß sie auf die Dauer gesehen möglichst zu dem gleichen Ergebnis führt wie der Vermögensvergleich (vgl. BFH-U. v. 17. 5. 60, BStBl III S. 306). Da die entnommen Wirtschaftsgüter aus dem für sich zu behandelnden Betriebsvermögen ausscheiden, müssen auch bei der Einnahme-Überschußrechnung die für die Bewertung von Entnahmen geltenden allgemeinen Grundsätze angewendet werden. Daraus folgt, daß der Teilwert der Ware eine zusätzliche **Betriebseinnahme** bei der Ermittlung des gewerblichen Gewinns ist (BFH-U. v. 22. 5. 69, BStBl II S. 584).

Wegen des **Buchwertprivilegs** auf **Sachspenden** vgl. Neufassung des § 6 Abs. 1 Nr. 4 EStG. Bzgl. der Gewerbesteuer vgl. Thiel/Eversberg, DB 91 S. 118; bzgl. der Umsatzsteuer vgl. Buchner, DB 91 S. 1596.

404   Wegen der USt vgl. Rdn. 461 ff.

gg) Entnahme von Leistungen

405   Die **Entnahme von Nutzungen oder Fremdleistungen** (z. B. die Benutzung eines zum Betriebsvermögen gehörenden Kraftwagens für private Zwecke) ist als **Betriebseinnahme** zu behandeln. Die Entnahme kann aber nicht die Arbeitsleistung des Stpfl. selbst betreffen. Führt z. B. ein Rechtsanwalt einen eigenen Prozeß, so ist jedenfalls hinsichtlich seiner Arbeitsleistung keine Entnahme gegeben. Nutzungsentnahmen liegen ferner vor bei dem Einsatz von Arbeitnehmern für private Zwecke (z. B. Rasenmähen bei einem privaten Grundstück), bei sonstigen Leistungsabgaben des Betriebs für private Zwecke (z. B. Leistungen eines Architekturbüros für private Zwecke; FG München v. 20. 4. 83, EFG S. 595) sowie bei der unentgeltlichen Überlassung von Wirtschaftsgütern oder Arbeitnehmern an Dritte aus privaten Gründen.

Nutzungsentnahmen sind nicht mit dem Teilwert, sondern **mit den tatsächli-** 406
chen Selbstkosten des Stpfl. **zu bewerten** (Anschluß an Beschl. des Großen
Senats v. 26. 10. 87, BStBl 88 II S. 348; BFH-U. v. 24. 5. 89, BStBl 90 II S. 8).

Wegen der USt vgl. Rdn. 461 ff. 407

hh) Entnahme bei Wechsel der Gewinnermittlungsart und bei Nutzungsänderung

In Fällen der **Änderung der Gewinnermittlungsart und der Nutzung eines** 408
Wirtschaftsguts ist nach § 4 Abs. 1 Sätze 3 und 4 EStG – eingefügt durch das
Ges. zur Neuregelung der ESt-Besteuerung der Land- und Forstwirtschaft v.
25. 6. 80 (BStBl I S. 400) – allein wegen der genannten Vorgänge **keine Ent-**
nahmehandlung gegeben. Das gilt auch, wenn es sich nicht um die Überschußrechnung nach § 4 Abs. 3 EStG, sondern um die für Land- und Forstwirte in Betracht kommende Gewinnermittlung nach Durchschnittssätzen
(§ 13 a EStG) handelt (s. a. R 14 Abs. 3 EStR). Nach wie vor ist aber eine Entnahme gegeben, wenn der Stpfl. eine entsprechende Entnahmehandlung vornimmt oder wenn das Wirtschaftsgut durch die Nutzungsänderung dem notwendigen Privatvermögen zuzurechnen ist.

Durch das BFH-U. v. 12. 2. 76 (BStBl II S. 663) ergaben sich Probleme zu der 409
Frage der Entstehung und Besteuerung von Entnahmegewinnen im Zusammenhang mit Wirtschaftsgütern des gewillkürten Betriebsvermögens bei
Gewinnermittlung durch Überschußrechnung nach § 4 Abs. 3 EStG. Nach
diesem Urteil führt der Übergang von der Gewinnermittlung durch Betriebsvermögensvergleich nach § 4 Abs. 1 EStG zur Überschußrechnung nach § 4
Abs. 3 EStG zur Entnahme der Wirtschaftsgüter des gewillkürten Betriebsvermögens, weil bei der Überschußrechnung gewillkürtes Betriebsvermögen
nicht zulässig ist. Für die Land- und Forstwirtschaft hätte dies bedeutet, daß
der Übergang von der Gewinnermittlung auf Grund Buchführung zur Gewinnermittlung durch Überschußrechnung, zur Vollschätzung oder zur
Durchschnittsatzermittlung nach § 13 a EStG zur Entnahme des gewillkürten
Betriebsvermögens geführt hätte, weil bei allen genannten Gewinnermittlungsarten gewillkürtes Betriebsvermögen nicht zulässig ist. Das Urteil hätte
ferner zur Konsequenz gehabt, daß bei einer Gewinnermittlungsart, bei der
gewillkürtes Betriebsvermögen nicht zulässig ist, auch die Änderung der Nutzung eines Wirtschaftsguts, durch die das Wirtschaftsgut aus notwendigem
zu gewillkürtem Betriebsvermögen wird, zur Entnahme dieser Wirtschaftsgüter geführt hätte (vgl. Abschn. 13 a Abs. 2 EStR 78). Der Gesetzgeber will

diese Auswirkungen vermeiden. Die Ergänzung des § 4 Abs. 1 EStG durch die neu eingefügten Sätze 3 und 4 bringt folgende gesetzliche Regelung:

- Der Übergang von der Gewinnermittlung nach § 4 Abs. 1 Satz 1 EStG zu der nach § 4 Abs. 3 EStG hat keine zwangsweise Entnahme bisher zulässigerweise als gewillkürtes Betriebsvermögen behandelter Wirtschaftsgüter zur Folge (§ 4 Abs. 1 Satz 3 EStG).

- Führt bei Gewinnermittlung nach § 4 Abs. 1 Satz 1 EStG eine Nutzungsänderung nicht zu einer Entnahme (weil das Wirtschaftsgut weiterhin als gewillkürtes Wirtschaftsgut des Betriebsvermögens behandelt werden könnte), so liegt bei gleichem Sachverhalt auch bei Gewinnermittlung nach § 4 Abs. 3 EStG keine Entnahme vor (§ 4 Abs. 1 Satz 4 EStG).

410   Ein durch Nutzungsänderung **notwendiges Privatvermögen** gewordenes Wirtschaftsgut ist – wie bisher – bei allen Gewinnermittlungsmethoden als **zum Teilwert entnommen** zu behandeln.

411   Damit ist der frühere Rechtszustand wieder hergestellt worden, wie er in Abschn. 13a Abs. 2 EStR 75 zugrunde gelegt war.

412   Somit ist es kraft Gesetzes möglich, daß **Wirtschaftsgüter des gewillkürten Betriebsvermögens** weiterhin als Betriebsvermögen geführt werden, obwohl der Gewinn auf Grund einer Gewinnermittlungsart ermittelt wird, bei der grundsätzlich gewillkürtes Betriebsvermögen nicht zulässig ist. Es kann also im Rahmen einer solchen Gewinnermittlungsart zwar **nicht gebildet, wohl aber fortgeführt** werden (R 13 Abs. 16, R 16 Abs. 6 EStR). Zu einer Entnahme des gewillkürten Betriebsvermögens kommt es erst dann, wenn der Steuerpflichtige entnehmen will und dies auch deutlich macht.

413   Ähnlich wie beim Wechsel der Gewinnermittlungsart soll **auch die Nutzungsänderung nicht zwangsläufig zur Entnahme führen,** wenn das Wirtschaftsgut nach der Änderung der Nutzung nicht mehr notwendiges Betriebsvermögen, aber auch noch nicht notwendiges Privatvermögen ist, sondern zum gewillkürten Betriebsvermögen gehört. Der Stpfl. kann aber auch in diesen Fällen erklären, daß er sich für eine Entnahme entscheidet. Handelt es sich aber um eine Nutzungsänderung, durch die das Wirtschaftsgut zum notwendigen Privatvermögen wird, so liegt die Entnahmehandlung zwingend in der Maßnahme, durch die die Änderung der Nutzung eingetreten ist, so daß es dann einer besonderen Entnahmeerklärung nicht bedarf (BFH-U. v. 12. 11. 64, BStBl 65 III S. 46; v. 18. 11. 86, BStBl 87 II S. 261; v. 6. 11. 91, BFH/NV 92 S. 454); in welcher Form der Gewinn ermittelt wird, ist dabei unerheblich. Bei

der Errichtung eines Gebäudes, das nach den objektiven Gegebenheiten sowohl Betriebsvermögen als auch Privatvermögen sein kann, auf einem zum Betriebsvermögen gehörenden Grundstück kann bei Fehlen einer Entnahmeerklärung (auch bei Gewinnermittlung nach § 4 Abs. 3 EStG) eine Entnahme erst für den Zeitpunkt angenommen werden, in dem feststeht, daß das Gebäude auf Dauer im außerbetrieblichen Bereich genutzt werden soll (BFH-U. v. 12. 3. 92 – IV R 31/91).

Beispiele:

- Ein Freiberufler hat gem. § 4 Abs. 1 EStG ein Grundstück als gewillkürtes Betriebsvermögen bilanziert. Er geht zur Gewinnermittlung nach § 4 Abs. 3 EStG über. – Obwohl er an sich jetzt kein gewillkürtes Betriebsvermögen mehr führen darf, liegt keine Entnahme vor (§ 4 Abs. 1 Satz 3 EStG; sog. **geduldetes Betriebsvermögen**).

- Hat ein buchführender Stpfl. ein Wirtschaftsgut der gehobenen Lebensführung, das zwar nicht überwiegend, aber auch nicht nur in unbedeutendem Umfang seinem Betrieb dient, als Betriebsvermögen behandelt, so scheidet dieses Wirtschaftsgut nicht schon dadurch aus dem Betriebsvermögen aus, daß der Stpfl. zur Gewinnermittlung nach § 4 Abs. 3 EStG übergeht, z. B. eine Waschmaschine bei einem Friseur. Schafft dieser Friseur sich hingegen eine Waschmaschine an, nachdem er zur Gewinnermittlung nach § 4 Abs. 3 EStG übergegangen ist, so kann er die Waschmaschine nicht als Betriebsvermögen behandeln, weil Wirtschaftsgüter bei der Überschußrechnung nur dann in vollem Umfang zum **notwendigen Betriebsvermögen** rechnen, wenn die **betriebliche Nutzung mehr als 50 v. H.** beträgt (BFH-U. v. 13. 3. 64, BStBl III S. 455) und Stpfl. mit Gewinnermittlung nach § 4 Abs. 3 EStG **keine Wirtschaftsgüter zum gewillkürten Betriebsvermögen ziehen** können.

- Verpachtet ein Landwirt mit Gewinnermittlung nach § 4 Abs. 3 EStG ein Grundstück, das er bisher selber landwirtschaftlich genutzt hat, so gehört die verpachtete Fläche nicht mehr zum notwendigen Betriebsvermögen, aber auch nicht zum notwendigen Privatvermögen. Sie **bleibt** vielmehr, falls der Stpfl. nicht die Entnahme erklärt, bis auf weiteres **gewillkürtes Betriebsvermögen**.

(unbesetzt) 414–419

g) Entschädigungen, Ersatzleistungen

Entschädigungen, die dem Stpfl. im Rahmen seines Betriebs zufließen, sind grundsätzlich Betriebseinnahmen. Voraussetzung ist, daß die Entschädigung für den Verlust, Verzicht oder die Aufgabe von etwas geleistet wird, was als **Teil des Betriebs** oder **Objekt des Gewinnstrebens** des Betriebsinhabers zu qualifizieren ist. Das kann eine Sache, ein Recht (z. B. Verzicht auf ein Pachtrecht) oder eine bloße Erwerbschance (z. B. ein Kundenkreis) sein; es muß sich 420 nicht um ein zu aktivierendes Wirtschaftsgut handeln (BFH-U. v. 3. 6. 76, BStBl 77 II S. 62).

421   Die erhaltenen Beträge (z. B. Ersatzleistungen der Versicherungen, Ersatzleistungen auf Grund unterschlagener Beträge) sind im Wirtschaftsjahr des Zufließens als Betriebseinnahmen zu behandeln (vgl. a. Rdn. 809 ff.).

422   **Entschädigungen** für **nicht steuerbare** entgangene Einnahmen (z. B. bei nicht rechtzeitig gestelltem Antrag auf Investitionszulage) sind keine Betriebseinnahmen (BFH-U. v. 16. 8. 78, BStBl 79 II S. 120).

423   Leistungen von Versicherungen sind Betriebseinnahmen, wenn sie mit dem Betrieb in einem sachlichen Zusammenhang stehen, konkret also, wenn sie **betriebliche Risiken** abdecken (BFH-U. v. 21. 5. 87, BStBl II S. 710). Für die Zuordnung zum betrieblichen oder privaten Bereich kann in Zweifelsfällen die **Behandlung der laufenden Prämien** durch den Stpfl. als **Indiz** herangezogen werden; hat der Stpfl. die laufenden Prämien — zu Recht — als Betriebsausgaben abgezogen, liegt es nahe, die entsprechenden Leistungen als Betriebseinnahmen zu erfassen (vgl. BFH-U. v. 7. 10. 82, BStBl 83 II S. 101). Eine **Unfallversicherung** kann **ausschließlich** bzw. fast ausschließlich aus **betrieblichen/beruflichen** Gründen abgeschlossen werden (z. B. bei erhöhter beruflicher Unfallgefahr); in diesem Fall sind die Prämien Betriebsausgaben, die Versicherungsleistungen dagegen Betriebseinnahmen.

424   Ermittelt der Stpfl. seinen Gewinn gem. § 4 Abs. 3 EStG und hat er im Hinblick auf eine bestehende betriebs- oder berufsbedingte erhöhte Unfallgefahr **einen Teil der laufenden Prämienzahlungen** zulässigerweise **als Betriebsausgabe** behandelt, so stellt sich die Frage, wie die Versicherungsleistungen steuerlich zu behandeln sind. Als zutreffend wird man jene Auffassung ansehen müssen, die die **Versicherungsleistungen** – unabhängig vom Eintritt des Versicherungsfalles im betrieblichen oder privaten Bereich – **entsprechend der Prämienverteilung** behandeln (so: Grieger, BB 65 S. 1256; Oswald, StW 66 S. 112; Herrmann/Heuer/Raupach, § 4 Anm. 62; a. A. Littmann/Bitz/Hellwig, §§ 4, 5 Anm. 1615, die die Versicherungsleistungen – dann aber in voller Höhe – als Betriebseinnahme behandeln wollen, wenn sich der Unfall in der betrieblichen Sphäre ereignet hat).

h) Erlaß einer Schuld gegenüber dem Überschußrechner

425   Das **Eingehen von Schulden** wirkt sich auf die Gewinnermittlung eines Überschußrechners nicht aus. Ist die Schuld für den Erwerb von Anlagegütern

eingegangen, wirkt sich die Bezahlung ebenfalls nicht aus. Ist die Schuld für den Erwerb von Umlaufvermögen eingegangen, ist die Bezahlung Betriebsausgabe.

Erläßt der Gläubiger eine Schuld, die sich auf den Erwerb eines abnutzbaren 426 **Wirtschaftsguts bezieht,** bleibt dem Überschußrechner die AfA trotzdem erhalten, denn wie beim Bilanzierenden trennt sich nach der Anschaffung das Schicksal des Anlageguts vom Schicksal der Schuld. Im Zeitpunkt des Erlasses fallen Betriebseinnahmen in Höhe der vollen Anschaffungskosten an (Nennbetrag der Verbindlichkeit) ohne Änderung durch den Erlaß oder sonstige Ereignisse (vgl. BFH-U. v. 31. 8. 72, BStBl 73 II S. 51). Der Erlaß hat daher keine Auswirkung.

Bei **geringwertigen Wirtschaftsgütern** fallen Betriebseinnahmen in Höhe der 427 Anschaffungskosten an (Nennbetrag der Verbindlichkeit), bei Absetzung nach § 7 EStG Behandlung wie bei abnutzbaren Wirtschaftsgütern des Anlagevermögens.

Erläßt der Gläubiger eine Schuld, die sich auf den Erwerb eines nicht abnutz- 428 **baren Wirtschaftsguts bezieht,** ist die Rechtsfolge die gleiche. Folgt man der **Rechtsprechung,** so müßte im Zeitpunkt des Wegfalls eine Betriebseinnahme angesetzt, bei Veräußerung oder Entnahme müßten dagegen die ursprünglichen Anschaffungskosten nach § 4 Abs. 3 Satz 4 EStG als Betriebsausgaben berücksichtigt werden. **Nach Sinn und Zweck des § 4 Abs. 3 Satz 4 EStG** (Berücksichtigung der Anschaffungskosten erst bei Veräußerung oder Entnahme) scheint es dagegen sachgerecht, die **aufgezeichneten Anschaffungskosten zu korrigieren** (Wegfall) und folglich den Wegfall der Verbindlichkeit **erst** bei der Veräußerung oder Entnahme zu berücksichtigen (so auch Schmidt, § 4 Anm. 404).

Erläßt der Gläubiger dem Überschußrechner jedoch **eine Warenschuld** 429 (oder eine Schuld für sonstiges Umlaufvermögen), kommt es zu keiner Betriebsausgabe, gleich ob der Erlaß privat oder betrieblich veranlaßt ist. Daher wirkt sich dieser Erlaß auf den Gewinn aus, d. h. dem durch den Verkauf der Waren zum Verkaufspreis erzielten Gewinn stehen keine Betriebsausgaben in Höhe des Einkaufspreises gegenüber. Die Situation ist die gleiche wie beim Bilanzierenden; bei ihm werden die Waren zum Einkaufspreis über den Wareneinsatz Aufwand und der Warenverkauf zum Verkaufspreis Ertrag. Wird die Schuld erlassen, entsteht in Höhe des Einkaufspreises zusätzlich ein Ertrag. Dies verkennen Herrmann/Heuer/Raupach (§ 4 Anm. 67 b), wenn sie beim Überschußrechner für jeden Erlaß eine Betriebsausgabe in Höhe der erlassenen Schuld fordern (vgl. a. Offerhaus, BB 77 S. 1493).

430 **Bei laufenden Verbindlichkeiten** ergeben sich wie bei unentgeltlicher Tätigkeit des Dritten keine Betriebseinnahmen und keine Betriebsausgaben (keine Zahlung).

431 Vgl. ferner BFH-U. v. 31. 8. 72 (BStBl 73 II S. 51) zum **Wegfall einer Leibrentenverbindlichkeit** ohne Auswirkung auf die Anschaffungskosten dieser Wirtschaftsgüter. Vgl. im übrigen Rdn. 299 ff.

432 Der **Erlaß von Verbindlichkeiten** aus privaten Gründen kann zur Einlage führen.

433 Herrmann/Heuer/Raupach (§ 3 Anm. 470) ist in Fällen eines **Sanierungsgewinns** (§ 3 Nr. 66 EStG; vgl. R 6 EStR) zuzustimmen, weil sonst der Überschußrechner schlechter gestellt würde. Der Schulderlaß zum Zwecke der **Sanierung** muß wegen des Grundsatzes der Totalgewinnidentität auch bei der Überschußrechnung zur Steuerfreiheit führen; nicht die Gewinnermittlungsart, sondern allein der Sanierungszweck ist Grund der Steuerbefreiung. Zudem **erhöht** sich auch beim Überschußrechner durch den Schulderlaß das **Betriebsvermögen**. Der Auffassung, der zufolge § 3 Nr. 66 EStG lediglich beim Betriebsvermögensvergleich anzuwenden ist (so Heuer, Inf. 62 S. 107; el, DB 69 S. 281; en, DB 77 S. 933; el, DB 88 S. 83), kann nicht gefolgt werden. Das Ergebnis (der Gewinn entspricht bei Überschußrechnung den Umsatzerlösen und ist in voller Höhe steuerpflichtig) kann aus steuersystematischen Gründen (Grundsatz der Gesamtgewinngleichheit) nicht überzeugen.

Beim Sanierungserlaß sind die **Besonderheiten** der Überschußrechnung zu berücksichtigen (so auch Kirchhof/Söhn, § 4 Anm. D 350):

- Erlaß laufender Verbindlichkeiten: Ansatz einer Betriebsausgabe im Zeitpunkt des Erlasses,

- Erlaß von Verbindlichkeiten, die Umlaufvermögen betreffen: Ansatz einer Betriebsausgabe im Zeitpunkt des Erlasses,

- Erlaß von Verbindlichkeiten zur Anschaffung oder Herstellung von Wirtschaftsgütern des Anlagevermögens:

  Die Anschaffungs-/Herstellungskosten sind unverändert anzusetzen; eine Aufwandskorrektur ist nicht vorzunehmen.

i) Ersparte Betriebsausgaben

Ersparte Betriebsausgaben sind keine Betriebseinnahmen, da kein Zufluß von   434
außen vorliegt; ersparte Betriebsausgaben wirken sich jedoch insofern auf
den Gewinn aus, als sie auch nicht als Betriebsausgaben abgezogen werden
können.

S. aber Rdn. 425 ff. und 480 ff.

j) Grund und Boden

Da nach Streichung des § 4 Abs. 1 Satz 5 EStG durch das 2. StÄndG 71   435
Gewinne aus der Veräußerung oder Entnahme von zum Anlagevermögen
gehörenden Grund und Boden auch bei der Gewinnermittlung nach § 4 Abs. 3
EStG zu erfassen sind, rechnen Anschaffungskosten für diesen Grund und
Boden zu den abzusetzenden Betriebsausgaben und Veräußerungserlöse bzw.
der Entnahmewert für veräußerten oder in das Privatvermögen überführten
Grund und Boden zu den anzusetzenden Betriebseinnahmen i. S. des § 4
Abs. 3 EStG. Dabei wären nach der bis zum 31. 12. 70 gültigen Fassung des § 4
Abs. 3 EStG die Anschaffungskosten für den Grund und Boden in voller
Höhe im Zeitpunkt ihrer Bezahlung abzusetzen, und die Veräußerungserlöse
sowie der Entnahmewert für veräußerten oder entnommenen Grund und
Boden wären im Zeitpunkt der Vereinnahmung des Entgelts bzw. der Teilwert
oder der gemeine Wert im Zeitpunkt der Entnahme als Betriebseinnahmen
anzusetzen. Das würde dazu führen, daß sich bei dem Erwerb von Grund und
Boden im Jahre der Zahlung des Kaufpreises vielfach erhebliche Verluste
ergeben. Andererseits würden sich in dem Jahre, in dem Grund und Boden in
das Privatvermögen überführt oder der Kaufpreis für veräußerten Grund und
Boden bezahlt wird, erhebliche Gewinne und demgemäß infolge des progres-
siv gestalteten Einkommensteuertarifs im allgemeinen höhere steuerliche
Belastungen ergeben, als sich insgesamt ergeben hätten, wenn der Stpfl. den
Gewinn durch Bestandsvergleich ermittelt hätte.

Um solche unerwünschten Auswirkungen zu vermeiden, sieht § 4 Abs. 3 EStG   436
in der ab 31. 12. 70 gültigen Fassung vor, daß die **Anschaffungs- oder Herstellungskosten für nicht abnutzbare Anlagegüter – also auch für Grund und
Boden –** erst im Wirtschaftsjahr ihrer Veräußerung oder Entnahme als Betriebsausgaben abgesetzt werden können. Dasselbe gilt für die an die Stelle
der Anschaffungs- oder Herstellungskosten tretenden Werte, z. B. bei einer
Einlage oder bei der Eröffnung oder dem unentgeltlichen Erwerb eines
Betriebs sowie für die nach § 55 EStG maßgebenden fiktiven Anschaffungs-

kosten für den am 1. 7. 70 zum Anlagevermögen gehörenden Grund und Boden.

437 Veräußerung i. S. des Einkommensteuerrechts ist der Übergang von Nutzen und Lasten und des Besitzes auf den Erwerber. Gehen z. B. Besitz, Nutzungen und Lasten eines Grundstücks zum ersten Tag eines Wirtschaftsjahres auf den Erwerber über, so ist nach dem BFH-U. v. 7. 11. 91 (BStBl 92 II S. 398) das Grundstück regelmäßig in diesem Wirtschaftsjahr angeschafft. Vgl. a. FG Baden-Württemberg v. 6. 5. 92 -rkr.- (EFG S. 583). Das Gesetz stellt auf den **Zeitpunkt der Veräußerung**, nicht auf den Zufluß des Veräußerungsentgelts ab. Bei der Veräußerung nicht abnutzbarer Anlagegüter ist — ebenso wie bei der Veräußerung abnutzbarer Anlagegüter — das **Zahlungsprinzip durchbrochen**. Die Zahlung des Veräußerungsentgelts ist prinzipiell unerheblich, es sei denn, es wird uneinbringlich (a. A. Herrmann/Heuer/Raupach, § 4 Anm. 91; Hartmann/Böttcher/Nissen/Bordewin, §§ 4—5 Anm. 51 d; Zimmermann, NWB F.17 S. 1382).

Ein Gewinn ist somit in dem VZ zu versteuern, in dem die Veräußerung **verwirklicht** wird und nicht schon oder erst bei der Zahlung des Kaufpreises (BFH-U. v. 26. 7. 84, BStBl II S. 829), auch nicht bei Abschluß des schuldrechtlichen Vertrages (BFH-U. v. 30. 1. 83, BStBl II S. 640).

Nach dem BFH-U. v. 16. 2. 95 IV R 29/94 ist im Rahmen der Gewinnermittlung nach § 4 Abs. 3 EStG auch der Erlös aus dem Verkauf eines Wirtschaftsguts (des abnutzbaren Anlagevermögens) erst im Jahre des Zuflusses des Veräußerungserlöses als Betriebseinnahme anzusetzen.

438 Veräußert ein Stpfl. Grund und Boden, der zum Anlagevermögen eines land- und forstwirtschaftlichen oder gewerblichen Betriebs oder zum Anlagevermögen eines der selbständigen Arbeit dienenden Betriebsvermögens gehört, **gegen einen in Raten zu zahlenden Kaufpreis oder gegen eine Rente** und wird der Gewinn durch Überschußrechnung oder – bei einem Betrieb der Land- und Forstwirtschaft – nach Durchschnittssätzen (§ 13a Abs. 2 bis 6 EStG) ermittelt, so sind die Kaufpreisraten oder die Renten Betriebseinnahmen der Jahre, in denen sie zufließen (§ 11 Abs. 1 EStG). Die Anschaffungskosten des veräußerten Grund und Bodens oder der an deren Stelle tretende Wert (§ 55 Abs. 1, 5 EStG) sind hingegen nach § 4 Abs. 3 Satz 4 EStG im Jahr der Veräußerung in vollem Umfang als Betriebsausgabe abzusetzen. Es bestehen jedoch nach Ansicht der FinVerw keine Bedenken, wenn der Stpfl. hiervon abweichend in Fällen der Veräußerung von Grund und Boden des Anlagevermögens so lange in jedem Kalenderjahr einen Teilbetrag der Anschaffungskosten in Höhe der in demselben Kalenderjahr zufließenden Kaufpreisraten oder Rentenzahlungen als Betriebsausgabe absetzt, bis der gesamte nach § 4 Abs. 3 Satz 4 EStG zu berücksichtigende Betrag abgesetzt ist. Wird die **Forderung uneinbringlich,** so ist der noch nicht abgesetzte Betrag in dem Jahr als Betriebsausgabe zu berücksichtigen, in dem der Verlust eintritt.

Bei der Veräußerung oder Entnahme von zum Anlagevermögen gehörendem 439 Grund und Boden, der auf Grund der Neuregelung der Bodengewinnbesteuerung durch das 2. StÄndG 71 in die Gewinnermittlung einbezogen ist und für den als Anschaffungs- oder Herstellungskosten der doppelte Ausgangsbetrag (§ 55 Abs. 1 EStG) oder der auf Antrag festgestellte höhere Teilwert am 1. 7. 70 (§ 55 Abs. 5 EStG) maßgebend ist, kann im allgemeinen der nach § 55 EStG als Anschaffungs- oder Herstellungskosten maßgebende Wert als Betriebsausgabe abgesetzt werden. Das gilt für Grund und Boden, für den als Anschaffungs- oder Herstellungskosten der auf den 1. 7. 70 festgestellte höhere Teilwert maßgebend ist, auch dann, wenn der um die Veräußerungskosten geminderte Veräußerungspreis oder Entnahmewert unter dem auf den 1. 7. 70 festgestellten höheren Teilwert, jedoch über dem doppelten Ausgangsbetrag liegt. Liegt der um etwaige Veräußerungskosten geminderte Veräußerungspreis oder Entnahmewert jedoch unter dem doppelten Ausgangsbetrag (§ 55 Abs. 1 EStG), so kann nur der um die Veräußerungskosten geminderte Veräußerungspreis oder Entnahmewert als Betriebsausgabe abgesetzt werden, wenn als Anschaffungs- oder Herstellungskosten der doppelte Ausgangsbetrag nach § 55 Abs. 1 EStG maßgebend ist. Liegt der um die Veräußerungskosten geminderte Veräußerungspreis oder Entnahmewert unter dem doppelten Ausgangsbetrag, ist als Anschaffungs- oder Herstellungskosten für den Grund und Boden jedoch der höhere Teilwert am 1. 7. 70 maßgebend, so kann als Betriebsausgabe der um die Veräußerungskosten geminderte Veräußerungspreis oder Entnahmewert zuzüglich des Betrags abgesetzt werden, um den der auf den 1. 7. 70 festgestellte Teilwert (§ 55 Abs. 5 EStG) den sich nach § 55 Abs. 1 EStG ergebenden doppelten Ausgangsbetrag übersteigt (vgl. § 55 Abs. 6 EStG).

Da nach § 4 Abs. 3 EStG a. F. die Anschaffungs- oder Herstellungskosten für 440 nicht abnutzbare Anlagegüter jedoch bereits in voller Höhe im Jahr der Zahlung als Betriebsausgaben abzusetzen waren (vgl. R 16 Abs. 3 EStR), würden diese Anschaffungs- oder Herstellungskosten auf Grund der geänderten Fassung des § 4 Abs. 3 EStG zweimal gewinnmindernd zu verrechnen sein. § 52 Abs. 4 EStG bestimmt deshalb, daß die Anschaffungs- oder Herstellungskosten für nicht abnutzbare Anlagegüter im Zeitpunkt ihrer Veräußerung oder Entnahme nicht mehr als Betriebsausgaben abgesetzt werden dürfen, soweit sie vor dem 1. 1. 71 als Betriebsausgaben abgesetzt worden sind. § 4 Abs. 3 Satz 4 EStG führt deshalb dazu, daß auch bei der vereinfachten Gewinnermittlung – entsprechend der Gewinnermittlung durch Bestandsvergleich – im Jahr der Veräußerung oder Entnahme eines nicht abnutzbaren Anlageguts grundsätzlich nur der Betrag als Gewinn zu versteuern ist, um den der Veräußerungspreis oder Entnahmewert die aufgewendeten Anschaffungs- oder Herstellungskosten übersteigt, sofern diese in Wirtschaftsjahren, die vor dem 1. 1. 71 enden, nicht bereits als Betriebsausgaben abgezogen wurden.

441 Um bei einer späteren Veräußerung oder Entnahme von nicht abnutzbaren Wirtschaftsgütern praktische Schwierigkeiten bei der Ermittlung der Anschaffungs- oder Herstellungskosten zu vermeiden, bestimmt § 4 Abs. 3 Satz 5 EStG, daß **laufend besondere Verzeichnisse zu führen** sind, in die die Anschaffungs- oder Herstellungskosten aufgenommen werden müssen.

442 Ist **Grund und Boden** dem **Umlaufvermögen** zuzuordnen, sind die Anschaffungskosten bei Bezahlung abzusetzen.

k) Hilfsgeschäfte

443 Nicht nur Grundgeschäfte, die den eigentlichen Gegenstand des Unternehmens bilden, sondern auch Hilfsgeschäfte **führen zu Betriebseinnahmen** (BFH-U. v. 8. 10. 64, BStBl 65 III S. 12; v. 18. 3. 65, HFR S. 410; v. 28. 6. 84, BStBl II S. 798). Hilfsgeschäfte sind z. B. die Veräußerung von Maschinen, Inventar, Warenrückständen und Abfällen, der Verkauf eines Kraftwagens, die Veräußerung von Altpapier u. a. m.

444 Für vereinnahmte **Anzahlungen** gelten die Ausführungen entsprechend.

l) Honorare

445 Bei einem Rechtsanwalt (Überschußrechner), der teilweise in Untervollmacht eines anderen Rechtsanwalts arbeitete, war streitig, ob die bei ihm eingegangenen Gebühren nur insoweit als Betriebseinnahmen anzusehen waren, als sie ihm endgültig verblieben. Gem. § 11 Abs. 1 EStG ist für die Besteuerung der **tatsächliche Zu- und Abfluß der Gebühren maßgebend. Soweit zunächst vereinnahmte Gebühren in späteren Jahren weitergegeben werden, sind diese Gebühren im Weiterleitungsjahr als Betriebsausgaben zu behandeln** (BFH-U. v. 22. 11. 62, BStBl 63 III S. 132). Die tatsächlichen Betriebseinnahmen und Betriebsausgaben im Veranlagungsjahr sind auch dann maßgebend, wenn im darauffolgenden Jahr Betriebseinnahmen zurückzuzahlen sind und sich die

Rückzahlung dann mangels entsprechend hoher Betriebseinnahmen nicht voll auswirkt (BFH-U. v. 27. 5. 64, HFR S. 452). Der spätere Rückzahlungsbetrag darf nach der den Vorschriften des § 175 AO vorangehenden Systematik des § 11 EStG nur in dem späteren VZ berücksichtigt werden. Wie dem Urteil v. 13. 12. 63 (BStBl 64 III S. 184) zu entnehmen ist, hebt die Rückzahlung in einem späteren Jahr den Zufluß in einem früheren nicht auf (BFH-U. v. 30. 1. 75, BStBl II S. 776). **Vorschußweise geleistete Honorare sind** auch dann **zugeflossen,** wenn im Zeitpunkt der Veranlagung feststeht, daß sie teilweise zurückzuzahlen sind (Änderung der Rechtsprechung zu BStBl 63 III S. 534; BFH-U. v. 29. 4. 82, BStBl II S. 593). **Das „Behaltendürfen" ist nicht Merkmal des Zuflusses i. S. des § 11 Abs. 1 EStG** (BFH-U. v. 13. 10. 89, BStBl 90 II S. 287). Es ist nicht sachlich unbillig i. S. des § 163 Abs. 1 AO, daß ein selbständig tätiger Arzt, der seine Gewinne durch Überschußrechnung nach § 4 Abs. 3 EStG ermittelt, Honorarteile, die er in einem späteren Veranlagungszeitraum an die Kassenärztliche Vereinigung zurückzahlen muß, nach § 11 EStG im Jahr des Abflusses absetzen muß und nicht die Veranlagung des Jahres der Vereinnahmung des Honorars entsprechend ändern lassen kann. Das gilt selbst dann, wenn sich die Berücksichtigung der Rückzahlung im Jahr des Abflusses steuerlich nicht auswirkt, während sie bei einer Änderung der Veranlagung des Zuflußjahres zu einer beachtlichen Steuererstattung führen würde (FG Rheinland-Pfalz v. 24. 3. 88, rkr., EFG S. 421). Daß sich im Streitfall ein steuerlicher Nachteil aus der Anwendung der §§ 4 Abs. 3, 11 Abs. 1 Satz 1 und Abs. 2 Satz 1 EStG dadurch ergibt, daß das zu versteuernde Einkommen des Jahres 1976 nach Maßgabe eines infolge der Steuerprogression hohen Steuersatzes besteuert wurde, während anderseits die Rückzahlung der Honorarteile in den Jahren 1977 und 1978 sich wegen der negativen Einkommensbeträge dieser Jahre steuerlich überhaupt nicht oder nur unwesentlich auswirkte, liegt im Wesen der **Abschnittsbesteuerung** begründet (BFH-U. v. 2. 4. 74, BStBl II S. 540) und rechtfertigt den begehrten Billigkeitserweis nicht, weil das Prinzip der Abschnittsbesteuerung sowie das Zu- und Abflußprinzip des § 11 EStG dem erklärten Willen des Gesetzgebers entspricht (BFH-U. v. 3. 2. 87, BStBl II S. 492). **Der Grundsatz der Gesamtgewinngleichheit bedeutet nicht, daß die Gesamt-Einkommensteuer für einen Zeitraum bei beiden Gewinnermittlungsarten gleich hoch sein muß** (BFH-U. v. 4. 8. 83 – IV R 242/80, n. v., mit dem das Urteil des Hessischen FG v. 25. 9. 80, EFG 81 S. 243, aufgehoben wurde).

Der **Zeitpunkt des Zufließens** der Einnahmen von einer Privatärztlichen Verrechnungsstelle und von einer Kassenärztlichen Vereinigung ist nach OFD   446

Frankfurt v. 6. 8. 64 S 2121 A (NWB EN-Nr. 1152/64), OFD Hannover v. 8. 1. 68 S 2226 (DB S. 287) wie folgt zu beurteilen:

- **Honorarforderungen an Privatpatienten, die ein Arzt durch eine Privat-ärztliche Verrechnungsstelle einziehen läßt, sind dem Arzt bereits mit dem Eingang bei der Privatärztlichen Verrechnungsstelle zugeflossen.** Das gilt auch dann, wenn der Arzt mit der Privatärztlichen Verrechnungsstelle die Abrechnung und Zuleitung der für ihn eingegangenen Honorare zu bestimmten Terminen vereinbart. Die Privatärztliche Verrechnungsstelle vereinnahmt die Beträge nur als Bevollmächtigte des Arztes (Niedersächsisches FG v. 4. 11. 60, EFG 61 S. 159; BFH-U. v. 20. 2. 64, BStBl III S. 329).

- **Dagegen fließen die Honorare für kassenärztliche Tätigkeit dem Arzt nicht schon mit der Zahlung der Krankenkasse an die Kassenärztliche Vereinigung, sondern erst mit der Überweisung (Auszahlung) durch diese an den Arzt zu.** Die Kassenärztliche Vereinigung vereinnahmt von der Krankenkasse auf Grund eigenen Rechts einen für die Leistung aller Kassenärzte bestimmten Pauschalbetrag, den sie dann ihrerseits nach einem bestimmten Schlüssel auf die Ärzte verteilt. Dem Arzt steht deshalb ein Vergütungsanspruch nur gegen die Kassenärztliche Vereinigung, nicht gegen die Krankenkasse zu (BFH-U. v. 6. 3. 59, BStBl III S. 231; v. 20. 2. 64, a. a. O.; v. 14. 4. 66, BStBl III S. 458). **Honorarrückzahlungen** des Arztes an die Kassenärztliche Vereinigung sind bei diesem im Jahr der Rückzahlung abgeflossen (FG Rheinland-Pfalz v. 24. 3. 88, EFG S. 421).

447   Die Kassenärztlichen Vereinigungen behalten von der seitens der Krankenkasse für ärztliche Leistungen gezahlten Gesamtvergütung z. T. einen Teil zurück, den sie zunächst von der Verteilung ausschließen und einem **Honorar-Sonderfonds** als Beiträge der Ärzte zuführen. Diese Beiträge sind nicht schon als dem Arzt zugeflossen anzusehen (BFH-U. v. 6. 3. 59, BStBl III S. 231). Bei einer späteren Auszahlung von Beträgen aus diesem Sonderfonds im Rahmen der sog. „erweiterten Honorarverteilung" (auch als „Einnahmegewähr im Todesfall" oder „Gnadenvierteljahr" bezeichnet) an die Ärzte handelt es sich um Einkünfte aus selbständiger Arbeit, nicht um sonstige Einkünfte nach § 22 Nr. 1a EStG (BFH-U. v. 22. 9. 76, BStBl 77 II S. 29; s. a. BFH-U. v. 14. 4. 66, a. a. O.). Auch **Ausgleichs- und Krankengeldzahlungen** aus der „erweiterten Honorarverteilung" sind Einkünfte aus selbständiger Arbeit (OFD Frankfurt v. 13. 10. 82, ESt-Kartei 78 § 18 EStG Karte 2).

448   **Abschlagszahlungen** der Kassenärztlichen Vereinigung, die jeweils für Dezember des Vorjahres Anfang Januar des Folgejahres dem Arzt zufließen,

sind gem. § 11 Abs. 1 Satz 2 EStG als **regelmäßig wiederkehrende Einnahmen** des Arztes dem vorangegangenen Kalenderjahr zuzurechnen (BFH-U. v. 24. 7. 86, BStBl 87 II S. 16; s. a. Tehler, DB 87 S. 1168). Soweit für die auf öffentlichem Recht beruhenden Ansprüche eines Arztes gegen die Kassenärztliche Vereinigung ein fester Fälligkeits- und Zahlungstermin (z. B. Abschlußzahlungen) nicht vorgesehen ist, liegen indessen keine regelmäßig wiederkehrenden Einnahmen vor, insoweit gilt die Entscheidung des BFH v. 10. 10. 57 (BStBl 58 III S. 23) weiter. Siehe a. Niederland, DStR 82 S. 318; 83 S. 138; Horlemann/Förtsch, StW 81 S. 138, S. 174 und DStR 83 S. 137. Die von der Kassenärztlichen Vereinigung Anfang Januar zu leistenden **Restzahlungen** für das dritte Quartal des Vorjahres sind nach Ansicht des Hessischen FG bei Gewinnermittlung gem. § 4 Abs. 3 EStG als **wiederkehrende Einnahmen** in dem Kalenderjahr der wirtschaftlichen Zugehörigkeit zu erfassen (Hessisches FG v. 18. 4. 89, EFG S. 446). Nach Ansicht des FG steht seine Rechtsauffassung nicht im Widerspruch zur Entscheidung des BFH-U. v. 10. 10. 57 (BStBl 58 III S. 23), wonach die von den Kassenärztlichen Vereinigungen geleisteten vierteljährlichen Abschlußzahlungen keine regelmäßig wiederkehrenden Einnahmen seien. In dem dort zu entscheidenden Fall war für die vierteljährlichen Abschlußzahlungen kein fester Zahlungstermin vorgesehen, während im Streitfall ein Vorstandsbeschluß der Kassenzahnärztlichen Vereinigung Restzahlungen jeweils zum 4. Januar ausdrücklich vorsah. Nach dem U. des FG Rheinland-Pfalz v. 18. 5. 94 (EFG S. 925, Rev.: BFH IV R 63/94) sind die Honorarrestzahlungen für das 3. Quartal eines Jahres, die eine Kassenärztliche Vereinigung ohne Honorarverteilungsmaßstab (§ 368 f Abs. 1 Satz 3 RVO; ab 1. 1. 1989 § 85 Abs. 4 Satz 2 SGB V) Anfang Januar des Folgejahres überwiesen hat, von den Kassenärzten im Folgejahr zu versteuern. Das FG läßt dahingestellt, ob die Restzahlungen gem. § 11 Abs. 1 Satz 2 EStG bei einer Fälligkeit in der Zeit vom 22. Dezember des laufenden Jahres bis zum 10. Januar des Folgejahres (so BFH-U. v. 24. 7. 86, BStBl 87 II S. 16) oder nur in der Zeit vom 22. bis 31. Dezember (so BMF v. 26. 10. 92, BStBl I S. 693) dem laufenden Jahr zuzurechnen sind. Im Streitfall ergibt sich aus dem Bundesrecht, den verbindlichen Organbeschlüssen und den Vierteljahresabrechnungen (Honorarbescheide) kein fester Fälligkeitstermin. Ein Vorstandsbeschluß, der den 30. Dezember als Auszahlungstermin (Einreichung der Überweisungsaufträge bei der Hausbank) festlegt, und eine entsprechende Verwaltungspraxis der Kassenärztlichen Vereinigung bestimmen die Fälligkeit nicht wirksam, wenn der Termin unter dem Vorbehalt eines ausreichenden Bankguthabens steht. Rechnet eine Kassenzahnärztliche Vereinigung die Resthonorare der Zahnärzte für ein Quartal jeweils zum Ende des nächsten

Quartals ab und zahlt sie diese anschließend entsprechend aus, ist die Anfang Januar des folgenden Jahres für das dritte Quartal eines Kalenderjahres erbrachte Abschlußzahlung entsprechend dem nunmehr ergangenen BFH-U. v. 6. 7. 95 −IV R 63/94 als regelmäßig wiederkehrende Einnahme dem abgelaufenen Kalenderjahr zuzurechnen (Anschluß an BFH-U. v. 24. 7. 86, BStBl 87 II S. 16). Die Entscheidung enthält Ausführungen zur Berichtigung der ESt-Bescheide nach § 174 AO bei richtiger Zuordnung der Abschlußzahlungen.

449 Von der Kassenärztlichen Vereinigung werden an Kassenärzte, die vorübergehend an der Ausübung ihrer Praxis gehindert sind und deren Honorareinkommen in dieser Zeit erheblich zurückgeht, Ausgleichszahlungen als sog. **Einnahmegarantie** gezahlt. Die Abrechnung erfolgt zusammen mit der Honorarzuteilung. Die Zahlungen stellen − wie die normalen Honorarzuteilungen − Einkünfte i. S. des § 18 Abs. 1 Nr. 1 EStG dar. In bestimmten Bezirken wird **Krankengeld** täglich bis zu einer Krankheitsdauer von acht Wochen innerhalb eines Zeitraumes von zwölf Monaten gezahlt. Die Zahlung dieses Krankengeldes ist nicht Ausfluß eines versicherungsrechtlichen Verhältnisses. Es erfolgt keine Beitrags- oder Prämienzahlung der beteiligten Ärzte. Die Mittel für die Krankengelder werden vielmehr aus den allgemeinen Honorarmitteln ausgegliedert. Bei dieser Sachlage gehören die Krankengelder zu den Einkünften aus selbständiger Arbeit gem. § 18 Abs. 1 Nr. 1 EStG (OFD Frankfurt v. 13. 10. 82 S 2245 A − 5 − St II 20).

Wegen der Besteuerung der Ärzte und Zahnärzte im Beitrittsgebiet vgl. Rdn. 966.

450 Es steht dem Anwalt frei, **Dienstleistungen auch unentgeltlich** zu verrichten, sofern er hiermit nicht gegen seine Standespflichten verstößt. Wollte man diese unentgeltlichen Leistungen auf dem Umweg über die Privatentnahme oder als nicht abziehbare Spenden versteuern, so würde damit ein fiktiver Gewinn versteuert (vgl. FG Stuttgart v. 21. 12. 53, EFG 54 S. 123). Es liegt ein nicht verwirklichter Gewinn vor, da weder tatsächlich noch bürgerlich-rechtlich noch wirtschaftlich etwas vereinnahmt worden ist.

451 Ein Anwalt, der seine Beratungstätigkeit nicht gegen Zahlung von Honorar, sondern gegen die **Zusage einer nicht verfallbaren Altersversorgung** ausübt, hat den abgezinsten Versorgungsanspruch zu versteuern. In dem abgezinsten Versorgungsanspruch liegt ein Zufluß in Höhe des während des Wirtschaftsjahres ansteigenden Deckungskapitals (vgl. BFH-U. v. 4. 11. 65, BStBl 66 III S. 69; Grieger, BB 66 S. 150).

Dem rechtskräftigen Urteil des FG Baden-Württemberg v. 10. 7. 80 (EFG 81   **452**
S. 75) lag folgender Sachverhalt zugrunde: Ein Ingenieur, der seinen Gewinn
nach § 4 Abs. 3 EStG ermittelt, hatte für eine Wohnbau-GmbH Leistungen
erbracht. Da die GmbH die **Honorarforderungen infolge Zahlungsunfähig-
keit nicht tilgen** konnte, erwarb der Kläger zur (teilweisen) Realisierung seiner
Forderung von der GmbH eine Eigentumswohnung für rd. 77 000 DM,
obwohl deren Verkehrswert bei nur rd. 59 000 DM lag. In Höhe von rd. 47 000
DM verrechnete er den Kaufpreis mit seiner Honorarforderung; den Restbetrag von 30 000 DM zahlte er. Streitig war, in welcher Höhe eine Betriebseinnahme anzusetzen war. Das Gericht sah den Erwerb der Wohnung als betrieblich veranlaßt an und erfaßte beim Kläger eine Betriebseinnahme in Höhe von
rd. 29 000 DM, was dem Wert der Wohnung im Erwerbszeitpunkt abzüglich
der aufgezahlten 30 000 DM entsprach. Die Aufzahlung sah es noch innerhalb
des Ermessensspielraums, der einem Freiberufler bei der Entscheidung über
die Zweckmäßigkeit betrieblicher Maßnahmen zusteht.

Die auch bei den Einkünften aus selbständiger Arbeit anwendbare **Tarifver-**   **453**
günstigung des § 34 Abs. 3 EStG kann bei der Gewinnermittlung nach § 4
Abs. 3 EStG auf das Honorar für einen sich über mehrere Jahre erstreckenden
Auftrag nicht angewendet werden, wenn das gesamte Honorar für diesen Auf-
trag in mehreren Kalenderjahren zugeflossen ist (BFH-U. v. 10. 2. 72, BStBl
II S. 529). Vgl. a. H 200 EStH.

(unbesetzt)   454–460

m) Mehrwertsteuer

Bei der Gewinnermittlung nach § 4 Abs. 3 EStG gehören **vereinnahmte USt-**   **461**
Beträge zu den **Betriebseinnahmen** (R 86 Abs. 4 EStR). Für die Zuordnung
der vereinnahmten USt zu den Betriebseinnahmen ist unbeachtlich, ob die
Umsatzbesteuerung nach dem Soll- oder Ist-Prinzip erfolgt. Daraus resul-
tiert, daß alle **Betriebseinnahmen einschließlich USt zu erfassen** sind, wobei
es gleichgültig ist, ob der Unternehmer umsatzsteuerrechtlich nach § 15 UStG
zum Vorsteuerabzug berechtigt ist oder nicht. Da bei dieser Gewinnermittlungsart nach § 11 Abs. 1 EStG Betriebseinnahmen im Zeitpunkt der tatsächlichen Vereinnahmung als zugeflossen gelten, ist auch für die vom Stpfl. in
Rechnung gestellte USt von den gleichen Grundsätzen auszugehen.

Es ist gleichgültig, für welchen Zeitraum die Betriebseinnahmen eingehen.   **462**

Bzgl. der USt-Erstattungsbeträge als einkommensteuerpflichtige Einnahmen   **463**
bei Überschußeinkünften vgl. BFH-U. v. 29. 6. 82 (BStBl II S. 755). **Erstattete**

Vorsteuerbeträge führen im VZ der Erstattung zu Betriebseinnahmen. Das gilt auch dann, wenn sich die entrichteten Vorsteuerbeträge der früheren VZ als Betriebsausgaben nicht ausgewirkt haben. An der abweichenden Auffassung des Urteils v. 13. 3. 64 VI 152/63 (StRK EStG, § 11 R. 50) wird nicht festgehalten. Nichts anderes kann gelten, wenn die Erstattung auf der Berücksichtigung eines Steuerabzugsbetrages i. S. des § 19 Abs. 3 UStG 1980 beruht. Der Abzugsbetrag hat zur Folge, daß ein Teil des als Umsatzsteuer ausgewiesenen Teils des bürgerlich-rechtlichen Entgelts nicht an das Finanzamt abgeführt werden muß. Dieser Teil zählt mithin zu den durch betriebliche Leistungen veranlaßten Einnahmen. Das gilt auch dann, wenn im Wege der Vorauszahlungen die gesamte in Rechnungen ausgewiesene Umsatzsteuer an das Finanzamt abgeführt und anschließend wegen des Steuerabzugsbetrages teilweise wieder erstattet wird (BFH-U. v. 26. 3. 91 – IV B 148/90). Nach dem Urteil des FG Saarland v. 31. 5. 89 (EFG S. 454) ist der Zufluß einer USt-Erstattung und damit der Ansatz einer **Einnahme nicht bereits mit der Anmeldung** des Erstattungsbetrags anzunehmen. Es bedarf vielmehr der Erteilung der Zustimmung nach § 168 Satz 2 AO, die indessen durch den Ausweis des Erstattungsbetrags in einem Kontoauszug bekanntgemacht werden kann.

464 Die Unternehmer vereinnahmen und verausgaben die Umsatzsteuer im eigenen Namen und für eigene Rechnung. Das bedeutet, daß die **USt nicht** zu den **durchlaufenden Posten** i. S. des § 4 Abs. 3 Satz 2 EStG gehört. Daran ändert auch nichts die Tatsache, daß die USt-Beträge im Rahmen der Buchführung (Gewinnermittlung durch Betriebsvermögensvergleich) wie durchlaufende Posten behandelt werden, was zu dem Bruttoprinzip des R 86 Abs. 4 EStR führt.

465 Werden die Umsätze nach vereinnahmten Entgelten versteuert („**Istbesteuerung**" nach § 20 Abs. 1 UStG), so sind bei der **ESt** neben den tatsächlich vereinnahmten Mehrwertsteuerbeträgen (es müssen die von den Kunden vereinnahmten USt-Beträge laut USt-Erklärung mit den als Betriebseinnahmen in der Einnahme-Überschußrechnung auszuweisenden USt-Beträgen übereinstimmen) auch nur die **tatsächlich gezahlten Vorsteuerbeträge** zu berücksichtigen, während bei der **USt** auch **Vorsteuerbeträge** abgezogen werden können, die dem Unternehmer lediglich **in Rechnung gestellt** worden sind (BFH-U. v. 19. 2. 75, a. a. O.).

466 Unter den **Betriebseinnahmen sind** somit **die Bruttobeträge** (einschl. USt) zu erfassen. Das Bruttoprinzip des R 86 Abs. 4 EStR gilt sowohl für die Grund-

geschäfte (Verkauf von Produkten und Waren, Erlöse aus Werk- und Dienstleistungen) wie auch für die Hilfsgeschäfte (z. B. Verkauf von Anlagevermögen) eines Unternehmens. Die Art der Verbuchung – Brutto- oder Netto-Verbuchung – ist nicht entscheidend. Nach § 22 Abs. 2 Nr. 1 UStG sind zwar die Nettoentgelte aufzuzeichnen, d. h. der Rechnungsbetrag ohne USt wird erfaßt. Die USt wird daneben gesondert festgehalten. § 63 Abs. 4 UStDV läßt jedoch als Erleichterungsmaßnahme auch die Bruttoverbuchung zu. In diesem Fall sind zunächst die Bruttobeträge, also Nettoentgelt und Steuerbetrag, in einer Summe aufzuzeichnen. Zum Monats- (ggf. auch zum Vierteljahres-)ende ist dann die Summe der Entgelte zu berechnen. Die USt muß aus den Bruttobeträgen herausgerechnet werden. Betriebseinnahmen sind in jedem Fall die Bruttobeträge. Die Bruttobetriebseinnahmen bilden auch die Berechnungsgrundlage für den (bis einschl. 1989 geltenden) **Freibetrag für freie Berufe** nach § 18 Abs. 4 EStG.

Zu den Betriebseinnahmen gehören auch der Eigenverbrauch (§ 1 Abs. 1 Nr. 2 UStG) und die für den Eigenverbrauch geschuldete USt (vgl. u. a. OFD Münster v. 14. 4. 70 S 2142 – 14 – St 11 – 31). Als Zeitpunkt für die Behandlung als Einnahme kommt der Zeitpunkt der Entnahme bzw. der Verausgabung für Zwecke des § 4 Abs. 5 EStG (Betriebsausgaben, die den Gewinn nicht mindern dürfen) in Betracht. Auch das BFH-U. v. 25. 4. 90 (BStBl II S. 742) geht von einer unterschiedlichen Behandlung der einzelnen Eigenverbrauchstatbestände aus. So ist eine Gewinnerhöhung durch Ansatz der USt auf den Eigenverbrauch als fiktive Betriebseinnahme dann nicht zulässig, wenn der Eigenverbrauch durch Tätigung nichtabziehbarer Aufwendungen verwirklicht wird. Die Nichtabziehbarkeit der Umsatzsteuer auf den Eigenverbrauch gem. § 12 Nr. 3 EStG darf also erst im **Zeitpunkt der Verausgabung** berücksichtigt werden. Nur beim Entnahme-Eigenverbrauch ist der Zeitpunkt der Erfüllung des Tatbestands maßgeblich. Die für Entnahmen aus dem Teilwertgedanken entwickelte Einbeziehung der Umsatzsteuer in die Bewertung der betrieblichen Wertabgabe gilt nicht für andere Eigenverbrauchs-Tatbestände, die keine Entnahme sind.

467

Beispiel:

Ein Unternehmer mit Gewinnermittlung nach § 4 Abs. 3 EStG weist in seiner USt-Voranmeldung für Dezember 1993 USt von DM 8000 und Vorsteuern von DM 7000 aus. Er entrichtete im Januar 1994 DM 1000 an das FA. In der USt ist Eigenverbrauchs-USt von DM 1500 enthalten.

Die Eigenverbrauchs-USt von DM 1500 ist den Betriebseinnahmen 1993 zuzurechnen, die Zahlung an das FA ist mit DM 1000 Betriebsausgabe 1994. Um § 12 Nr. 3 EStG (Nichtabzugsfähigkeit der Eigenverbrauchs-USt) genauer nachzukommen, kann auch 1993 eine Betriebseinnahme von DM 500 (Differenz Eigenverbrauchs-USt und Zahlung an das FA) in die Gewinnermittlung einbezogen werden.

468   *Zusammenfassung (Die Umsatzsteuer als Betriebseinnahme)*

a) Vereinnahmung durch Zahlung des Kunden

Als Betriebseinnahme sind die von den Kunden gezahlten Bruttorechnungsbeträge durch die Lieferungen oder sonstigen Leistungen des Unternehmers im Zeitpunkt des Zuflusses zu erfassen.

b) Erstattung der USt durch die Finanzkasse

Die Erstattung von USt-Beträgen durch die Finanzkasse ist als Betriebseinnahme zu behandeln. Als Erstattungsbeträge kommen in Betracht:

- Erstattung auf Grund einer USt-Voranmeldung, die höhere Vorsteuer- als USt-Beträge ausweist

- Erstattung auf Grund zuviel gezahlter USt-Vorauszahlungen nach Abgabe und Auswertung der USt-Jahreserklärung

- Erstattung zuviel gezahlter USt-Beträge auf Grund einer Außenprüfung

- Verrechnung überzahlter USt-Beträge mit privaten Steuern

c) Erfassung der USt auf Eigenverbrauch als fiktive Betriebseinnahme bei Anwendung der Vereinfachungsregelung

Die Überwachung der richtigen ertragsteuerlichen Erfassung der USt auf Eigenverbrauch bringt sowohl für den Unternehmer als auch für die Verwaltung Schwierigkeiten mit sich, denn die Erfassung des Eigenverbrauchs mit den Nettobeträgen fällt häufig in ein anderes Kalenderjahr als die Überweisung der USt auf Eigenverbrauch an die Finanzkasse.

Aus Gründen der **Vereinfachung** und Zweckmäßigkeit kommt sinnvollerweise in der Praxis ein einfacheres Verfahren zur Anwendung: Der Eigenverbrauch wird mit dem Bruttowert (Teilwert zuzüglich USt auf Eigenverbrauch) als fiktive Betriebseinnahme angesetzt. Im Rahmen dieser vereinfachten Handhabung wird nur ein Jahr betroffen und spätere Umsatzsteuerzahlungen bzw. Umsatzsteuererstattungen brauchen nicht korrigiert zu werden. Eine Gewinnerhöhung durch Ansatz der USt auf den Eigenverbrauch als fiktive Betriebseinnahme ist jedoch dann nicht zulässig, wenn der Eigenverbrauch durch Tätigung nichtabziehbarer Aufwendungen verwirklicht wird (BFH-U. v. 25. 4. 90, BStBl II S. 742).

469–475 *(unbesetzt)*

n) Provisionen

Nach dem BFH-U. v. 24. 3. 93 (BStBl II S. 499) sind bereits verdiente und fäl-   476
lige Provisionen einem Versicherungsvertreter, der seinen Gewinn nach § 4
Abs. 3 EStG ermittelt, auch dann **mit der Gutschrift in den Büchern des Versicherungsunternehmens** i. S. von § 11 Abs. 1 Satz 1 EStG **zugeflossen**, wenn die
Provisionen auf einem Kautionskonto zur Sicherung von Gegenforderungen
des Versicherungsunternehmens gutgeschrieben werden (Anschl. an BFH-U.
v. 9. 4. 68, BStBl II S. 525). Die Gestellung einer Kaution auf einem vom Kau-
tionsnehmer geführten Konto bewirkt beim Kautionsgeber i. d. R. keine Ausgabe i. S. von § 11 Abs. 2 Satz 1 EStG.

Ermittelt ein Handelsvertreter den Gewinn durch Überschußrechnung, so   477
muß er die erhaltenen Provisionsvorschüsse gem. § 11 Abs. 1 Satz 1 EStG im
Jahr des Zuflusses als Einnahmen ansetzen. Provisionsvorschüsse sind auch
dann zugeflossen, wenn im Zeitpunkt der Veranlagung feststeht, daß sie teilweise zurückzuzahlen sind. **Das „Behaltendürfen" ist nicht Merkmal des
Zuflusses** i. S. des § 11 Abs. 1 EStG (Bestätigung der bisherigen Rechtsprechung; BFH-U. v. 13. 10. 89, BStBl 90 II S. 287).

o) Renten

aa) Betriebliche Schadensrenten

Für den Stpfl. mit einer Gewinnermittlung nach § 4 Abs. 3 EStG liegen hin-   478
sichtlich der betrieblichen Schadensrente steuerbare Einkünfte erst im Jahr
des Zuflusses der Rente (§ 11 EStG) vor.

bb) Betriebliche Unfallrenten

Ermittelt der Stpfl. den Gewinn nach § 4 Abs. 3 EStG, ist die betriebliche   479
Unfallrente stets im Jahr des Zuflusses (§ 11 Abs. 1 EStG) zu versteuern.

p) Sachwerte

aa) Sachwerte fließen in die betriebliche Sphäre

(1) Zufluß abnutzbarer Anlagegüter

Erhält der Stpfl. für seine betriebliche Forderung abnutzbare Anlagegüter, so   480
ist deren Wert als Einnahme zu buchen; als Ausgabe kommt nur die jährliche
AfA in Betracht (§ 4 Abs. 3 Satz 3 EStG).

(2) Zufluß nicht abnutzbarer Anlagegüter

481   Werden die erlangten Sachwerte Anlagevermögen, hat der Betriebsinhaber im
Zeitpunkt des Erwerbs der Sachwerte Betriebseinnahmen, die seinen Gewinn
in Höhe des gemeinen Werts der Sachgüter vermehren; gleich hohe Be-
triebsausgaben sind erst im Zeitpunkt der Veräußerung oder Entnahme dieser
Wirtschaftsgüter anzusetzen (§ 4 Abs. 3 Satz 4 EStG; BFH-U. v. 17. 4. 86,
BStBl II S. 607).

(3) Zufluß von Umlaufvermögen

482   Werden die erlangten Sachwerte Umlaufvermögen, tritt im Zeitpunkt des
Erwerbs der Sachwerte noch keine Gewinnerhöhung ein, weil der Betriebseinnahme in gleicher Höhe eine Betriebsausgabe gegenüberzustellen ist; der
Gewinn erhöht sich erst bei späterer Veräußerung gegen Bar- oder Buchgeld
oder bei einer Entnahme.

483   Läßt sich der Überschußrechner statt Zahlung eine **Forderung abtreten,** so
gilt das **Leistungsentgelt umsatzsteuerlich als im Zeitpunkt der Schuldum-
wandlung vereinnahmt.** Diese **Einnahmebuchung beeinflußt zugleich** die
Überschußrechnung. Wird die Forderung dann eingezogen, so erhöht sich
der Überschuß ein zweites Mal aus gleichem Anlaß. Zum Ausgleich dieser
unrichtigen Einnahmebuchung ist es erforderlich, die gebuchte Betriebseinnahme durch Rotbuchung rückgängig zu machen.

(4) Zufluß von Leistungen

484   Nimmt ein Überschußrechner (z. B. Rechtsanwalt, Steuerberater) **Betriebsstoffe für seine Praxis** als Bezahlung entgegen oder braucht er wegen erbrach-
ter Leistungen vorübergehend keine Praxismiete zu zahlen, so muß in allen
diesen Fällen der Gegenwert als Einnahme gebucht werden; insoweit aber der
empfangene Sachwert vom Betrieb verbraucht wurde, liegt betrieblicher Aufwand vor, der als Ausgabe zu berücksichtigen ist. Letzten Endes wird das einkommensteuerliche Ergebnis also nicht beeinflußt.

(5) Zufluß von Dienstleistungen

485   Solange **eigene Dienstleistungen** noch nicht bezahlt worden sind, besteht
kein Anlaß zur Einnahmebuchung. Es entsteht zunächst eine – bei der
Überschußrechnung unbeachtliche – Forderung. Entsprechendes gilt für
Dienstleistungen für den Stpfl. selbst oder seine Familie. Erst sobald die

erbrachten Dienstleistungen bezahlt werden, sind Einnahmebuchungen vorzunehmen.

Werden dem Betrieb **aus betrieblichem Anlaß fremde Dienstleistungen** erbracht, so ist der Wert des Leistungsempfangs als Einnahme zu buchen, gleichzeitig aber ist der Wertabfluß buchmäßig auszuweisen, so daß sich im Endergebnis keine einkommensteuerliche Auswirkung ergibt.   486

Fließen dem Betrieb **aus privatem Anlaß fremde Dienstleistungen** zu, so entfällt eine Einnahmebuchung (s. Rdn. 586 ff.). Andererseits ist die Bezahlung der empfangenen Leistung Betriebsausgabe.   487

Sofern dem Steuerpflichtigen **fremde Dienstleistungen** betrieblicher Natur **privat zufließen**, so ist der Wert des Leistungsempfangs (§ 8 EStG) als Einnahme zu behandeln.   488

Beruht der **private Zufluß auf nichtbetrieblichen Gründen**, so unterbleibt jede Buchung.   489

bb) Sachwerte fließen in die private Sphäre

Werden die erlangten Sachwerte beim Betriebsinhaber unmittelbar Privatvermögen, führt die Betriebseinnahme in Höhe des gemeinen Werts der Sachgüter im Zeitpunkt des Erwerbs auch zu einer entsprechenden Erhöhung des Gewinns (BFH-U. v. 17. 4. 86, BStBl II S. 607).   490

q) Schenkungen

Auch unentgeltliche Zuwendungen stellen beim Empfänger Betriebseinnahmen dar (z. B. Werbegeschenke von Geschäftsfreunden), es sei denn, daß die unentgeltliche Zuwendung nicht mit Rücksicht auf die gewerbliche Tätigkeit des Empfängers erfolgt (BFH-U. v. 21. 11. 63, BStBl 64 III S. 183, betr. Schenkung eines Pkw aus Anlaß des 70. Geburtstages; v. 13. 12. 73, BStBl 74 II S. 210, betr. Sachgeschenk einer Brauerei an einen Gastwirt; v. 9. 5. 85, BStBl II S. 427; vgl. § 7 Abs. 2 EStDV). Bzgl. unentgeltlichen Erhalts von **Vorteilen, die dem Betrieb zugute kommen** (z. B. Erhalt eines zinslosen Darlehns) ist es gerechtfertigt, diese Zuwendung nicht als Betriebseinnahme zu erfassen (BFH-U. v. 14. 7. 61, BStBl III S. 405).   491

Sofern der Überschußrechner seinerseits **betrieblichen Zwecken dienende Ausgaben** macht (z. B. Werbegeschenke, Jubiläumsausgaben usw.), so sind diese Betriebsausgaben. Es ist hier jedoch zu beachten, daß sich bereits der   492 bezahlte Einkauf als Ausgabe ausgewirkt hat. Werden beispielsweise betriebliche Waren verschenkt, so unterbleibt jede Buchung.

493 Werden **abnutzbare Anlagegegenstände aus betrieblichen Gründen verschenkt,** so können Aufwendungen hierfür, die noch nicht im Wege der AfA berücksichtigt werden konnten, als Betriebsausgabe abgesetzt werden. Werden betriebliche Werte **aus privaten Gründen verschenkt,** so liegen Entnahmen vor.

Beispiel:

Der Vater schenkt einen Geschäftswagen seines Betriebes seinem Sohn zur Verwendung in dessen selbständigem Unternehmen. Hier hat steuerlich gesehen der Vater den Wagen mit dem **Teilwert** seinem Betrieb **entnommen,** ihn in privater Handlung seinem Sohn geschenkt und dieser ihn dann mit dem **Teilwert** in sein eigenes Unternehmen **eingelegt.** Ein dem Stpfl. geschenktes WG ist nach dem BFH-U. v. 14. 7. 93 (BStBl 94 II S. 15) auch dann mit dem Teilwert in das Betriebsvermögen einzulegen, wenn der Schenker das zugeführte WG innerhalb der letzten drei Jahre vor dem Zeitpunkt der Zuführung angeschafft, hergestellt oder entnommen hat. Das gleiche gilt z. B., wenn der Vater seinem Sohn eine Geschäftsschuld schenkweise erläßt (RFH-U. v. 8. 1. 36, RStBl S. 416; s. a. BFH-U. v. 12. 3. 70, BStBl II S. 518).

494 *Zusammenfassung (Schenkungen)*

Der Gesetz- bzw. Verordnungsgeber unterscheidet aufgrund der Sondervorschrift des § 7 Abs. 2 EStDV zwischen einer aus betrieblichen und einer aus privaten Gründen veranlaßten Schenkung.

a) Schenkung an den Steuerpflichtigen

• abnutzbares Wirtschaftsgut des Anlagevermögens

Bei betrieblicher Veranlassung Betriebseinnahme gemäß § 7 Abs. 2 EStDV. Höhe: Gemeiner Wert, zugleich Bemessungsgrundlage für die AfA (§ 7 Abs. 3 EStDV).

Bei privater Veranlassung Einlage des Wirtschaftsgutes.

• geringwertiges Wirtschaftsgut

Bei betrieblicher Veranlassung (aus der Sicht des Stpfl.) Betriebseinnahme gemäß § 7 Abs. 2 EStDV. M. E. ist § 6 Abs. 2 EStG auf die fiktiven Anschaffungskosten des § 7 Abs. 2 EStDV anwendbar.

Bei privater Veranlassung Einlage des Wirtschaftsgutes.

• nicht abnutzbares Wirtschaftsgut des Anlagevermögens

Bei betrieblicher Veranlassung Betriebseinnahme gemäß § 7 Abs. 2 EStDV im Zeitpunkt der Zuwendung. Zum Ausgleich Aufnahme der fiktiven Anschaffungskosten in das Verzeichnis nach § 4 Abs. 3 Satz 5 EStG, um eine nochmalige Gewinnauswirkung bei Veräußerung/Entnahme zu vermeiden.

Bei privater Veranlassung Einlage des Wirtschaftsgutes.

- Umlaufvermögen

  Bei betrieblicher Veranlassung keine Gewinnerhöhung bei Zuwendung (§ 7 Abs. 2 EStDV ist durch den entfallenden Betriebsausgaben-Abzug Genüge getan); Betriebseinnahme bei Veräußerung/Entnahme.

  Bei privater Veranlassung Einlage des Wirtschaftsgutes.

- Geld

  Bei betrieblicher Veranlassung Betriebseinnahme. Bei privater Veranlassung keine Aufzeichnung.

b) Schenkung durch den Steuerpflichtigen

- abnutzbares Wirtschaftsgut des Anlagevermögens

  Bei betrieblicher Veranlassung Betriebsausgabe in Höhe des Restbuchwerts.

  Bei privater Veranlassung Entnahme des Wirtschaftsgutes.

- geringwertiges Wirtschaftsgut

  Bei betrieblicher Veranlassung keine Aufzeichnung, soweit die Anschaffungskosten schon Betriebsausgaben waren. Sonst wie abnutzbares Anlagevermögen.

  Bei privater Veranlassung Entnahme des Wirtschaftsgutes.

- nicht abnutzbares Wirtschaftsgut des Anlagevermögens

  Bei betrieblicher Veranlassung Betriebsausgabe in Höhe des aufgezeichneten Buchwertes (soweit die Anschaffungskosten/Herstellungskosten noch nicht als Betriebsausgaben abgesetzt waren, sonst keine Gewinnauswirkung).

  Bei privater Veranlassung Entnahme des Wirtschaftsgutes.

- Umlaufvermögen

  Bei betrieblicher Veranlassung keine Auswirkung, da bereits Betriebsausgaben abgesetzt waren.

  Bei privater Veranlassung Entnahme des Wirtschaftsgutes.

- Geld

  Bei betrieblicher Veranlassung Betriebsausgabe. Bei privater Veranlassung keine Aufzeichnung.

r) Steuerfreie Einkünfte

Der Grundsatz, daß alle Einnahmen steuerpflichtig sind, die unter eine der   495
sieben Einkunftsarten fallen, gilt nicht ausnahmslos. Bestimmte Einnahmen, die an sich zu steuerpflichtigen gehören, sind ausdrücklich befreit (z. B. nach §§ 3, 3a EStG). **Steuerfreie Einnahmen** werden – auch bei Einlage – **nicht gebucht.** Soweit **Ausgaben** mit steuerfreien Einnahmen in unmittelbarem

wirtschaftlichen Zusammenhang stehen, dürfen sie **nicht** als **Betriebsausgaben** abgezogen werden (§ 3 c EStG).

s) Übertragung stiller Reserven

496 Eine Übertragung stiller Reserven ist sowohl nach R 35 EStR (Rücklage für Ersatzbeschaffung; diese Wahlmöglichkeit ist nicht gesetzlich geregelt) als auch nach dem § 6 c EStG möglich. In beiden Fällen werden unterschiedliche Voraussetzungen verlangt.

497 Bei der **Rücklage für Ersatzbeschaffung** ist ein **zwangsweises Ausscheiden** eines Wirtschaftsguts **notwendig;** die Rücklage ist aber **für sämtliche Wirtschaftsgüter möglich** (auch Anlagegüter mit weniger als 25jähriger Nutzungsdauer und Umlaufvermögen).

498 Die **Übertragung stiller Reserven nach § 6 c EStG** ist **ohne Rücksicht auf den Grund der Veräußerung möglich;** dagegen gibt es hier sowohl hinsichtlich der veräußerten Wirtschaftsgüter als auch hinsichtlich der neu angeschafften oder hergestellten Wirtschaftsgüter **sachliche Beschränkungen.** Außerdem ist der **Zeitraum,** in dem die stillen Reserven übertragen werden müssen, **bei beiden Vorschriften verschieden.**

aa) Rücklage für Ersatzbeschaffung

499 Stille Reserven entstehen bei abnutzbaren Wirtschaftsgütern dann, wenn die buchmäßige AfA größer war als es der tatsächlichen Abnutzung entspricht. Sie werden aufgelöst, wenn das Wirtschaftsgut veräußert oder aus dem Betriebsvermögen mit seinem Teilwert entnommen wird. Es entsteht dann ein steuerpflichtiger Gewinn. Von diesen Grundsätzen ausgehend hat die Rechtsprechung (vgl. BFH-U. v. 14. 11. 90, BStBl 91 II S. 222) dann ausnahmsweise die Realisierung eines steuerpflichtigen Gewinns verneint, wenn das Wirtschaftsgut im Laufe eines Wirtschaftsjahres **infolge höherer Gewalt** (z. B. Brand, Diebstahl) **oder infolge oder zur Vermeidung eines behördlichen Eingriffs** (z. B. drohende Enteignung, Inanspruchnahme für Verteidigungszwecke) gegen Entschädigung aus dem Betriebsvermögen **ausscheidet und** durch ein Ersatzwirtschaftsgut **ersetzt wird,** das wirtschaftlich dieselbe oder eine entsprechende Aufgabe erfüllt wie das ausgeschiedene Wirtschaftsgut.

500 Scheidet bei Land- und Forstwirten, Gewerbetreibenden und selbständig Tätigen, die den Gewinn nach § 4 Abs. 3 EStG ermitteln, ein Wirtschaftsgut aus den genannten Gründen aus dem Betriebsvermögen aus, so ist grundsätz-

lich die volle **Entschädigungsleistung** Betriebseinnahme und der Buchwert des ausgeschiedenen Wirtschaftsgutes Betriebsausgabe. Der den Buchwert übersteigende Entschädigungsbetrag kann (u. U. nur anteilig) als Betriebsausgabe von den Anschaffungs- bzw. Herstellungskosten des Ersatzwirtschaftsguts abgezogen werden. Fließt die Entschädigung erst in einem späteren Jahr zu, so kann der Betriebsausgabenabzug für den Buchwert des ausgeschiedenen Wirtschaftsguts aus **Billigkeitsgründen** dem Jahr der Entschädigungsleistung zugeordnet werden. Wird der Schaden nicht im Jahr der Entschädigungsleistung beseitigt, ist es gestattet, sowohl den Schaden als auch die Entschädigung erst im Jahr der Schadensbeseitigung zu berücksichtigen (vgl. R 35 Abs. 8 EStR). Auf diese Weise wird der Überschußrechner in gewisser Weise dem Stpfl. **gleichgestellt,** der seinen Gewinn durch Betriebsvermögensvergleich ermittelt und gewohnheitsrechtlich (so BFH-U. v. 3. 10. 85 – IV R 16/83, n. v.) eine sog. Rücklage für Ersatzbeschaffung bilden kann.

501 Voraussetzung ist jedoch in jedem Falle, daß die **Anschaffung oder Herstellung** am Schluß des Wj, in dem der Schadensfall eingetreten ist, **ernstlich geplant und zu erwarten** ist und das Ersatzgut i. d. R. bei beweglichen Gegenständen bis zum Schluß des folgenden bzw. bei Grundstücken bis zum Schluß des übernächsten Wj angeschafft oder hergestellt oder bestellt ist.

502 **Zweifelhaft** ist der Fall einer Rücklage für Ersatzbeschaffung und damit auch die Anwendung des R 35 Abs. 8 EStR bei Gewinnermittlung nach § 4 Abs. 3 EStG, wenn eine Entschädigung dafür gezahlt wird, daß sich die **Baukosten** für ein auf dem bisherigen Grundstück geplantes Bauvorhaben wegen der Dauer des Umlegungsverfahrens erheblich **erhöht** haben (vgl. BFH-U. v. 17. 10. 61, BStBl III S. 566 sowie Grieger, BB 61 S. 1265).

bb) Übertragung stiller Reserven nach § 6c EStG

503 Durch § 6c EStG wird denjenigen Stpfl., die ihren Gewinn nach der Einnahme-Überschußrechnung gemäß § 4 Abs. 3 EStG ermitteln, die Möglichkeit eröffnet, die bei der Veräußerung bestimmter Wirtschaftsgüter aufgedeckten stillen Reserven entsprechend der Regelung in § 6b EStG zu behandeln, wenn das **veräußerte Anlagegut zum Kreis der begünstigten Wirtschaftsgüter gehört und das Investitionsgut im Katalog** des § 6b Abs. 1 Satz 2 EStG **aufgeführt** ist. Im Urteil v. 12. 11. 92 (BStBl 93 II S. 366) führt der BFH aus, daß die Steuervergünstigung nach § 6c EStG auch dann in Anspruch genommen werden kann, wenn das Finanzamt für die Gewinnermittlung die vom Stpfl. erstellte Überschußrechnung übernimmt, der Stpfl. jedoch zur Gewinnermittlung durch Betriebsvermögensvergleich verpflichtet war.

504　Übersicht über die Übertragungsmöglichkeiten nach § 6c EStG ab dem 1. 1. 90:

Übertragung von/auf	Grund und Boden	Aufwuchs Anlagen im Grund und Boden	Gebäude	abnutzbares bewegliches Anlagevermögen
Grund und Boden	100 v. H.	100 v. H.	100 v. H.	100 v. H.
Aufwuchs Anlagen im Grund und Boden	–	100 v. H.	100 v. H.	100 v. H.
Gebäude	–	–	100 v. H.	100 v. H.

505　**Der Kreis der nach § 6c EStG bei der Veräußerung begünstigten Wirtschaftsgüter ist kleiner als der bei § 6b EStG.** Begünstigt sind nur Gewinne aus der Veräußerung von Grund und Boden, aus der Veräußerung von Gebäuden und aus der Veräußerung von Aufwuchs auf oder Anlagen im Grund und Boden, die mit dem dazugehörigen Grund und Boden veräußert werden, wenn der Aufwuchs oder die Anlagen zu einem land- oder forstwirtschaftlichen Betriebsvermögen gehören.

506　Auch im Rahmen des § 6c EStG sind jedoch die Veräußerungsvorgänge nur begünstigt, wenn das veräußerte Wirtschaftsgut **Anlagevermögen** war (§ 6b Abs. 4 Nr. 3 EStG).

507　**Der Kreis der Wirtschaftsgüter, auf die der Stpfl. stille Reserven übertragen kann, ist gegenüber § 6b EStG der gleiche.** Das Reinvestitions-Wirtschaftsgut muß allerdings dem **notwendigen Betriebsvermögen** angehören, da nichtbuchführende Stpfl. kein gewillkürtes Betriebsvermögen bilden können (BFH-U. v. 23. 5. 91, BStBl II S. 798).

508　In entsprechender Anwendung des § 6b Abs. 2 EStG ist bei der Veräußerung eines nach § 6c EStG begünstigten Wirtschaftsguts ohne Rücksicht auf den Zeitpunkt des Zufließens des Veräußerungspreises im Veräußerungszeitpunkt als Gewinn der Betrag begünstigt, um den der Veräußerungspreis nach Abzug der Veräußerungskosten die Aufwendungen für das veräußerte Wirtschaftsgut übersteigt, die bis zu seiner Veräußerung noch nicht als Betriebsausgabe abgesetzt worden sind. Das bedeutet, daß der **Veräußerungspreis** im Zeitpunkt des Übergangs des (wirtschaftlichen) Eigentums auf den Erwerber in voller Höhe als Betriebseinnahme zu behandeln ist, während die **Veräußerungskosten und** der **fiktive Buchwert** des veräußerten Wirtschaftsguts im gleichen Zeitpunkt als Betriebsausgabe abzusetzen sind. Der früher tatsächlich zugeflossene oder später tatsächlich zufließende Veräußerungserlös wird dagegen nicht als Betriebseinnahme angesetzt. Ein nach § 6c EStG i. V. m. § 6b Abs. 1 Satz 1 EStG im Wj der Veräußerung **vorgenommener Abzug** von den Anschaffungs- oder Herstellungskosten begünstigter Investitionen ist als Betriebsausgabe zu behandeln.

Sofern der Stpfl. im Jahr der Veräußerung eines begünstigten Wirtschaftsguts **keinen Abzug** in Höhe des Veräußerungsgewinns von den Anschaffungs- oder Herstellungskosten **vorgenommen** hat, weil er im Veräußerungsjahr und auch im vorangegangenen Wj keine Reinvestitionsgüter angeschafft hat, kann er, da er nicht bilanziert und daher auch keine Rücklage bilden kann, im Jahr der Veräußerung eine fiktive Betriebsausgabe in Höhe des Betrags absetzen, um den der begünstigte Gewinn den im Veräußerungsjahr vorgenommenen Abzug übersteigt. **509**

Bzgl. der nachträglichen Bildung einer Rücklage nach §§ 6b, 6c EStG vgl. BFH-U. v. 22. 9. 94 IV R 61/93.

Diese Betriebsausgabe ist innerhalb der folgenden vier Wirtschaftsjahre (bei neu hergestellten Gebäuden innerhalb der folgenden sechs Jahre, wenn mit ihrer Herstellung vor dem Schluß des vierten Jahres begonnen worden ist) durch fiktive Betriebseinnahmen in Höhe der Beträge auszugleichen, die nach § 6c i. V. m. § 6b Abs. 3 EStG von den Anschaffungs- oder Herstellungskosten begünstigter Neuanschaffungen abgezogen und als Betriebsausgaben behandelt werden. Anstelle der Auflösung der Rücklage bei buchführenden Stpfl. sind also hier die entsprechenden Beträge in den vier (bzw. den sechs) folgenden Wj als Betriebseinnahmen zu behandeln (§ 6c Abs. 1 Nr. 2 EStG). In Höhe des am Ende der Übertragungsfrist verbleibenden Betrags ist eine Betriebseinnahme anzusetzen, die in vollem Umfang den Betriebsgewinn erhöht. **510**

Hat ein Stpfl. von den Anschaffungs- oder Herstellungskosten begünstigter Reinvestitionen **einen Abzug** nach § 6c EStG i. V. m. § 6b Abs. 1 Satz 1 oder Abs. 3 EStG **vorgenommen,** so kann er entsprechend § 6b Abs. 6 EStG insoweit keine AfA oder Sonderabschreibungen mehr vornehmen. **511**

Abschn. 41 d Abs. 3 EStR 1987, der für Land- und Forstwirte bei Gewinnermittlung nach Durchschnittssätzen die Erfassung des nach § 6 c EStG begünstigten Veräußerungsgewinns erst mit Ablauf des vierten auf das Wj der Veräußerung folgenden Wj gestattet, ist auf Gewinnermittler nach § 4 Abs. 3 EStG nicht anwendbar (FG München v. 18. 1. 94, EFG S. 827). Hat das Finanzamt unter Zubilligung von § 6 c EStG auf die Besteuerung eines Veräußerungsgewinns verzichtet, erweist sich dies aber als rechtsirrig und verzichtet das Finanzamt deswegen in den Folgebescheiden auf Gewinnerhöhungen aus der Auflösung der Rücklage oder verringerten Absetzungen, kann der ursprüngliche Steuerbescheid nach § 174 Abs. 3 AO geändert werden (BFH-U. v. 27. 5. 93, BStBl 94 II S. 76).

t) Verdeckte Gewinnausschüttungen

512 § 20 EStG gilt **subsidiär** im Verhältnis zu den betrieblichen Einkünften und den Einkünften aus Vermietung und Verpachtung (§ 20 Abs. 3 EStG). Der Vorrang der betrieblichen Einkünfte gilt insbes. auch für Beteiligungserträge.

Wenn die Beteiligung bei der Gewinnermittlung nach § 4 Abs. 3 EStG zum notwendigen Betriebsvermögen oder nach § 4 Abs. 1 Sätze 3 und 4 EStG zum gewillkürten Betriebsvermögen gehört, ist die verdeckte Gewinnausschüttung zu den Betriebseinnahmen zu rechnen.

Bei einer zum Betriebsvermögen gehörenden Beteiligung an einer Kapitalgesellschaft ist der Körperschaftsteuer-Anrechnungsanspruch Betriebseinnahme (vgl. § 20 Abs. 1 Nr. 1 und 2, Abs. 3 EStG); wegen der Einzelheiten vgl. FG München v. 17. 9. 84 (EFG 85 S. 128).

u) Vorschüsse, Teil- und Abschlagszahlungen

513 **Vorschüsse, Teil- und Abschlagszahlungen** sind Betriebseinnahmen (Betriebsausgaben) im Zeitpunkt des Zufließens (der Zahlung), soweit es sich dabei nicht um Gelder handelt, die der Stpfl. in fremdem Namen und für fremde Rechnung vereinnahmt und verausgabt hat (durchlaufende Posten, BFH-U. v. 21. 7. 87, BFH/NV 88 S. 224; R 16 Abs. 2 EStR). Ermittelt ein **Handelsvertreter** den Gewinn durch Überschußrechnung, so muß er die erhaltenen **Provisionsvorschüsse** gem. § 11 Abs. 1 Satz 1 EStG im Jahr des Zuflusses als Einnahmen ansetzen. Bei der Versteuerung nach § 4 Abs. 3 EStG kann somit **bei schwebenden Geschäften die Gewinnrealisierung nicht** bis zur vollen oder teilweisen Erfüllung der Geschäfte **hinausgeschoben** werden (BFH-U.

v. 2. 9. 54, BStBl III S. 314; v. 29. 3. 61, BStBl III S. 500). Der Stpfl. mit Einnahme-Überschußrechnung kann sich nicht auf die Grundsätze ordnungsmäßiger Buchführung berufen, also auch nicht auf den Grundsatz, daß einkommensteuerlich nur verwirklichte Gewinne zu versteuern sind und bei Vorschüssen der Gewinn noch nicht verwirklicht sei (BFH-U. v. 2. 9. 54, a. a. O.). Dies gilt insbesondere auch für die **Vorschüsse an Rechtsanwälte**, die sie bei der Übernahme eines Mandats vereinnahmen. Vorschüsse, die ein Rechtsanwalt und Notar von seinem Mandanten einfordert, unterliegen im Zeitpunkt des Zuflusses der Einkommensteuer (§ 11 Abs. 1 Satz 1 EStG). Etwas anderes ergibt sich auch nicht aus § 17 BRAGO (Niedersächsisches FG v. 25. 4. 95 – VIII (II) 592/90). Provisionsvorschüsse sind auch dann zugeflossen, wenn im Zeitpunkt der Veranlagung feststeht, daß sie teilweise zurückzuzahlen sind. **Das „Behaltendürfen" ist nicht Merkmal des Zuflusses** i. S. des § 11 Abs. 1 EStG (Bestätigung der bisherigen Rechtsprechung; BFH-U. v. 13. 10. 89, BStBl 90 II S. 287). Soweit Vorschüsse später wieder erstattet werden, stellt dies eine Betriebsausgabe im Jahr der Erstattung dar. Die tatsächlichen Betriebseinnahmen und Betriebsausgaben im Veranlagungsjahr sind auch dann maßgebend, wenn Betriebseinnahmen zurückzuzahlen sind und sich die Rückzahlung mangels entsprechend hoher Betriebseinnahmen nicht voll auswirkt (BFH-U. v. 27. 5. 64, HFR S. 452; vgl. a. BFH-U. v. 30. 1. 75, BStBl II S. 776). Eine andere Beurteilung könnte nur in Betracht kommen, wenn die Beträge keine Vorschüsse, sondern Darlehen gewesen wären (BFH-U. v. 29. 4. 82, BStBl II S. 593). Vgl. a. bzgl. Rückgewähr auf Grund Minderung BFH-U. v. 29. 6. 82 (BStBl II S. 755), eine Verrechnung ist nicht möglich.

Beispiel:

Hat ein Rechtsanwalt im Jahr 1993 auf sein Honorar einen Vorschuß erhalten und mußte er im Jahr 1994 einen Teilbetrag zurückzahlen, so kommt man, wenn der Rechtsanwalt seinen Gewinn im Wege der Überschußrechnung nach § 4 Abs. 3 EStG ermittelt, zu dem Ergebnis, daß auch hier – in entsprechender Anwendung des § 11 EStG – entscheidend ist, daß der Rechtsanwalt mit der Vereinnahmung des Vorschusses die wirtschaftliche Verfügungsmacht erlangt hat, wofür es unerheblich ist, daß vielleicht ein Teil des Vorschusses zurückgezahlt werden muß (s. Herrmann/Heuer/Raupach, § 4 Anm. 90). Erst die Rückzahlung führt zum Verlust der wirtschaftlichen Verfügungsmacht und zur Berücksichtigung als Betriebsausgabe. Es bleibt also die ESt-Veranlagung für das Jahr 1993 unverändert, § 175 Abs. 1 Satz 1 Nr. 2 AO greift nicht ein. Daß es sich um einen Vorschuß handelt, macht diesen übrigens nicht etwa zu einem durchlaufenden Posten i. S. des § 4 Abs. 3 Satz 2 EStG; denn als Vorschuß auf das Honorar ist dieser Vorschuß nicht zur Weiterleitung bestimmt.

Gerichtskostenvorschüsse werden aus Gründen der Vereinfachung über den Rechtsanwalt an die Gerichtskasse gezahlt, weil der Mandant, der in vielen 514

Fällen selbst nicht vor Gericht zu erscheinen braucht, seine im Rahmen des Prozesses anfallenden Zahlungen und Zahlungsempfänge nur über eine Stelle, nämlich über die Person des ihn vertretenden Rechtsanwalts, leiten will. Die Gerichtskostenvorschüsse erhält der Rechtsanwalt in fremdem Namen; er gibt sie auch in fremdem Namen an die Gerichtskasse weiter. Sie sind als Fremdgelder **durchlaufende Posten.**

515 Mit dem Erwerb des Gerichtskostenguthabens (Erwerb von Freistempel) wird eine Forderung gegen die Gerichtskasse begründet, die sukzessive mit Verwendung des **Freistemplers** getilgt wird. Der Erwerb des Guthabens stellt damit noch keinen im Rahmen der Gewinnermittlung nach § 4 Abs. 3 EStG zu berücksichtigenden Vorgang dar.

Wird der Freistempler für von Mandanten geschuldete Gerichtskosten verwendet, so erfolgt seine Verwendung insoweit in deren Namen und für deren Rechnung, so daß es sich um **durchlaufende Posten** i. S. des § 4 Abs. 3 Satz 2 EStG handelt, die weder bei der Freistempelung noch bei der Erstattung durch den Mandanten im Rahmen der Gewinnermittlung zu berücksichtigen sind (vgl. a. BFH-U. v. 18. 12. 75, BStBl 76 II S. 370).

v) Zinsen

516 Zu den Einkünften aus Kapitalvermögen gehören die Kapitalerträge aus der Veräußerung oder Abtretung von abgezinsten oder aufgezinsten Schuldverschreibungen, Schuldbuchforderungen und ähnlichen Kapitalforderungen, soweit die Kapitalerträge rechnerisch auf die Zeit der Innehabung dieser Wertpapiere oder Forderungen entfallen. Von Bedeutung ist dies insbes. für **Zerobonds** (vgl. BFH-U. v. 8. 10. 91, BStBl 92 II S. 174), **Schatzbriefe, Finanzierungsschätze** und **Sparbriefe,** bei denen der Kapitalertrag im Unterschiedsbetrag zwischen Ausgabe- und Rückgabekurs besteht und der Ertrag im Rückzahlungszeitpunkt zufließt. Nach § 20 Abs. 2 Nr. 4 EStG ist im Veräußerungsfalle dem Veräußerer der seiner Besitzzeit entsprechende Anteil am Gesamtertrag zuzurechnen. Zur Berechnung bei Zerobonds s. BMF v. 24. 1. 85 (BStBl I S. 77) und v. 5. 3. 87 (DB S. 765). Hält der Überschußrechner die Papiere in seinem Betriebsvermögen, ist der auflaufende Zinsanteil erst bei Rückzahlung bzw. bei Veräußerung zu erfassen (so Hoberg/Kühnel, DB 83 S. 962).

Guthabenzinsen, die durch betrieblich veranlaßte Einzahlungen entstehen, sind als Betriebseinnahmen und nicht als Einnahmen aus Kapitalvermögen anzusetzen, wenn der Gewinn nach § 4 Abs. 3 EStG ermittelt wird (FG Münster v. 15. 9. 87 XII — 7800/86 E).

w) Zuschüsse

Unter der Bezeichnung „**Zuschuß**" verbirgt sich eine Vielzahl verschiedener 517
Erscheinungen (Zuwendungen, Zulagen, Prämien, Beihilfen, Subventionen
usw.), denen jedoch allen gemeinsam ist, daß der Zuschußgeber dem Nehmer
aus einem bestimmten Anlaß und zur Förderung eines bestimmten Zwecks
(**Zweckbindung**) einen Vermögensvorteil zuwendet (BFH-U. v. 29. 4. 82,
BStBl II S. 591, m. w. N.).

Jeder einzelne Zuschuß muß nach den **besonderen Verhältnissen**, die seiner
Gewährung zugrunde liegen, beurteilt werden (Schmidt, § 5 Anm. 270 und
550).

Zuschüsse sind **keine durchlaufenden Posten** i. S. des § 4 Abs. 3 Satz 2 EStG; 518
sie werden weder im Namen noch für Rechnung eines anderen vereinnahmt
und verausgabt (Nieland, DStZ 86 S. 216). Nach der Rechtsprechung des BFH
dürfen Zuschüsse allerdings *wie* durchlaufende Posten behandelt werden
(BFH-U. v. 29. 4. 82, a. a. O.).

Von dritter Seite empfangene **nicht rückzahlbare** Zuwendungen erfüllen 519
grundsätzlich den Tatbestand von Betriebseinnahmen (BFH-U. v. 5. 4. 84,
BStBl II S. 552; vgl. ferner Anhang).

Problematisch ist bei der Überschußrechnung nach § 4 Abs. 3 EStG die **zeitli**- 520
che Erfassung von Zuschüssen zur Anschaffung oder Herstellung von Anlagegütern. Nach der Rechtsprechung (BFH-U. v. 29. 4. 82, a. a. O.), Verwaltung (R 34 Abs. 2 EStR) und herrschender Meinung in der Literatur (Herr-
mann/Heuer/Raupach, § 5 Anm. 1620; Littmann/Bitz/Hellwig, §§ 4, 5
Anm. 1615) hat der Stpfl. — unabhängig von der Gewinnermittlungsmethode
— ein **Wahlrecht**: Er kann die Zuschüsse als **Betriebseinnahmen** ansetzen
oder erfolgsneutral behandeln. (Der Ausdruck „erfolgsneutral" ist in diesem
Zusammenhang nicht ganz korrekt. Denn bei abschreibungsfähigen Wirtschaftsgütern wird der Zuschuß über die spätere geringere AfA und bei nicht
abnutzungsfähigen Wirtschaftsgütern durch einen höheren Ertrag beim Verkauf ertragsmäßig doch erfaßt.) Setzt er sie als Betriebseinnahmen an, so werden die Anschaffungs- oder Herstellungskosten der Anlagegüter durch die
Zuschüsse nicht berührt (**Bruttomethode**). Behandelt er die Zuschüsse
erfolgsneutral, so sind die Anschaffungs- oder Herstellungskosten um die
Zuschüsse zu mindern (**Nettomethode**). Das Wahlrecht bei Zuschüssen im
betrieblichen Bereich (R 34 Abs. 2 EStR) bestätigt das BFH-U. v. 22. 1. 92
(BStBl II S. 488): Das Wahlrecht, Investitionszuschüsse aus öffentlichen Mitteln nicht als Betriebseinnahmen zu erfassen, sondern von den Anschaffungs-

bzw. Herstellungskosten des bezuschußten Wirtschaftsguts abzusetzen (s. R 34 Abs. 2 EStR), ist Rechtens. Der Stpfl. muß die Zuschüsse nicht von den Anschaffungs- oder Herstellungskosten absetzen. Vgl. hierzu auch OFD Düsseldorf v. 13. 1. 93, DB S. 303.

Die unterschiedliche Behandlung läßt den Gesamtgewinn unberührt, bewirkt aber periodische Verschiebungen. Die **Bruttomethode** entspricht dem **Wesen der Überschußrechnung**; sie berücksichtigt § 11 EStG. Dagegen läßt sich die Nettomethode, die im Ergebnis den Zuschuß der Absetzbarkeit der Anschaffungs- oder Herstellungskosten entsprechend verteilt, nur mit Schwierigkeiten rechtfertigen (Kirchhof/Söhn, § 4 Anm. D 285).

521   Bei **Zuschüssen zum Bau von Tankstellen** hat der Empfänger die Wahl, ob er sie als durchlaufende Posten behandeln will; dann bucht er sie nicht als Einnahme und die Baukosten bucht er nur mit dem Betrag, der nach Abzug der Zuschüsse übrigbleibt (vgl. RdVfg. OFD Düsseldorf/Köln S 2209, DStZ E 56 S. 187; vgl. a. BFH-U. v. 16. 5. 57, BStBl III S. 342; R 34 Abs. 2 EStR).

522   **Brauereien gewähren** zum Aufbau und zur Erweiterung von Gaststätten häufig **verlorene Zuschüsse.** Bedingung ist die Verpflichtung des Gastwirts, für eine bestimmte Zeit die Erzeugnisse der Brauerei abzunehmen und zu verkaufen. Die Zuschüsse sind folgendermaßen zu behandeln: Da der Empfangnahme des Zuschusses die gleichzeitig übernommene Abnahmeverpflichtung gegenübersteht, stellt der Zuschuß echtes Entgelt für die Verpflichtung dar. Bei der Gewinnermittlung nach § 4 Abs. 3 EStG kann ein Zuschuß auf die Vertragsdauer verteilt werden. Die Finanzverwaltung sieht in der Zuschußhingabe eine Vorleistung der Brauerei auf die vertragliche Abnahmeverpflichtung i. S. der Gewährung eines unverzinslichen Darlehens. Das hat zur Folge, daß dem Gastwirt diese Vorleistung der Brauerei nicht im Jahr der Vereinnahmung des Zuschusses, sondern mit den jährlichen Teilbeträgen zufließt. Fehlen Vereinbarungen über die Gegenleistung, so kann sinngemäß nach R 34 EStR verfahren werden (vgl. Bp-Kartei Düsseldorf/Köln/Münster, Teil III „Gastwirtschaften" IV B 20).

523   Als Betriebseinnahmen sind alle Zugänge in Geld oder Geldeswert anzusehen, die durch den Betrieb veranlaßt sind. Hierzu zählen bei einem selbständigen **Versicherungsvertreter** auch **Beitragszuschüsse**, die der Geschäftsherr für eine vom Vertreter unterhaltene Versicherung leistet. Hierbei ist ohne Bedeutung, daß die Versicherungsverträge den Privatbereich des Vertreters betreffen; die private Verwendung hindert das Entstehen einer Betriebseinnahme nicht. Auch wenn an Stelle der Zuschüsse ein Rabatt auf die Versicherungs-

beiträge gewährt werden würde, läge ein durch den Betrieb veranlaßter geldwerter Vorteil und damit eine Betriebseinnahme vor. § 3 Nr. 62 EStG ist nicht anwendbar, da die Zuschüsse ihre Grundlage im Gewerbebetrieb des Vertreters (und nicht in einem Arbeitsverhältnis) haben (BFH-U. v. 27. 2. 91 — XI R 24/88).

Die Leistung des Versicherers aus einer **Betriebsunterbrechungsversicherung** ist beim Versicherungsnehmer auch dann eine Betriebseinnahme und kein durchlaufender Posten (Zuschuß), wenn sie der Abwendung eines Betriebsunterbrechungsschadens dient und zur Erreichung dieses Zweckes vom Versicherungsnehmer abredegemäß zur Errichtung eines Gebäudes verwendet wird (BFH-U. v. 18. 7. 68, BStBl II S. 737; v. 29. 4. 82, BStBl II S. 591). **524**

Für den Empfang **rückzahlbarer Zuschüsse** gilt folgendes: Laufend zu verrechnende oder zu einem Termin zurückzugewährende Zuschüsse sind entweder Entgeltvorauszahlungen des Zuschußgebers oder zinslose Darlehen. Erfolgt die Gewinnermittlung nach § 4 Abs. 3 EStG, so sind Zuschüsse, die als Darlehen zu werten sind, weder Betriebseinnahmen noch Betriebsausgaben; Zuschüsse, die nicht Darlehen sind, sind im Zeitpunkt des Zuflusses Betriebseinnahmen und bei evtl. Rückzahlung Betriebsausgaben. S. ferner Anhang (Rdn. 955 ff.). **525**

Ist die **Gewährung von Zuschüssen** betrieblich veranlaßt, sind die Aufwendungen Betriebsausgaben (Nieland, DStZ 86 S. 246); ggf. sind die Vorteile, die der Zuschußgeber aus der Zuschußgewährung erlangt, unter den Voraussetzungen des § 5 Abs. 2 EStG, der auch bei der Gewinnermittlung nach § 4 Abs. 3 EStG anzuwenden ist (BFH-U. v. 8. 11. 79, BStBl 80 II S. 146), als immaterielle Wirtschaftsgüter des Anlagevermögens zu aktivieren (Herrmann/Heuer/Raupach, § 5 Anm. 1605). Eine **Verteilung** der Aufwendungen durch Ansatz eines Rechnungsabgrenzungspostens kommt bei der Gewinnermittlung nach § 4 Abs. 3 EStG nicht in Betracht (Herrmann/Heuer/Raupach, § 5 Anm. 1268). **526**

Zur Umsatzsteuer vgl. Abschn. 150 UStR. **527**

(unbesetzt) **528–530**

4. Betriebsausgaben

Betriebsausgaben sind **Aufwendungen, die durch den Betrieb veranlaßt sind** (§ 4 Abs. 4 EStG). Präziser: Betriebsausgaben i. S. des § 4 Abs. 3 EStG sind dem Grundsatz nach alle erfolgswirksamen, durch den Betrieb veranlaßten **531**

Ausgaben in Geld oder Geldeswert, die im Zeitpunkt ihres Abflusses bei der Gewinnermittlung zu berücksichtigen sind. Sie sind eine **unmittelbare Besteuerungsgrundlage** bei Gewinnermittlung nach § 4 Abs. 3 EStG.

532   Es ist in der Rechtslehre strittig, wie der Begriff „**Aufwendungen**" zu verstehen ist. Eine allgemeine Begriffsbestimmung ist wegen fehlender Systematik der Gewinnermittlung nach § 4 Abs. 3 EStG kaum möglich (Schmidt, § 4 Anm. 47). **Die Praxis** entscheidet im Einzelfall nach dem Grundsatz, daß sich bei § 4 Abs. 3 EStG ebenso wie bei §§ 4 Abs. 1, 5 EStG alle betrieblich veranlaßten Geschäftsvorfälle im Gesamtergebnis gewinnmindernd und alle außerbetrieblich veranlaßten Geschäftsvorfälle gewinneutral auswirken müssen (Gleichheit der Gesamtgewinne). Dienen die Aufwendungen ausschließlich betrieblichen Zwecken, so sind sie stets und in vollem Umfang Betriebsausgaben, gleichgültig, wie hoch sie sind. Ohne Bedeutung ist ferner, ob der Stpfl. sie auf Grund einer rechtlichen Verpflichtung oder freiwillig gemacht hat. Letztlich ist es für die Abzugsfähigkeit völlig unerheblich, ob die vom Stpfl. getätigten Aufwendungen notwendig oder zweckmäßig sind (z. B. ein Unternehmer tätigt betriebswirtschaftlich unsinnige Reklameaufwendungen).

533   Betriebsausgaben liegen auch vor, wenn **frühere Betriebseinnahmen** in einem späteren Wirtschaftsjahr **zurückerstattet** werden, z. B. infolge der Anfechtung eines Rechtsgeschäfts.

534   Um **vorweggenommene Betriebsausgaben** handelt es sich, wenn Aufwendungen gemacht werden, die im Zeitpunkt ihrer Bewirkung erkennbar auf eine später tatsächlich begründete Einkunftsquelle (z. B. Betrieb) und deren Begründung gerichtet sind (BFH-U. v. 18. 7. 72, BStBl II S. 930; v. 15. 4. 92, BStBl II S. 819). Auch bei § 4 Abs. 3 EStG ist stets zu prüfen, ob eine Aufwendung zu „aktivieren" ist.

535   Auch nach Ergehen der Entscheidungen des GrS des BFH v. 19. 7. 93 (BStBl II S. 894 und S. 897) bleibt es dabei, daß nach wie vor bestimmte Vorgänge zu **nachträglichen** positiven oder negativen **Einkünften** aus Gewerbebetrieb (§ 24 Nr. 2 EStG) führen. Vgl. hierzu ausführlich Rdn. 356.

536   **Betriebsausgaben** sind u. a. Ausgaben für Waren, Rohstoffe, Hilfsstoffe, Gehälter, Löhne und Versicherungsbeiträge für die entlohnten Arbeitskräfte, Miete für Geschäftsräume, Zinsen für Betriebsschulden, Kosten für die Beschaffung eines Darlehens, Renten und dauernde Lasten, die wirtschaftlich mit der Gründung oder dem Erwerb des Betriebs oder eines Teilbetriebs

oder eines Anteils am Betrieb zusammenhängen, Miete und Pacht für Maschinen oder sonstige Einrichtungsgegenstände, Gewerbesteuer, Umsatzsteuer, Ausgaben für Heizung, Beleuchtung, Kraftwagen, Absetzung für Abnutzung der Geschäftseinrichtung, Maschinen, Kraftwagen, Anschaffungs- oder Herstellungskosten für geringwertige Anlagegüter nach § 6 Abs. 2 EStG, Umwandlung von Verbindlichkeiten aus Warenlieferungen und Leistungen in langfristige Darlehen (z. B. Hypothekenschulden), Aufwendungen für nicht abnutzbares Anlagevermögen (z. B. wesentliche Beteiligungen), der letzte Buchwert im Falle der Veräußerung beweglicher abnutzbarer Anlagegüter (BFH-U. v. 22. 9. 60, BStBl 61 III S. 499), Erstattung von Vorschüssen, Fahrten zwischen Wohnung und Arbeitsstätte sowie Aufwendungen für ehemalige Tätigkeit.

Dagegen sind **keine Betriebsausgaben:** Rückzahlung eines Darlehens, durchlaufende Posten, Krediteinkauf (BFH-U. v. 2. 2. 66, BStBl III S. 294).   537

Einzelnen Berufsgruppen ist die **Pauschalierung der Betriebsausgaben** in   538
Höhe eines bestimmten Vomhundertsatzes der Betriebseinnahmen (z. B. bei selbständig ausgeübter schriftstellerischer oder journalistischer Tätigkeit) gestattet worden. Hier stellt sich die Frage, ob als Bemessungsgrundlage die Betriebseinnahmen einschließlich oder ausschließlich einer dem Leistungsempfänger gesondert in Rechnung gestellten Umsatzsteuer anzusetzen sind. **Bei der Gewinnermittlung nach § 4 Abs. 3 EStG gehört auch die Umsatzsteuer,** die der Unternehmer seinen Abnehmern (Leistungsempfängern) in Rechnung stellt, **zu den Betriebseinnahmen.** Werden in einem solchen Falle die Betriebsausgaben in Höhe eines Vomhundertsatzes der Betriebseinnahmen pauschaliert, so gehört die Umsatzsteuer in voller Höhe zu der Bemessungsgrundlage für die Pauschalierung der Betriebsausgaben. Die von dem Unternehmer an das FA abzuführende **Umsatzsteuer** kann nicht gesondert als Betriebsausgabe ausgewiesen werden; sie ist als Betriebsausgabe vielmehr **durch** die **Betriebsausgabenpauschale abgegolten.** Daß sich bei diesem Verfahren die USt nur mit dem dem Pauschalierungssatz entsprechenden Bruchteil als Betriebsausgabe auswirkt, obgleich sie in voller Höhe an das FA abgeführt wird, liegt im Wesen der Pauschalierung begründet und stellt deshalb keine unbillige Härte dar. Wenn der Unternehmer diese Folgen vermeiden will, bleibt es ihm unbenommen, die Betriebsausgaben einzeln geltend zu machen.

Nach § 51 EStDV kann bei **forstwirtschaftlichen Betrieben,** die nicht zur   539
Buchführung verpflichtet sind und die den Gewinn nicht nach § 4 Abs. 1

EStG ermitteln, zur Abgeltung der Betriebsausgaben auf Antrag ein **Pausch-betrag von 65 v. H.** der Betriebseinnahmen (einschl. USt) aus der **Holz-nutzung** abgezogen werden. Der **Pauschsatz** beträgt **40 v. H.**, soweit das **Holz auf dem Stamm** verkauft wird. Durch Anwendung dieser Pauschsätze sind außer den in dem Wirtschaftsjahr der Holznutzung anfallenden Betriebsaus-gaben auch die Wiederaufforstungskosten abgegolten, und zwar unabhängig von dem Wirtschaftsjahr ihrer Entstehung. Bei der Ermittlung des Gewinns aus Waldverkäufen gilt diese Regelung nicht.

Abgrenzungsschwierigkeiten ergeben sich, wenn ein Stpfl. **von der Pauscha-lierung** der Betriebsausgaben zur Berücksichtigung der **tatsächlich angefalle-nen Betriebsausgaben wechselt.** Hinzu kommt, daß bei der Gewinnermitt-lung nach § 4 Abs. 3 EStG das Wj der Holznutzung und das Wj des Zuflusses der Betriebseinnahmen (Gewinnverwirklichung) auseinanderfallen können. Es ist sicherzustellen, daß Betriebsausgaben weder nicht noch doppelt berücksichtigt werden. So sind z. B. beim Übergang zur Gewinnermittlung nach § 4 Abs. 1 EStG später anfallende Wiederaufforstungskosten erfolgs-neutral zu behandeln.

540   **Gärtner,** die nicht aufgrund gesetzlicher Vorschriften verpflichtet sind, Bücher zu führen und regelmäßig Abschlüsse zu machen, und die auch keine Bücher führen und keine Abschlüsse machen, können als Gewinn den Über-schuß der Betriebseinnahmen über die Betriebsausgaben ansetzen. Werden nur die Betriebseinnahmen aufgezeichnet, so können die Betriebsausgaben nach Vomhundertsätzen angesetzt werden. Sie betragen lt. Vfg. der OFD Hamburg v. 5. 4. 57 — S 2140 — 1 — St 21 Abschn. V Ziff. 3 bei Freiland-betrieben 40 bis 50 % und bei Gewächshausbetrieben 50 bis 60 %. Der so ermit-telte Gewinn ist noch als nach § 4 Abs. 3 EStG ermittelt anzusehen.

541   § 34e EStG sieht in seiner durch das StÄndG 1992 geänderten Fassung vor, daß die Steuerermäßigung auch entfällt, wenn der Gewinn des im VZ begin-nenden Wj geschätzt wurde. Bei einer Gewinnermittlung nach § 4 Abs. 3 EStG können bestimmte Betriebsausgaben durch den Ansatz von Pauschbe-trägen (vor allem im **Weinbau;** vgl. Landw.-Kartei F.16 Karte 3) berücksichtigt werden. Der **Ansatz pauschalierter Betriebsausgaben** stellt für die betroffe-nen Landwirte eine Aufzeichnungserleichterung dar, die eine einfache, aber dennoch relativ zutreffende Gewinnermittlung ermöglicht. Werden Teile der Betriebsausgaben derart pauschaliert, so handelt es sich **nicht** um eine **Schät-zung** des Gewinns i. S. des § **34e EStG** (OFD Frankfurt a. M. v. 27. 5. 93 — S 2233 A — 16 — St II 21; FinMin Sachsen-Anhalt v. 11. 10. 93 – 42 – S 2293 b – 2).

Geht ein Stpfl. von der Gewinnermittlung nach § 5 EStG zur Gewinnermitt- 542
lung nach § 4 Abs. 3 EStG über, so sind im Rahmen der Einnahmen-Überschußrechnung grundsätzlich auch **Tilgungsleistungen für** solche **Verbindlichkeiten Betriebsausgaben,** die nach den handelsrechtlichen Grundsätzen
ordnungsmäßiger Buchführung schon im Vorjahr im Rahmen des Vermögensvergleichs nach § 5 EStG durch den Ansatz entsprechender Passivposten
gewinnmindernd zu berücksichtigen gewesen wären, aber nicht berücksichtigt worden sind.

Eine Ausnahme gilt für den Fall, daß der Stpfl. bei der Gewinnermittlung 543
nach § 5 EStG unter bewußter Außerachtlassung der Grundsätze ordnungsmäßiger Buchführung von dem Ansatz entsprechender Passivposten abgesehen hat, um auf diese Weise ungerechtfertigte steuerliche Vorteile zu erlangen
(BFH-U. v. 4. 8. 77, BStBl II S. 866).

(unbesetzt) 544

5. Betriebsausgaben im besonderen

a) Absetzungen für Abnutzung oder Substanzverringerung/
Teilwertabschreibung/Sonderabschreibungen

Nach dem Einigungsvertrag v. 31. 8. 90 (BStBl I S. 656, 670) gilt das EStG und 545
damit auch dessen § 7 ab 1. 1. 91 auch in den neuen Bundesländern. Für die
Gewinnermittlung nach § 4 Abs. 3 EStG ist in § 52 Abs. 1 Satz 1 und Abs. 2
Satz 1 DMBilG geregelt, daß als Anschaffungs- oder Herstellungskosten der
am 1. 7. 90 dem Stpfl. zuzurechnenden Wirtschaftsgüter die Werte gelten, die
sich in entsprechender Anwendung der Regelungen für den Unternehmensbereich ergeben (zur Rückübertragung von enteigneten Wirtschaftsgütern
nach dem VermG vgl. jetzt a. BMF v. 11. 1. 93 (BStBl I S. 18).

Wirtschaftsgüter des abnutzbaren Anlagevermögens werden bei der Über- 546
schußrechnung im wesentlichen genau so behandelt wie beim Betriebsvermögensvergleich. Nach § 4 Abs. 3 Satz 3 EStG sind die **Vorschriften über die
Absetzung für Abnutzung oder Substanzverringerung zu beachten,** so daß
sich die Anschaffungs- oder Herstellungskosten von abnutzbaren Anlagegütern nicht im Zeitpunkt der Verausgabung, sondern nur über die AfA oder
AfS als Betriebsausgaben auswirken. **Auf die Bezahlung** der Anschaffungs-
oder Herstellungskosten **kommt es** hierbei – abweichend vom Grundsatz der
Überschußrechnung – **nicht an,** da dieser Umstand für die Bemessung der
AfA oder AfS unbeachtlich ist (so auch Schmidt, § 4 Anm. 392; Offerhaus,

BB 77 S. 1493; Speich, DStR 72 S. 743; Schoor, FR 82 S. 505; Blümich, § 4 Anm. 33).

547 Als **Absetzungsverfahren** kommen in Betracht:

- die lineare AfA nach § 7 Abs. 1 Sätze 1 bis 3 EStG,

- die AfA nach Maßgabe der Leistung (§ 7 Abs. 1 Satz 4 EStG),

- die Absetzung für außergewöhnliche technische oder wirtschaftliche Abnutzung (§ 7 Abs. 1 Satz 5 und § 7 Abs. 4 Satz 3 EStG),

- die degressive AfA nach § 7 Abs. 2 EStG,

- die lineare AfA bei Gebäuden nach § 7 Abs. 4 Sätze 1 und 2 EStG,

- die degressive AfA bei Gebäuden nach § 7 Abs. 5 EStG und

- die AfS nach § 7 Abs. 6 EStG.

Darüber hinaus kann der Überschußrechner, soweit diese Möglichkeit, wie z. B. in § 7e Abs. 1 EStG, nicht ausdrücklich ausgeschlossen ist, auch **erhöhte Absetzungen und Sonderabschreibungen** in Anspruch nehmen; denn § 4 Abs. 3 Satz 3 EStG verweist nicht auf § 7 EStG, sondern auf die Vorschriften über die Absetzung für Abnutzung oder Substanzverringerung; darunter fallen auch erhöhte Absetzungen und Sonderabschreibungen (z. B. erhöhte Absetzungen für Wirtschaftsgüter, die dem Umweltschutz dienen — § 7d EStG —, Sonderabschreibungen für abnutzbare Wirtschaftsgüter des Anlagevermögens privater Krankenhäuser — § 7f EStG —, Sonderabschreibungen zur Förderung kleinerer und mittlerer Betriebe — § 7g EStG —, Sonderabschreibungen nach § 3 ZRFG). **§ 6 Abs. 3 EStG** steht der Inanspruchnahme erhöhter Absetzungen und Sonderabschreibungen durch den Überschußrechner nicht entgegen; nach seinem Sinn und Zweck bezieht sich § 6 Abs. 3 EStG nur auf Gewerbetreibende, die eine handelsrechtliche Jahresbilanz aufstellen.

548 Die **AfA beginnt** nicht erst im Zeitpunkt der Bezahlung des Kaufpreises, sondern bereits **zum Zeitpunkt der Anschaffung oder Herstellung** (§ 9a EStDV) **bzw. Einlage** (so a. Schmidt, § 4 Anm. 392; Vollnberg, NWB F. 17 S. 441; Mittelbach, DStZ/A 63 S. 15; Offerhaus, BB 77 S. 1493; Speich, DStR 72 S. 743; Schoor, FR 82 S. 505; Blümich, § 4 Anm. 33); vgl. ferner Littmann/Bitz/Hellwig, § 7 Anm. 130 mit weiteren Nachweisen sowie R 44 Abs. 1 Satz 1 EStR).

Der Zeitpunkt der Bezahlung des Wirtschaftsgutes findet auch bei einer 549
Überschußrechnung für den Beginn der Sonder-AfA keine Beachtung. –
Durch das StandOG ist § 7g EStG erweitert worden (Absätze 3 bis 6); neben
den bisherigen Sonderabschreibungen werden ab 1995 auch **Ansparabschreibungen** ermöglicht. Da bei der Überschußermittlung keine Rücklagen gebildet werden können, mußten an die Stelle der Rücklagenbildung eine entsprechende **Betriebsausgabe (Abzug)** und an die Stelle der Auflösung der Rücklage eine entsprechende **Betriebseinnahme (Zuschlag)** treten. Die Ansparabschreibung ist bis zu 50 v. H. der voraussichtlichen Anschaffungs- oder Herstellungskosten des begünstigten Wirtschaftsguts als Betriebsausgabe und die Auflösung als Betriebseinnahme zu erfassen (§ 7g Abs. 6 EStG). Auch bei der Überschußrechnung des § 4 Abs. 3 EStG ist der **Gewinnzuschlag** (6 v. H.) zu beachten, wenn kein begünstigtes Anlagegut innerhalb von zwei Jahren nach dem Jahr des Betriebsausgabenabzugs dem Betriebsvermögen zugeführt wird.

Ist das abnutzbare Anlagegut auch **privat mitbenutzt** worden (z. B. private 550
Verwendung eines Pkw unter 50 v. H. der Gesamtnutzung), braucht der als
Betriebsausgabe abziehbare Restbuchwert nicht in einen betrieblichen und in
einen privaten Anteil aufgeteilt werden; der gesamte Betrag rechnet zu den
Betriebsausgaben.

Nach dem BFH-U. v. 2. 4. 87 (BStBl II S. 762) ist eine **offenbare Unrichtigkeit** 551
anzunehmen, wenn anläßlich des Abgangs eines Anlagegegenstandes sein
Restbuchwert vom Steuerpflichtigen zwar im Anlageverzeichnis abgesetzt,
aber nicht als Betriebsausgabe in die Überschußrechnung nach § 4 Abs. 3
EStG übertragen wird.

Aufwendungen für Anlagegüter, die der Abnutzung unterliegen (z. B. Ein- 552
richtungsgegenstände, Maschinen, Firmenwert, Praxiswert der freien Berufe), **dürfen also nur im Wege der AfA (§ 7 EStG) auf die Nutzungsdauer des
Wirtschaftsguts verteilt werden**, sofern nicht die Voraussetzungen für ihre
Behandlung nach § 6 Abs. 2 EStG vorliegen (R 16 Abs. 3 EStR). Aufwendungen für ein abnutzbares Anlagegut, die bis zu seiner Veräußerung noch nicht
im Wege der AfA berücksichtigt werden konnten, können (im Jahr der Veräußerung ohne Rücksicht auf die Zahlung) als Betriebsausgabe abgesetzt werden (BFH-U. v. 22. 9. 60, BStBl 61 III S. 499; vgl. R 16 Abs. 3 EStR), und zwar
auch dann, wenn die AfA in den Vorjahren zu Unrecht unterlassen wurde, es
sei denn, daß diese Unterlassung willkürlich war und gegen Treu und Glauben
verstieß (BFH-U. v. 7. 10. 71, BStBl 72 II S. 271). Dabei ist es gleichgültig, ob

das Wirtschaftsgut durch Verkauf, Tausch, Totalschaden oder Entnahme ausscheidet.

553   Bei der Errechnung der **Bemessungsgrundlage für die AfA** ist § 9 b EStG zu beachten. Soweit demnach die dem Stpfl. in Rechnung gestellte Vorsteuer umsatzsteuerrechtlich abgezogen werden kann, rechnet sie auch bei der Überschußrechnung nicht zur AfA-Basis des abnutzbaren Wirtschaftsguts. Falls die Vorsteuer umsatzsteuerrechtlich nicht absetzbar ist, was bei Stpfl., die den Gewinn nach der Überschußrechnung feststellen, häufig vorkommt (z. B. Kleinunternehmer nach § 19 UStG), gehört sie nach § 9 b Abs. 1 EStG zur AfA-Bemessungsgrundlage des abnutzbaren Wirtschaftsguts.

554   Wird ein Betrieb, Teilbetrieb oder Mitunternehmeranteil **unentgeltlich übertragen,** so sind die Werte, die für den bisherigen Betriebsinhaber nach § 6 EStG maßgebend waren, auch weiterhin Bemessungsgrundlage für die Vornahme der AfA (§ 7 Abs. 1 EStDV). Wenn nur einzelne Wirtschaftsgüter unentgeltlich übertragen werden, so ist Bemessungsgrundlage der Betrag, den der Erwerber für das einzelne Wirtschaftsgut im Zeitpunkt des Erwerbs hätte aufwenden müssen (§ 7 Abs. 2 EStDV). Bei der Gewinnermittlung nach § 4 Abs. 3 EStG gelten die vorgenannten Grundsätze entsprechend (§ 7 Abs. 3 EStDV).

555   Bei den am Währungsstichtag vorhandenen Wirtschaftsgütern des Anlagevermögens sind nach den §§ 5 Abs. 3 und 74 Abs. 1 DM-Bilanzgesetz die Ansätze der DM-Eröffnungsbilanz als Anschaffungskosten oder Herstellungskosten anzusehen und somit Bemessungsgrundlage für die Berechnung der AfA. Bei der Gewinnermittlung nach § 4 Abs. 3 EStG sind bei **Wirtschaftsgütern, die bereits am Währungsstichtag zum Betriebsvermögen gehört haben,** für die Bemessung der AfA als Anschaffungs- oder Herstellungskosten zugrunde zu legen

- bei Gebäuden höchstens die Werte, die sich bei entsprechender Anwendung des § 16 Abs. 1 DMBilG und

- bei beweglichen Wirtschaftsgütern des Anlagevermögens die Werte, die sich bei entsprechender Anwendung des § 18 DMBG ergeben würden.

556   Werden **Wirtschaftsgüter der gehobenen Lebensführung** (z. B. Waschmaschine, Heimbügler, Kühlschrank) **sowohl privat als auch betrieblich** (beruflich) **genutzt,** so wirkt sich die **anteilige AfA** als **Betriebsausgabe** ohne Rücksicht auf die Zugehörigkeit zum Privatvermögen oder Betriebsvermögen aus,

wenn die betriebliche Nutzung nicht nur von untergeordneter Bedeutung ist und der betriebliche Nutzungsanteil sich leicht und einwandfrei an Hand von Unterlagen nach objektiven, nachprüfbaren Merkmalen – ggfs. im Wege der Schätzung (§ 162 AO) – von den nicht abzugsfähigen Kosten der Lebensführung trennen läßt (BFH-U. v. 13. 3. 64, BStBl III S. 455; v. 19. 10. 70, BStBl 71 II S. 17 und S. 21).

Die **Bewertungsfreiheit für geringwertige Anlagegüter** können auch Stpfl.,   557
die ihren Gewinn nach § 4 Abs. 3 EStG ermitteln, in Anspruch nehmen, wenn sie ein **Verzeichnis** nach § 6 Abs. 2 Satz 4 EStG führen. Vgl. R 40 Abs. 3 und 4 EStR.

Die **Anschaffungs- oder Herstellungskosten** eines geringwertigen Wirt-   558
schaftsguts i. S. des § 6 Abs. 2 EStG sind bei der Gewinnermittlung nach § 4 Abs. 3 EStG **nach vollendeter Anschaffung oder Herstellung (§ 9a EStDV) Betriebsausgaben.** Sollte also die Beschaffung des geringwertigen Wirtschaftsguts vor der Bezahlung erfolgen, dann ist auch bei der Überschußrechnung die Betriebsausgabe bereits nach der Anschaffung oder Herstellung gegeben und nicht erst bei der Zahlung (gl. A. Blümich, § 6 Anm. 1370; Herrmann/Heuer/Raupach, § 6 Anm. 1260; Schoor, FR 82 S. 505; a. A. Hartmann/Böttcher/Nissen/Bordewin, § 6 Anm. 183d). § 6 Abs. 2 EStG geht insoweit von den gleichen Grundregeln aus wie die §§ 7 ff. EStG. § 4 Abs. 3 Satz 3 EStG bestimmt auch den **Vorrang des § 6 Abs. 2 EStG vor § 11 EStG.**

Die Bewertungsfreiheit des § 6 Abs. 2 EStG kann nur in Anspruch genom-   559
men werden, wenn die **Anschaffungs- oder Herstellungskosten** des beweglichen Anlageguts **nicht mehr als 800 DM** betragen. Zur Überprüfung dieser Grenze ist die **Vorsteuer stets auszuklammern,** wobei es gleichgültig ist, ob der Stpfl. die Vorsteuern abziehen kann oder nicht (R 86 Abs. 5 EStR).

Beispiel:

- M kauft und erhält am 1. 12. 93 eine Schreibmaschine für 800 DM + 120 DM USt. Er bezahlt die 920 DM am 10. 2. 94.

  M hat in 1993 Betriebsausgaben in Höhe von 800 DM (§ 6 Abs. 2 EStG). Die USt ist bei ihm als Vorsteuer erst bei Zahlung am 10. 2. 94 Betriebsausgabe. Sie wird bei Abrechnung mit dem FA Betriebseinnahme.

- **Abwandlung:**

  Er bezahlt die 920 DM am 10. 2. 94 und ist zum Vorsteuerabzug nicht berechtigt.

  Jetzt betragen die Anschaffungskosten der Schreibmaschine 920 DM (§ 9b Abs. 1 EStG). M hat dann gem. § 6 Abs. 2 EStG am 1. 12. 93 eine Betriebsausgabe in Höhe von 920 DM. Auf die Bezahlung kommt es nicht an.

560 **Anzahlungen auf geringwertige Anlagegüter** sind bei der Gewinnermittlung nach § 4 Abs. 1 oder § 5 EStG zunächst erfolgsneutral zu behandeln. Die Absetzung nach § 6 Abs. 2 EStG ist erst im Jahr der Anschaffung (Lieferung) zulässig. Im Fall der Gewinnermittlung nach § 4 Abs. 3 EStG ist es **aus Vereinfachungsgründen** nicht zu beanstanden, wenn die **Bewertungsfreiheit schon auf die Anzahlungen** in Anspruch genommen wird (FMErl. v. 21. 8. 58 S 2134 – 4 – 47 434). Die Anzahlungen können also schon im Jahr der Verausgabung als Betriebsausgaben abgesetzt werden, wenn die gesamten Anschaffungskosten für das Wirtschaftsgut den Betrag von 800,– DM nicht übersteigen (OFD Hannover v. 17. 12. 56 – S 2134 –; OFD München/Nürnberg v. 21. 9. 61 Karte 1 zu § 6 Abs. 2 ESt-Kartei; OFD Frankfurt v. 26. 10. 79 – S 2180 A – 16 – St II 20; ESt-Kartei NW § 6 Abs. 2 A Nr. 13; Herrmann/ Heuer/Raupach, § 6 Anm. 1260: Diese Anweisungen sind bedenklich, da eine Rechtsgrundlage fehlt.).

561 Aufgrund der früheren Rechtsprechung des BFH (U. v. 13. 5. 59, BStBl III S. 270) war bei der Gewinnermittlung nach § 4 Abs. 3 EStG die **Nachholung** gänzlich **unterlassener AfA** nicht möglich.

In zwei Urteilen v. 21. 2. 67 hatte sich der BFH erneut mit der Nachholungsfrage zu befassen. Obwohl beide Urteile für die Fälle der Einkunftsermittlung aus Vermietung und Verpachtung ergangen sind, sind sie gleichwohl für den gesamten Bereich der einkommensteuerlichen Überschußrechnung (also auch für die Gewinnermittlung gem. § 4 Abs. 3 EStG) bedeutsam, da in dieser Frage keine wesentlichen Unterschiede bestehen.

Sowohl im Falle **versehentlich unterbliebener Normal-AfA** (U. v. 21. 2. 67, BStBl III S. 386) als auch im Falle **zu Unrecht unterlassener AfS** (U. v. 21. 2. 67, BStBl III S. 460) stellt sich der BFH nunmehr auf den Standpunkt, daß eine Nachholung möglich sei. Seine früher geäußerte Auffassung hat der BFH nicht aufrechterhalten.

Nach FG Rheinland-Pfalz v. 26. 5. 76 I 116/75 (NWB F. 1 S. 238 EN-Nr. 1470/76) ergibt sich aus der Rechtsprechung des BFH zur Frage der Nachholung versehentlich unterlassener AfA, daß zumindest bei der Überschußrechnung nicht die periodengerechte richtige Aufwandsverteilung im Vordergrund steht, sondern die insgesamt richtige Berücksichtigung des Wertverzehrs.

Nach dem BFH-U. v. 3. 7. 80 (BStBl 81 II S. 255) können auch **bewußt unterlassene AfA nachgeholt** werden; Voraussetzung ist, daß mit der Unterlassung der AfA keine ungerechtfertigten steuerlichen Vorteile angestrebt worden waren (R 44 Abs. 10 EStR, H 44 EStH).

Die AfA (AfS) darf jedoch nicht in dem Jahr, in dem das frühere Versehen bemerkt wird, in einem Betrag nachgeholt werden. Die in der Vergangenheit versehentlich unterbliebene AfA (AfS) ist vielmehr in der Weise nachzuholen, daß der nicht verbrauchte Teil der Anschaffungs- oder Herstellungskosten auf die Jahre der noch verbleibenden Restnutzungsdauer verteilt wird. Aus den Urteilsgründen (U. v. 21. 2. 67, BStBl III S. 460) kann m. E. jedoch entnommen werden, daß zur Vereinfachung bei Geringfügigkeit des nachzuholenden Betrages ein einmaliger Abzug zugelassen sein kann.

Im **Jahr der Veräußerung** eines abnutzbaren Wirtschaftsguts des Anlagevermögens kann **von** einer **Nachholung** früher unterlassener AfA **abgesehen** werden, denn in diesen Fällen mindert der sog. „**Restbuchwert**" (also der Teil der Anschaffungs- oder Herstellungskosten, der sich noch nicht in Gestalt von AfA als Betriebsausgabe ausgewirkt hat) den Veräußerungserlös, es sei denn, daß AfA willkürlich zur Erlangung von Steuervorteilen unterlassen wurde (vgl. BFH-U. v. 7. 10. 71, BStBl 72 II S. 271). Durch die Veräußerung entfällt der Zwang zur Verteilung auf die Nutzungsdauer; die noch nicht abgezogenen Anschaffungs-/Herstellungskosten können nunmehr **ohne die in § 7 EStG enthaltene Begrenzung** sofort berücksichtigt werden.

Bei **Betriebsveräußerung/Betriebsaufgabe** ist die **AfA** zur Ermittlung des laufenden Gewinns **nachzuholen** (vgl. Schmidt, § 7 Anm. 9).

Bei der Gewinnermittlung nach § 4 Abs. 3 EStG hat der **Rechtsnachfolger** die   **562** Absetzungen für Abnutzung oder Substanzverringerung von den letzten Buchwerten des Erblassers vorzunehmen. Diese gelten nunmehr als Anschaffungskosten beim Rechtsnachfolger (§ 7 Abs. 3 EStDV).

Nach § 7 Abs. 1 Satz 5 EStG sind bei Betriebsgebäuden **Absetzungen für**   **563** **außergewöhnliche technische oder wirtschaftliche Abnutzung** zulässig. Diese Tatsache ist vor allem bei Gebäuden, die zum Betriebsvermögen eines Unternehmens gehören, für das der Gewinn nach § 4 Abs. 3 EStG ermittelt wird, sehr interessant, weil es in diesen Fällen **keine Teilwertabschreibung** gibt (BFH-U. v. 24. 11. 55, BStBl 56 III S. 38; vgl. Rdn. 21). Außerordentliche AfA kommen in der Hauptsache in Betracht, wenn ein Gebäude oder ein Gebäudeteil durch Brand, Zerstörung oder Abbruch aus der Nutzung ausscheidet. Wegen der steuerlichen Folgerungen aus einem Feuerschaden vgl. BFH-U. v. 1. 12. 92 (BStBl 94 II S. 12).

Die **Einlage von Gebäuden oder Gebäudeteilen** – häufig durch Aufnah-   **564** me eines Gewerbes im eigenen Haus veranlaßt – führt nicht zu einer Ausgabebuchung. Die einzige steuerliche Auswirkung besteht in der AfA, die überschußmindernd zu berücksichtigen ist. Die Einlage selbst bleibt ungebucht.

565 Aufwendungen des Ehemannes für den von der Ehefrau betrieblich genutzten Teil des gemeinsamen Gebäudes können von dieser nicht als Betriebsausgaben abgesetzt werden. Die Ehefrau kann hierfür auch kein Nutzungsrecht ansetzen und gewinnmindernd abschreiben (BFH-U. v. 20. 9. 90, BStBl 91 II S. 82, unter Hinweis auf BFH-U. v. 10. 4. 90, BStBl I S. 741 und v. 16. 12. 88, BStBl 89 II S. 763; Abweichung v. BFH-U. v. 22. 10. 80, BStBl II S. 244 und v. 20. 11. 80, BStBl 81 II S. 68). Diese Grundsätze haben auch für Überschußrechner Gültigkeit. Die Problematik lag jetzt dem GrS des BFH zur Entscheidung vor (vgl. Beschl. des IV. Senats v. 9. 7. 92, BStBl II S. 948). Der IV. Senat wollte eine grundsätzliche Entscheidung herbeiführen, weil der VI. Senat für die Einkünfte aus nichtselbständiger Arbeit – z. B. in bezug auf das Arbeitszimmer eines Ehegatten – eine vom IV. Senat für Gewinneinkünfte abweichende Meinung vertritt (BFH-U. v. 12. 2. 88, BStBl II S. 764). Er möchte eine „Zersplitterung" der Rechtsprechung insoweit vermeiden. Mit dem Beschluß des Großen Senats des BFH v. 30. 1. 95 – (BStBl II S. 281) wurde eine Klärung der grundsätzlichen Fragen zum **Drittaufwand** erwartet. Die Vorlagefrage des IV. Senats betraf jedoch die steuerrechtliche Behandlung von Eigenaufwand, der im eigenen betrieblichen Interesse auf ein fremdes Wirtschaftsgut (Miteigentum) getätigt worden ist. Folglich äußerte sich der Große Senat nicht zu der Frage, ob und in welcher Weise der Stpfl. die Aufwendungen eines Angehörigen als sog. Drittaufwand absetzen kann. Eine abschließende Klärung der Frage des Drittaufwands bei Angehörigen steht somit noch aus.

566 Werden **Gebäude oder Gebäudeteile entnommen** – dies ist z. B. bei Veräußerung des Geschäfts ohne das Haus der Fall –, so hat die Entnahme zum **Teilwert** zu geschehen (§ 6 Abs. 1 Nr. 4 EStG). Dieser Betrag ist als Einnahme zu behandeln, während der noch nicht durch AfA verbrauchte Wert (fiktiver Buchwert) als Ausgabe zu buchen ist. Es wird allerdings gelegentlich bestritten, daß der Teilwertgedanke bei Vorliegen einer Überschußrechnung angewandt werden kann.

567 Da das **Festwertverfahren** (§ 240 Abs. 3 HGB) die Erfüllung handelsrechtlicher Grundsätze ordnungsmäßiger Buchführung zur Voraussetzung hat, ist es auf die Gewinnermittlung durch Vermögensvergleich beschränkt (§ 5, § 4 Abs. 1 Satz 6 EStG; § 141 Abs. 1 Satz 2 AO).

(unbesetzt)   568–569

b) Anschaffungs- und Aufzuchtkosten für Vieh

Bei buchführenden Landwirten kann das zum Anlagevermögen gehörende   570
Vieh (Zuchttiere, Milchkühe) mit Ausnahme besonders wertvoller Tiere mit
Durchschnittswerten angesetzt werden (R 125 EStR). Entsprechend wird
auch bei noch nicht verkaufsreifem Mastvieh verfahren, obwohl es sich hierbei um Umlaufvermögen handelt.

In R 125 a EStR vertritt die Finanzverwaltung die Auffassung, daß die Durch-   571
schnittswerte bei einer Gewinnermittlung nach § 4 Abs. 3 EStG sinngemäß
angewendet werden können. Dies bedeutet, daß die Anschaffungs- und Aufzuchtkosten der **Tiere des Anlagevermögens** (z. B. Milch- und Zuchttiere) zunächst voll als Betriebsausgaben behandelt werden. Ein auf der
Grundlage der Durchschnittswerte ermittelter Wertzuwachs dieser Tiere,
der sich vom Ende des letzten Wirtschaftsjahres bis zum Ende des laufenden Wirtschaftsjahres ergeben hat, ist von den Ausgaben abzuziehen. Eine
Wertminderung ist als zusätzliche Ausgabe zu behandeln (Pape, Inf. 82
S. 216).

Anschaffungs- und Herstellungskosten für **Tiere des Umlaufvermögens** (z. B.   572
Masttiere) sind sofort und in vollem Umfang abziehbare Betriebsausgaben,
ebenso für jene **Tiere des Anlagevermögens, die geringwertige Wirtschaftsgüter** i. S. des § 6 Abs. 2 EStG **darstellen**, z. B. Legehennen.

c) Anschaffung von Wirtschaftsgütern

Anschaffungskosten sind die Aufwendungen, die dazu dienen, ein Wirt-   573
schaftsgut von der fremden in die eigene wirtschaftliche Verfügungsgewalt zu
überführen (§ 255 Abs. 1 HGB; BFH-U. v. 12. 2. 85, BStBl II S. 690 und v.
14. 11. 85, BStBl 86 II S. 60). Daher ist der Erwerbsvorgang abgeschlossen,
wenn ein Stpfl. die wirtschaftliche Verfügungsgewalt erlangt hat.

aa) Anschaffung abnutzbarer Anlagegüter

Beim Erwerb von abnutzbarem Anlagevermögen ist der Kaufpreis nach den   574
Grundsätzen des § 7 EStG als Betriebsausgabe auf die Gesamtdauer der
Nutzung zu verteilen. **Betriebsausgabe** ist also **nur der anteilige AfA-Betrag**.
Das gilt auch für die Vorsteuer, wenn diese nach § 9b EStG zu den An-
schaffungskosten gehört. Wegen der Vereinfachungsregelung vgl. R 44 Abs. 2

EStR. Die Zahlung hat keine Gewinnauswirkung, so daß die AfA auch vor Zahlung des Kaufpreises als Betriebsausgabe abgesetzt werden kann (Sonderregelung zu § 11 EStG, h. M.).

575   Eine **nachträgliche Minderung der Anschaffungskosten** ist bei der weiteren Berechnung der AfA und ggf. des Restwerts zu berücksichtigen. Ist das Wirtschaftsgut im Zeitpunkt der Minderung bereits veräußert, muß m. E. eine fiktive Betriebseinnahme versteuert werden.

576   Soweit bei einer Veräußerung das Wirtschaftsgut noch nicht voll abgesetzt ist, ist der **Restwert als Betriebsausgabe** abzuziehen (BFH-U. v. 7. 10. 71, BStBl 72 II S. 271). Bei geringwertigen Wirtschaftsgütern ist ein sofortiger Abzug möglich (§ 6 Abs. 2 EStG).

577   Beim **Erwerb** von Wirtschaftsgütern des Anlagevermögens **gegen eine Leibrente** ergeben sich die Anschaffungskosten aus dem Barwert der Leibrentenverpflichtung (s. R 32a EStR). Die einzelnen Rentenzahlungen sind in Höhe ihres Zinsanteils Betriebsausgaben (R 16 Abs. 4 EStR).

578   **Fällt die Rentenverpflichtung für ein erworbenes Anlagegut fort,** ehe der ursprüngliche Barwert der Rentenverpflichtung verbraucht ist, so ist der noch nicht verrechnete Teil des ursprünglichen Barwerts der Rentenverpflichtung als Betriebseinnahme anzusetzen.

bb) Anschaffung nicht abnutzbarer Anlagegüter

579   Nach § 4 Abs. 3 Satz 4 EStG sind hingegen die Anschaffungskosten von nicht abnutzbaren Wirtschaftsgütern des Anlagevermögens (Grund und Boden, Beteiligungen – insbes. an Kapitalgesellschaften –, Wertpapiere, Wald einschl. der Erstaufforstungskosten, zeitlich unbegrenzte Rechte, u. U. Kunstgegenstände) als **Betriebsausgabe erst in dem Wj** abzugsfähig, **in dem die Wirtschaftsgüter veräußert oder entnommen werden.** Das gilt auch für Anzahlungen auf Anschaffungskosten sowie für Nebenkosten der Anschaffung (Grunderwerbsteuer, Notariatsgebühren u. ä.). Soweit bei der Anschaffung USt anfällt und diese nach § 9b EStG nicht zu den Anschaffungskosten zählt, ist sie im Jahr der Zahlung als Betriebsausgabe abzuziehen. Für das nicht abnutzbare Anlagevermögen ist ein besonderes Verzeichnis zu führen (§ 4 Abs. 3 Satz 5 EStG).

580   Die **Anschaffungskosten** sind auch dann im Jahr der Veräußerung oder Entnahme abzuziehen, wenn sie bis dahin **noch nicht bezahlt** worden sind. Die tatsächliche Zahlung ist ohne Bedeutung. Werden in diesen Fällen später die

Anschaffungskosten gemindert, ist m. E. eine fiktive Betriebseinnahme zu versteuern.

cc) Anschaffung von Umlaufgütern

Die Anschaffung von Wirtschaftsgütern des Umlaufvermögens, z. B. von **581** Warenvorräten, führt **im Zeitpunkt der Zahlung** zu einem vollen Abzug als **Betriebsausgabe.** Der Krediteinkauf führt hingegen nicht zu einer Ausgabebuchung (vgl. BFH-U. v. 2. 2. 66, BStBl III S. 294). Wird jedoch die Warenschuld in ein langfristiges Darlehen, z. B. in eine Hypothekenschuld, umgewandelt, so ist die Betriebsausgabe durch die Umwandlung verwirklicht.

Ausgaben eines Zahnarztes mit Gewinnermittlung nach § 4 Abs. 3 EStG für **582** die **Beschaffung von Zahngold** bilden auch dann **Betriebsausgaben,** wenn der angeschaffte Goldvorrat den Verbrauch für einige Jahre deckt (im Streitfall hatte der Stpfl. bei Berücksichtigung seines laufenden Verbrauchs einen Goldvorrat für sechs bis sieben Jahre angelegt). Dies setzt jedoch voraus, daß der Goldvorrat während einer übersehbaren Zeit verbraucht werden kann und später auch tatsächlich verbraucht wird (BFH-U. v. 12. 7. 90, BStBl 91 II S. 13). Wird der von einem Zahnarzt angeschaffte Zahngoldvorrat nicht innerhalb eines Zeitraums von maximal sieben Jahren verbraucht, kann dies nach dem BFH-U. v. 26. 5. 94 (BStBl II S. 750) ein Indiz dafür sein, daß er zur privaten Vermögensbildung angeschafft worden ist. Dieser Schluß ist jedoch dann nicht zulässig, wenn der Stpfl. nachweist, daß er bei Anschaffung mit einem Verbrauch innerhalb des genannten Zeitraums gerechnet hatte (Abgrenzung zum BFH-U. v. 12. 7. 90, a. a. O.).

Erwirbt ein Stpfl. mit Gewinnermittlung nach § 4 Abs. 3 EStG Wirtschafts- **583** güter des Umlaufvermögens **gegen eine Leibrente,** so stellen die **Rentenzahlungen im Zeitpunkt ihrer Verausgabung** in voller Höhe **Betriebsausgaben** dar (R 16 Abs. 4 EStR).

Bei vorzeitigem **Wegfall einer Leibrentenverpflichtung** führt der noch nicht **584** verrechnete Barwert der Leibrentenverpflichtung **für Wirtschaftsgüter des Umlaufvermögens** nicht zu einer Betriebseinnahme.

Für geleistete Anzahlungen gelten die Ausführungen entsprechend. **585**

d) Einlagen

Einlagen sind alle **Wirtschaftsgüter,** die **aus dem Privatvermögen dem Betrieb** **586** **zugeführt** werden (vgl. § 4 Abs. 1 Satz 5 EStG). Der Begriff „Einlagen" korrespondiert mit dem Begriff „Entnahmen" in umgekehrter Richtung. Einlagen vollziehen sich als Überführung von Wirtschaftsgütern aus dem Privatvermögen einer natürlichen Person in das Betriebsvermögen. Dabei wird steuerrechtlich ein bereits bestehender Betrieb vorausgesetzt (vgl. BFH-U. v. 30. 6. 60, BStBl III S. 346); handelsrechtlich kann eine Einlage auch bei der Betriebsgründung vorgenommen werden. Sind mehrere natürliche Personen beteiligt, so kann sich die Einlage von jeder dieser Personen (Gesellschafter) zum Betrieb vollziehen.

587   Wird der Gewinn nach § 4 Abs. 3 Satz 1 EStG als „Überschuß der Betriebseinnahmen über die Betriebsausgaben" ermittelt, so macht schon die Gegenüberstellung von Betriebseinnahmen und -ausgaben deutlich, daß außerbetrieblich veranlaßte Wertabgänge oder -zuführungen sich auf den Gewinn nicht auswirken dürfen. Folgerichtig stellt der BFH (U. v. 16. 1. 75, BStBl II S. 526; v. 31. 10. 78, BStBl 79 II S. 401) fest, daß auch bei der Überschußrechnung **Entnahmen hinzugerechnet** werden müssen. Dementsprechend sind **Einlagen** im Rahmen der Überschußrechnung **abzurechnen** (vgl. z. B. BFH-U. v. 22. 1. 80, BStBl II S. 244). Einlagen werden nur *wie* Betriebsausgaben behandelt, soweit sonst – entgegen § 4 Abs. 3 Satz 1 EStG – außerbetrieblich veranlaßte Wertzugänge den Gesamtgewinn durch die Aufzeichnung eines außerbetrieblich veranlaßten Vorganges beeinflussen würden.

588   Einlagen sind grundsätzlich mit dem **Teilwert** für den Zeitpunkt der Zuführung anzusetzen; sie sind jedoch höchstens mit den Anschaffungs- oder Herstellungskosten anzusetzen, wenn das zugeführte Wirtschaftsgut innerhalb der letzten drei Jahre vor dem Zeitpunkt der Zuführung (im Privatvermögen) angeschafft oder hergestellt worden ist oder wenn das Wirtschaftsgut ein Anteil an einer Kapitalgesellschaft und der Stpfl. am Kapital der Gesellschaft zu mehr als 25 v. H. beteiligt ist (vgl. § 17 Abs. 1 Satz 2 EStG).

589   Für die weitere Behandlung, insbesondere **Abschreibung,** gilt der für die Einlage vorgenommene Wertansatz als Anschaffungskosten i. S. des § 6 Abs. 1 Nr. 1 und 2 EStG. Nach diesem Wert bemessen sich also die etwaigen AfA (R 43 Abs. 6, R 44 Abs. 12 EStR). Werden **geringwertige Wirtschaftsgüter** aus dem Privatvermögen in das Betriebsvermögen eingelegt, so kann im Wirtschaftsjahr der Einlage die Bewertungsfreiheit nach § 6 Abs. 2 EStG in Anspruch genommen werden; die Einlage ist hier der Anschaffung oder Herstellung eines solchen Wirtschaftsgutes gleichgestellt (BFH-U. v. 19. 1. 84, BStBl II S. 312; R 40 Abs. 5 Satz 6 EStR). Der für die Einlage angesetzte Wert ist die Ausgangsbasis für die Frage, ob die 800 DM-Grenze des § 6 Abs. 2 EStG überschritten ist oder nicht.

aa) Einlage abnutzbarer Anlagegüter

Die steuerliche Behandlung eingelegter abnutzbarer Anlagegüter ist von der 590
Vorrangstellung des § 7 EStG beeinflußt. Für abnutzbare Wirtschaftsgüter
sind – obwohl der Kaufpreis bar bezahlt sein kann – an Stelle des Kaufpreises nur die AfA-Beträge gewinnmindernd (als Ausgabe) zu berücksichtigen.
Dies muß auch für eingelegte Wirtschaftsgüter gelten.

Der Einlage von Anlagegütern, z. B. eines privaten Pkw, geht allerdings die 591
Frage voran, ob die betriebliche Nutzung des Fahrzeugs so umfassend ist, daß
der **Gegenstand als solcher zum Betriebsvermögen** geworden ist **(Sachein-
lage), oder** ob dem Betrieb nur die **Nutzung** des – auch weiterhin zum Privatvermögen gehörenden – Pkw **zugeführt** wird **(Nutzungseinlage).**

Die **AfA-Bemessungsgrundlage** ergibt sich dabei aus § 6 Abs. 1 Nr. 5 EStG 592
und ist i. d. R. der Teilwert im Einlagezeitpunkt. Der Teilwert darf jedoch die
ursprünglichen Anschaffungs- oder Herstellungskosten nicht übersteigen,
wenn das zugeführte Wirtschaftsgut innerhalb der letzten drei Jahre vor dem
Zeitpunkt der Einlage im Privatbereich angeschafft oder hergestellt worden
ist. Für diesen Vergleich ist R 39 EStR zu beachten, nach dem die privaten
Anschaffungs- oder Herstellungskosten um die AfA zu kürzen sind, die auf
die Zeit vor der Einlage entfallen. Durch diese Auslegung sollte verhindert
werden, daß Abschreibungen, die auf die Zeit der Zugehörigkeit des Wirtschaftsguts zum Privatvermögen entfallen, nach Einlage in das Betriebsvermögen erneut einkommensmindernd verrechnet werden können. Demgegenüber hat der BFH im U. v. 7. 12. 78 (BStBl 79 II S. 729) die Auffassung vertreten, die Auslegung durch die EStR sei vom Gesetz nicht gedeckt, da das
Gesetz eine Minderung des Einlagewerts um zwischenzeitlich vorgenommene
Abschreibungen nicht vorsehe. Die Rechtsauffassung des BFH hätte zu ungerechtfertigten Steuervorteilen führen können.

Um diese Auswirkungen zu verhindern, ist § 6 Abs. 1 Nr. 5 EStG geändert 593
worden. Nach Satz 2 der Nr. 5 sind dann, wenn die Einlage mit den
Anschaffungs- oder Herstellungskosten zu bewerten ist und das eingelegte
Wirtschaftsgut abnutzbar ist, die Anschaffungs- oder Herstellungskosten um
AfA zu kürzen, die auf den Zeitraum zwischen der Anschaffung oder Herstellung und der Einlage entfallen. In R 39 EStR wird darauf hingewiesen,
daß zu den AfA i. S. des § 6 Abs. 1 Nr. 5 Satz 2 EStG auch erhöhte Absetzungen und etwaige Sonderabschreibungen gehören.

Bei der **Einlage eines geringwertigen Wirtschaftsguts** aus dem Privatvermö- 594
gen in das Betriebsvermögen wurde die Sofortabschreibung früher versagt,

weil der Begriff der Anschaffungskosten i. S. des § 6 Abs. 2 EStG den Übergang des Wirtschaftsguts aus dem Vermögen einer anderen Person voraussetze (Abschn. 40 Abs. 6 EStR 1981). Der BFH hat sich später (U. v. 19. 1. 84, BStBl II S. 312) unter Aufgabe seiner früheren Rechtsprechung der im Schrifttum vorherrschenden Auffassung angeschlossen, daß der Stpfl. im Jahr der Einlage eines geringwertigen Wirtschaftsguts hierauf die Sofortabschreibung vornehmen kann (vgl. a. Abschn. 40 Abs. 6 EStR 1984). Durch das Steuerbereinigungsgesetz v. 14. 12. 84 (BGBl I S. 1493) ist § 6 Abs. 2 EStG entsprechend ergänzt worden. Vgl. Rdn. 589. Die angeschafften Wirtschaftsgüter sind mit dem **Teilwert** einzulegen, auch wenn sie schon einmal voll abgeschrieben worden sind. Der Einlagewert darf den Betrag von **0 DM** nicht überschreiten (§ 6 Abs. 1 Nr. 5 Satz 1 Buchst. a i. V. mit Satz 2 EStG), wenn die Wirtschaftsgüter **innerhalb der letzten drei Jahre** vor der Zuführung zum Betriebsvermögen angeschafft worden sind. Zur AfA, die von den Anschaffungskosten in diesem Fall abzusetzen ist, gehört auch die sofortige AfA nach § 6 Abs. 2 EStG (BFH-U. v. 27. 1. 94, BStBl II S. 638). Siehe auch R 39 Satz 4 EStR.

bb) Einlage nicht abnutzbarer Anlagegüter

595   Handelt es sich um die Einlage eines nicht abnutzbaren Anlageguts (z. B. Grundstück), so ist zu beachten, daß nach § 4 Abs. 3 Satz 4 EStG die Anschaffungskosten eines derartigen Wirtschaftsgutes erst im Zeitpunkt einer Veräußerung oder Entnahme als Betriebsausgaben zu berücksichtigen sind. Dies gilt nicht nur für die tatsächlichen Anschaffungskosten, sondern auch für die fiktiven Anschaffungskosten, die sich im Falle der Einlage in Höhe des Einlage-Wertes ergeben. Der für die Einlage anzusetzende Wert ist daher in das **besondere Verzeichnis**, das nach § 4 Abs. 3 Satz 5 EStG zu führen ist, aufzunehmen und erst später bei der Veräußerung oder Entnahme als Betriebsausgabe anzusetzen (Herrmann/Heuer/Raupach, § 4 Anm. 91).

596   An die Stelle der Anschaffungs- oder Herstellungskosten treten bei der Einlage eines derartigen Anlageguts die sich aus § 6 Abs. 1 Nr. 5 EStG ergebenden fiktiven Anschaffungskosten, i. d. R. der **Teilwert** (vgl. dazu Speich, DStR 72 S. 129). Wenngleich § 6 Abs. 1 Nr. 5 EStG vom Betriebsvermögensvergleich ausgeht und den Ausweis, die Bilanzierung, des Betriebsvermögens voraussetzt, ist diese Vorschrift für die Bewertung doch auch im Fall der Überschußrechnung entsprechend anzuwenden (vgl. die Ausführungen zu den Entnahmen, Rdn. 396 ff.). Es ist also auch hier der Teilwert maßgebend und sind die Anschaffungs- oder Herstellungskosten anzusetzen, wenn die in § 6 Abs. 1 Nr. 5 Buchst. a und b EStG vorgesehenen Ausnahmen eingreifen.

cc) Einlage einer Forderung

Unter Berücksichtigung der Bewertungsvorschriften des § 6 EStG werden   597
Sachentnahmen als Veräußerung und Sacheinlagen als Anschaffung fin-
giert (so Herrmann/Heuer/Raupach, § 4 Anm. 90, 91 und Schmidt, § 4
Anm. 350). Die Einlage einer privaten Forderung zwingt zur Annahme einer
Betriebsausgabe, da bei Zahlung des Forderungsbetrages Betriebseinnahmen
anfallen (BFH-U. v. 31. 10. 78, BStBl 79 II S. 401). Die Bewertung erfolgt gem.
§ 6 Abs. 1 Nr. 4, Nr. 5 EStG mit dem **Teilwert** (Nennbetrag), soweit der Wert
zu diesem Zeitpunkt realisierbar ist. Darlehensforderungen können Betriebsvermögen darstellen. Die Entnahme oder Einlage berührt den Gewinn grundsätzlich nicht, da die Hingabe und Rückzahlung hier im Vermögensbereich
liegt.

dd) Einlage einer Verbindlichkeit

Die isolierte Einlage einer Verbindlichkeit ist kaum denkbar. Die spätere Zah-   598
lung der Verbindlichkeit darf sich nicht als Betriebsausgabe auswirken. Die
Bewertung bei laufenden Verbindlichkeiten erfolgt mit deren **Teilwert** (Nennbetrag), bei Anschaffungsverbindlichkeiten mit dem Teilwert des mit der Verbindlichkeit eingelegten Wirtschaftsgutes. Für Darlehensverbindlichkeiten
gelten die in Rdn. 597 genannten Grundsätze. Keine Gewinnerhöhung durch
Verzicht des Gläubigers aus privaten Gründen (BFH-U. v. 12. 3. 70, BStBl II
S. 518).

ee) Einlage von Bargeld

Wird der Gewinn nach § 4 Abs. 3 EStG als Überschuß der Betriebseinnah-   599
men über die Betriebsausgaben ermittelt, so kommt eine Herausrechnung
von Einlagen dann nicht in Betracht, wenn es sich um „Einlagen" von Geld
handelt. **Einlagen von Geld können bei dieser Gewinnermittlungsart gar
nicht in Erscheinung treten.** Geld wird nicht unter Fiktion einer Betriebsausgabe in das Betriebsvermögen eingelegt (BFH-U. v. 22. 2. 73, BStBl II S. 480;
v. 16. 1. 75, BStBl II S. 526, m. w. N.). Wer eine betriebliche Schuld – wie z. B.
die Miete für das Geschäftslokal oder die Verbindlichkeit aus dem Kauf von
Waren – mit privaten Mitteln bezahlt, erspart zwar seinem Betrieb, sofern
hier die Unterscheidung zwischen privaten und betrieblichen Mitteln überhaupt berechtigt ist, eine Ausgabe; er korrigiert dies aber einfach dadurch,
daß er die Zahlung als Betriebsausgabe aufzeichnet. Der Systematik der
Gewinnermittlung nach § 4 Abs. 3 EStG durch Einnahme-Überschußrech-

nung ist eine Einlage von Geld fremd. Daran ändert sich auch nichts, wenn ein Rechtsanwalt mit Gewinnermittlung nach § 4 Abs. 3 EStG zur Bildung eines beruflichen **Reservefonds** Geld einlegen muß, um als Sozius in eine Sozietät aufgenommen zu werden (FG München v. 24. 11. 82, EFG 83 S. 341). Privatgelder können jederzeit in das Betriebsvermögen eingelegt werden, da sie das Betriebskapital verstärken (vgl. a. BStBl 72 II S. 344, zu kurzfristigen Einlagen). S. a. Rdn. 401: Buchwert = Teilwert.

ff) Einlage von Waren

600 Sofern die eingelegten Waren für den Betrieb Vorratsvermögen darstellen, sie also demnächst veräußert werden sollen, ist, da die Einlage einen Einkauf (= Ausgabe) erspart, ihr **Teilwert** – höchstens die Anschaffungskosten, wenn die Ware in den letzten drei Jahren erworben wurde (Ausfluß von § 6 Abs. 1 Nr. 5 EStG) – als Betriebsausgabe zu buchen, obwohl keine Ausgabe geleistet ist (gl. A. Herrmann/Heuer/Raupach, § 4 Anm. 91; Theis, DB 59 S. 441). Wird z. B. ein als Ware dienendes Wirtschaftsgut eingelegt, so ist dies durch Aufzeichnung einer Betriebsausgabe in Höhe des Teilwerts (oder ggf. der Anschaffungs- oder Herstellungskosten) für den ˋZeitpunkt der Einlage festzuhalten mit der Folge, daß sich die Einlage sofort auswirkt. Diese Maßnahme wird jedoch für unzulässig gehalten, wenn es sich um sog. **Ladenhüter** handelt. Da sonst Gewinnverlagerungen möglich sind, wird die Ausgabe-Buchung für den Zeitpunkt der Veräußerung zugelassen. Aus Vereinfachungsgründen ist es vertretbar, Einlage und Erlös im gleichen Wirtschaftsjahr zu erfassen.

601 Für **unentgeltlich erworbene Ware** gilt nach § 7 Abs. 2 EStDV der Betrag als Anschaffungskosten, der für das einzelne Wirtschaftsgut im Zeitpunkt des Erwerbs hätte aufgewendet werden müssen (der Wiederbeschaffungspreis am Erwerbstag).

gg) Einlage von Leistungen

602 Werden Leistungen eingelegt (z. B. Zurverfügungstellen eines Pkws), so stellen auch diese Einlagen in Höhe der **privaten Gestehungskosten** Betriebsausgaben dar. Genaue Aufzeichnungen sind insbesondere bei der betrieblichen Benutzung eines privat unterhaltenen Pkws erforderlich (vgl. hierzu BFH-U. v. 8. 2. 62, HFR 63 S. 252; wegen des Betriebsaufwandes bei betrieblicher Nutzung eines Privatgegenstandes s. BFH-U. v. 13. 4. 61, BStBl III S. 308).

hh) Einlage von nichtabziehbaren Geschenken

Schafft der Stpfl. ein nichtabziehbares Geschenk i. S. des § 4 Abs. 5 Nr. 1   **603**
EStG privat an und verschenkt er es an einen Kunden, liegt zwar eine Einlage
vor, er darf jedoch den Einlagewert überhaupt nicht als Betriebsausgabe geltend machen.

ii) Einlage bei Änderung der Gewinnermittlungsart

Geht ein Stpfl. von der Einnahme-Überschußrechnung gem. § 4 Abs. 3 EStG   **604**
zum Betriebsvermögensvergleich nach § 4 Abs. 1 bzw. § 5 EStG über, so sind
die vorhandenen Bestände und Schulden in die Steuerbilanz aufzunehmen.
Es handelt sich jedoch nicht um Einlagen, da die Wirtschaftsgüter schon bisher dem Betrieb gedient haben, also nicht aus der betriebsfremden Sphäre in
den Betrieb eingebracht werden.

(unbesetzt)   **605–610**

e) Erlaß einer Forderung

Forderungen (Entstehung, Wertberichtigung, Ausfall) beeinflussen den   **611**
Gewinn nach § 4 Abs. 3 EStG grundsätzlich nicht. Es handelt sich um nicht
abnutzbare Wirtschaftsgüter des Anlagevermögens. Sie entstehen bei betrieblicher Veranlassung als Betriebsvermögen.

Wenn ein Überschußrechner seinem Schuldner eine Honorarforderung er-   **612**
läßt, wäre an sich davon auszugehen, er habe nichts vereinnahmt, er habe also
keine Betriebseinnahmen. Der BFH (U. v. 16. 1. 75, BStBl II S. 526) beurteilt
die Rechtslage jedoch **unterschiedlich, je nachdem, ob die Forderung aus
betrieblichen oder aus privaten Gründen erlassen wird:**

- Sieht der Überschußrechner **aus betrieblichen Gründen** – etwa weil er sich
  verspricht, vom Schuldner dadurch weitere Aufträge zu erhalten – davon
  ab, eine entstandene Forderung einzuziehen, oder erläßt er sie aus solchen
  Gründen, so wirkt sich dies auf den Gewinn des Stpfl. nicht aus; denn eine
  Betriebseinnahme in Höhe der Forderung ist nicht zugeflossen und eine
  Ausgabe in dieser Höhe ist nicht geleistet. Das steuerliche Ergebnis ist letztlich das gleiche wie bei der Gewinnermittlung nach § 4 Abs. 1 EStG.

- Erläßt ein Stpfl., der seinen Gewinn nach § 4 Abs. 3 EStG ermittelt, einem
  Schuldner **aus privaten Gründen** eine Honorarforderung, so ist dieser
  Vorgang nach dem BFH-U. v. 16. 1. 75 (a. a. O.) als Entnahme der Hono-

rarforderung zu werten mit der Folge, daß die Betriebseinnahmen um den Wert der entnommenen Honorarforderung erhöht werden. Auch dieses Ergebnis wird damit begründet, daß es dem Ergebnis bei der Gewinnermittlung nach § 4 Abs. 1 EStG entspreche und daß ein unterschiedliches Ergebnis mit dem Grundsatz der Gleichmäßigkeit der Besteuerung nicht vereinbar ist.

Zur Abgrenzung eines betrieblich veranlaßten Forderungserlasses gegenüber einem Forderungserlaß aus privaten Gründen s. BFH-U. v. 31. 7. 91 (BStBl 92 II S. 375).

613 Der Erlaß aus privaten Gründen darf jedoch nicht verwechselt werden mit der **unentgeltlichen Dienstleistung,** also mit dem Fall, daß von vornherein auf eine Honorarforderung verzichtet wird. Führt ein Rechtsanwalt für seinen Bruder unentgeltlich einen Prozeß, dann kann nicht von einer Gewinnverwirklichung ausgegangen werden. Es ist dann weder bürgerlich-rechtlich noch wirtschaftlich etwas vereinnahmt worden. Entscheidend ist daher, ob die Honorarforderung zunächst bürgerlich-rechtlich entsteht und dann erlassen wird oder ob sie von vornherein nicht entsteht.

614 Das gilt nicht bei dem **Verzicht auf Darlehensforderungen und auf Forderungen aus durchlaufenden Posten.**

f) Flurbereinigungskosten

615 Im Rahmen der Flurbereinigung sind von den Teilnehmern **Ausführungskosten** zu tragen, die im wesentlichen auf die Herstellung von Gemeinschaftsanlagen, wie Wege, Gräben, Brücken usw., entfallen. Diese Ausführungskosten sind grundsätzlich als Anschaffungs- oder Herstellungskosten für ein selbständig zu bewertendes Wirtschaftsgut zu inventarisieren und abzuschreiben. Aus Vereinfachungsgründen bestehen jedoch keine Bedenken, sämtliche Ausführungskosten im Zeitpunkt der Zahlung als Betriebsausgaben zu behandeln (Niedersächsisches FinMin v. 9. 6. 65 S 2141 – 17 – 31 1; FinMin Baden-Württemberg v. 14. 11. 66 S 2140 A – 1/66, DStZ B S. 491, im Einvernehmen mit BdF und Ländern).

g) Herstellung von Wirtschaftsgütern

616 **Herstellungskosten** sind die Aufwendungen, die durch den Verbrauch von Gütern und die Inanspruchnahme von Diensten für die Herstellung eines Vermögensgegenstands, seine Erweiterung oder für eine über seinen ursprünglichen Zustand hinausgehende wesentliche Verbesserung entstehen (§ 255

Abs. 2 Satz 1 HGB). Das FG Bremen hat mit U. v. 27. 2. 92 (EFG 93 S. 18) im Anschluß an die Rechtsprechung des BFH erneut bekräftigt, daß der Begriff der „Herstellungskosten" einkommensteuerrechtlich nach § 255 HGB zu bestimmen ist; vgl. hierzu auch BFH-U. v. 21. 10. 93 (BStBl 94 II S. 176).

• Wirtschaftsgüter des **Umlaufvermögens**:

Betriebsausgabe bei Zahlung der Material- und Fertigungskosten.

• Wirtschaftsgüter des **Anlagevermögens**:

Stellt der Stpfl. im eigenen Betrieb Wirtschaftsgüter des Anlagevermögens her, sind die Herstellungskosten als fiktive Betriebseinnahmen zu erfassen (Grundsatz der Gleichbehandlung). Für die Abgrenzung der Herstellungskosten gelten dieselben Grundsätze wie bei bilanzierenden Steuerpflichtigen (R 33 EStR). Bei abnutzbarem Anlagevermögen stellen die **Herstellungskosten** die **AfA-Bemessungsgrundlage und** das **AfA-Volumen** dar.

Aufwendungen zur Herstellung immaterieller Wirtschaftsgüter — einerlei ob abnutzbar oder nicht abnutzbar — sind in entsprechender Anwendung des § 5 Abs. 2 EStG sofort abziehbar.

Sowohl bei bilanzierenden Stpfl. wie bei Stpfl. mit Gewinnermittlung nach § 4 Abs. 3 EStG wie auch bei Stpfl. mit Überschußeinkünften sind **verlorene Vorauszahlungen** (Vorauszahlungen für ein Bauvorhaben, für das Herstellungsleistungen nicht erbracht worden sind) nicht in die Gebäudeherstellung einzubeziehen (BFH-U. v. 4. 7. 90, BStBl II S. 830). Der GrS begründet ausführlich, warum diese Grundsätze nicht nur für die Gewinnermittlung nach § 4 Abs. 1 EStG gelten, sondern auch für die Überschußrechnung gem. § 4 Abs. 3 EStG und auch für den Begriff der „Herstellungskosten" bei den Einkünften aus Vermietung und Verpachtung.   **617**

h) Honorare

Die **Vorauszahlung** des Honorars an einen freien Mitarbeiter durch einen Steuerberater zum Jahresende für die erste Hälfte des Folgejahres ist steuerrechtlich anzuerkennen, sofern dies durch betriebliche Gründe, wie z. B. die Motivierung des Mitarbeiters, veranlaßt ist (FG Rheinland-Pfalz v. 29. 1. 88, rkr., EFG S. 641). S. ferner Rdn. 445 ff.   **618**

i) Immaterielle Wirtschaftsgüter (Firmenwert und Praxiswert)

Durch Art. 10 Abs. 15 Nrn. 1 und 2 Bilanzrichtlinien-Gesetz (BiRiLiG) v. 19. 12. 85 (BGBl I S. 2355) sind die §§ 6 und 7 EStG in der Weise geändert wor-   **619** den, daß der **entgeltlich erworbene Firmenwert** künftig **zu den abnutzbaren Wirtschaftsgütern des Anlagevermögens** gehört und **über 15 Jahre** verteilt **abgeschrieben** werden kann (und muß).

620 Die Einbeziehung des Firmenwerts in den Kreis der der Abnutzung unterliegenden Wirtschaftsgüter bezieht sich nicht auf die Abschreibung des **Praxiswerts** bei freien Berufen; sie gilt nach § 7 Abs. 1 Satz 3 EStG nur für den Geschäfts- oder Firmenwert eines Gewerbebetriebs oder eines Betriebs der Land- und Forstwirtschaft. Der entgeltlich erworbene Praxiswert wird daher nach den bisher geltenden Grundsätzen regelmäßig **binnen 3 bis 5 Jahren abgeschrieben** (vgl. Hartmann/Böttcher/Nissen/Bordewin, § 6 Anm. 151). Die Abschreibung wurde aber versagt, wenn die Praxis von einer **Sozietät** erworben wurde und der bisherige Inhaber an der Sozietät beteiligt war, weil dann das persönliche Vertrauensverhältnis zu den Klienten aufrechterhalten werden könne. Hiervon ist der BFH jetzt mit U. v. 24. 2. 94 (BStBl II S. 590) im Hinblick auf die Änderung des EStG abgegangen. Gem. BMF-Schr. v. 15. 1. 95 (BStBl I S. 14) sind die Urteilsgrundsätze wie folgt anzuwenden: Der anläßlich der Gründung einer Sozietät aufgedeckte Praxiswert stellt ebenso wie der Wert einer erworbenen Einzelpraxis ein abnutzbares immaterielles Wirtschaftsgut dar. § 7 Abs. 1 Satz 3 EStG ist jedoch auf die Bemessung der AfA für den (Einzel- oder Sozietäts-)Praxiswert nicht anzuwenden. Wegen der Beteiligung und der weiteren Mitwirkung des bisherigen Praxisinhabers (Sozius) ist vielmehr davon auszugehen, daß die betriebsgewöhnliche Nutzungsdauer des anläßlich der Gründung einer Sozietät aufgedeckten Praxiswerts doppelt so lang ist wie die Nutzungsdauer des Werts einer erworbenen Einzelpraxis. Die betriebsgewöhnliche Nutzungsdauer ist nach den Umständen des einzelnen Falles sachgerecht zu schätzen. Dabei ist es nicht zu beanstanden, wenn für den anläßlich der Gründung einer Sozietät aufgedeckten Praxiswert eine betriebsgewöhnliche Nutzungsdauer von sechs bis zehn Jahren und für den Wert einer erworbenen Einzelpraxis eine betriebsgewöhnliche Nutzungsdauer von drei bis fünf Jahren angenommen wird. Die Grundsätze dieses Schr. sind in noch offenen Fällen ab dem VZ 1993, auf Antrag auch ab einem früheren VZ, anzuwenden; eine ggf. aufgestellte Bilanz ist zu berichtigen. Aufgrund der Änderung der höchstrichterlichen Rechtsprechung können die Anschaffungskosten des Praxiswerts, vermindert um die bisher abgezogene AfA, d. h. der Restbuchwert, auf die restliche Nutzungsdauer verteilt werden.

Bei Überschußrechnung nach § 4 Abs. 3 EStG können die Anschaffungskosten eines entgeltlich erworbenen **Geschäftswerts** − soweit sie noch nicht im

Wege der AfA berücksichtigt und die AfA auch nicht willkürlich unterlassen worden sind – im Zeitpunkt der **Veräußerung** als Betriebsausgabe abgezogen werden (R 16 Abs. 3 Satz 4 EStR).

Patente und **Lizenzen** sind **immaterielle Wirtschaftsgüter.** Für sie darf daher   **621**
nach § 5 Abs. 2 EStG kein Aktivposten gebildet werden, wenn sie **unentgelt-lich erworben** worden sind. Dieses Aktivierungsverbot, das auch im Rahmen der Gewinnermittlung nach § 4 Abs. 3 EStG zur Anwendung kommt, findet seine Rechtfertigung darin, daß der Wert eines immateriellen Wirtschaftsguts, das noch niemals Gegenstand des Rechtsverkehrs war, nur sehr schwer schätzbar ist (BFH-U. v. 8. 11. 79, BStBl 80 II S. 146).

j) Leasing

Bei Leasing bestimmt sich die **AfA-Berechtigung** danach, wem das Wirt-   **622**
schaftsgut zuzurechnen ist. Sie steht daher grundsätzlich dem Leasinggeber und nur bei wirtschaftlichem Eigentum des Leasingnehmers diesem zu (vgl. zum Leasing an **beweglichen** Wirtschaftsgütern BMF v. 19. 4. 71 (BStBl I S. 264) und v. 22. 12. 75 (BB 76 S. 72); an **unbeweglichen** Wirtschaftsgütern BMF v. 21. 3. 72 (BStBl I S. 188), v. 10. 10. 83 (BStBl I S. 431), v. 9. 6. 87 (BStBl I S. 440) und v. 23. 12. 91 (BStBl 92 I S. 13).

- Ist der **Leasinggegenstand dem Leasinggeber zuzurechnen**, sind die Leasingraten beim Leasinggeber Betriebseinnahmen, beim Leasingnehmer Betriebsausgaben.

Der BFH hat durch U. v. 5. 5. 94 (BStBl II S. 643) entschieden, daß **Sonder-zahlungen zu Beginn des Leasingvertrages**, die die folgenden laufenden Leasingraten verringern, als vorausgezahlte Nutzungsvergütung **sofort abzugsfä-hige** Werbungskosten sind, und nicht etwa nur in Gestalt der AfA absetzbare Anschaffungskosten für das Nutzungsrecht, wie das Finanzamt im Streitfall meinte. Dieselben Grundsätze müssen natürlich für die Gewinnermittlung nach § 4 Abs. 3 EStG gelten. Voraussetzung ist naturgemäß, daß die Leasinggesellschaft wirtschaftlicher Eigentümer des Leasinggegenstands ist.

Für die Praxis ist festzuhalten:

1. er BFH wendet das Verausgabungsprinzip des § 11 EStG strikt an.

2. Bei Nutzungsverhältnissen ist zwischen auf die Laufzeit nach § 7 EStG abzuschreibenden Aufwendungen anläßlich der Begründung des Nutzungsrechts und vorausgezahltem sofort abzugsfähigen Nutzungsentgelt zu unterscheiden.

3. Gestaltungsmißbrauch nach § 42 AO sieht der BFH nicht, weil Leasing-Sonderzahlungen wirtschaftlich vernünftig sind, indem sie das Finanzierungsrisiko des Leasinggebers und die laufenden Belastungen des Leasingnehmers vermindern.

• Ist dagegen der **Leasinggegenstand beim Leasingnehmer zu erfassen** (vgl. BFH-U. v. 26. 1. 70, BStBl II S. 264; v. 30. 5. 84, BStBl II S. 825), ist der Gegenstand i. d. R. gem. § 4 Abs. 3 Sätze 3 und 4 EStG zu behandeln; der Leasinggeber erwirbt in diesem Fall eine Kaufpreisforderung, die er, sofern er Überschußrechner ist, bei — ggfs. ratenweisem — Zufluß als Betriebseinnahme zu erfassen hat.

Zu Leasing und Umsatzsteuer vgl. Hundt-Eßwein, NWB F. 7 S. 4287 ff.

k) Mehrsteuern durch Berichtigungsveranlagungen

623   Bei der Gewinnermittlung nach § 4 Abs. 3 EStG sind abzugsfähige Mehrsteuern (ebenso wie auch abzugsfähige Steuern, z. B. USt, GewSt) stets **im Jahr der Verausgabung zu berücksichtigen.** Dies gilt sinngemäß bei der Erstattung von Steuern, die als Betriebsausgaben abgesetzt worden sind (R 20 Abs. 3 Nr. 3 EStR). Sie sind im Jahr des Zufließens als Betriebseinnahme zu erfassen.

l) Mehrwertsteuer

624   Der Stpfl: vereinnahmt und verausgabt die USt im eigenen Namen und für eigene Rechnung (FG Berlin v. 2. 12. 70, EFG 71 S. 325; FG Hamburg v. 17. 11. 89, EFG 90 S. 624; BFH-U. v. 19. 2. 75, BStBl II S. 441; R 86 Abs. 4 EStR). Bei der Gewinnermittlung nach § 4 Abs. 3 EStG gehören deshalb vereinnahmte USt-Beträge (für den Umsatz geschuldete USt und vom FA erstattete Vorsteuer) im Zeitpunkt ihrer Vereinnahmung zu den Betriebseinnahmen und verausgabte USt-Beträge (gezahlte Vorsteuern einschl. der Einfuhr-USt und an das FA abgeführte USt-Beträge) **im Zeitpunkt ihrer Verausgabung zu den Betriebsausgaben,** es sei denn, daß die Vorsteuerbeträge den Anschaffungs- oder Herstellungskosten des zugehörigen Wirtschaftsguts nach § 9b EStG zuzurechnen und diese nicht sofort abzugsfähig sind (BFH-U. v. 19. 2. 75, a. a. O. und v. 29. 6. 82, BStBl II S. 755). § 4 Abs. 3 Satz 2 EStG findet insoweit keine Anwendung. Dabei ist es unerheblich, ob der Stpfl. zum Vorsteuerabzug berechtigt ist oder nicht und ob er seine Umsätze nach den allgemeinen umsatzsteuerrechtlichen Vorschriften versteuert oder ob die USt nach § 19 Abs. 1 UStG nicht erhoben (Nullbesteuerung) wird (BdF v. 27. 5. 69 – IV B/1

– S 2142 – 1/69 –, BB S. 148; vgl. a. BFH-U. v. 19. 2. 75, a. a. O.; R 86 Abs. 4 EStR). Bei dieser Behandlung wirkt sich die **USt langfristig neutral** aus, so daß der Gleichklang mit dem Betriebsvermögensvergleich, bei dem die Umsatzsteuer von vornherein nicht gewinnwirksam gebucht wird, gewahrt ist.

Für die als Betriebsausgabe berücksichtigungsfähige USt ist es gleichgültig, **625** für welchen Zeitraum die Beträge geleistet werden.

Werden neben den nach § 18 UStG zu leistenden Beträgen **Sonderzahlungen** **626** (a-conto-Zahlungen) für nicht erklärte und demzufolge auch nicht festgesetzte USt (vorsorglich) an die Steuerkasse entrichtet, so sind diese Sonderzahlungen steuerlich noch nicht als Betriebsausgaben anzuerkennen. Die Zahlungen führen mangels Steuerfestsetzung zu einem entsprechenden Guthaben bei der Steuerkasse, über das ausweislich der übersandten Kontoauszüge der Steuerkasse jederzeit verfügt werden kann, so daß insoweit wirtschaftlich noch kein endgültiger Abfluß der geleisteten Zahlungen vorliegt.

Die Zahlungen betreffen nicht die USt. Solange die Steuerfestsetzung noch **627** aussteht, kann nicht von einer auferlegten Steuer gesprochen werden, die zum Abzug nach § 4 Abs. 3 EStG berechtigt. Falls die Geltendmachung des Anspruchs durch den Fiskus nicht innerhalb der Verjährungsfrist erfolgt, erlischt der Anspruch, so daß insoweit keine Steuern mehr gefordert werden können.

In einem ähnlich gelagerten Fall bestätigt der BFH sein U. v. 23. 9. 86 (BStBl **628** 87 II S. 219), wonach **im voraus entrichtete Leistungen** nicht im Jahr ihrer Zahlung als Werbungskosten abziehbar sind, wenn sie ohne wirtschaftlich vernünftigen Grund vorausgezahlt worden sind. In einem solchen Fall kann die bürgerlich-rechtliche Gestaltung rechtsmißbräuchlich sein, wenn sie, gemessen an dem erstrebten Ziel, unangemessen, also ungewöhnlich ist, der Steuerminderung dienen soll und bei sinnvoller, Ziel und Zweck der Rechtsordnung berücksichtigender Auslegung vom Gesetz mißbilligt wird. Dem Abzug der Aufwendungen im Jahr der Zahlung steht dann § 42 AO entgegen (BFH-U. v. 11. 8. 87, HFR 88 S. 450).

Soweit die Vorsteuer bei der USt (§ 15 UStG) abgezogen werden kann, gehört **629** sie auch bei Wirtschaftsgütern des abnutzbaren Anlagevermögens grundsätzlich nicht zu den Anschaffungs- oder Herstellungskosten (§ 9 b Abs. 1 EStG). Eine Hinzurechnung zu den Anschaffungs- oder Herstellungskosten ist aber vorzunehmen, wenn auf Grund des § 15 Abs. 2, 3 und 4 UStG der Vorsteuerabzug ganz oder teilweise nicht erfolgen kann (vgl. auch BdF-Erl. v. 28. 6. 69,

BStBl I S. 349 sowie das BMF-Schreiben v. 30. 6. 81, BStBl I S. 508). Dabei handelt es sich um die Anschaffung oder Herstellung von Anlagegütern, die der Unternehmer zur Ausführung steuerfreier Umsätze verwendet. Näheres hierzu enthalten § 9b Abs. 1 EStG i. V. mit R 86 EStR.

630   **Nicht verrechenbare Vorsteuer** gehört zu den Anschaffungs- oder Herstellungskosten und ist mit diesen wie diese innerhalb des Zeitraums der betriebsgewöhnlichen Nutzungsdauer abzuschreiben; **verrechenbare Vorsteuer** gehört nicht zu den Anschaffungs- oder Herstellungskosten und ist sofort als Betriebsausgabe abzugsfähig.

631   § 9b Abs. 1 Satz 2 EStG läßt in bestimmten Fällen ein **Wahlrecht** zu (R 86 Abs. 3 EStR). Ist nur **ein Teil des Vorsteuerbetrags** bei der USt **nicht verrechenbar,** dann kann dieser Teil den Anschaffungs- oder Herstellungskosten – mit den oben dargestellten Folgen – hinzugerechnet werden. Der Steuerpflichtige braucht dies aber nicht,

- wenn dieser Teilbetrag 25 v. H. des gesamten Vorsteuerbetrags und 500 DM nicht übersteigt oder

- wenn die zum Ausschluß vom Vorsteuerabzug führenden Umsätze nicht mehr als 3 v. H. des Gesamtumsatzes betragen.

Im letzteren Falle gehört dann die nicht „aktivierte" Vorsteuer zu den sofort abzugsfähigen Betriebsausgaben.

Beispiel:

Ein Gewerbetreibender mit Gewinnermittlung nach § 4 Abs. 3 EStG führt zu 70 v. H. umsatzsteuerpflichtige und zu 30 v. H. umsatzsteuerfreie Umsätze aus, die den Vorsteuerabzug insoweit ausschließen. Er kauft für seinen Betrieb ein abnutzbares Anlagegut für 10 000 DM + 1500 DM Umsatzsteuer. Das Wirtschaftsgut wird im Unternehmen auch den angegebenen Prozentsätzen entsprechend eingesetzt.

Umsatzsteuerlich kann der Stpfl. 70 v. H. von 1500 DM = 1050 DM abziehen. Nach § 9b Abs. 1 Nr. 1 EStG ist der Restbetrag von 450 DM zu den Anschaffungskosten des Wirtschaftsgutes zu rechnen, weil die relative Grenze (25 v. H.) überschritten ist. Es ist belanglos, daß die nicht absetzbare Vorsteuer die absolute Grenze von 500 DM nicht erreicht.

632   Das obengenannte **Wahlrecht** und die damit verbundene Vereinfachungsregelung sind aber für Wirtschaftsgüter **nicht gegeben,** deren **Vorsteuern** umsatzsteuerlich **in vollem Umfang nicht absetzbar** sind.

633   Nach dem Umsatzsteuerrecht nicht abziehbare Vorsteuer eines nicht abnutzbaren Anlageguts (z. B. Vorsteuer in den Notariatskosten beim Erwerb von betrieblich notwendigem Grund und Boden) wird gleichfalls zu den Anschaffungskosten genommen und mit diesen zusammen im besonderen Verzeichnis

des § 4 Abs. 3 Satz 5 EStG festgehalten. Bei Verkauf oder Privatentnahme des nicht abnutzbaren Anlageguts wirkt sich die Vorsteuer als Bestandteil der Anschaffungskosten gewinnmindernd aus (§ 4 Abs. 3 Satz 4 EStG).

Für die Anwendung der Vereinfachungsregelungen des § 9b Abs. 1 Nr. 1 und 2 **634** EStG ist die Aufteilung der Vorsteuer nach § 15 UStG in einen absetzbaren und einen nicht verrechenbaren Teil maßgebend. Wird diese **Aufteilung mit Wirkung für die Vergangenheit geändert,** so hat diese Korrektur u. U. auch eine Berichtigung der Anschaffungs- oder Herstellungskosten zur Folge. Aus Vereinfachungsgründen ist es jedoch nicht zu beanstanden, wenn in einem solchen Fall die durch die Änderung sich ergebenden Mehr- oder Minderbeträge an nicht abziehbarer Vorsteuer sofort als Ertrag oder Aufwand aufgezeichnet und die Anschaffungs- oder Herstellungskosten der zugehörigen Wirtschaftsgüter nicht berichtigt werden. Diese Regelung kommt allerdings nur dann zur Anwendung, wenn die Änderung der Aufteilung der Vorsteuer nur zu einer Erhöhung oder Minderung der nicht absetzbaren Vorsteuer um nicht mehr als 25 v. H. führt und der auf ein Wirtschaftsgut entfallende Korrekturbetrag an nicht abzugsfähiger Vorsteuer nicht mehr als 500 DM ausmacht.

Zu den Betriebsausgaben, die durch den Betrieb veranlaßt sind (§ 4 Abs. 4 **635** EStG), gehört neben dem reinen Preis für Waren, Betriebsstoffe, Büromaterialien und andere sofort abzugsfähige Wirtschaftsgüter auch die gesondert in Rechnung gestellte Vorsteuer. Die Vorsteuer ist in jedem Falle abzugsfähig. Das gilt sowohl dann, wenn sie nach § 9b EStG zu den Anschaffungskosten oder – wie dies allgemein bei Einkäufen von Waren usw. der Fall ist – nicht zu den Anschaffungskosten zu rechnen ist.

Die **Verbuchung** kann – wie bei den Betriebseinnahmen – **im Brutto- oder** **636** **Nettoverfahren** erfolgen, also in einem Betrag (Summe der Bruttobeträge) oder in zwei Beträgen (Summe der Nettobeträge und Summe der Vorsteuerbeträge). Unternehmer, die ihre Vorsteuern nach Durchschnittsätzen (§ 23 UStG i. V. m. §§ 69 und 70 UStDV) ermitteln, brauchen die Vorsteuer nicht besonders aufzuzeichnen. Sie werden i. d. R. die Bruttobeträge ansetzen.

Wird der **Vorsteuerabzug** nach § 15a UStG **berichtigt,** weil sich beispiels- **637** weise bei einem Wirtschaftsgut die Verhältnisse, die im Kalenderjahr der erstmaligen Verwendung im Betrieb für den Vorsteuerabzug maßgebend waren, geändert haben, so sind die Mehrbeträge als Betriebseinnahmen und die Minderbeträge als Betriebsausgaben zu behandeln. Auch hier unterbleibt eine Änderung der Anschaffungs- oder Herstellungskosten dieses Wirtschaftsguts.

638   Die Berichtigung nach § 9 b Abs. 2 EStG ist nicht identisch mit der Änderung des umsatzsteuerlichen Aufteilungsmaßstabes der Vorsteuer.

639   Der **Zeitpunkt des Vorsteuerabzugs** richtet sich nach § 15 Abs. 1, § 16 Abs. 2 und § 18 Abs. 2 UStG. Nach § 16 Abs. 2 Satz 1 sind die in den VZ fallenden, nach § 15 UStG abziehbaren Vorsteuerbeträge abzusetzen. Danach besteht keine Möglichkeit, dem Unternehmer den Vorsteuerabzug nach dem Ist zu gestatten (OFD Düsseldorf v. 6. 8. 70 S 7522 A – St 641 – P. 16).

640   Nimmt der Unternehmer die **Bewertungsfreiheit des § 6 Abs. 2 EStG** in Anspruch, so ist mit den Anschaffungs- oder Herstellungskosten auch die an den Lieferanten gezahlte **Vorsteuer als Betriebsausgabe** zu erfassen.

Macht der Unternehmer **keinen Gebrauch von der Bewertungsfreiheit** und verteilt er die Anschaffungs- oder Herstellungskosten auf die betriebsgewöhnliche Nutzungsdauer, so ist die gezahlte Vorsteuer ebenfalls sofort als Betriebsausgabe zu behandeln, wenn sie nicht zu den Anschaffungs- oder Herstellungskosten rechnet (§ 9 b Abs. 1 Satz 1 EStG). Dagegen erscheinen Vorsteuerbeträge, die bei der Umsatzsteuer nicht verrechenbar sind und die nach § 9 b Abs. 1 Satz 1 EStG zu den Anschaffungs- oder Herstellungskosten gehören, im Laufe der betriebsgewöhnlichen Nutzungsdauer im Rahmen der **AfA** als Betriebsausgabe. Für den Zeitpunkt des Abzugs als Betriebsausgabe ist somit entscheidend, ob die Vorsteuerbeträge bei der Umsatzsteuer abzugsfähig sind oder nicht. Interessant wird die Frage des Abzugs als Betriebsausgabe dann, wenn im Rahmen eines Anschaffungsvorgangs für geringwertige Wirtschaftsgüter Vorauszahlungen oder Anzahlungen geleistet werden.

641   Bei der Prüfung, ob geringwertige Wirtschaftsgüter nach § 6 Abs. 2 EStG vorliegen, weil die Anschaffungs- oder Herstellungskosten 800 DM nicht übersteigen, ist stets von den **Nettoanschaffungs- oder -herstellungskosten** (also nach Abzug der zugehörigen Vorsteuer) auszugehen. Dabei bleibt unbeachtlich, ob der Unternehmer umsatzsteuerlich die Vorsteuer abziehen kann oder nicht (R 86 Abs. 5 EStR).

642   Liegt demnach ein geringwertiges Wirtschaftsgut vor und ist der Stpfl. voll zum Vorsteuerabzug berechtigt, sind die Nettoanschaffungs- oder -herstellungskosten im Zeitpunkt der **vollendeten Anschaffung oder Fertigstellung den Betriebsausgaben zuzurechnen**, während die **Vorsteuer erst bei Zahlung** an den Lieferanten die Betriebsausgaben erhöht.

Beispiel:

Ein Unternehmer mit Gewinnermittlung nach § 4 Abs. 3 EStG hat im November 1993 ein geringwertiges Wirtschaftsgut zum Preis von 600 DM + 90 DM USt für seinen Betrieb gekauft. Er zahlt die 690 DM erst im Februar 1994. Der Unternehmer ist voll zum Vorsteuerabzug berechtigt.

Macht der Unternehmer von der Bewertungsfreiheit des § 6 Abs. 2 EStG insofern Gebrauch, daß er die Anschaffungskosten sofort als Betriebsausgaben berücksichtigen will, so sind die Anschaffungskosten von 600 DM in 1993 und die Vorsteuer bei Bezahlung 1994 als Betriebsausgaben aufzuzeichnen.

Könnte der Unternehmer umsatzsteuerlich die Vorsteuer nicht absetzen, wären die Anschaffungskosten von 690 DM Betriebsausgabe 1993.

Hat sich im Beispielsfall der Unternehmer für die Verteilung der Anschaffungskosten auf die Nutzungsdauer des Wirtschaftsgutes entschieden, sind die 600 DM die AfA-Bemessungsgrundlage und die Vorsteuer bleibt weiterhin Betriebsausgabe 1994.

Wertabgaben aus dem Betriebs- in das Privatvermögen werden auch bei der Überschußrechnung nach § 4 Abs. 3 EStG in der Weise berücksichtigt, daß sie als fiktive Betriebseinnahme anzusetzen sind (BFH-U. v. 18. 9. 86, BStBl II S. 907). Nach dem BFH-U. v. 8. 10. 81 – IV R 90/80 (n. v.) kommt es bei der Gewinnermittlung nach § 4 Abs. 3 EStG darauf an, wann der USt auslösende und Selbstkosten verursachende Entnahmetatbestand verwirklicht wurde (BFH-U. v. 25. 4. 90, BStBl II S. 742). Die nach § 4 Abs. 5 EStG nichtabziehbaren Betriebsausgaben sind keine Entnahmen i. S. des § 4 Abs. 1 Satz 2 EStG. Die für Entnahmen aus dem Teilwertgedanken entwickelte Einbeziehung der USt in die Bewertung der betrieblichen Wertabgabe gilt für andere Eigenverbrauchstatbestände, die keine Entnahmen sind, nicht. 643

Nach § 19 Abs. 2 UStG ist eine **Option zur Regelbesteuerung** möglich. Der Unternehmer kann dem FA bis zur Unanfechtbarkeit der Steuerfestsetzung erklären, daß er auf die Nichtbesteuerung nach § 19 Abs. 1 UStG verzichtet; diese Erklärung bindet den Unternehmer nach Eintritt der Unanfechtbarkeit für mindestens 5 Kalenderjahre. Die Option lohnt sich aus der Sicht des Unternehmers auch nach Wegfall des Steuerabzugsbetrages dann, wenn er seine Leistungen an zum Vorsteuerabzug berechtigte Unternehmer erbringt. Diese Unternehmer werden wegen ihrer Abzugsberechtigung bereit sein, die USt zusätzlich zum Entgelt zu zahlen. Der Unternehmer kann dann seinerseits die angefallenen Vorsteuern, gegebenenfalls mit einem Durchschnittssatz nach § 23 UStG, abziehen. 644

Für die Frage, ob sich die Option ab 1990 noch lohnt, muß aber auch die **Einkommensteuer-Belastung** in Betracht gezogen werden. Im Fall der Gewinnermittlung nach § 4 Abs. 3 EStG ist die vom Leistungsempfänger zusätzlich gezahlte Umsatzsteuer Betriebseinnahme, die an das Finanzamt entrichtete USt (Zahllast) Betriebsausgabe beim Unternehmer. Bei einem Stpfl., der die 645

Betriebsausgaben einzeln ermittelt, wirkt sich die ab 1990 höhere Zahllast voll gewinnmindernd aus. Bei einem Stpfl., der für den Betriebsausgabenabzug eine zugelassene Pauschale ansetzt (z. B. beim nebenberuflichen Schriftsteller 25 v. H. der Einnahmen, höchstens 1200 DM), ist das jedoch nicht der Fall. In den letzteren Fällen dürfte es sich daher empfehlen, zum frühestmöglichen Zeitpunkt zur Nichtbesteuerung nach § 19 Abs. 1 UStG zurückzukehren.

646 *Zusammenfassung (Die Umsatzsteuer als Betriebsausgabe)*

* Verausgabung durch Zahlung an Lieferanten im Zusammenhang mit der Anschaffung von Wirtschaftsgütern des abnutzbaren Anlagevermögens

Erwirbt der Unternehmer Wirtschaftsgüter des abnutzbaren Anlagevermögens, so ist für die einkommensteuerrechtliche Behandlung der an einen anderen Unternehmer gezahlten USt (Vorsteuer) die Frage des Vorsteuerabzugs nach § 15 UStG von Bedeutung. Ist die Vorsteuer bei der USt abziehbar, so ist die Vorsteuer im Zeitpunkt der Zahlung an den Lieferanten Betriebsausgabe.

Sind bei einem Unternehmer angefallene Vorsteuerbeträge bei der USt nicht abzugsfähig, so gehören diese nach § 9b Abs. 1 EStG zu den Anschaffungs- oder Herstellungskosten des Wirtschaftsguts des abnutzbaren Anlagevermögens und sind nur im Rahmen der AfA nach § 7 EStG als Betriebsausgabe abzugsfähig.

* Verausgabung durch Zahlung bei der Anschaffung eines Wirtschaftsguts des nicht abnutzbaren Anlagevermögens

Erwirbt ein Unternehmer ein Wirtschaftsgut des nicht abnutzbaren Anlagevermögens, so ist auch hier für die einkommensteuerrechtliche Behandlung der gezahlten Vorsteuer die Frage des Vorsteuerabzugs von Bedeutung. Ist die Vorsteuer bei der USt abziehbar, so ist die Vorsteuer im Zeitpunkt der Zahlung als Betriebsausgabe abzugsfähig.

Sind bei einem Unternehmen die beim Erwerb eines Wirtschaftsguts des nicht abnutzbaren Anlagevermögens angefallenen Vorsteuerbeträge bei der USt nicht abzugsfähig, so gehören sie nach § 9b Abs. 1 EStG zu den Anschaffungs- oder Herstellungskosten dieses Wirtschaftsguts. Die Anschaffungskosten sind dann erst im Zeitpunkt der Veräußerung oder Entnahme als Betriebsausgabe abzugsfähig.

* Verausgabung durch Zahlung an Lieferanten im Zusammenhang mit der Anschaffung von Wirtschaftsgütern des Umlaufvermögens

Die anfallenden Vorsteuerbeträge sind im Zeitpunkt der Zahlung an den Lieferanten gem. § 11 Abs. 2 EStG Betriebsausgabe. Der Bruttorechnungsbetrag wird im Zeitpunkt der Zahlung als Betriebsausgabe aufgezeichnet. Die umsatzsteuerliche Behandlung ist unbeachtlich, d. h. die Berechtigung zum Vorsteuerabzug braucht nicht untersucht zu werden.

• Verausgabung durch Bezahlung von Kostenrechnungen

Die Vorsteuerbeträge in Kostenrechnungen sind wie die in Waren- und Materialbezügen enthaltenen Vorsteuerbeträge zu behandeln. Auch in diesem Fall braucht die Berechtigung zum Vorsteuerabzug nicht untersucht zu werden.

• Anschaffung geringwertiger Wirtschaftsgüter des abnutzbaren beweglichen Anlagevermögens

Die bei der Anschaffung dieser Wirtschaftsgüter anfallenden Vorsteuern sind ebenfalls abzugsfähig.

• Überweisung von Umsatzsteuerbeträgen an die Finanzkasse

Als Betriebsausgabe abzugsfähig sind die an das FA abgeführten Umsatzsteuerbeträge. **Nicht als Betriebsausgabe abzugsfähig** ist grundsätzlich die in der USt-Zahllast enthaltene **USt auf Eigenverbrauch.** Diese gehört gemäß § 12 Nr. 3 EStG zu den Lebenshaltungskosten und muß aus der USt-Zahllast ausgeschieden werden. Diese Kürzung unterbleibt jedoch, wenn der Eigenverbrauch mit den Bruttobeträgen (einschließlich USt auf Eigenverbrauch) als fiktive Betriebseinnahme angesetzt worden ist.

(unbesetzt)   647–649

m) Mietvorauszahlungen

Die Behandlung von Mieterzuschüssen bei Gewerbetreibenden, Freiberuflern   650
und Land- und Forstwirten, die ihren Gewinn nach § 4 Abs. 3 EStG ermitteln,
ist in R 163 Abs. 3 EStR geregelt. Danach gilt:

Mieterzuschüsse sind beim **Zuschußempfänger (Vermieter)** in dem Veranlagungszeitraum als Mieteinnahmen anzusetzen, in dem sie ihm zufließen (§ 11 Abs. 1 Satz 1 EStG; R 163 Abs. 3 Nr. 1 Satz 1 EStR). Zur Vermeidung von Härten können sie aber so behandelt werden, als ob sie dem Vermieter, verteilt auf die Jahre des Mietvertrags, zufließen würden (R 163 Abs. 3 Nr. 1 Satz 2 EStR). Als vereinnahmte Miete ist dabei jeweils die tatsächlich gezahlte Miete zuzüglich des anteilig auf ein Jahr entfallenden Vorauszahlungsbetrags anzusetzen (R 163 Abs. 3 Nr. 1 Satz 3 EStR).

651   Diejenigen **Zuschußgeber (Mieter)**, bei denen die Zuschüsse (Mietvorauszahlungen) Betriebsausgaben darstellen, können sie nach § 11 Abs. 2 Satz 1 EStG im Zeitpunkt der Zahlung bei der Ermittlung ihrer Einkünfte abziehen. Vgl. BFH-U. v. 5. 5. 94 BStBl II S. 643).

Nach FG Bremen v. 22. 12. 87 (EFG 88 S. 205) ist ein aufgrund einer Mietvorauszahlung erworbenes Nutzungsrecht (Mietrecht) nur dann ein „aktivierungspflichtiges" immaterielles Wirtschaftsgut des Anlagevermögens, wenn dafür ein besonderes – zusätzliches – Entgelt gezahlt worden ist. Eine Mietvorauszahlung selbst ist hiernach kein entgeltlicher Erwerb eines Nutzungsrechts.

Ermittelt eine Praxisgemeinschaft ihren Gewinn nach § 4 Abs. 3 EStG, können die Kosten (Mietvorauszahlung) im Jahr der Verausgabung als Betriebskosten abgesetzt werden (FG des Saarlandes v. 3. 12. 91, rkr., EFG 92 S. 581).

n) Patententwicklungskosten

652   Die zur Entwicklung von Patenten gemachten Aufwendungen (wie z. B. Rechtssicherheitskosten, Büro- und andere Kosten) dürfen nach dem BFH-U. v. 8. 11. 79 (BStBl 80 II S. 146) nicht aktiviert werden. Dies gilt auch für Steuerpflichtige, die ihren Gewinn nach § 4 Abs. 1 oder § 4 Abs. 3 EStG ermitteln.

o) Promotionskosten

653   Die Kosten der nochmaligen Promotion eines frei praktizierenden Arztes zum Dr. med. sind i. d. R. keine Betriebsausgaben (BFH-U. v. 2. 3. 78, BStBl II S. 431).

p) Raumkosten

654   In den dem Urteil des FG Münster v. 2. 7. 81 (EFG 82 S. 177) zugrundeliegenden Streitfall konnte der Steuerpflichtige, ein Arzt, vorhersehen, daß er seine in einem Sanierungsgebiet belegenen Praxisräume würde aufgeben müssen. Er errichtete deshalb ein Einfamilienhaus, in dessen Kellergeschoß er drei Räume für eine neue Praxis ausgestaltete. Da sich die Sanierung verzögerte, behielt er seine alten Praxisräume zunächst bei und benutzte die neue Wohnung nur an den Wochenenden. Da die **Kellerräume** objektiv erkennbar zum unmittelbaren Einsatz **als Praxisräume** geeignet und bestimmt waren, betrachtete sie das FG als notwendiges Betriebsvermögen. Die Tatsache, daß sie einige Zeit noch nicht für betriebliche Zwecke genutzt wurden, hielt das Gericht unter diesen Umständen für unerheblich.

q) Renten an Arbeitnehmer

Bei Pensionszusagen an Arbeitnehmer können im Rahmen der § 4 Abs. 3 655
EStG-Gewinnermittlung keine Rückstellungen gebildet werden. Es werden
vielmehr erst die tatsächlichen Rentenzahlungen als Betriebsausgaben abgezogen. Das kann zu ganz erheblichen steuerlichen Nachteilen in Form von
Zinsverlusten führen. U. U. kann es gerechtfertigt sein, zur Vermeidung dieser
Nachteile zur Gewinnermittlung durch **Bestandsvergleich überzugehen** und
eine **Pensionsrückstellung zu bilden**. Geht ein Überschußrechner zum Bestandsvergleich über, so kann er unter den Voraussetzungen des § 6 a EStG
eine Rückstellung bilden, ohne daß das sog. **Nachholverbot** des § 6 a Abs. 4
EStG dem entgegensteht (Offerhaus, BB 77 S. 1493).

r) Sachzuwendungen an Arbeitnehmer

Bei der Überschußrechnung tritt eine Gewinnminderung bereits im Zeit- 656
punkt der Bezahlung der Wirtschaftsgüter (Waren) durch den Arbeitgeber
ein. Die Hingabe der Wirtschaftsgüter als Arbeitslohn an den Arbeitnehmer
findet dann keinen buchmäßigen Niederschlag mehr.

s) Schwebende Geschäfte

Ein „schwebendes Geschäft" ist gegeben, wenn ein Vertrag bürgerlich-recht- 657
lich abgeschlossen, jedoch — wenigstens zur Hauptpflicht — noch von keiner
Seite voll erfüllt ist, wobei nur die vollständige Erfüllung einer sich daraus
ergebenden Zahlungsverpflichtung grundsätzlich nicht ausreicht, um den
Schwebezustand zu beenden; vgl. zum Begriff des „schwebenden Geschäf-
tes" BFH-U. v. 8. 12. 82 (BStBl 83 II S. 369).

Bei der Überschußrechnung nach § 4 Abs. 3 EStG kann sich die Frage der
Bilanzierung von schwebenden Geschäften nicht stellen. Die Überschußrechnung kennt nach § 4 Abs. 3 Satz 1 EStG nur Betriebseinnahmen und Betriebs-
ausgaben, für deren Berücksichtigung und Aufzeichnung allein das Zu- oder
Abfließen (§ 11 EStG) maßgebend ist. Danach ergibt sich für schwebende
Geschäfte eine Berücksichtigung grundsätzlich erst und nur dann, wenn eine
Geldbewegung vorliegt, wie es z. B. der Fall ist, wenn eine Anzahlung geleistet
oder empfangen wurde. Die auf **Kredit** erfolgte Lieferung einer Ware dagegen
wäre hier nicht zu berücksichtigen. Die sich aus § 4 Abs. 3 Sätze 3, 4 und 5
EStG ergebenden Besonderheiten können in dem vorliegenden Zusammen-
hang außer Betracht bleiben.

t) Tauschgeschäfte und tauschähnliche Geschäfte

658   Als Tauschvorgänge kommen in Betracht:

- der **Tausch i. S.** des **§ 515 BGB**, nämlich der Umsatz eines individuellen Werts gegen einen anderen individuellen Wert;

- die **Annahme einer anderen als der geschuldeten (Geld-)Leistung** gem. § 364 BGB an Erfüllungs Statt oder erfüllungshalber.

659   Beim Tausch von Wirtschaftsgütern kommt es auch bei Überschußrechnung regelmäßig zu einer **Gewinnrealisierung**. Der **gemeine Wert** (§ 9 BewG) **des erworbenen**, nicht des hingegebenen **Wirtschaftsguts** (vgl. BFH-U. v. 17. 4. 86, BStBl II S. 607; Groh, Festschrift für Döllerer S. 157, 163) ist als **Betriebseinnahme, die noch nicht als Betriebsausgaben abgesetzten Anschaffungs- oder Herstellungskosten des hingegebenen Wirtschaftsguts** sind wie bei einer Veräußerung gegen Geld als **Betriebsausgaben** abzusetzen.

660   Bei Tauschgeschäften stellt der **gemeine Wert des hingegebenen Wirtschaftsguts** die **Anschaffungskosten** für das erworbene Wirtschaftsgut dar (BFH-U. v. 14. 12. 82, BStBl 83 II S. 303). Die Vorschriften bezüglich der AfA sind sowohl beim Ausscheiden des Wirtschaftsguts (Restbuchwert) als auch beim Erwerb, z. B. auch gegen Wirtschaftsgüter des Umlaufvermögens, zu berücksichtigen; d. h. das angeschaffte abnutzbare Wirtschaftsgut ist nach § 4 Abs. 3 Satz 3 i. V. m. § 7 EStG zu behandeln, das nicht abnutzbare nach § 4 Abs. 3 Satz 4 EStG. Das hat zur Folge, daß

- die Anschaffungskosten von im Tauschwege erworbenen abnutzbaren Anlagegütern auf die betriebsgewöhnliche Nutzungsdauer zu verteilen sind,

- die Anschaffungskosten von im Tauschwege erworbenen nicht abnutzbaren Anlagegütern erst im Zeitpunkt der Veräußerung oder Entnahme als Betriebsausgaben abgezogen werden dürfen.

661   Im allgemeinen werden sich Wert von Leistung und Gegenleistung entsprechen. Es sind aber auch Fälle denkbar, in denen das nicht der Fall ist. In Fällen dieser Art ist der gemeine Wert des jeweiligen Gegenstandes maßgeblich.

662   Zur Behandlung von Tauschvorgängen im Rahmen der Überschußrechnung nach § 4 Abs. 3 EStG vgl. ferner BFH-U. v. 17. 4. 86 (BStBl II S. 607). Der BFH macht zunächst grundsätzliche Ausführungen zur Überschußrechnung nach § 4 Abs. 3 EStG, allerdings nicht sehr klar und systematisch. Er geht

zutreffend von der Behandlung von Einnahmen und Ausgaben aus, denen Zahlungsvorgänge zugrunde liegen. Diese Vorgänge werden im Zeitpunkt der Zahlung erfaßt. Warum hiervon „abgegangen" werden muß, wenn es sich um den Zu- oder Abgang von Sachgütern handelt, ist nicht verständlich. Denn schließlich sagt der BFH selbst am Schluß dieses Absatzes als Zusammenfassung: „Wie Geldzugänge sind Sacheinnahmen in dem Zeitpunkt als Betriebseinnahme zu erfassen, in dem der Sachwert zugeht."

Wenn der **Sachwert betrieblich verwendet** wird, ist in der gleichen Höhe wie bei der Betriebseinnahme, und zwar sofort, eine Betriebsausgabe zu buchen.

Beispiel:

Ein Anwalt erhält von einem Klienten (Schreibwarenhändler) Schreibmaterial, das er seinen Angestellten für ihre Büroarbeit gibt. Der Sachwert ist gleichzeitig Betriebseinnahme und Betriebsausgabe.

Wird der empfangene **Sachwert** nicht betrieblich, sondern **privat verwendet**, verbleibt es bei der Verbuchung der Einnahme.

Beispiel:

Der Anwalt erhält von einem Klienten (Radioeinzelhändler) eine Schallplatte. Eine eindeutig private Verwendung führt dazu, wenn es sich um Entgelt für eine Leistung handelt, daß nur die Sacheinnahme verbucht wird, sonst nichts.

Zum Tauschvorgang bei der Überschußrechnung macht der BFH – obwohl dieser Sachverhalt im Leitsatz besonders hervorgehoben ist – sehr dürftige Ausführungen, denen folgendes zu entnehmen ist: Werden zum Betriebsvermögen gehörige Gegenstände getauscht, so sind die eingetauschten Gegenstände als Betriebseinnahmen zu verbuchen, gleichgültig wie sie verwendet werden. Ob gleichzeitig eine Betriebsausgabe zu buchen ist, richtet sich nach der Verwendung der eingetauschten Gegenstände – wie die Beispiele zeigen.

Die vorstehenden Grundsätze gelten nicht für Wirtschaftsgüter des Anlagevermögens, weil für diese die Sondervorschriften des § 4 Abs. 3 Sätze 3 und 4 EStG geschaffen wurden. **Die Beispiele gelten also nur für Umlaufvermögen.**

Wird der Tauschvorgang in folgender Weise **zerlegt**, ist sichergestellt, daß Leistung und Gegenleistung in ihrer Auswirkung auf den Gewinn zutreffend erfaßt werden: 663

• Zerlegung des einheitlichen Tauschgeschäfts in seine Bestandteile, nämlich Hingabe und Empfang einer Leistung;

- Feststellung, welchem Bereich der Gegenstand von Leistung und Gegenleistung zuzuordnen ist;

- ist der Gegenstand von Leistung und Gegenleistung dem betrieblichen Bereich zuzuordnen, ist die unterschiedliche Behandlung der verschiedenen Vermögensarten zu beachten.

664   *Zusammenfassung (Tauschvorgänge)*

- *Ware wird gegen Ware getauscht*

Die Entgegennahme der Ware führt zur Einnahmebuchung, während die Ausgabebuchung für die hingegebene Ware bereits früher bei Bezahlung des Einkaufs vorgenommen worden war. Wird unter Zuzahlung getauscht (Tausch mit Baraufgabe), so ist der Zuzahlungsbetrag als Ausgabe (für Ware) zu buchen. Gleichzeitig ist die vereinnahmte Ware wieder als Betriebsausgabe zu behandeln.

- *Ware wird gegen abnutzbares Anlagegut getauscht*

Die Anschaffungskosten der hingegebenen Ware hatten sich bereits bei Bezahlung als Betriebsausgabe ausgewirkt. Das empfangene abnutzbare Anlagegut ist dagegen mit dessen Wert als Betriebseinnahme zu behandeln. Alsdann ist es zu inventarisieren und von dem Zeitpunkt des Tausches an abzuschreiben.

- *Ware wird gegen nicht abnutzbares Anlagegut getauscht*

Die Ausführungen zu Punkt 8 gelten entsprechend.

- *Ware wird gegen Wirtschaftsgut zum Verbrauch oder gegen Dienstleistungen für betriebliche Zwecke getauscht*

Die Anschaffungskosten der hingegebenen Ware hatten sich bereits bei Bezahlung als Betriebsausgabe ausgewirkt. Der empfangene Sachwert oder Wert der Dienstleistung ist Betriebseinnahme und zugleich Betriebsausgabe.

- *Abnutzbares Anlagegut wird gegen Ware getauscht*

Der Restbuchwert des hingegebenen Anlageguts ist als Betriebsausgabe zu behandeln, während der empfangene Gegenwert in Waren als Betriebseinnahme zu berücksichtigen ist. Zugleich aber wird die eingetauschte Ware als Betriebsausgabe verbucht.

- *Abnutzbares Anlagegut wird gegen abnutzbares Anlagegut getauscht*

  Der Restbuchwert des hingegebenen Anlageguts ist als Betriebsausgabe, der empfangene Gegenwert hingegen als Betriebseinnahme zu berücksichtigen. Von dem erworbenen Anlagegut sind künftig AfA vorzunehmen.

  Wegen ertauschter Wirtschaftsgüter zum persönlichen Gebrauch s. Rdn. 388 ff.

- *Abnutzbares Anlagegut wird gegen nicht abnutzbares Anlagegut getauscht*

  Der Restbuchwert des hingegebenen Anlageguts ist als Betriebsausgabe, der empfangene Gegenwert hingegen als Betriebseinnahme zu berücksichtigen.

  Eine Berücksichtigung als Betriebsausgabe erfolgt erst bei Veräußerung oder Entnahme.

- *Nicht abnutzbares Anlagegut wird gegen Ware getauscht*

  Die Anschaffungskosten für das nicht abnutzbare Anlagegut sind Betriebsausgaben im Zeitpunkt der Hingabe. Der empfangene Gegenwert in Waren ist Betriebseinnahme und zugleich Betriebsausgabe.

- *Nicht abnutzbares Anlagegut wird gegen abnutzbares Anlagegut getauscht*

  Die Anschaffungskosten für das nicht abnutzbare Anlagegut sind Betriebsausgaben im Zeitpunkt der Hingabe. Der empfangene Gegenwert ist hingegen als Betriebseinnahme zu berücksichtigen. Von dem erworbenen Anlagegut sind künftig AfA vorzunehmen.

- *Abnutzbares Anlagegut wird gegen Dienstleistung für betriebliche Zwecke getauscht*

  Der Restbuchwert des hingegebenen Anlageguts ist als Betriebsausgabe zu behandeln. Der empfangene Wert der Dienstleistung ist Betriebseinnahme und zugleich Betriebsausgabe.

- *Betriebliche Dienstleistung wird gegen für Privatzwecke bestimmte Leistungen getauscht*

  Der empfangene Wert der privaten Dienstleistung ist als Betriebseinnahme zu behandeln. Vgl. im übrigen Rdn. 405 f.

Zur Umsatzsteuer vgl. Abschn. 153 Abs. 1 UStR sowie Abschn. 153 Abs. 4 **665** UStR 1992 (= Abschn. 153 Abs. 3 UStR 1988).

666–671 *(unbesetzt)*

u) Teilhaberversicherung

672 **Versicherungen auf den Lebens- oder Todesfall oder Risikolebensversicherungen**, die ein Unternehmer oder eine Personengesellschaft für ihre Gesellschafter abschließt, sind ausschließlich dem **Privatvermögen** zuzuordnen. Sie decken keine betrieblichen Risiken ab, sondern dienen allein der persönlichen Daseinsvorsorge und sind daher privat veranlaßt (s. BFH-U. v. 11. 5. 89, BStBl II S. 657; v. 10. 4. 90, BStBl II S. 1017; v. 7. 8. 90, BFH/NV 91 S. 94; v. 13. 3. 91, BFH/NV S. 736; v. 22. 3. 94, BFH/NV S. 782). Ob Versicherungsverträge zum betrieblichen Bereich gehören, beurteilt sich nach ständiger Rechtsprechung nach der Art des versicherten Risikos. Mit Urteil v. 6. 2. 92 (BStBl II S. 653) hat der BFH entschieden, daß die von einer Personengesellschaft auf das Leben ihrer Gesellschafter abgeschlossene Lebensversicherung auch dann nicht zum Betriebsvermögen gehört, wenn die Versicherungsleistungen zur Abfindung der Hinterbliebenen von verstorbenen Gesellschaftern verwendet werden sollen. Der BFH führt aus, daß es dabei keinen Unterschied macht, ob die Gesellschaft eine Risikoversicherung oder eine Kapitalversicherung auf das Leben ihres Gesellschafters unterhält (Abkehr von der Rechtsprechung des RFH).

v) Umbaukosten

673 In Anwendung der Grundsätze der BFH-Urteile v. 26. 2. 75 – I R 32/73 und I R 184/73 (BStBl II S. 443) hat der BdF im Schreiben v. 15. 1. 76 (BStBl I S. 66) zur ertragsteuerlichen Behandlung der **Mietereinbauten** und **Mieterumbauten** Stellung genommen. Die in dem BdF-Schreiben dargestellten Grundsätze gelten für alle Gewinnermittlungsarten. Mietereinbauten können im Betriebsvermögen des Mieters aktiviert werden, wenn es sich um Herstellungsaufwand handelt und die Einbauten als gegenüber dem Gebäude selbständige Wirtschaftsgüter zu qualifizieren sind (BFH-U. v. 28. 7. 93, BStBl 94 II S. 164).

w) Unfallversicherung

674 Ein Freiberufler, bei dem eine erhöhte berufliche Unfallgefahr besteht, kann, auch wenn er seinen Gewinn nach § 4 Abs. 3 EStG ermittelt, insoweit die **Prämienzahlung** für eine Unfallversicherung als Betriebsausgabe absetzen, als der Abschluß des Versicherungsvertrages beruflich veranlaßt ist. Der betriebliche Anteil ist ggfs. zu schätzen (z. B. nach der beruflichen bzw. privaten Nutzung des Kraftfahrzeugs). Bei einer Unfallversicherung mit Prämienrückgewähr kann der Teil der Prämie, den der Versicherer dem Deckungskapital zuführt, nicht als Betriebsausgabe behandelt werden (BFH-U. v. 5. 8. 65, BStBl III S. 650).

x) Veräußerungsgeschäfte

aa) Veräußerung abnutzbarer Anlagegüter

Die sich beim Verkauf von betrieblichen Gebäuden, Gebäudeteilen und son- 675
stigen abnutzbaren Anlagegütern ergebenden Entgelte sind zu den Betriebseinnahmen zu rechnen. Dabei werden die Einnahmen nach R 86 Abs. 4 EStR mit dem Rechnungsbetrag und der dazu gesondert berechneten USt **(Bruttobetrag)** erfaßt.

Bei Veräußerung **geringwertiger Wirtschaftsgüter** entstehen Betriebseinnahmen in Höhe des Veräußerungserlöses, soweit die Anschaffungskosten nach § 6 Abs. 2 EStG abgesetzt waren, sonst wie Rdn. 678.

Derartige Erlöse fallen bei der Überschußrechnung nur an, wenn **Wirt-** 676
schaftsgüter des notwendigen Betriebsvermögens veräußert werden. Gewillkürtes Betriebsvermögen i. S. des Betriebsvermögensvergleichs kennt die Gewinnermittlung nach § 4 Abs. 3 EStG nicht (R 16 Abs. 6 EStR). Werden abnutzbare Wirtschaftsgüter des Anlagevermögens (mit Ausnahme von Gebäuden) teilweise eigenbetrieblich, teilweise privat genutzt (z. B. Pkw), so können derartige Gegenstände nur ganz dem Betriebs- oder ganz dem Privatvermögen zugeordnet werden. Ein Wirtschaftsgut, das zu mehr als 50 % dem eigenen Betrieb dient, rechnet zum Betriebsvermögen, während ein Wirtschaftsgut, das zu 50 % oder mehr privat verwendet wird, zum Privatvermögen gehört (BFH-U. v. 13. 3. 64, BStBl III S. 455). Demnach kann sich beim Verkauf eines solchen **gemischtgenutzten Wirtschaftsguts** nur dann eine Betriebseinnahme ergeben, wenn es zu mehr als 50 % dem eigenen Betrieb diente. In diesem Falle ist der gesamte Unterschiedsbetrag zwischen Buchwert und Veräußerungserlös Gewinn aus Gewerbebetrieb (BFH-U. v. 24. 9. 59, BStBl III S. 466).

Bei **Gebäuden** ist eine derartige Differenzierung nicht erforderlich, weil nach 677
R 13 Abs. 7 EStR eigenbetrieblich genutzte Gebäudeteile zum notwendigen Betriebsvermögen zählen.

678   Veräußert ein Betriebsinhaber ein einzelnes Wirtschaftsgut gegen auf festbestimmte Zeit vereinbarte laufende Bezüge (**Zeitrente**), so ist der in den einzelnen Rentenbeträgen enthaltene Zinsanteil als Betriebseinnahme zu erfassen. – Mit dem für die Gewinnermittlung maßgebenden Wert des veräußerten Wirtschaftsguts sind nur die in den einzelnen Rentenbeträgen enthaltenen Tilgungsanteile zu verrechnen (BFH-U. v. 20. 8. 70, BStBl II S. 807).

Der Veräußerungserlös ist Betriebseinnahme, der Restbuchwert Betriebsausgabe, und zwar in Anknüpfung an § 7 EStG grundsätzlich im Jahr der Veräußerung ohne Rücksicht auf die Zahlung (R 16 Abs. 3 Satz 4 EStR; Kirchhof/Söhn, Anm. D 166).

Nach dem BFH-U. v. 16. 2. 95 IV R 29/94 ist im Rahmen der Gewinnermittlung nach § 4 Abs. 3 EStG auch der Erlös aus dem Verkauf eines Wirtschaftsgutes (des Anlagevermögens) erst im Jahre des Zuflusses des Veräußerungserlöses als Betriebseinnahme anzusetzen.

679   Bis zur Veräußerung eines Wirtschaftsguts **unterbliebene AfA** kann im Jahr der Veräußerung nachgeholt werden, soweit die AfA nicht willkürlich unterlassen worden ist (R 16 Abs. 3 Satz 4 EStR unter Hinweis auf das BFH-U. v. 7. 10. 71, BStBl 72 II S. 271). Entsprechendes gilt bei einer Entnahme.

680   Ermittelt der Veräußernde den Gewinn nach § 4 Abs. 3 EStG, sind die ihm zufließenden Rentenzahlungen nach den Grundsätzen des § 11 Abs. 1 EStG im Jahr des Zuflusses steuerpflichtige Einnahmen, denen der Buchwert des veräußerten Wirtschaftsguts und die vom Veräußernden übernommenen Veräußerungskosten gegenüberstehen. Entsprechendes gilt bei Veräußerung eines Wirtschaftsguts gegen **Kaufpreisraten**. Vgl. BFH-U. v. 28. 3. 84 (BStBl II S. 664) bzgl. Veräußerung eines Wirtschaftsguts i. V. m. Betriebsaufgabe.

681   Sind **nicht abnutzbare Wirtschaftsgüter des Anlagevermögens** veräußert worden, sind die Anschaffungs- oder Herstellungskosten nach § 4 Abs. 3 Satz 4 EStG Betriebsausgaben im Zeitpunkt der Veräußerung. **Gleiches gilt** für den nicht abgesetzten Teil der **abnutzbaren Wirtschaftsgüter**. Die Finanzverwaltung (R 16 Abs. 5 EStR) läßt jedoch bei der Veräußerung von abnutzbaren und nicht abnutzbaren Wirtschaftsgütern des Anlagevermögens gegen **Raten oder Renten** zu, daß der Stpfl. abweichend von § 4 Abs. 3 Sätze 4 und 5 EStG so lange in jedem Kalenderjahr einen Teilbetrag der Anschaffungskosten in Höhe der in demselben Jahr zufließenden Kaufpreisraten oder Renten als

Betriebsausgaben absetzt, bis der gesamte noch nicht abgesetzte Betrag berücksichtigt ist. Das gleiche gilt m. E., wenn der gesamte Kaufpreis in einem anderen Wirtschaftsjahr als dem Wirtschaftsjahr der Veräußerung zufließt. **Durch diese Regelung sollen Gewinnverschiebungen größeren Ausmaßes vermieden werden.** Für den Stpfl. besteht jedoch insoweit ein **Wahlrecht**. Wird die Kaufpreisforderung uneinbringlich, so ist der noch nicht abgesetzte Betrag in dem Wirtschaftsjahr, in dem der Verlust endgültig eintritt, insgesamt als Betriebsausgabe zu berücksichtigen (R 16 Abs. 5 EStR).

Nach Einführung des Verlustrücktrags und der Ausdehnung des Verlustabzugs nach § 10d EStG auf alle Einkunftsarten und Gewinnermittlungsarten hat sich die Problematik, die zu der oben angegebenen Verwaltungsregelung geführt hat, wesentlich entschärft. Der Stpfl. kann aber auch nach der Ausdehnung der Verlustabzugsmöglichkeiten von der Verwaltungsregelung Gebrauch machen.

Zur Möglichkeit, die Wirtschaftsgüter vor Veräußerung zu entnehmen, vgl. Hartmann/Böttcher/Nissen/Bordewin, §§ 4, 5 Anm. 49 sowie Herrmann/ Heuer/Raupach, § 5 Anm. 1363.   **682**

bb) Veräußerung nicht abnutzbarer Anlagegüter

Für Wirtschaftsjahre, die nach dem 31. 12. 70 enden, ist erstmals § 4 Abs. 3   **683** Satz 4 EStG zu beachten (§ 52 Abs. 4 EStG). Abweichend von der bis dahin geltenden Rechtslage dürfen danach die Anschaffungs- oder Herstellungskosten für nicht abnutzbare Wirtschaftsgüter des Anlagevermögens (z. B. Grund und Boden, Beteiligungen) nicht schon im Zeitpunkt der Verausgabung, sondern erst im Zeitpunkt der Veräußerung oder Entnahme dieser Wirtschaftsgüter als Betriebsausgaben berücksichtigt werden. Wenn die Anschaffungs- oder Herstellungskosten solcher Wirtschaftsgüter – mit Ausnahme des Grund und Bodens, für den nach früherem Recht der Betriebsausgaben-Abzug nicht möglich war – schon vor dem 1. 1. 71 als Betriebsausgaben abgezogen worden sind, ist bei der späteren Veräußerung oder Entnahme ein Betriebsausgaben-Abzug nicht möglich. In diesem Fall dürfen also nach R 16 Abs. 3 EStR weder die tatsächlichen Anschaffungs- oder Herstellungskosten noch der an deren Stelle tretende Wert (z. B. Teilwert bei eingelegten nicht abnutzbaren Anlagegütern) ein zweites Mal beim Ausscheiden des Wirtschaftsguts aus dem Betriebsvermögen gewinnmindernd abgesetzt werden. Andererseits ist bei Veräußerung nicht abnutzbarer Anlagegüter der volle zugeflossene Erlös als Betriebseinnahme zu behandeln (vgl. a. BFH-U. v.

8. 10. 64, BStBl 65 III S. 12; BFH-U. v. 18. 2. 82, BStBl II S. 397; R 16 Abs. 3 Satz 5 EStR).

684   Bzgl. des „**Zeitpunktes der Veräußerung**" vgl. Rdn. 437 f.

685   Die Finanzverwaltung läßt nach R 16 Abs. 5 Satz 1 EStR bei der **Veräußerung gegen Raten oder Renten** zu, daß der Stpfl. abweichend von § 4 Abs. 3 Sätze 4 und 5 EStG so lange in jedem Kalenderjahr einen Teilbetrag der Anschaffungskosten in Höhe der in demselben Jahr zufließenden Kaufpreisraten oder Renten als Betriebsausgaben absetzt, bis der gesamte nach § 4 Abs. 3 Satz 4 EStG zu berücksichtigende Betrag abgesetzt ist. Vgl. zusätzlich Schoor (FR 82 S. 505).

> **Beispiel:**
>
> B erwirbt einen betrieblichen Parkplatz am 10. 4. 85 für 100 000 DM. Er veräußert ihn mit notariellem Vertrag am 10. 6. 90 mit Wirkung zum 1. 1. 91 zum Kaufpreis von 180 000 DM. Vereinbarungsgemäß wird der Kaufpreis wie folgt bezahlt:
>
> Am 1. 1. 91: 60 000 DM, am 1. 1. 92: 60 000 DM und am 1. 1. 93: 60 000 DM. Anzusetzen sind m. E.

	1991	1992	1993
Betriebseinnahmen	60 000 DM	60 000 DM	60 000 DM
Betriebsausgaben	60 000 DM	40 000 DM (= Rest der Anschaffungs- kosten)	—

cc) Veräußerung von Umlaufgütern

686   Als Betriebseinnahme wird wiederum der zugeflossene Erlös in voller Höhe angesetzt. Der Warenabgang wird nicht gebucht, da sich die Bezahlung des Wareneinkaufs bereits als Betriebsausgabe ausgewirkt hat.

γ) Verluste

687   Bei Überschußrechnern sind **Vermögensverluste und Vermögensminderungen** der zum Betriebsvermögen gehörigen Wirtschaftsgüter als **Betriebsausgaben** abzugsfähig, weil rechtssystematisch Überschußrechner letzten Endes ebenso gestellt sein sollen wie Stpfl. mit Bestandsvergleich. Indessen besteht die Einschränkung, daß die Wirtschaftsgüter eindeutig zum notwendigen Betriebsvermögen gehören müssen. Weil aber die Aufzeichnungen bei Überschußrechnern mitunter nicht eindeutig erkennen lassen, was zum Betriebsvermögen gehört und was nicht, gibt es häufig Zweifel, etwa deswegen, weil der Überschußrechner nachträglich Wirtschaftsgüter, aus denen er einen Verlust erlitten hat, als Betriebsvermögen aufgefaßt wissen will, um den Verlust abziehen zu können (bspw. in den Fällen, in denen ein Freiberufler ein später zu einem Verlust führendes Darlehen oder eine Bürgschaft gegeben hat). Der Freiberufler hat aber bei der Bildung von Betriebsvermögen einen engeren Spielraum als Kaufleute mit Vollbuchführung.

Bei Gewinnermittlung nach § 4 Abs. 3 EStG läßt die Rechtsprechung ge- 688
willkürtes Betriebsvermögen nicht zu (vgl. z. B. BFH-U. v. 12. 2. 76, BStBl II S. 663; v. 14. 1. 82, BStBl II S. 345; R 13 Abs. 16 und 16 Abs. 6 EStR). Diese Auffassung hat zur Folge, daß die Rechtsprechung dahin tendiert, in den Fällen, in denen eine **betriebliche Veranlassung** (z. B. für Beteiligungserwerb und Darlehensgewährung durch Freiberufler) unabweisbar ist, **notwendiges Betriebsvermögen** anzunehmen (krit. hierzu Schmidt, § 4 Anm. 167). S. Rdn. 41.

Wenn das Wirtschaftsguts zum **notwendigen Privatvermögen** gehört, dann ist 689
der Abzug ohnehin nicht möglich, was z. B. auch für Geschäftsvorfälle im ausschließlich privaten Bereich (etwa Darlehen an Verwandte ohne betrieblichen Zusammenhang) gilt.

Außerdem können Wertverluste an Wirtschaftsgütern bei Überschußrech- 690
nern nicht durch **Teilwertabschreibung** berücksichtigt werden, dagegen durch AfA und auch durch Sonder-AfA. Deswegen sind auch Verluste aus der Veräußerung von Wirtschaftsgütern, die der Abnutzung unterliegen, insoweit Betriebsausgabe, als sich die Anschaffungs- oder Herstellungskosten noch nicht als Betriebsausgabe ausgewirkt haben (BFH-U. v. 22. 9. 60, BStBl 61 III S. 499, betr. Verluste aus einem einer freiberuflichen Praxis dienenden Einfamilienhaus).

aa) Beteiligungsverluste

Der BFH hat schon im Urteil v. 11. 3. 76 (BStBl II S. 380) ausgesprochen, daß 691
die Beteiligung eines Freiberuflers an einer Kapitalgesellschaft zum **notwendigen Betriebsvermögen** gehören kann, wenn der Betrieb der Kapitalgesellschaft der freiberuflichen Tätigkeit **nicht wesensfremd** ist. Beteiligt sich ein Steuerberater zusammen mit einem Mandanten auf dessen Veranlassung an einer Kapitalgesellschaft, deren Unternehmensgegenstand der freiberuflichen Betätigung eines Steuerberaters **wesensfremd** ist, so ist nach dem BFH-U. v. 23. 5. 85 (BStBl II S. 517) die Beteiligung jedenfalls dann **nicht notwendi-**

ges Betriebsvermögen des Steuerberaters, wenn ihr wirtschaftliches Eigengewicht beizumessen ist. Bei einem freiberuflich tätigen Baustatiker, der an einer Wohnungsbau-AG beteiligt ist, kommt eine gewinnmindernde Berücksichtigung des Verlustes der Beteiligung (infolge des Konkurses der AG) auch dann in Betracht, wenn der Stpfl. seinen Gewinn nach § 4 Abs. 3 EStG ermittelt (BFH-U. v. 23. 11. 78, BStBl 79 II S. 109). Bei den **Aufwendungen für den Beteiligungserwerb** handelt es sich dann um Aufwendungen für ein nicht abnutzbares Anlagegut. Solche Aufwendungen können nicht schon im Zeitpunkt der Verausgabung als Betriebsausgaben abgesetzt werden, sondern erst im Zeitpunkt des Verlustes bzw. des Untergangs des Wirtschaftsguts. Das Urteil konkretisiert den Zeitpunkt und den Umfang einer etwaigen steuerlichen Berücksichtigung derartiger Verluste. Maßgeblich ist danach, wann und in welcher Höhe die für das Darlehen oder die Beteiligung **aufgewendeten Mittel endgültig verlorengegangen** sind (H 16 EStH).

692 Wegen der Beteiligung (einschl. Darlehensgewährung) eines Architekten an einer Schweizer Bauträger-AG als **notwendiges Betriebsvermögen** vgl. BFH-U. v. 14. 1. 82 (BStBl II S. 345). Nach dem Geschehensablauf war davon auszugehen, daß Beteiligung und Darlehen notwendiges Betriebsvermögen des Stpfl. gewesen waren. Die Tätigkeit einer in der Schweiz ansässigen Bauträgergesellschaft ist der Arbeit eines freiberuflichen Architekten, der im Grenzgebiet der Schweiz wohnt, **nicht wesensfremd.** Bei der Gewinnermittlung nach § 4 Abs. 3 EStG sind Aufwendungen für eine Beteiligung oder ein Darlehen, die notwendiges Betriebsvermögen sind, erst im **Zeitpunkt des Verlustes bzw. Unterganges** dieser Wirtschaftsgüter als Betriebsausgaben abziehbar (vgl. a. BFH-U. v. 23. 11. 78, a. a. O.; a. A. FG Köln v. 17. 5. 94, EFG S. 1083: Teilwertabschreibung ist möglich).

bb) Wertverluste an Umlaufgütern

693 **Teilwertabschreibungen** sind nur bei einer Gewinnermittlung möglich, die vom Wert des Betriebsvermögens ausgeht, d. h. Betriebsvermögensvergleich nach §§ 4 Abs. 1, 5 EStG. Stpfl., die ihren Gewinn nach § 4 Abs. 3 EStG ermitteln, haben nicht die Möglichkeit, auf einen niedrigeren Teilwert nach § 6 Abs. 1 EStG herunterzugehen. Im Rahmen der Überschußrechnung mindert die Warenbezahlung in voller Höhe als Betriebsausgabe den Gewinn. Es **besteht** danach **kein Anlaß**, eingetretene Wertminderungen des Warenbestandes zusätzlich vom Gewinn abzusetzen. Bei der Veräußerung der Waren wirkt sich die Wertminderung durch geringere Einnahmen auf den Gewinn aus, so

daß sich auch hier eine Gewinnkorrektur erübrigt. Nach diesen Grundsätzen ist auch dann zu verfahren, wenn der Gewinn in den Vorjahren nach Erfahrungssätzen vom Ist-Umsatz geschätzt worden ist (BFH-U. v. 20. 2. 64, HFR 65 S. 157). Bei betrieblicher Veranlassung ergibt sich also keine Auswirkung; bei privater Veranlassung ist eine Betriebseinnahme in dieser Höhe anzusetzen.

cc) *Bürgschaftsverluste*

Bürgschaftsaufwendungen eines Freiberuflers können ausnahmsweise Betriebsausgaben darstellen, wenn ein Zusammenhang mit anderen Einkünften ausscheidet und nachgewiesen wird, daß die **Bürgschaftszusage ausschließlich aus betrieblichen Gründen** erteilt wurde (BFH-U. v. 24. 8. 89, BStBl 90 II S. 17).   694

Wird ein Architekt, der seinen Gewinn nach § 4 Abs. 3 EStG ermittelt, aus einer Bürgschaft, die er zugunsten einer GmbH eingegangen ist, in Anspruch genommen, liegen nur dann Betriebsausgaben vor, wenn die Bürgschaftsverpflichtung zum **notwendigen Betriebsvermögen** gehörte. Eine Bürgschaftsverpflichtung für Verbindlichkeiten einer GmbH, an der nicht der Bürge, sondern eine ihm nahestehende Person wesentlich beteiligt ist, kann eine verdeckte Einlage sein und im Fall der Inanspruchnahme zu nachträglichen Anschaffungskosten i. S. von § 17 EStG führen (FG des Saarlandes v. 30. 3. 84, EFG S. 338).   695

dd) *Darlehensverluste*

Die Rechtsprechung, derzufolge es für die vereinfachte Gewinnermittlung nach § 4 Abs. 3 EStG kennzeichnend sei, daß Wertverschiebungen im Vermögensbereich des Stpfl. auf den Gewinn ohne Einfluß bleiben (vgl. BFH-U. v. 8. 10. 64, HFR 65 S. 23), ist für den Fall des Verlustes von betrieblich veranlaßten Darlehensforderungen überholt. Der Verlust einer betrieblich veranlaßten Darlehensforderung kann nach dem BFH-U. v. 2. 9. 71 (BStBl 72 II S. 334) bei der Gewinnermittlung nach § 4 Abs. 3 EStG **in dem Zeitpunkt gewinnmindernd berücksichtigt werden, in dem der Verlust feststeht** (so a. BFH-U. v. 11. 3. 76, BStBl II S. 380; v. 22. 4. 80, BStBl II S. 571; ebenso BFH-U. v. 23. 11. 78, BStBl 79 II S. 109; v. 14. 1. 82, BStBl II S. 345). Damit nähert sich der Betriebsausgabenabzug der Teilwertabschreibung, allerdings nur im Falle des **Vollverlustes**. Während allmählichen Entwertungen bei Bilanzierenden durch entsprechende **Teilwertabschreibungen** Rechnung   696 getragen wird, ist dies bei Überschußrechnern nicht möglich. Erst der vollständige Wertverzehr führt zur Gewinnminderung. Voraussetzung ist, daß das Darlehen betrieblich veranlaßt und demzufolge **notwendiges Betriebsvermögen** ist. So ist nach dem BFH-U. v. 22. 4. 80 (a. a. O.) die Darlehensforderung eines Steuerberaters gegen seinen Mandanten dann notwendiges Betriebsvermögen, wenn das Darlehen gewährt wurde, um eine Honorarforderung zu retten. Abweichend von den BFH-U. v. 2. 9. 71 (a. a. O.) und v. 6. 5. 76 (BStBl II S. 550) können nach Ansicht des FG Köln v. 20. 4. 83 (EFG 84 S. 64) Forderungsverluste bei der Gewinnermittlung nach § 4 Abs. 3 EStG analog § 7 Abs. 1 Satz 5 EStG im Wege außergewöhnlicher AfA abgesetzt werden. Voraussetzung ist jedoch, daß die Forderung zum Betriebsvermögen gehört und der Forderungsverlust definitiv feststeht. Im Urteilsfall — hier hatte ein Steuerbevollmächtigter einem aushilfsweise beschäftigten Steuerfachgehilfen ein Darlehen gewährt, das später notleidend wurde — konnte die Zugehörigkeit dieses Darlehens zum Betriebsvermögen nicht hinreichend dargetan werden. An den **Nachweis der beruflichen Veranlassung** sind jedoch hohe Anforderungen zu stellen (Niedersächsisches FG v. 24. 1. 77, EFG 78 S. 12, betr. Darlehensverlust eines Notars; ferner U. v. 16. 2. 81, EFG 82 S. 13). Darlehenshingabe und -aufnahme können jedoch im Rahmen des § 4 Abs. 3 EStG nicht berücksichtigt werden; die Darlehensaufnahme ist also keine Betriebseinnahme und die Darlehensrückzahlung keine Betriebsausgabe (BFH-U. v. 8. 10. 69, BStBl 70 II S. 44).

697   Andererseits dürfte der **endgültige Wegfall** einer betrieblichen **Darlehensverbindlichkeit** aus betrieblichen Gründen zu einer **Gewinnerhöhung** führen. Eine nach Darlehensverlust wider Erwarten später erfolgte **Rückzahlung** des Darlehens führt in diesem Zeitpunkt zur **Betriebseinnahme**.

ee) Diebstahl, Unterschlagung, Untreue

698   Bei Verlusten von Wirtschaftsgütern des Betriebsvermögens, z. B. durch Diebstahl oder Unterschlagung, muß für die Beurteilung dieses Vorgangs mit Rücksicht auf die unterschiedliche Behandlung bei der Erlangung dieser Wirtschaftsgüter zwischen Umlaufvermögen, Anlagevermögen und Geld differenziert werden.

699   Soweit sich die Ausgaben für die Anschaffung oder Herstellung der Wirtschaftsgüter bereits als Betriebsausgaben ausgewirkt haben, was beim **Umlaufvermögen** im Zeitpunkt der Bezahlung der Fall ist, kann sich der Verlust des Wirtschaftsguts nicht nochmals gewinnmindernd niederschlagen.

Die Rechtslage ist nicht anders als bei der Veräußerung oder Entnahme von Waren. Auch in diesen Fällen führt das Ausscheiden des Wirtschaftsguts aus dem Betriebsvermögen zu keiner Gewinnminderung. Bei **privater Veranlassung** ist eine Betriebseinnahme in dieser Höhe anzusetzen.

Bei Verlust eines **abnutzbaren Anlageguts** durch Diebstahl oder Unterschla- 700 gung sind bei betrieblicher Veranlassung die noch nicht gemäß § 4 Abs. 3 Satz 3, § 7 EStG abgesetzten Anschaffungs- oder Herstellungskosten im Wege der **Absetzung für außergewöhnliche Abnutzung** nach § 7 Abs. 1 Satz 5 EStG als Betriebsausgaben zu behandeln. Die übrigen Anschaffungs- oder Herstellungskosten des ausgeschiedenen Anlageguts haben sich bereits früher gewinnmindernd ausgewirkt. Ist der **Verlust privat veranlaßt**, z. B. durch einen Unfall gelegentlich der privaten Nutzung des Wirtschaftsguts (z. B. Kraftfahrzeug), wirkt sich der Wegfall des Wirtschaftsguts (Restbuchwerts) nicht als Betriebsausgabe aus (vgl. BFH-U. v. 28. 2. 64, BStBl III S. 453, bzgl. Kfz); der Vorgang wird **wie** eine Entnahme behandelt (vgl. BFH-U. v. 28. 2. 80, BStBl II S. 309).

Bei Verlust (Zerstörung, Diebstahl) **geringwertiger Wirtschaftsgüter** sind bei betrieblicher Veranlassung keine Aufzeichnungen vorzunehmen, soweit die Anschaffungskosten schon Betriebsausgaben waren. Sonst Behandlung wie bei abnutzbaren Anlagegütern. Bei privater Veranlassung entweder (nach Anwendung des § 6 Abs. 2 EStG) Betriebseinnahme in Höhe des fiktiven Restbuchwerts (ähnlich Entnahme bzw. privater Mitbenutzung — s. R. 40 Abs. 2 EStR) oder (nach AfA gem. § 7 EStG) wie bei abnutzbaren Anlagegütern.

Die Tatsache, daß der Überschußrechner bei Verlust des Anlagegutes mögli- 701 cherweise einen **Regreßanspruch** erlangt, **beeinflußt den Betriebsausgabenabzug nicht.** Denn ob und wann dieser Anspruch durchgesetzt werden kann, ist zunächst ungewiß. Erst die Realisierung eines solchen Anspruchs wirkt sich nach dem System der Überschußrechnung aus und führt zu einer Betriebseinnahme im Jahr des **Zuflusses.** Die dadurch möglicherweise eintretende **zeitversetzte** Besteuerung kann allenfalls im Billigkeitsweg korrigiert werden. Allerdings kann ein Stpfl., der mit Schadenersatz rechnet, den Restbuchwert in dem Jahr absetzen, in dem sich endgültig herausstellt, daß er doch keinen Ersatz erhalten wird, da der Verlust erst zu diesem Zeitpunkt endgültig eingetreten ist (vgl. BFH-U. v. 22. 11. 68, BStBl 69 II S. 160).

Auch wenn § 4 Abs. 3 Satz 4 EStG bei **nicht abnutzbaren Wirtschaftsgütern** 702 **des Anlagevermögens** die Berücksichtigung der Anschaffungs- oder Herstellungskosten als Betriebsausgaben ausdrücklich nur für den Zeitpunkt der

Veräußerung oder Entnahme vorsieht, wird diese Behandlung auch beim **Untergang des Wirtschaftsguts** anerkannt, da die gesetzliche Regelung nicht den **Betriebsausgabenabzug** für andere Fälle ausschließen, sondern lediglich auf den spätesten Zeitpunkt verlegen wollte (vgl. ebenso Herrmann/Heuer/ Raupach, § 4 Anm. 91; § 4 Abs. 3 Satz 4 EStG enthält wohl eine Regelungslücke: BStBl 79 II S. 109). Bei **privater Veranlassung** ist eine **gewinneutrale Ausbuchung** des Buchwertes vorzunehmen. Nur bei vorheriger Absetzung als Betriebsausgabe entsteht ein Gewinn in dieser Höhe.

703   Sofern eine private Veranlassung nicht vorliegt, sind demzufolge im Fall des **entschädigungslosen Untergangs** die Anschaffungs-/Herstellungskosten in voller Höhe im Zeitpunkt des Untergangs als Betriebsausgaben zu berücksichtigen (Herrmann/Heuer/Raupach, § 4 Anm. 91). Sofern eine **Entschädigung geleistet** wird, ist — dem Zweck des § 4 Abs. 3 Satz 4 EStG entsprechend — der Entschädigungsbetrag um die Anschaffungs-/Herstellungskosten zu mindern; der Zufluß ist in diesem Fall prinzipiell unerheblich (BFH-U. v. 23. 11. 78, BStBl 79 II S. 109).

704   Ein durch Einbruchdiebstahl eingetretener **Geldverlust** führt bei einem Stpfl. mit Gewinnermittlung nach § 4 Abs. 3 EStG nur dann zu einer **Betriebsausgabe,** wenn der **betriebliche Zusammenhang** anhand konkreter und objektiv greifbarer Anhaltspunkte festgestellt ist (BFH-U. v. 28. 11. 91, BStBl 92 II S. 343). Geldverluste können zu Betriebsausgaben führen, wenn das schadenstiftende Ereignis dem betrieblichen Bereich entstammt. Aus diesem Grunde hat die Rechtsprechung Verluste aus Gelddiebstählen durch Betriebsangehörige zu den Betriebsausgaben gerechnet, selbst wenn davon Privatvermögen des Betriebsinhabers betroffen worden sein sollte (Hinweis auf BFH-U. v. 6. 5. 76, BStBl II S. 560). Die Entscheidung ist insoweit von Interesse, als der BFH in Ergänzung seines Urteils v. 25. 1. 62 (BStBl III S. 366) Kriterien für die Zuordnung von Bargeld zum Betriebsvermögen eines Überschußermittlers nach § 4 Abs. 3 EStG darlegt. Selbst wenn ein schadenstiftendes Ereignis (Einbruch) nicht dem betrieblichen Bereich entstammt, können die durch dieses Ereignis entstandenen Einbußen zu abzugsfähigen Betriebsausgaben führen, wenn hiervon **Betriebsvermögen** im Unternehmen des Stpfl. betroffen ist. Dieser Grundsatz gilt sowohl für buchführende Stpfl. mit Gewinnermittlung nach § 4 Abs. 1 oder § 5 EStG als auch für Stpfl. mit Gewinnermittlung nach § 4 Abs. 3 EStG.

Aufwendungen i. S. des § 4 Abs. 4 EStG müssen nicht willentlich getätigt werden. Auch Wertabgaben, die den Stpfl. unfreiwillig treffen, sog. **Zwangs-**

aufwendungen, können Betriebsausgaben sein. Hierzu rechnen auch durch Straftaten verursachte Geldverluste an Betriebsvermögen (z. B. durch Diebstahl oder Unterschlagung), wenn objektiv einwandfrei feststeht, daß das auslösende Moment für die in Frage stehende Wertabgabe im betrieblichen und nicht im privaten Bereich liegt (BFH-U. v. 22. 10. 91 VIII R 64/86).

Der **Nachweis,** daß Bargeldbestände betrieblichen oder privaten Zwecken die-   705
nen, ist bei der Überschußermittlung gem. § 4 Abs. 3 EStG schwieriger als beim Bestandsvergleich. Neben einer klaren Trennung zwischen betrieblichen und privaten Geldzugängen durch eine geschlossene **Kassenführung** können — wenn eine solche fehlt — z. B. die Aufbewahrung des Geldes im betrieblichen Bereich oder die Bereithaltung eines abgezählten Betrags zur Begleichung einer betrieblichen Verbindlichkeit als Nachweise berücksichtigt werden (BFH-U. v. 28. 11. 91, a. a. O.).

Der Berücksichtigung der Geldverluste als Betriebsausgabe steht nicht ent-   706
gegen, daß ein etwaiger Rückzahlungsanspruch gegen die Angestellten besteht. Bei unterschlagenen Geldern ist nämlich zunächst ungewiß, ob und in welcher Höhe ein Ersatzanspruch durchsetzbar ist. Wirtschaftlich ist daher das Geld mit seiner Entwendung abgeflossen. Bei der Gewinnermittlung nach § 4 Abs. 3 EStG kann eine **Ersatzforderung** erst im Zeitpunkt der Rückzahlung der entwendeten Gelder als Zufluß von Betriebseinnahmen erfaßt werden. Vgl. auch – zu Werbungskosten – FG Köln v. 29. 10. 80 (EFG 81 S. 128), FG Hamburg v. 13. 10. 82 (EFG 83 S. 344); ferner FG München v. 24. 11. 82 (EFG 83 S. 341).

Ermittelt der Täter seine Einkünfte aus Gewerbebetrieb durch Überschuß-   707
rechnung, so ist allein der Zufluß bzw. Abfluß entscheidend (§ 11 Abs. 1 EStG). Die **Ersatzverpflichtung** ist erst dann zu berücksichtigen, wenn der Täter tatsächlich in Anspruch genommen wird (§ 11 Abs. 2 EStG). Meist wird dies in einem anderen Jahr sein. Deshalb muß er zunächst einmal seine deliktischen Einkünfte versteuern.

ff) Forderungsverluste

Im einzelnen ist zwischen dem Ausfall folgender Forderungen zu unterschei-   708
den:

• Laufender Geschäftsvorfall
  Keine Aufzeichnung, wie bei von Anfang an unentgeltlicher Leistung des Stpfl. (keine Betriebseinnahme durch Verzicht auf Betriebseinnahme).

Ein Steuerberater, der seinen Gewinn nach § 4 Abs. 3 EStG ermittelt, kann Honorarforderungen, die aufgrund von Mandantenkonkursen ausgefallen sind, nicht als betrieblichen Aufwand behandeln (Hessisches FG v. 22. 5. 89 – 8 K 60/87).

* Darlehen
  Betriebsausgabe im Jahr der Ausbuchung. Siehe Rdn. 696 ff.

* Veräußerungsgeschäfte
  – Abnutzbare Wirtschaftsgüter des Anlagevermögens
    Je nach Besteuerung der Veräußerung keine Aufzeichnung (R 16 Abs. 3 Satz 4 EStR) oder bei Forderungsausfall Betriebsausgabe in Höhe des Restbuchwertes (R 16 Abs. 5 EStR).

  – Geringwertige Wirtschaftsgüter
    Je nach Behandlung bei Anschaffung und Veräußerung keine Aufzeichnung oder Betriebsausgabe bei Forderungsausfall.

  – Nicht abnutzbare Wirtschaftsgüter des Anlagevermögens
    Je nach Behandlung der Anschaffung und Veräußerung keine Aufzeichnung oder Betriebsausgabe im Jahr des Forderungsausfalls.

  – Umlaufvermögen
    Wie beim Verlust des Wirtschaftsgutes keine Aufzeichnung.

* Betriebsveräußerung
  Der Wert des Betriebsvermögens wird nach den Grundsätzen der §§ 4 Abs. 1 und 5 EStG ermittelt (§ 16 Abs. 2 Satz 2 EStG). Die Forderung wird der Besteuerung des Veräußerungsgewinns als Veräußerungserlös zugrunde gelegt. Der Große Senat des BFH hat in zwei Beschl. v. 19. 7. 93 – GrS 1/92 (BStBl II S. 894) und GrS 2/92 (BStBl II S. 897) entschieden, daß im Falle der **Veräußerung eines ganzen Gewerbebetriebs** nachträgliche Änderungen des Veräußerungspreises steuerrechtlich stets auf den Zeitpunkt der Veräußerung zurückwirken. Sämtliche nach der Übertragung des wirtschaftlichen Eigentums am Betrieb eingetretenen Umstände, die sich auf die Höhe des Veräußerungspreises auswirken, sind als rückwirkende Ereignisse Anlaß, gem. § 175 Abs. 1 Satz 1 Nr. 2 AO die zugrundeliegenden Steuerbescheide zu erlassen, aufzuheben oder zu ändern. Dabei ist es unerheblich, welche Gründe für die Minderung oder Erhöhung des Erlöses maßgebend waren. Der Vorgang ist noch dem betrieblichen Bereich zuzuordnen. Unerheblich ist, ob eine auf der Veräußerung eines Gewerbebetriebs beruhende Kaufpreisforderung auch weiterhin Betriebsvermögen des Veräußerers bleibt oder ob sie dessen Privatvermögen wird,

ggfs. unter welchen Voraussetzungen, in welchem Umfang und zu welchem Zeitpunkt. Weiter hat der BFH durch U. v. 10. 2. 94 (BStBl II S. 564) entschieden, daß die Rechtsprechung des GrS des BFH v. 19. 7. 93 (BStBl II S. 897) bei einer **Betriebsaufgabe** entsprechend anzuwenden ist.

gg) Verluste infolge höherer Gewalt

Scheidet ein Wirtschaftsgut des Anlagevermögens infolge **Zerstörung** aus   709
dem Betriebsvermögen aus, so ist sein Buchwert im Wege der **Absetzung für außergewöhnliche technische (oder ggfs. wirtschaftliche) Abnutzung** gem. § 7 Abs. 1 Satz 5 EStG als Betriebsausgabe zu behandeln. **Schadensersatz** bildet erst im Jahr des Zuflusses eine Betriebseinnahme. Die dadurch ggfs. eintretende Unterschiedlichkeit der Besteuerung kann allenfalls im Billigkeitsweg je nach Lage des Falles berücksichtigt werden (Mittelbach, RWP-Bl 14 D ESt II B 2/60 A II). Bei **beschädigten Anlagegegenständen** wird zunächst nichts gebucht; erst die später anfallenden **Reparaturkosten** führen bei Zahlung zur Ausgabebuchung. Wird hingegen ein zum Betriebsvermögen gehörender Kraftwagen auf einer **Privatfahrt** durch Unfall beschädigt oder zerstört, so dürfen die dadurch entstandenen Ausgaben oder Vermögensverluste den Betriebsgewinn nicht mindern (BFH-U. v. 28. 2. 64, BStBl III S. 453).

Nichtbuchführungspflichtige Forstwirte können im Wirtschaftsjahr einer   710
Einschlagsbeschränkung (§ 1 Forstschäden-Ausgleichsgesetz) zur Abgeltung der Betriebsausgaben einen **Pauschsatz** von 90 v. H. der Einnahmen aus den Holznutzungen absetzen (§ 4 Abs. 1 Forstschäden-Ausgleichsgesetz). Der Pauschsatz zur Abgeltung der Betriebsausgaben beträgt 65 v. H., soweit das Holz auf dem Stamm verkauft wird. Vgl. Rdn. 983.

Zur Verteilung größeren Erhaltungsaufwands infolge von **Naturkatastrophen**   711
auf 2 bis 5 Jahre s. FM NW v. 14. 4. 83 (DB S. 912) sowie OFD Saarbrücken v. 2. 4. 90 S 0336 A.

Fälle höherer Gewalt besonderer Art werden in Rdn. 499 ff. besprochen.   712

(unbesetzt)   713–720

z) Zinsen

Wegen der unterschiedlichen Berücksichtigung der **Zinsaufwendungen je**   721
nach Art der Gewinnermittlung (vgl. BFH-U. v. 19. 3. 81, BStBl 83 II S. 721; v. 23. 6. 83, BStBl II S. 723) hat der IV. Senat des BFH den Großen Senat angerufen. Dieser hat in dem Beschl. v. 4. 7. 90 (BStBl II S. 817) entschieden:

- Entsteht eine **Kontokorrentverbindlichkeit** sowohl durch betrieblich als auch durch privat veranlaßte Auszahlungen oder Überweisungen, so ist bei der Gewinnermittlung nach § 4 Abs. 1 EStG und nach § 4 Abs. 3 EStG **nur der betriebliche Teil** des Kredits dem Betriebsvermögen zuzurechnen.

- Die auf diesen Teil des Kontokorrentkredits entfallenden **Schuldzinsen** dürfen als Betriebsausgaben abgezogen werden.

722 Aufwendungen dürfen bei der Ermittlung der Einkünfte als Betriebsausgaben nur abgezogen werden, wenn sie durch den Betrieb veranlaßt sind **(Veranlassungsprinzip).** Demnach sind Schuldzinsen nur dann als Betriebsausgaben anzuerkennen, wenn die Mittel des Darlehens, für die die Zinsen geleistet werden, für betriebliche Zwecke verwendet worden sind und das Darlehen damit eine Betriebsschuld ist. Werden Darlehensmittel nur teilweise für betriebliche Zwecke, im übrigen aber für Kosten der Lebensführung verwendet, so ist die Verbindlichkeit – ungeachtet dessen, daß sie auf einer einheitlichen zivilrechtlichen Vertragsgrundlage beruht – nur in dem der Verwendung des Darlehens für betriebliche Zwecke entsprechenden Umfang betrieblich veranlaßt. Dies hat zur Folge, daß die für den Kredit entrichteten Zinsen nur anteilig als Betriebsausgaben abziehbar sind. Ein Darlehen, das zur Ablösung eines Kredits aufgenommen wurde, ist daher nur insoweit als Betriebsschuld betrieblich veranlaßt, als die getilgte Kreditschuld dem Betriebsvermögen zuzurechnen war.

723 Aus dem für die Zuordnung von Schulden und Schuldzinsen zur Einkunftssphäre maßgebenden Kriterium des tatsächlichen Verwendungszwecks eines Kredits ergibt sich schließlich, daß es für das Vorliegen eines solchen Zusammenhangs **unbeachtlich** ist, ob der Stpfl. mit Darlehen finanzielle Aufwendungen auch durch **eigene Mittel** hätte bestreiten können. Danach ist der betriebliche Charakter von Schulden auch dann anzuerkennen, wenn der Unternehmer zunächst Barmittel dem Betrieb entnimmt und im Anschluß hieran betriebliche Aufwendungen durch Darlehen finanziert.

724 Die vorstehenden Rechtsgrundsätze sind auch bei **Kontokorrentschulden** zu beachten. Auch für die Zinsen aus Kontokorrentschulden gilt das Veranlassungsprinzip. Eine gemischte Kontokorrentverbindlichkeit kann nicht deshalb insgesamt als Betriebsschuld angesehen werden, weil das Kontokorrentkonto überwiegend der Abwicklung des betrieblichen Geschäftsverkehrs dient. Das betriebliche Kontokorrentkonto hat auch keine Zuordnungsfunktion in dem Sinne, daß die in das Kontokorrent eingestellten Darlehensverbindlichkeiten als Betriebsschulden beurteilt werden müssen. Verbindlichkei-

ten dürfen nicht allein durch eine Willensentscheidung des Stpfl. dem Betriebsvermögen zugeordnet werden.

Die **Aufteilung** der für **gemischte Kontokorrentkonten** entrichteten **Schuld-** **725** **zinsen** ist grundsätzlich nach der sog. **Zinszahlenstaffelmethode** vorzunehmen. Zur Ermittlung der Inanspruchnahme des Kontokorrentkredits für betriebliche und für private Zwecke ist das Konto grundsätzlich in zwei Unterkonten für den betrieblichen und den privaten Kredit aufzuteilen (BFH-U. v. 15. 11. 90, BFH/NV 91 S. 731). Bei der nach dem Beschl. des Großen Senats v. 4. 7. 90, a.a.O., erforderlichen Ermittlung des betrieblich veranlaßten Teils der Schuldzinsen eines gemischten Kontokorrentkontos mit Debetsaldo ist davon auszugehen, daß durch jede Habenbuchung vorrangig die durch private Sollbuchungen entstandenen, ins Kontokorrent eingestellten Privatschulden getilgt werden (BFH-U. v. 11. 12. 90, BStBl 91 II S. 390). Die Grundsätze der BFH-Entscheidung v. 4. 7. 90 brauchen erst ab 1. 1. 91 berücksichtigt zu werden (BMF-Schr. v. 10. 11. 93 S 2144, BStBl I S. 930).

Liegen die Voraussetzungen für die Anwendung der Zinszahlenstaffelrech- **726** nung nicht vor, kann aber der Stpfl. **Unterlagen** beschaffen, die eine Aussonderung des auf die **privaten Verbindlichkeiten** entfallenden Zinsaufwands ermöglichen, so sind diese der Ermittlung des betrieblich bedingten Zinsanteils zugrunde zu legen. Werden nur wenige private Verbindlichkeiten in ein Kontokorrent eingestellt oder innerhalb kurzer Zeit die Debetsalden ausgeglichen, so wird es regelmäßig sowohl dem Stpfl. als auch der Finanzbehörde oder dem FG möglich sein, die auf diese Verbindlichkeiten entfallenden Zinsanteile nach der Zinsstaffelmethode noch nachträglich auszusondern.

Ist eine **Aufklärung** des Sachverhalts **durch** die **Mitwirkung des Stpfl. nicht** **727** **möglich,** so tritt eine Begrenzung der Ermittlungspflicht des FA und des FG mit der Folge ein, daß der **betrieblich veranlaßte Anteil zu schätzen** ist. Einer Schätzung des betrieblichen Teils der Kontokorrentzinsen steht § 12 Nr. 1 Satz 2 EStG nicht entgegen. Eine Schätzung nach der in der Praxis vielfach angewendeten **Verhältnismethode** ist grundsätzlich rechtlich nicht zu beanstanden (vgl. auch BFH-U. v. 15. 11. 90, BStBl 91 II S. 228).

Eine Aufteilung der Kontokorrentschuld und der Kontokorrentzinsen nach **728** Maßgabe der Zinsstaffelmethode oder aufgrund einer Schätzung kommt nicht in Frage, wenn der Stpfl. **zwei (oder mehr) Kontokorrentkonten** unterhält und die betrieblich sowie die außerbetrieblich veranlaßten Aufwendungen über unterschiedliche Konten abgewickelt werden. Das der Abwicklung der außerbetrieblichen Auszahlungen dienende Kontokorrentkonto gehört dann regelmäßig zum Privatvermögen.

729 Die vorstehenden **Rechtsgrundsätze gelten uneingeschränkt auch bei** einer Ermittlung des Gewinns nach der **Überschußrechnung** gemäß § 4 Abs. 3 EStG. Es ist zu begrüßen, daß durch den Beschl. des Großen Senats die **steuerliche Behandlung der Kontokorrentkreditzinsen für alle Stpfl.** gleich ist, und zwar unabhängig davon, ob sie die Gewinneinkünfte nach dem Bestandsvergleich oder nach der Überschußrechnung ermitteln. Vgl. BFH-Urteile v. 13. 12. 90, BFH/NV 92 S. 12 und S. 14.

730 Die vorgenannten Grundsätze gelten in gleicher Weise bei Personengesellschaften (BFH-U. v. 8. 11. 90, BStBl 91 II S. 505).

731 Schließlich ist nicht zu verkennen, daß die Ermittlung der Zinsanteile nach der **Zinszahlenstaffelmethode** (vgl. Meilicke, NWB F. 3 S. 5663, 5665; Kempermann/Ditzen, DStZ A 85 S. 63; Beckers, DB 87 S. 2493) in der Praxis kompliziert und sehr zeitaufwendig ist (vgl. a. Tz. 11–16 des BMF-Schr. v. 10. 11. 93, a. a. O.).

732 Zu beachten ist auch, daß Stpfl. bei im Grunde genommen gleicher Sachlage durch einfache Fallgestaltung die Höhe ihrer steuerlichen Belastung beeinflussen können. **Entnahmefinanzierung** (vgl. C II 4 b cc des o. g. Beschlusses) heißt der Geheimtip. Unter diesem „Deckmantel" wird nicht nur das sog. **2-Konten-Modell** (vgl. OFD Münster v. 14. 6. 88 S 2144; OFD Köln v. 7. 7. 88 S 2144), sondern außerdem noch eine sog. **Vereinfachungs-Variante** dazu (vgl. C II 5 f) anerkannt. Bzgl. stl. Nichtanerkennung von Gestaltungen vgl. BMF-Schr. v. 10. 11. 93 (BStBl I S. 930) sowie R 13 Abs. 15 EStR.

733 Die Möglichkeit, **Privatschulden in betriebliche Verbindlichkeiten umzuschulden,** läßt sich mit den Mitteln des Steuerrechts nicht verhindern. Das Steuerrecht räumt dem Stpfl. Entscheidungsfreiheit darüber ein, ob er seine Betriebseinnahmen zur Tilgung von Privatschulden verwendet (= Entnahme) und seine Betriebsausgaben überwiegend durch Darlehen finanziert oder ob er nur die liquiden Mittel entnimmt (cash flow), die ihm nach Tilgung aller laufenden Verbindlichkeiten noch verbleiben.

734 Bei Stpfl., die ihre Einkünfte nach § 4 Abs. 3 EStG ermitteln, sind für die Behandlung der **Schuldzinsen,** die auf die **Policen-Darlehen** entfallen, sinngemäß die Grundsätze anzuwenden, die durch die Rechtsprechung des BFH zur Tilgungsstreckung entwickelt wurden (BFH-U. v. 26. 11. 74, BStBl 75 II S. 330). Danach ist von einem späteren Abfluß der Zinsen bei Tilgung des zur Zahlung der Zinsen aufgenommenen weiteren Darlehens auszugehen, wenn das Tilgungsstreckungsdarlehen (hier: jährlich neues Policen-Darlehen) vom selben Gläubiger gewährt wird. Denn die weiteren Darlehen werden stets

beantragt und gewährt, um den Schuldendienst für frühere Policen-Darlehen desselben Darlehensgebers zu erbringen.

Dadurch wären die Schuldzinsen für Policen-Darlehen erst im Zeitpunkt der Tilgung der gesamten Policen-Darlehen als abgeflossen i. S. von § 11 Abs. 2 EStG anzusehen und erst zu diesem Zeitpunkt als Betriebsausgaben abzugsfähig.

Eine **Lebensversicherung** wird grundsätzlich, auch wenn sie als Sicherheit   735
für ein betriebliches Darlehen dient, nicht zu einem Wirtschaftsgut des Betriebsvermögens (vgl. a. OFD Hamburg v. 4. 4. 91 — S 2144 — 42/91 — St 21). Die Versicherungsprämien sind daher keine Betriebsausgaben, und die Versicherungsleistungen führen nicht zu Betriebseinnahmen. Dies gilt auch dann, wenn die Versicherung zur Absicherung betrieblicher Schulden einer Personengesellschaft oder Gemeinschaft dient und die Gesellschaft oder Gemeinschaft bezugsberechtigt ist (vgl. BFH-U. v. 10. 4. 90, BStBl II S. 1017).

6. Der Unterschiedsbetrag (Überschuß)

Der Unterschiedsbetrag (Überschuß) wird durch Abzug der Betriebsausgaben   736
von den Betriebseinnahmen ermittelt. Sind letztere größer als die Betriebsausgaben, so liegt ein **Gewinn**, andernfalls ein **Verlust** vor. Auch im Falle eines **Ausgabenüberschusses** (Verlust) kann das Betriebsergebnis nach § 4 Abs. 3 EStG ermittelt werden. Das Ergebnis kann mithin positiv, null oder negativ sein (Herrmann/Heuer/Raupach, § 4 Anm. 85 a). Trotz des Schweigens des Gesetzes sind auch hier die Entnahmen dem Unterschiedsbetrag zu-, die Einlagen von dem Unterschiedsbetrag abzusetzen, wenn sie als Ausgaben bzw. Einnahmen behandelt wurden.

§ 4 Abs. 3 EStG enthält keine Aussage, *wie* die Überschußrechnung technisch   737
durchzuführen ist, insbes. statuiert § 4 Abs. 3 EStG — als reine Gewinnermittlungsvorschrift — keine **generelle** Pflicht, die Betriebseinnahmen und -ausgaben aufzuzeichnen (BFH-U. v. 22. 2. 73, BStBl II S. 480; v. 2. 3. 82, BStBl 84 II S. 504). Es existieren auch keine allgemein anerkannten Regeln einer „ordnungsmäßigen Überschußrechnung" (Peter/von Bornhaupt/Körner, Ordnungsmäßigkeit der Buchführung, Anm. 304). Allerdings ist die Überschußrechnung nach § 4 Abs. 3 EStG nur durchführbar, wenn die Betriebseinnahmen und -ausgaben ziffernmäßig feststehen; dazu genügt aber bereits die geordnete Zusammenstellung der Betriebseinnahmen und -ausgaben nach Belegen (BFH-U. v. 2. 12. 82 — IV R 93, 94/82, n. v.; s. a. Rdn. 132 und 138).

Beispiele:

- Gewinnermittlung für 19 . .

	DM	DM
Betriebseinnahmen		163 000
Betriebsausgaben		
Kfz-Kosten	8 200	
Raumkosten	25 400	
Gehälter	40 700	
Sonstige Betriebsausgaben	8 200	
Geringwertige Wirtschaftsgüter	4 300	78 600
AfA		
Pkw	4 400	
Schreibmaschinen	1 200	5 600
Buchwerte ausgeschiedener Wirtschaftsgüter des Anlagevermögens		
Schreimaschine	150	
Pkw	1 200	1 350

Gewinn 19 . .   77 450

- Ermitteln Land- und Forstwirte den Gewinn durch Überschußrechnung gemäß § 4 Abs. 3 EStG, ergibt sich der Gewinn des Wirtschaftsjahres nach folgender Gegenüberstellung:

Gewinn = im Wirtschaftsjahr zugeflossene Betriebseinnahmen

:/. im Wirtschaftsjahr abgeflossene Betriebsausgaben

:/. Absetzung für Abnutzung und Substanzverringerung, erhöhte Absetzungen, Sonderabschreibungen, Gewinnabzüge

+ Natural- und Sachentnahmen

:/. Natural- und bestimmte Sacheinlagen

:/. Anschaffungs- oder Herstellungskosten oder Buchwert (Restbuchwert, Einlagewert, doppelter Ausgangsbetrag, Teilwert) der veräußerten oder entnommenen Anlagegüter

738–740 *(unbesetzt)*

VI. Übergang von der Überschußrechnung zu einer anderen Gewinnermittlungsart und umgekehrt

1. Allgemeines

a) Keine Bindung an die Gewinnermittlungsart

Die Stpfl. sind an die bei der Betriebseröffnung bzw. bei Beginn der Berufstä- 741
tigkeit gewählte Gewinnermittlungsart nicht für die ganze Dauer der Ein-
kunftserzielung aus der Gewinneinkunftsart gebunden.

aa) Verpflichtung zum Wechsel —> *Vol.* :

Eine Verpflichtung zum Wechsel der Gewinnermittlungsart kann sich aus ver- 742
schiedenen Gründen ergeben. Der häufigste Fall ist der, daß die **gesetzlichen
Voraussetzungen der Buchführungspflicht erfüllt** werden (§§ 140, 141 AO).
Dann sind Gewerbetreibende sowie Land- und Forstwirte zur Gewinnermittlung durch Vermögensvergleich verpflichtet.

Die Verpflichtung, von der Gewinnermittlungsart nach § 4 Abs. 3 EStG zur
Gewinnermittlung nach § 4 Abs. 1 EStG überzugehen, berechtigt das Finanzamt zur **Schätzung eines Übergangsgewinns**, wenn der Stpfl. dieser Verpflichtung erkennbar nicht nachkommt (Niedersächsisches FG v. 20. 10. 92, EFG
93 S. 448, aber aufgehoben durch BFH-U. v. 31. 8. 94 X R 2/93, n. v.).

Für Stpfl., die den Gewinn nach § 4 Abs. 3 EStG ermitteln, ergibt sich außer 743
dem Eintritt in die Buchführungspflicht noch ein weiterer Tatbestand, der sie
zum Übergang zur Gewinnermittlung durch Vermögensvergleich zwingt.
Diese Stpfl. werden bei der **Veräußerung ihres Betriebes** so behandelt, als
wären sie im Zeitpunkt der Veräußerung zunächst zur Gewinnermittlung
durch Vermögensvergleich nach § 4 Abs. 1 EStG übergegangen; sie müssen
zum Vermögensvergleich übergehen, wenn sie den Veräußerungsgewinn, der
nur so zu ermitteln ist, ermäßigt besteuern lassen wollen (BFH-U. v. 15. 5. 86
– IV R 146/84, n. v.). Das gleiche gilt bei der **Veräußerung eines Teilbetriebs**
oder **eines Mitunternehmeranteils** und bei der **Aufgabe eines Betriebs** (R 16
Abs. 7 EStR).

bb) Möglichkeit des Wechsels

Sofern dem Stpfl. nicht eine bestimmte Gewinnermittlungsart gesetzlich vor- 744
geschrieben ist, **kann** er grundsätzlich nach eigenem Ermessen **zu einer ande-**

ren zulässigen Form der **Gewinnermittlung übergehen.** Er darf jedoch **nicht willkürlich wechseln** (RFH-U. v. 17. 12. 30, RStBl 31 S. 448; Niedersächsisches FG v. 30. 5. 60, EFG 61 S. 12; Herrmann/Heuer/Raupach, § 4 Anm. 88; Littmann/Bitz/Hellwig, §§ 4, 5 Anm. 2169; Richter, StBp 67 S. 229). Auch ist die **Zurücknahme einer einmal getroffenen Wahl nicht zulässig** (BFH-U. v. 29. 4. 82, BStBl II S. 593, m. w. N.). Der Wechsel der Gewinnermittlungsart ist nur zu Beginn eines Wirtschaftsjahres möglich (BFH-U. v. 29. 8. 85, BFH/NV 86 S. 158; Schleswig-Holsteinisches FG v. 9. 12. 92, EFG 94 S. 87, aber Zurückverweisung an das FG durch BFH-U. v. 12. 10. 94 X R 192/93, n. v.). Die Methode darf der Stpfl. während eines laufenden Gewinnermittlungszeitraums nicht ändern.

745   Anlaß zum Übergang vom Betriebsvermögensvergleich nach § 4 Abs. 1 EStG zur Überschußrechnung kann einmal sein, daß nicht bzw. **nicht mehr buchführungspflichtige Land- und Forstwirte oder bisher freiwillig Bücher führende selbständig Tätige** i. S. des § 18 EStG zwecks **Vereinfachung der Buchführungsarbeit** dazu übergehen, als Gewinn den Überschuß der Betriebseinnahmen über die Betriebsausgaben anzusetzen. Zum anderen kann der Wechsel darauf beruhen, daß der Gewinn für die Vorjahre nach § 4 Abs. 1 EStG geschätzt worden ist und der Stpfl. zur **Vermeidung weiterer Schätzungen** künftig den Gewinn zulässigerweise nach § 4 Abs. 3 EStG ermittelt.

746   Ein Übergang von § 5 EStG zur Gewinnermittlung nach § 4 Abs. 3 EStG kommt vor bei **Gewerbetreibenden, die nicht mehr buchführungspflichtig sind bzw. bei freiwillig buchführenden Gewerbetreibenden,** die zur **Vereinfachung ihres Rechnungswesens** künftig auf den Vermögensvergleich verzichten wollen.

747   **Freiwillig** können Stpfl. zum Bestandsvergleich prinzipiell ohne Einschränkung übergehen, z. B. wenn sie durch die Führung von Büchern größere Transparenz über die finanziellen Verhältnisse ihres Betriebs erlangen wollen.

748   Der Gewinn aus **Land- und Forstwirtschaft** kann unter bestimmten Voraussetzungen nach Durchschnittssätzen ermittelt werden (§ 13 a EStG). Es handelt sich um eine besondere Art der Gewinnermittlung, die selbständig neben die nach §§ 4 und 5 EStG tritt. Diese Gruppe von Stpfl. kann aber **freiwillig** (§ 13 a Abs. 2 EStG) **zum Betriebsvermögensvergleich oder zur Überschußrechnung** übergehen oder u. U. dazu gezwungen sein.

Auch für diese Fälle enthalten die EStR Anweisungen. D. h., wenn ein Landwirt von der Überschußrechnung zur Ermittlung des Gewinns nach Durchschnittssätzen (oder umgekehrt) übergeht, so hat er Zu- und Abschläge vorzunehmen (R 127 Abs. 6, R 17 Abs. 1 EStR).

cc) *Schätzung als Wechsel der Gewinnermittlungsart*

Sofern in dem der Schätzung gem. § 162 AO unmittelbar vorangehenden Wj   **749**
der Gewinn in Form der Überschußrechnung ermittelt worden ist, bedeutet
die Schätzung nach den Grundsätzen des § 4 Abs. 1 EStG einen Wechsel der
Gewinnermittlungsart (R 17 Abs. 1 Satz 2 EStR). Vgl. aber ferner BFH-U. v.
2. 3. 82 (BStBl 84 II S. 504).

b) Besonderheiten beim Wechsel der Gewinnermittlungsart

Die Ermittlung des Gewinns für die ganze Zeit vom Beginn bis zum Ende   **750**
eines Betriebs (Veräußerung, Aufgabe) muß **trotz verschiedenartiger Gewinnermittlung** nach §§ 4 Abs. 1, 5 oder § 4 Abs. 3 EStG **im wesentlichen zu dem
gleichen Ergebnis** führen (BFH-U. v. 2. 9. 71, BStBl 72 II S. 334; v. 31. 8. 72,
BStBl 73 II S. 51; v. 6. 12. 72, BStBl 73 II S. 293). Dies gilt jedoch nicht für den
Gewinn des einzelnen Wj bzw. Kj.

In dem Zeitpunkt, in dem die Gewinnermittlungsart geändert wird, kann ein   **751**
Bruch in der steuerlichen Auswirkung bestimmter Vorgänge eintreten. Ausgaben und Einnahmen werden bei der Überschußrechnung oftmals in einem
anderen Zeitraum aufwands- oder erfolgswirksam, als dies beim Vermögensvergleich der Fall ist. Während bei der Überschußrechnung z. T. der Zeitpunkt
des Zuflusses und Abflusses von Geldbeträgen maßgebend ist, treten beim
Vermögensvergleich die Grundsätze der periodengerechten Abgrenzung in
den Vordergrund. **Mit dem Übergang** zu einer anderen Gewinnermittlungsmethode **gelten uneingeschränkt die Grundsätze dieser neuen Gewinnermittlungsart**, so daß durch den Bruch u. U. Einnahmen oder Ausgaben doppelt
oder aber gar nicht in Erscheinung treten.

Wegen der unterschiedlichen Berücksichtigung von Gewinnen und Verlusten   **752**
bei den einzelnen Gewinnermittlungsarten sind **bestimmte Hinzurechnungen
und Abrechnungen beim Gewinn erforderlich**, wenn ein Stpfl. von einer Gewinnermittlungsart zu einer anderen übergeht. Diese Hinzurechnungen und
Abrechnungen sollen verhindern, daß infolge des Übergangs zu einer anderen
Gewinnermittlungsart steuerlich bedeutsame Vorgänge sich weder doppelt
noch überhaupt nicht auf den Gewinn auswirken (RFH-U. v. 7. 12. 38, RStBl
39 S. 172; BFH-U. v. 3. 10. 61, BStBl III S. 565).

753   Für die Übergangsfälle liegt im Gesetz selbst eine offene Regelungslücke vor (a. A. Herrmann/Heuer/Raupach, § 4 Anm. 103: Eine Regelungslücke liegt nicht vor). Nach h. M. stellen die in R 17 EStR und in der zugehörigen Anlage 1 getroffenen Verwaltungsanordnungen für die Übergangsfälle eine nach den Grundsätzen des EStG notwendige und **systemgerechte Regelung** dar (vgl. BFH-U. v. 18. 12. 64, HFR 65 S. 311; v. 22. 6. 66, BStBl III S. 540; v. 20. 1. 67, BStBl III S. 287; v. 28. 5. 68, BStBl II S. 650; v. 1. 7. 81, BStBl II S. 780; v. 24. 1. 85, BStBl II S. 255; Schmidt, § 4 Anm. 652). Die Rechtsprechung baut auf dem zutreffenden Grundgedanken auf, daß im ganzen und auf die Dauer gesehen, die Gewinnermittlung nach § 4 Abs. 3 EStG zu demselben Gesamtergebnis führen muß, wie wenn der Stpfl. von Anfang an den Gewinn durch Bestandsvergleich nach § 4 Abs. 1 oder § 5 EStG ermittelt hätte (BFH-U. v. 1. 7. 81, BStBl II S. 780). Mit der vom RFH entwickelten und vom BFH fortgeführten Konzeption wird weiterhin erreicht, daß der Gewinn von Anfang an ohne Einschränkungen nach der neuen Methode ermittelt werden kann **(Maßgeblichkeit der neuen Gewinnermittlungsmethode)**.

754   Der Wechsel der Gewinnermittlungsart ist weder eine Aufgabe noch eine Unterbrechung der Betätigung; **stille Reserven** sind **nicht aufzudecken**. Durch die Änderung der Gewinnermittlungsart wird ein Wirtschaftsgut auch nicht aus dem Betriebsvermögen entnommen, so daß auch aus diesem Grunde die stillen Reserven nicht zu versteuern sind (§ 4 Abs. 1 Satz 3 EStG: „geduldetes Betriebsvermögen"). Warenbestände sind auch nach dem Wechsel mit dem Buchwert, nicht mit einem höheren Teilwert zu bilanzieren.

755   Keine Frage der Korrektur wegen Wechsels der Gewinnermittlungsart ist, ob ein Vorgang sich überhaupt auf den Gewinn auswirken kann (vgl. z. B. BFH-U. v. 15. 5. 74, BStBl II S. 518 zur Behandlung von Fremdgeschäften oder durchlaufenden Posten), ferner ob eine unterlassene AfA nachgeholt werden kann, oder ob Aufwendungen sich bei der Überschußrechnung als Betriebsausgaben auswirken dürfen, die sich bereits früher beim Vermögensvergleich hätten auswirken müssen (vgl. zu Tilgungsleistungen BFH-U. v. 4. 8. 77, BStBl II S. 866; offen bei unterlassener Berücksichtigung von Rentenerhöhungen BFH-U. v. 23. 2. 84, BStBl II S. 516, zu 3.).

756   Anlage 3 zu Abschn. 19 EStR ist 1981 geändert worden. Aus der Übersicht über die Gewinnberichtigungen beim Wechsel der Gewinnermittlungsart wurden – m. E. ohne materielle Bedeutung – die Positionen herausgenommen, die auf Bestände zu Beginn der Gewinnermittlung nach § 4 Abs. 3 EStG Bezug nehmen; s. dazu a. Zimmermann (DStR 81 S. 155). Eine überarbeitete Übersicht über die Berichtigung des Gewinns bei Wechsel der Gewinnermitt-

lungsart befindet sich in Anlage 1 zu den EStR 1993. Einzelheiten s.
Rdn. 951 ff.

Zusammenfassung (Bildung von Korrektivposten)   757

- Wechsel von der § 4 Abs. 3-Gewinnermittlung zum Bestandsvergleich (R 17 Abs. 1 Satz 1 EStR)
- Veräußerung eines Betriebs mit § 4 Abs. 3-Gewinnermittlung (R 16 Abs. 7 Satz 1 EStR)
- Aufgabe eines Betriebs mit § 4 Abs. 3-Gewinnermittlung
- Schätzung des § 4 Abs. 1-Gewinns bei einem Betrieb, der bisher den Gewinn nach § 4 Abs. 3 EStG ermittelt hatte (R 17 Abs. 1 Satz 2 EStR)
- Übergang von der § 4 Abs. 3-Gewinnermittlung zur Gewinnermittlung nach § 13a EStG (R 17 Abs. 1 Satz 2 EStR)
- Einbringung des Betriebs in eine Personengesellschaft mit § 4 Abs. 3-Gewinnermittlung, wenn die Buchwerte ganz oder teilweise aufgestockt werden (die Einbringung in eine Kapitalgesellschaft oder in eine Personengesellschaft mit Bestandsvergleich fällt unter „Wechsel . . :" oder „Aufgabe . . :"; s. o.)
- Wechsel vom Bestandsvergleich zur § 4 Abs. 3-Gewinnermittlung
- Wechsel von der Vollschätzung zur § 4 Abs. 3-Gewinnermittlung
- Wechsel von der § 13a-Gewinnermittlung zur § 4 Abs. 3-Gewinnermittlung.

In den Fällen „Veräußerung", „Aufgabe" und „Einbringung" sind die Korrektivposten im Jahr der Veräußerung bzw. Aufgabe bzw. Einbringung zu versteuern (R 16 Abs. 7 Satz 3 EStR).

In den übrigen Fällen sind die Korrektivposten grundsätzlich im Jahr nach dem Übergang zu versteuern (R 17 Abs. 1 Sätze 1 und 3, Abs. 2 Satz 2 EStR).

(unbesetzt)   758–760

2. Übergang von der Überschußrechnung (§ 4 Abs. 3 EStG) zum Vermögensvergleich (§ 4 Abs. 1 oder § 5 EStG)

a) Allgemeines

Die Gewinnermittlung nach § 4 Abs. 3 EStG und der Bestandsvergleich nach   761
§ 5 EStG sollten auf die Dauer gesehen den gleichen Totalgewinn ergeben. In

den einzelnen Wirtschaftsjahren, d. h. periodisch gesehen, führen beide Gewinnermittlungsarten zu unterschiedlichen Gewinnen. Auf die Dauer gesehen gleichen sich diese unterschiedlichen Gewinne der einzelnen Wirtschaftsjahre wieder aus. Dieser sich automatisch und selbständig vollziehende Ausgleich wird jedoch durch den Wechsel der Gewinnermittlungsart unterbrochen. Das Ergebnis ist ein unrichtiger Totalgewinn.

762   Der Übergang von der Gewinnermittlung nach § 4 Abs. 3 EStG zur Gewinnermittlung nach § 4 Abs. 1 oder § 5 EStG erfordert, daß **Betriebsvorgänge, die bisher nicht berücksichtigt worden sind, beim ersten Bestandsvergleich berücksichtigt werden** (RFH-U. v. 7. 12. 38, a. a. O., BFH-U. v. 3. 10. 61, BStBl III S. 565; vgl. a. BFH-U. v. 11. 3. 65, HFR S. 461; v. 1. 7. 81, BStBl II S. 780; R 17 EStR sowie Anlage 1 dazu). Die Gewinnkorrekturen gelten auch für die **Gewerbesteuer** (Abschn. 40 Abs. 3 GewStR).

763   Eine Berichtigung unterbleibt dagegen, wenn der Gewinn im Vorjahr so **geschätzt** worden ist, daß damit derjenige Gewinn erfaßt worden ist, der sich bei Gewinnermittlung nach § 4 Abs. 1 oder § 5 EStG mutmaßlich ergeben hätte (BFH-U. v. 22. 5. 75, BStBl II S. 732, m. w. N.).

764   Andererseits bedeutet dies, daß ein Wechsel zwischen Schätzung und Überschußrechnung zu Gewinnkorrekturen führt. Ist also in dem der Schätzung vorausgehenden Jahr der Gewinn nach § 4 Abs. 3 EStG ermittelt worden, so sind für das Jahr der Schätzung dieselben Gewinnkorrekturen vorzunehmen, die beim Übergang von der Überschußrechnung zum Bestandsvergleich nach §§ 4, 5 EStG vorzunehmen wären (R 12 Abs. 2, R 17 Abs. 1; Anl. 1 der EStR).

765   Soweit **mit dem Wechsel der Gewinnermittlungsart zugleich eine Umqualifizierung der Einkünfte** verbunden ist, z. B. weil ein bisher landwirtschaftlicher Betrieb nunmehr als Gewerbebetrieb zu beurteilen ist, betreffen die **Gewinnkorrekturen allein den Gewinn aus Gewerbebetrieb.** Dies ergibt sich aus dem systematischen Sinn der Gewinnkorrektur, die nur eine Änderung des durch Bestandsvergleich ermittelten Gewinns zum Ziel hat. Der Bestandsvergleich dient aber ausschließlich der Ermittlung des im VZ erwirtschafteten Gewinns, im Streitfall des Gewinns aus Gewerbebetrieb. Da das Ergebnis dieses Bestandsvergleichs korrigiert werden soll, werden dadurch nur die Einkünfte aus Gewerbebetrieb berührt. Für die Annahme nachträglicher Einkünfte aus Land- und Forstwirtschaft (§§ 13, 24 EStG) ist danach kein Raum (BFH-U. v. 1. 7. 81, BStBl II S. 780).

766   Wird ein **Einzelunternehmen** des Vaters durch Aufnahme des Sohnes **in eine Personengesellschaft umgewandelt** und geht diese später zur Gewinnermittlung durch Bestansvergleich (§ 4 Abs. 1 EStG) über, so gehen die im Über-

gangsjahr notwendigen Gewinnkorrekturen auch zu Lasten des Sohnes (BFH-U. v. 18. 12. 64, HFR 65 S. 311).

Für den Ansatz von **Korrektivposten**, wie sie beim Übergang von der Einnahme-Überschußrechnung nach § 4 Abs. 3 EStG zum Bestandsvergleich nach § 4 Abs. 1 EStG erforderlich sind, kommt es nach dem BFH-U. v. 24. 1. 85 (BStBl II S. 255) nur darauf an, ob der Gewinn vor dem Übergang zum Bestandsvergleich **tatsächlich** durch Gegenüberstellung der Ist-Einnahmen und der Betriebsausgaben **ermittelt** wurde. 767

Der Gewinn aus Land- und Forstwirtschaft ist nach den Grundsätzen des § 13a EStG (**Durchschnittssätzen**) zu ermitteln, soweit § 13a Abs. 1 EStG diese Gewinnermittlungsart nicht ausschließt oder der Stpfl. nicht freiwillig nach § 13a Abs. 2 EStG eine andere Art der Gewinnermittlung wählt. Die Gewinnermittlung nach Durchschnittssätzen steht als **selbständige Gewinnermittlungsart** neben den Gewinnermittlungen nach § 4 Abs. 1, § 4 Abs. 3 und § 5 EStG. Die Gewinnermittlung nach Durchschnittssätzen (§ 13a EStG) entspricht dem Bestandsvergleich nach § 4 Abs. 1 EStG (BFH-U. v. 26. 10. 89, BStBl 90 II S. 292; v. 24. 1. 85, BStBl II S. 255; R 127 Abs. 6 EStR), d. h. sie soll eine Art Bestandsvergleich sein, obwohl sie faktisch zwei Gewinnermittlungen beinhaltet, und zwar die Ermittlung des eigentlichen Durchschnittssatzgewinns nach § 13a Abs. 3—7 EStG und die nicht nach § 13a Abs. 3—7 EStG zu ermittelnden Gewinne nach § 13a Abs. 8 EStG. Dies erlangt besondere Bedeutung beim Wechsel der Gewinnermittlungsart (BFH-U. v. 24. 1. 85, a. a. O.). 768

Soweit sich aus dem Wechsel der Gewinnermittlungsart keine Veränderung bei der Gewinnberechnung (z. B. bei Schuld- und Pachtzinsen) ergibt, ist eine Übergangsgewinnermittlung nicht erforderlich. Das gilt auch für den Bereich der **Gewinnkorrekturen nach § 13a Abs. 8 EStG**, weil die Gewinne aus diesen Sondernutzungen und Betriebsvorgängen grundsätzlich durch Gegenüberstellung der Betriebseinnahmen und Betriebsausgaben zu ermitteln sind. Für die Prüfung, ob eine Übergangsgewinnermittlung wegen der fortgeltenden Anwendung der Grundsätze des § 4 Abs. 3 EStG unterbleiben kann, ist entscheidend, wie die Gewinnberechnung für diese Teilbereiche nach der Änderung der Gewinnermittlungsart tatsächlich vorgenommen wird (BFH-U. v. 24. 1. 85, BStBl II S. 255). Sind die Gewinne nach § 13a Abs. 8 EStG ausnahmsweise nach § 4 Abs. 1 EStG ermittelt worden (z. B. aufgrund freiwilliger Buchführung oder im Falle der Schätzung nach Richtsätzen), so ist aufgrund dieses Wechsels der Gewinnermittlungsart auch ein Übergangsgewinn zu ermitteln. Hierbei sind die Grundsätze zum Übergang von der Gewinnermittlung nach § 4 Abs. 3 EStG zur Gewinnermittlung nach § 4 Abs. 1 EStG zu 769 beachten. Dies gilt auch für Betriebsvorgänge, die bei der Durchschnittsatzgewinnermittlung mit den Pauschalwerten des § 13a Abs. 4' und 7 EStG erfaßt werden. Insoweit ist durch die Gleichstellung der Gewinnermittlung nach § 13a EStG mit der Gewinnermittlung nach § 4 Abs. 1 EStG ein Wechsel der Gewinnermittlungsart eingetreten, der eine Übergangsgewinnberechnung erfordert. Wegen etwaiger Zuschläge vgl. BFH-U. v. 24. 1. 85 (BStBl II S. 255), v. 3. 10. 85 (BFH/NV 86 S. 208), FG Münster v. 11. 8. 88 (EFG 89 S. 112) und v. 13. 2. 90 (EFG 91 S. 177, zurückgewiesen nach Rev.: BFH-U. v. 13. 9. 90 IV R 69/90, n. v.); s. a. R 127 Abs. 6 EStR. Wegen etwaiger Korrekturen nach allgemeinen Grundsätzen vgl. BFH-U. v. 17. 9. 87 (BStBl 88 II S. 327), v. 16. 2. 89 (BStBl II S. 708), OFD Münster v. 24. 2. 92 (FR S. 454). Bzgl. geringwertiger Wirtschaftsgüter s. BFH-U. v. 17. 3. 88 (BStBl II S. 770, str.).

770 Bei der Erfassung des Übergangsgewinns ist zu unterscheiden, in welchem Bereich er ausgelöst worden ist. Ergibt sich der Übergangsgewinn aus Vorgängen, die den Gewinnkorrekturen nach § 13a Abs. 8 EStG zuzuordnen sind, so ist auch der Übergangsgewinn Teil dieser Gewinnkorrektur mit der Folge einer möglichen Auswirkung auf den nach § 13a Abs. 8 EStG zu berücksichtigenden Freibetrag. Begehrt der Land- und Forstwirt die Anwendung der **Billigkeitsregelung** (Verteilung des Übergangsgewinns auf drei Wirtschaftsjahre), so bleibt es nur für das Wirtschaftsjahr des Übergangs bei der Zuordnung des anzusetzenden Drittels zu den Gewinnkorrekturen des § 13a Abs. 8 EStG. Die im Zweit- und Drittjahr zu erfassenden Beträge sind zwar als Teil des nach § 13a EStG zu ermittelnden Jahresgewinns, jedoch außerhalb der Gewinnkorrekturen des § 13a Abs. 8 EStG anzusetzen. Die rechnerische Verteilung auf drei Wirtschaftsjahre rechtfertigt keinen erneuten Freibetrag nach § 13a Abs. 8 EStG. Ebenso ist ein sich aus dem Wechsel der Gewinnermittlungsart ergebender Übergangsgewinn in den unter die Pauschalregelung des § 13a EStG fallenden Betriebsbereichen außerhalb der Gewinnkorrekturen des § 13a Abs. 8 EStG zu erfassen. Das gilt bereits für das Wirtschaftsjahr des Übergangs. Der Übergangsgewinn ist insoweit bereits dem Grunde nach kein nach § 13a Abs. 8 EStG zu berücksichtigender Betriebsvorgang dieses Wirtschaftsjahres. Die Einbeziehung in die Gewinnberechnung ergibt sich aus der Notwendigkeit, Gewinne aus früheren Betriebsvorgängen vollständig zu erfassen.

771 Auch der Wechsel der Gewinnermittlungsart kann eine **neue Tatsache** sein, wenn es der Stpfl. unterlassen hat, das FA auf einen nicht ohne weiteres erkennbaren Wechsel hinzuweisen. Bei einer späteren Berichtigungsveranlagung kann sich der Stpfl. auf eine mangelnde Aufklärung des FA nicht berufen (BFH-U. v. 19. 10. 71, BStBl 72 II S. 106).

(unbesetzt) 772–775

b) Zu- und Abrechnungen

aa) Bewertung der Wirtschaftsgüter beim Übergang

Zu Beginn der neuen Gewinnermittlung stellen Gewerbetreibende eine **Eröff-** 776
nungsbilanz auf, in der alle Betriebsvermögenswerte einschl. etwaiger Ab-
grenzungsposten, Rückstellungen usw. auszuweisen sind. In der Eröffnungsbilanz sind die einzelnen Wirtschaftsgüter – gewinneutral – mit denjenigen
Werten anzusetzen, mit denen sie gem. § 6 EStG zu Buch stehen würden, wenn
der Gewinn von Beginn an durch Bestandsvergleich ermittelt worden wäre
(R 17 Abs. 1 Satz 8 EStR; BFH-U. v. 15. 5. 74̄, BStBl II S. 518; v. 8. 8. 91, BStBl
93 II S. 272). Maßgebend sind also die tatsächlichen Anschaffungs- oder
Herstellungskosten – bei Anschaffung vor dem 21. 6. 48 (Berlin: 1. 4. 49)
höchstens die Werte, die sich bei sinngemäßer Anwendung der Bewertungs-
grundsätze des DMBG und seiner Ergänzungsgesetze ergeben (vgl. dazu
Theis, FR 51 S. 149; Hardt, DStZ E 51 S. 278; DStZ E 51 S. 462; Abschn. 19
EStR 51) –, vermindert um die zulässige AfA (RFH-U. v. 17. 2. 32, RStBl
S. 400; BFH-U. v. 23. 11. 61, BStBl 62 III S. 199; v. 3. 6. 65, BStBl III S. 579).
Liegt der Teilwert eines Gutes unter diesem Wert, so konnte bisher eine **Teilwertabschreibung** nicht vorgenommen werden, da dies im Rahmen der Überschußrechnung nicht möglich ist. Es besteht jedoch auch kein Zwang, das Gut
bereits in der Eröffnungsbilanz mit dem niedrigeren Teilwert anzusetzen, da
das **handelsrechtliche Niederstwertprinzip erst in der Schlußbilanz** des Übergangsjahres **zu berücksichtigen** ist. Setzt der Stpfl. gleichwohl den niedrigeren Teilwert bereits in der Eröffnungsbilanz an, so wirkt sich der Unterschied
zwischen dem Teilwert und den höheren (fortgeführten) Anschaffungs-/Her-
stellungskosten weder in der Zeit der Überschußrechnung noch in der Zeit des
Bestandsvergleichs aus. Daher ist der Gewinn des Übergangsjahres um diesen
Differenzbetrag zu vermindern (gl. A. Speich, FR 71 S. 194). Beim Warenbestand sowie bei den Kundenforderungen haben sich die Teilwertabschreibungen bereits im ersten Jahr des Bestandsvergleichs gewinnmindernd ausgewirkt, so daß hinsichtlich der vorgenommenen Teilwertabschreibungen keine
weiteren Abrechnungen vorzunehmen sind.

In R 17 EStR wird angeordnet, daß beim Übergang von der Überschußrech- 777
nung zur Gewinnermittlung durch Bestandsvergleich nach § 4 Abs. 1 oder § 5
EStG **zum Anlagevermögen gehörender Grund und Boden** in der Eröffnungsbilanz mit dem Wert anzusetzen ist, mit dem er im Zeitpunkt des Über-

gangs in das nach § 4 Abs. 3 Satz 5 EStG laufend zu führende Verzeichnis aufgenommen werden muß. Das sind die nach § 55 Abs. 2 bis 4 EStG ermittelten Pauschalwerte oder der im besonderen Verfahren nach § 55 Abs. 5 EStG festgesetzte Teilwert. Nach § 55 Abs. 1 und 4 EStG ist für den Grund und Boden des Anlagevermögens ein Ausgangsbetrag zu ermitteln, der als fiktiver Anschaffungswert dem späteren Veräußerungserlös gegenübergestellt wird. Dieser Ausgangsbetrag beläuft sich auf das Zweifache des Einheitswertes vom 1. 1. 1964. Auf Antrag des Stpfl. kann statt dieses Wertes der darüberliegende Teilwert zum 1. 7. 1970 angesetzt werden (§ 55 Abs. 5 EStG).

778 **Land- und Forstwirte,** die von der Gewinnermittlung nach Durchschnittssätzen (§ 13 a EStG) oder durch Vergleich der Betriebseinnahmen mit den Betriebsausgaben (§ 4 Abs. 3 EStG) zum Betriebsvermögensvergleich (§ 4 Abs. 1 EStG) übergehen, haben zum Beginn des Buchführungszeitraums eine **(Übergangs-)Bilanz** aufzustellen (R 127 Abs. 6 EStR). Zu der Frage, ob und mit welchem Wert die einzelnen Wirtschaftsgüter in dieser Bilanz anzusetzen sind, nimmt die OFD München in der Verfügung v. 29. 3. 89 – S 2163 – 18 St 217 ausführlich Stellung. Vgl. a. R 125 Abs. 4 EStR. Bewertet ein Landwirt beim Übergang von der Gewinnermittlung nach Durchschnittssätzen (§ 13 a EStG) zur Einnahme-Überschußrechnung (§ 4 Abs. 3 EStG) sein **Viehumlaufvermögen** mit den tatsächlichen Anschaffungs- und Herstellungskosten, muß er entsprechend dem BFH-U. v. 16. 6.94 (BStBl II S.932) beim sich daran anschließenden Übergang zum Bestandsvergleich (§ 4 Abs. 1 EStG) das vorhandene Viehumlaufvermögen ebenfalls mit den tatsächlichen Anschaffungs- und Herstellungskosten ansetzen.

bb) Gewillkürtes Betriebsvermögen

779 Gewillkürtes Betriebsvermögen, das bei der Überschußrechnung nicht berücksichtigungsfähig war (vgl. R 13 Abs. 16 und R 16 Abs. 6 EStR), kann erstmals in die **Eröffnungsbilanz des Übergangsjahres** aufgenommen werden. Hierdurch wird zugleich der Wille zur Behandlung als gewillkürtes Betriebsvermögen kundgetan. Eine solche Hereinnahme ins Betriebsvermögen stellt eine Einlage dar, die nach § 6 Abs. 1 Nr. 5 EStG (Teilwert bzw. Anschaffungs- oder Herstellungskosten – vgl. a. R 39 EStR) zu bewerten ist.

cc) Zu- und Abrechnungen bei den einzelnen Bilanzposten

780 Wegen der unterschiedlichen Berücksichtigung von Gewinnen und Verlusten bei den einzelnen Gewinnermittlungsarten sind bestimmte Hinzurechnungen

und Abrechnungen beim Gewinn erforderlich, wenn ein Stpfl. von einer Gewinnermittlungsart zu einer anderen übergeht. Der **insbes.** beim **Umlaufvermögen** bestehende Unterschied zwischen dem Betriebsvermögen zu Beginn der Besteuerung nach § 4 Abs. 3 EStG und zur Zeit des Übergangs zum Vermögensvergleich ist durch die Besteuerung nach § 4 Abs. 3 EStG noch nicht erfaßt worden. Da er auch bei der Gewinnermittlung nach § 4 Abs. 1 EStG in der folgenden Zeit nicht erfaßt werden würde, muß dieser Unterschiedsbetrag dem Gewinn zu- bzw. von ihm abgesetzt werden. Diese **Gewinnkorrekturen** sind allerdings nur berechtigt, soweit ohne sie durch den Übergang zum Vermögensvergleich Betriebseinnahmen unversteuert oder Betriebsausgaben unberücksichtigt bleiben würden (RFH-U. v. 7. 12. 38, RStBl 39 S. 172; vgl. a. BFH-U. v. 22. 6. 66, BStBl III S. 540).

Ohne Zu- oder Abschlag werden in die Eröffnungsbilanz übernommen: 781

- Geld und Bankguthaben (RFH-U. v. 7. 12. 38, RStBl 39 S. 172); Darlehnsforderungen und Darlehnsverbindlichkeiten (vgl. BFH-U. v. 5. 10. 73, BStBl 74 II S. 303), denn die Hingabe oder Aufnahme eines Darlehens wirken sich weder bei der Überschußrechnung noch beim Bestandsvergleich auf den Gewinn aus (BFH-U. v. 8. 10. 69, BStBl 70 II S. 44); Wertberichtigungen sind aber ggfs. nachzuholen und führen zu einem Abschlag.

- Abnutzbare Wirtschaftsgüter des Anlagevermögens (§ 4 Abs. 3 Satz 3 EStG); ihre Behandlung ist bei beiden Gewinnermittlungsarten die gleiche, sie sind mit den Restbuchwerten zu übernehmen. Ob eine unterlassene AfA nachgeholt werden kann, ist keine Frage der Ermittlung des Übergangsgewinns, sondern richtet sich nach den allgemeinen Grundsätzen, anders Wertberichtigungen.

  Ohne Auswirkung auf den Übergangsgewinn sind auch die Ausgaben für geringwertige Wirtschaftsgüter, sofern sie sich bereits als Betriebsausgaben ausgewirkt haben (§ 6 Abs. 2 EStG).

- Nicht abnutzbare Wirtschaftsgüter des Anlagevermögens, deren Anschaffungskosten sich bisher nicht als Betriebsausgaben ausgewirkt haben (vgl. § 4 Abs. 3 Sätze 4 u. 5 EStG, bezüglich Grund und Boden s. R 17 Abs. 1 Satz 9 EStR, § 55 EStG).

- Durchlaufende Posten (BFH-U. v. 15. 5. 74, BStBl II S. 518).

Geschäftsvorfälle, die nach der alten und der neuen Gewinnermittlungsart gleichbehandelt werden, bedürfen also keiner Korrektur (vgl. Rdn. 952). Das gleiche gilt für solche Geschäftsvorfälle, die nach den Regeln der alten und der neuen Gewinnermittlungsart überhaupt noch nicht erfaßt oder bereits abgewickelt sind.

782 Für den Ansatz der Korrekturposten ist es **nicht entscheidend**, ob der Stpfl. im Jahr vor dem Übergang zum Bestandsvergleich **zu Recht oder zu Unrecht** die Einnahme-Überschußrechnung beibehalten hat. Es kommt allein darauf an, daß der Gewinn durch Gegenüberstellung der Ist-Einnahmen und der Betriebsausgaben ermittelt wurde. Die **Schätzung** eines Teils der **Betriebsausgaben** macht die Überschußrechnung noch nicht zu einer § 4 Abs. 1 EStG gleichstehenden Schätzung (BFH-U. v. 22. 5. 75, BStBl II S. 732).

783 Ein Mitunternehmer, der *nach* Eröffnung eines Betriebes mit Gewinnermittlung i. S. des § 4 Abs. 3 EStG in die Mitunternehmerschaft eingetreten ist, muß beim Übergang zum Bestandsvergleich die Berücksichtigung auch solcher Betriebsvorgänge, die die **Zeit vor seinem Eintritt** betreffen, gegen sich gelten lassen (BFH-U. v. 18. 12. 64, HFR 65 S. 311), es sei denn, daß bürgerlich-rechtlich etwas anderes vereinbart wird. Ebenso bei Einbringung eines Einzelunternehmens in eine Mitunternehmerschaft (gl. A. Kayser/Seithel, RWP-Blattei 14 D ESt II B 49).

784 Da die vorzunehmenden Korrekturen also durch die Unterschiede zwischen den einzelnen Arten der Gewinnermittlung bedingt sind, müssen zunächst diese Unterschiedlichkeiten herausgearbeitet werden. Jeder einzelne Vermögensposten bzw. Geschäftsvorfall muß daraufhin untersucht werden, wie er sich im Rahmen der bisherigen und wie er sich im Rahmen der neuen Gewinnermittlungsart auswirkt. Mit anderen Worten: **Jede einzelne Bilanzposition ist** daraufhin **zu untersuchen**, ob sich durch den Übergang zur anderen Gewinnermittlungsart Vorfälle gar nicht oder doppelt auswirken. Im Grunde genommen wird die neu gewählte Gewinnermittlungsart durch die Korrektur aller gegenläufigen Auswirkungen auf den Zeitpunkt des Betriebsbeginns bzw. auf den 21. 6. 1948 (vgl. § 10 EStDV) bzw. – DDR/Neue Bundesländer – auf den 1. 7. 90 (DMBilG) ausgedehnt. Die Ergebniskorrekturen wegen des Wechsels der Gewinnermittlungsart erfordern, daß das laufende Steuerjahr nicht für sich allein und als in sich abgeschlossen betrachtet wird, sondern daß auch die früheren Zeiträume zu berücksichtigen sind. Wie der BFH in dem Urteil v. 28. 5. 68 (BStBl II S. 650) zutreffend hervorhebt, beruhen diese Auswirkungen auf demselben Grundgedanken wie der Grundsatz des Bilanzzusammenhangs, wonach die **richtige Besteuerung des einzelnen Geschäftsvorfalls Vorrang vor dem Grundsatz der Abschnittsbesteuerung** besitzt.

Aus diesem Grunde **muß** beim Übergang von der Gewinnermittlung nach § 4   785
Abs. 3 EStG zum Bestandsvergleich nach § 5 EStG **geprüft werden,** ob

- bei der Einnahme-Überschußrechnung Betriebseinnahmen noch nicht erfaßt worden sind und auch im Rahmen des Bestandsvergleichs nicht als Erträge erfaßt werden,

- bei der Einnahme-Überschußrechnung Betriebsausgaben noch nicht erfaßt worden sind und auch im Rahmen des Bestandsvergleichs nicht als Aufwendungen erfaßt werden,

- Betriebseinnahmen, die bereits bei der Einnahme-Überschußrechnung erfaßt worden sind, beim Bestandsvergleich noch einmal als Erträge erfaßt werden,

- Betriebsausgaben, die bereits bei der Einnahme-Überschußrechnung erfaßt worden sind, beim Bestandsvergleich noch einmal als Aufwendungen erfaßt werden,

- Beträge, die sich nicht gewinnmindernd auswirken dürfen, bedingt durch den Wechsel der Gewinnermittlungsart, sich noch als Betriebsausgabe bzw. Aufwand gewinnmindernd ausgewirkt haben,

- Beträge, die sich nicht gewinnerhöhend auswirken dürfen, bedingt durch den Wechsel der Gewinnermittlungsart, sich noch als Betriebseinnahme bzw. Ertrag gewinnerhöhend ausgewirkt haben.

Die erörterten denkbaren Fälle lassen sich wie folgt schematisieren:

Vorgang	tatsächliche Auswirkung auf den Gewinn bei § 4 (3) EStG	fiktive Auswirkung auf den Gewinn bei § 4 (1) od. § 5 EStG	Auswirkung auf den Übergangs-gewinn
1.	·/.	—	+
2.	+	—	·/.
3.	—	+	+
4.	—	·/.	·/.

Die Regelungen zu den Gewinnkorrekturen, insbes. in R 17 EStR und der   786
dazugehörenden Anlage 1 EStR, enthalten eine Übersicht über einige regelmäßig vorkommende Korrekturposten, sind aber nicht erschöpfend.

787   Die genannten Verwaltungsanweisungen enthalten systemgerechte Regelungen, auch wenn vereinzelt Einwände gegen das Zurechnungsverfahren erhoben werden.

Im einzelnen gilt folgendes:

(1) Abnutzbares Anlagevermögen

788   Anschaffungskosten für die Wirtschaftsgüter des abnutzbaren Anlagevermögens (z. B. Maschine, Geschäftswert/Praxiswert) können sowohl bei der Überschußrechnung als auch beim Bestandsvergleich **nur in Form der jährlichen Abschreibung** als Betriebsaufwand geltend gemacht werden, da auch § 4 Abs. 3 EStG die Anwendung des § 7 EStG verlangt. Der während der Dauer der Überschußrechnung erreichte „Restbuchwert" ist in die Anfangsbilanz zu übernehmen und bildet die Grundlage für die weitere AfA. Eine **Korrektur** ist deshalb **nicht erforderlich** (vgl. hierzu RFH-U. v. 17. 2. 32, RStBl S. 400; v. 17. 3. 37, RStBl S. 1202; v. 15. 9. 37, RStBl S. 1203; v. 7. 12. 38, RStBl 39 S. 172; v. 6. 3. 40, RStBl S. 423).

Anzahlungen auf abnutzbare Wirtschaftsgüter dürfen den Gewinn nicht beeinflussen. Es sind **keine Zu- oder Abrechnungen** vorzunehmen.

(2) Nicht abnutzbares Anlagevermögen

789   Soweit nicht abnutzbare Anlagegüter (z. B. Beteiligungen) während der Dauer der Überschußrechnung angeschafft oder hergestellt und die Kosten nach der früheren Rechtslage als Betriebsausgaben abgesetzt wurden (ohne daß dafür ein Zuschlag nach § 4 Abs. 3 Satz 2 in den bis zum 31. 12. 54 geltenden Fassungen des EStG gemacht wurde), müssen in Höhe der Aktivierung (Anfangsbilanzwert) Zurechnungen erfolgen.

790   Nach § 4 Abs. 3 Satz 4 i. d. F. des 2. StÄndG 71 dürfen die Anschaffungs- oder Herstellungskosten von nicht abnutzbaren Wirtschaftsgütern des Anlagevermögens erst im **Zeitpunkt der Veräußerung oder Entnahme** der betreffenden Wirtschaftsgüter als Betriebsausgaben berücksichtigt werden. Sind sie demgemäß bisher nicht abgesetzt worden, so **entfällt eine Zusetzung zum Gewinn** beim Übergang zum Vermögensvergleich.

791   Nach Streichung des § 4 Abs. 1 Satz 5 durch das 2. StÄndG 71 gilt für **Grund und Boden** das gleiche wie für sonstige nicht abnutzbare Anlagegüter, d. h. Ansatz in der Eröffnungsbilanz mit den Anschaffungs- oder Herstellungskosten, s. Rdn. 435 ff. Über **fiktive Anschaffungskosten** bei vor dem 1. 7. 70

angeschafftem Grund und Boden s. § 55 EStG und Rdn. 435 ff. Bei Veräußerung oder Entnahme wird dem Erlös bzw. dem Entnahmewert der Buchwert
des Grundstücks als Betriebsaufwand gegenübergestellt. Dadurch treten die
(fiktiven) Erwerbskosten mit dem Ausscheiden des Grundstücks aus dem
Betriebsvermögen gewinnmindernd in Erscheinung. Ein **Zu- oder Abschlag**
ist deshalb **nicht erforderlich**.

(3) Geldbestände

Kassenbestände und die Bestände anderer Geldkonten (Bank-, Postbank- 792
konto) bleiben von dem Übergang **unberührt**.

(4) Warenbestände

Für Waren gilt zwar auf dem Wege über § 5 Abs. 1 EStG das handelsrechtliche 793
Niederstwertprinzip (wegen des strengen Niederstwertprinzips vgl. § 253
Abs. 3 HGB). Da dieses Prinzip erst in der Schlußbilanz des Übergangsjahres
berücksichtigt wird, erscheinen die Waren **mit den ungeminderten Anschaffungskosten in der Eröffnungsbilanz**.

Jegliche Minderung des Warenbestandes durch Verkauf, Entnahme usw. 794
führt zum Aufwand, beim Verkauf z. B. in der Form des Wareneinsatzes.

Sofern die *Waren bereits bezahlt* sind, haben die Anschaffungskosten bei der 795
Überschußrechnung als Betriebsausgaben den Gewinn gemindert. Deshalb
wäre insoweit, um eine zweifache Aufwandswirksamkeit zu vermeiden, ein
Zuschlag erforderlich.

Soweit die *Waren noch nicht bezahlt* worden sind, tritt der Aufwand nur einmal in Erscheinung, d. h. ein Zuschlag wäre insoweit nicht erforderlich.

Häufig ist aber nicht festzustellen, ob und inwieweit der noch vorhandene 796
Warenbestand bezahlt ist, d. h. inwieweit die bestehenden Lieferantenschulden mit den noch vorhandenen Waren zusammenhängen oder sich auf bereits
verkaufte Waren beziehen. Deshalb verfährt man so, daß der **Warenbestand**
mit dem Wert, mit dem er in die Eröffnungsbilanz eingestellt worden ist, zu
einem **Zuschlag** und die **Lieferantenschulden** einschl. der Vorsteuer voll zu
einem **Abschlag** führen (Anl. 1 EStR). Entsprechendes gilt für Bestände an
Erzeugnissen, Rohstoffen, Hilfs- und Betriebsstoffen.

Beispiel:
Der Stpfl. hat beim Übergang zur Buchführung einen Warenbestand von 5000 DM. Dieser Posten ist in die Anfangsbilanz als Aktivum einzusetzen. Diese 5000 DM würden sich,

wenn der Stpfl. die Überschußrechnung fortführen würde, beim Verkauf der Waren als Betriebseinnahmen auswirken. In der Buchführung ist das nicht der Fall. Dem ersten Buchergebnis sind 5000 DM zuzurechnen.

797 Geht ein Tankstellenverwalter (Pächter) von der Gewinnermittlung durch Überschußrechnung zur Gewinnermittlung durch Betriebsvermögensvergleich über, bleiben bei der Ermittlung des Korrekturpostens **Agenturbestände** und die mit ihnen zusammenhängenden Herausgabe- und Abrechnungsverpflichtungen außer Ansatz (BFH-U. v. 15. 5. 74, BStBl II S. 518).

798 Werden **Anzahlungen** für Waren geleistet, liegen Zahlungen für Umlaufvermögen vor, d. h., die Anzahlungen werden in jedem Fall in der Zeit der Überschußrechnung als Betriebsausgaben behandelt. Da der Warenbestand in der Zeit des Betriebsvermögensvergleichs nochmals zu Betriebsausgaben führt, ist zum Ausgleich ein Gewinn**zuschlag** vorzunehmen.

(5) Kundenforderungen

799 Beim Warenverkauf auf Ziel haben sich die Erlöse mangels Zuflusses noch nicht gewinnerhöhend niederschlagen können. Ihr Eingang im Rahmen des Vermögensvergleichs ist erfolgsneutral (Buchung: Geldkonto an Forderungen). Der Wechsel der Gewinnermittlungsart führt dazu, daß die Verkaufsentgelte als Gewinnerhöhungen nicht erfaßt würden. Deshalb muß ein **Zuschlag** vorgenommen werden.

(6) Darlehensforderungen

800 Weder die Darlehenshingabe noch der Darlehensrückfluß haben sich im Rahmen der Überschußrechnung als Ausgabe oder Einnahme ausgewirkt (vgl. R 16 Abs. 2 EStR). Im Rahmen des Vermögensvergleichs hat die weitere Darlehenstilgung gleichfalls keinen Einfluß auf den Gewinn, sondern bewirkt eine reine Vermögensumschichtung nach der Buchung: Kasse an Darlehensforderung. Deshalb ist **keine Korrektur** notwendig.

(7) Rechnungsabgrenzungsposten und sonstige Forderungen

801 Werden **aktive Rechnungsabgrenzungsposten** in der Anfangsbilanz des Übergangsjahres gebildet, so ist folgendes zu bedenken: Der betreffende Aufwand hat den Gewinn bereits in voller Höhe gemindert; die Auflösung des Rechnungsabgrenzungspostens würde ihn noch einmal mindern. Ein Betrag in Höhe des Rechnungsabgrenzungspostens ist daher dem Gewinn des ersten Jahres mit Bestandsvergleich **zuzusetzen**.

Werden **passive Rechnungsabgrenzungsposten** in der Anfangsbilanz des 802
Übergangsjahres gebildet, so muß ihr Betrag vom Gewinn des Übergangsjahres **abgesetzt** werden.

Beim Wechsel der Gewinnermittlungsart sind außer den in Anl. 1 zu den EStR 803
angeführten Korrektivposten noch die in den Forderungen und Verbindlichkeiten enthaltene Umsatzsteuer und die Umsatzsteuerschuld bzw. der Erstattungsanspruch gegenüber dem FA zu beachten.

Bei der Gewinnermittlung nach § 4 Abs. 3 EStG gehören für den Umsatz 804
geschuldete Umsatzsteuer und vom FA erstattete Vorsteuer zu den Betriebseinnahmen und gezahlte Vorsteuer einschl. der Einfuhrumsatzsteuer und an
das FA abzuführende Umsatzsteuer-Beträge zu den Betriebsausgaben (R 86
Abs. 4 EStR). Diese Steuerbeträge beeinflussen den Gewinn beim Bestandsvergleich im Jahr, das auf den Übergang folgt, nicht.

Die zum Übergangszeitpunkt dem FA geschuldete **Mehrwertsteuer mindert** 805
deshalb den Übergangsgewinn, ein **Erstattungsanspruch erhöht** ihn.

Ausnahme: Die **Mehrwertsteuer für den Eigenverbrauch** muß bei Ermittlung 806
dieses Korrektivpostens ausscheiden, weil sie bei der Gewinnermittlung durch
Bestandsvergleich und bei der Einnahme-Überschußrechnung gleich behandelt wird (Entnahmen). Vgl. ferner Falterbaum (StW 70 S. 41).

Eine geleistete **Anzahlung** wird aktiviert. Ist sie während der Überschußrechnung 807
als Betriebsausgabe abgesetzt worden, so ist ein **Zuschlag** zu machen;
umgekehrt bei einer passivierten, als Betriebseinnahme behandelten empfangenen Anzahlung.

Ein **Damnum** ist bei der Überschußrechnung mit der Zahlung abzugsfähig 808
und beim Vermögensvergleich auf die Laufzeit des Darlehens zu verteilen.
Fällt der Wechsel der Gewinnermittlungsart in die Laufzeit eines betrieblichen Darlehens, für das ein Disagio einbehalten wurde, so ist dieses in der
Eröffnungsbilanz anteilig nach der noch verbleibenden Restlaufzeit der
Schuld zu aktivieren und in den Folgejahren anteilig abzusetzen. Da dieser
Teilbetrag während der Zeit der Überschußrechnung bereits als Betriebsausgabe in Abzug gebracht wurde, ist er nach R 17 EStR **zuzurechnen**.

(8) Rücklage für Ersatzbeschaffung

Beim Übergang von der Überschußrechnung zum Vermögensvergleich sind 809
der Schaden und die Entschädigungsforderung noch nicht berücksichtigt
worden (R 35 Abs. 8 EStR).

810   Bei einem **abnutzbaren Anlagegut** sind die AfA nach dem Verlust des Wirt-schaftsguts fortzusetzen (EStR, a. a. O.). Im Anschluß an die Eröffnungsbi-lanz ist der Restbuchwert des ausgeschiedenen Wirtschaftsguts auszubuchen, die **Entschädigungsforderung** zu aktivieren und ihr Mehrbetrag gegenüber dem ausgebuchten Betrag in **Rücklage für Ersatzbeschaffung** zu stellen. (Die vorgezogene AfA aus der Zeit der Überschußrechnung fehlt in der Zeit mit Vermögensvergleich). Steht die Höhe der Entschädigung bei Aufstellung der Eröffnungsbilanz fest, so kann der Stpfl. auch sogleich die Entschädigungs-forderung aktivieren und die Rücklage für Ersatzbeschaffung passivieren (Unterschied: Kapital). Die Rücklage für Ersatzbeschaffung muß ohnehin sogleich in die Eröffnungsbilanz eingestellt werden, wenn die Entschädigung bereits vor dem Methodenwechsel eingegangen ist und Verlust und Entschä-digung noch nicht berücksichtigt worden sind.

811   Bezüglich der **Vorräte** gilt folgendes: Der letzte Buchwert der verlorenen Vor-räte (zuzüglich des Buchwerts der vorhandenen Vorräte) ist dem Gewinn des ersten Jahrs mit Vermögensvergleich **zuzusetzen** (Übergangskorrektur). Ent-sprechend der Handhabung bei abnutzbaren Anlagegütern ist der gleiche Betrag in der Eröffnungsbilanz zu aktivieren; sodann sind die Vorräte auszu-buchen, die **Entschädigungsforderung** ist zu aktivieren und der Unterschied in **Rücklage für Ersatzbeschaffung** zu stellen. War die Entschädigung bereits vor dem Methodenwechsel eingegangen, so ist die Rücklage für Ersatzbe-schaffung in der Eröffnungsbilanz zu bilden (Herrmann/Heuer/Raupach, § 4 Anm. 68 m).

(9) Rücklage nach §§ 6b, 6c EStG

812   Beim Übergang von der Gewinnermittlung durch Überschußrechnung nach § 4 Abs. 3 EStG zur Gewinnermittlung durch Bestandsvergleich nach § 4 Abs. 1 oder § 5 EStG ist in der **Eröffnungsbilanz** eine **Rücklage nach § 6b EStG** auszuweisen, soweit ein Betriebsausgabenabzug nach § 6c EStG vorge-nommen worden ist und im Zeitpunkt des Wechsels der Gewinnermittlungs-art noch keine gewinnerhöhende Auflösung vorgenommen wurde. Für die weitere Behandlung dieser Rücklage gilt § 6b Abs. 3 EStG.

(10) Rückstellungen, Wertberichtigungen

813   Sind Rückstellungen und/oder Wertberichtigungen auf Forderungen in der Anfangsbilanz des Übergangsjahres zu bilden, sind in gleicher Höhe **Abrech-nungen** vorzunehmen; der betreffende Aufwand hat den Gewinn noch nicht gemindert und die Zahlung würde den Gewinn auch in der Zeit des Bestands-

vergleichs nicht mehr mindern. Diese Überlegungen gelten für das **Wechsel-obligo** entsprechend, wobei Besonderheiten aber ausnahmsweise auch andere Lösungen bewirken können.

(11) Verbindlichkeiten (Warenschulden)

Überprüft man die Lieferantenschulden, so bedeutet ihre Tilgung im Rahmen des Vermögensvergleichs eine reine Vermögensumschichtung. Falls die Waren während der Gewinnermittlung durch Bestandsvergleich verkauft werden, treten die Anschaffungskosten als Wareneinsatz aufwandswirksam auf. Falls sie aber schon während der Überschußrechnung veräußert wurden, würden die Erwerbskosten nicht als Betriebsausgaben wirksam geworden sein. Deshalb ist für die Lieferantenschulden insoweit, als sie sich auf bereits veräußerte Waren beziehen, ein **Abschlag** vorzunehmen. Aus den in Rdn. 793 ff. genannten Vereinfachungsgründen erfolgt ein Abschlag in voller Höhe. 814

(12) Sonstige Verbindlichkeiten

Die im Zeitpunkt des Übergangs zur Buchführung noch an das FA abzuführende **USt-Zahllast,** die als sonstige Verbindlichkeit in der Eröffnungsbilanz auszuweisen ist, ist bei der bisherigen Überschußrechnung mangels Zahlung noch nicht als Betriebsausgabe berücksichtigt. Sie stellt auch keine regelmäßig wiederkehrende Ausgabe i. S. des § 11 Abs. 2 Satz 2 EStG dar. Dadurch ist der notwendige Ausgleich zwischen verausgabter Vorsteuer und USt-Zahllast einerseits und vereinnahmter Umsatzsteuer andererseits noch nicht erreicht. Im Folgejahr ist bei Zahlung an das FA eine erfolgsneutrale Buchung vorzunehmen (Sonstige Verbindlichkeiten an Geldkonto). Hätte der Unternehmer die Überschußrechnung beibehalten, hätte er dagegen bei der Zahlung eine entsprechende Betriebsausgabe ansetzen können. Im Ergebnis würde durch den Übergang zur Buchführung ein um die in der Eröffnungsbilanz auszuweisende USt-Zahllast zu hoher Totalgewinn erfaßt. Der erste Bilanzgewinn ist deshalb um die bilanzierte USt-Zahllast zu **mindern.** Sie ist also wie der Passivposten Lieferantenschulden zu behandeln. 815

Beispiel:

Ein Gewerbetreibender wechselte am 1. 1. 94 von der Gewinnermittlung nach § 4 Abs. 3 EStG zum Betriebsvermögensvergleich. Im September 93 hatte er Büromaterial für 900 DM + 135 DM USt gekauft, das er erst Ende Januar 94 bezahlte.

Für die sonstige Verbindlichkeit (Büromaterialeinkauf) von 900 DM ist beim Bilanzgewinn 94 ebenso eine Abrechnung zu machen wie für die Vorsteuer von 135 DM. Damit werden die diesbezüglichen Gewinnminderungen herbeigeführt.

Handelt es sich bei den sonstigen Verbindlichkeiten um **noch abzuführende Lohnsteuer und Sozialversicherung**, so besagt dies, daß der Lohn in der Zeit der Überschußrechnung netto ausbezahlt und demzufolge nur eine Betriebsausgabe in Höhe des Nettolohns berücksichtigt wurde. Wird die Lohnsteuer und die Sozialversicherung später in der Zeit des Bestandsvergleichs bezahlt, liegt eine umschichtende Buchung vor: „Sonstige Verbindlichkeiten an Geldkonto". Da die Lohnsteuer und die Sozialversicherung einmal Aufwand werden müssen, ist ein **Abschlag** vorzunehmen. Dabei ist es gleichgültig, ob der Arbeitgeber- oder Arbeitnehmeranteil oder beide Anteile in der Zeit des Bestandsvergleichs zu zahlen sind, denn beide Anteile sollen Aufwand werden, der Arbeitnehmeranteil selbstverständlich im Rahmen des Bruttolohns.

816 Beim Übergang von der Überschußrechnung zum Bestandsvergleich ist ein Korrektivposten in Höhe der in der Übergangsbilanz ausgewiesenen Verbindlichkeiten zur Zahlung von Betriebsausgaben auch dann abzuziehen, wenn im Rahmen der Überschußrechnung **Pauschalen für Betriebsausgaben** abgezogen worden sind (FG Rheinland-Pfalz v. 11. 5. 88, EFG S. 622).

(13) Darlehensschulden

817 Weder die Darlehenshingabe noch der Darlehensrückfluß haben sich im Rahmen der Überschußrechnung als Ausgabe oder Einnahme ausgewirkt (vgl. BFH-U. v. 8. 10. 69, BStBl 70 II S. 44; R 16 Abs. 2 EStR). Im Rahmen des Vermögensvergleichs hat die weitere Darlehenstilgung gleichfalls keinen Einfluß auf den Gewinn, sondern bewirkt eine reine Vermögensumschichtung. **Korrekturen** kommen deshalb **nicht** in Betracht. Vgl. a. FR 54 S. 570, wo zutreffend darauf hingewiesen wird, daß es gleichgültig ist, ob die Darlehensmittel schon vor oder erst nach Eröffnung des Geschäfts zugeflossen sind. Auch wenn die Schuld nach der Betriebseröffnung aufgenommen wurde, waren die dem Stpfl. zugeflossenen Darlehensbeträge nicht als Betriebseinnahmen anzusetzen, da dieser Einnahme eine entsprechende Schuld gegenüberstand. Vgl. a. für den Übergang vom Bestandsvergleich zur Überschußrechnung BFH-U. v. 11. 3. 65 (HFR S. 461): Darlehensschulden bleiben bei beiden Gewinnermittlungsarten ohne Einfluß, sofern nicht ihr Erlaß zu Gewinn beim Schuldner führt. Die Rückzahlung ist daher auch bei § 4 Abs. 3 EStG ohne Einfluß auf den Gewinn. Zur Berücksichtigung von betrieblichen Darlehensverbindlichkeiten bei der Aufgabe eines land- und forstwirtschaftlichen Betriebes im Rahmen des Übergangs von der Gewinnermittlung durch Überschußrechnung (§ 4 Abs. 3 EStG) oder nach Durchschnittssätzen (§ 13 a

EStG) zur Gewinnermittlung durch Bestandsvergleich vgl. FG Düsseldorf v. 6. 5. 93, EFG 94 S. 36, Rev.: BFH IV R 52/93).

Die Tatsache, daß die Zurechnungen beim Übergang zum Bestandsvergleich **818** unterblieben sind, ist nicht als **Rechenfehler oder ähnliche offenbare Unrichtigkeit i. S. des § 129 AO** zu werten. Es handelt sich hier um einen Fehler bei der Veranlagung, bei dem es nicht ausgeschlossen ist, daß es sich um eine falsche Rechtsanwendung handelt. Die Unterlassung der Gewinnzurechnung kann ferner auch nicht als **neue Tatsache i. S. des § 173 Abs. 1 AO** gewertet werden. Zu dieser Frage hat das FG Rheinland-Pfalz in seinem U. v. 23. 3. 66 (EFG S. 490) Stellung genommen. Nach den Ausführungen des Urteils sind Schlußfolgerungen aller Art und juristische Subsumtionen keine Tatsachen i. S. der Vorschrift des § 173 Abs. 1 AO. Auch der Gewinn sei keine Tatsache, sondern eine Rechtsfolge. Es muß deshalb bei der Versteuerung eines zu niedrigen Einkommens im Jahr des Übergangs zum Bestandsvergleich verbleiben.

dd) Beim Beginn der Überschußrechnung vorhandene Wirtschaftsgüter

Die bei Beginn der Überschußrechnung vorhandenen Bestände, die bei ihrer **819** Umwandlung in Geld später den Gewinn beeinflussen, sind im ersten Jahr der Überschußrechnung (Gründungsjahr) zu berücksichtigen. Warenbestände und Warenforderungen sind also als Betriebsausgaben zu behandeln, weil sonst die volle Einnahme aus der Veräußerung der Waren Gewinne bilden würde; Warenschulden sind dementsprechend als Betriebseinnahmen zu behandeln. Wird diese Korrektur vorgenommen, so müssen die Bestände vom Anfang der Überschußrechnung beim Übergang zum Bestandsvergleich unberücksichtigt bleiben (Herrmann/Heuer/Raupach, § 4 Anm. 103; Littmann/Bitz/Hellwig, §§ 4, 5 Anm. 2269).

Die früher in Anlage 3 EStR vertretene Auffassung, daß auch die Bestände bei Beginn der Überschußrechnung in die Korrektur einbezogen werden müßten, ist nach der berechtigten Kritik von Zimmermann, DStR 81 S. 155, aufgegeben worden. Vgl. Rdn. 756.

Die Berücksichtigung der Bestände am Anfang der Überschußrechnung ist **820** nur dann richtig, wenn diese Bestände im ersten Jahr der Überschußrechnung nicht, wie es richtig wäre, zur Korrektur der Gewinnermittlung herangezogen wurden (RFH-U. v. 17. 3. 37, RStBl S. 1202; v. 15. 9. 37, RStBl S. 1203; v. 13. 9. 39, StuW Nr. 533; Heuer, FR 61 S. 415; Littmann/Bitz/Hellwig, §§ 4, 5 Anm. 2269; Zimmermann, DStR 81 S. 155; a. A. Krahn, Stbg 64 S. 13: versäumte Korrekturen können nicht nachgeholt werden).

ee) Schätzung des Gewinns

821   Nach dem BFH-U. v. 2. 3. 82 (BStBl 84 II S. 504) ist im Einzelfall eine
Gewinnschätzung bei einem Stpfl. unter Umständen auch nach den Grundsätzen des § 4 Abs. 3 EStG – d. h. in Geldrechnung – durchzuführen. Demgegenüber ging Abschn. 12 EStR 81 davon aus, daß eine Schätzung nur nach
§ 4 Abs. 1 oder nach § 5 EStG durchgeführt werden kann. Das BFH-U. führt
zu folgender Konstellation:

- Für den Betrieb besteht keine Buchführungspflicht, es werden auch freiwillig keine Bücher geführt, und es liegen keine Aufzeichnungen nach den
  Grundzügen des § 4 Abs. 3 EStG vor, aus denen geschlossen werden kann,
  daß der Steuerpflichtige zulässigerweise die Gewinnermittlung nach § 4
  Abs. 3 EStG gewählt hat:

  Die **Gewinnschätzung** ist **nach § 4 Abs. 1 EStG** vorzunehmen. Ist der
  Gewinn in diesem Fall im Vorjahr nach § 4 Abs. 3 EStG ermittelt worden,
  so handelt es sich bei der erstmaligen Anwendung von Richtsätzen um
  einen Wechsel der Gewinnermittlungsart, so daß R 17 Abs. 1 EStR anzuwenden ist.

- Für den Betrieb besteht keine Buchführungspflicht, es werden auch freiwillig keine Bücher geführt, es liegen jedoch Aufzeichnungen nach den
  Grundzügen des § 4 Abs. 3 EStG vor, die zwar keine Gewinnermittlung
  darstellen, aber aus tatsächlichen Umständen den Schluß erlauben, daß
  der Steuerpflichtige zulässigerweise die Gewinnermittlung nach § 4 Abs. 3
  EStG gewählt hat:

  Die **Gewinnschätzung** ist **nach § 4 Abs. 3 EStG** vorzunehmen. Ist der
  Gewinn im Vorjahr nach § 4 Abs. 3 EStG ermittelt worden, so stellt die
  Gewinnschätzung nach § 4 Abs. 3 EStG keinen Wechsel der Gewinnermitt-
  lungsart dar. R 17 Abs. 1 EStR findet keine Anwendung.

ff) Aufgabe und Veräußerung des Betriebs/Ein- und Austritt/
Umwandlungen

822   Führt ein Stpfl., der bisher seinen Gewinn nach § 4 Abs. 3 EStG ermittelt hat,
seinen Betrieb nicht mehr fort, so ist er so zu behandeln, als wäre er im Zeitpunkt der **Veräußerung oder Aufgabe seines Betriebs** zur Gewinnermittlung
nach § 5 EStG (Gewerbetreibende) bzw. nach § 4 Abs. 1 EStG (Land- und
Forstwirte, Freiberufler) übergegangen (§ 16 Abs. 2 Satz 2 EStG; R 16 Abs. 7
EStR; BFH/NV 88 S. 84, m. w. N.; BStBl 89 II S. 557). In der Schlußbilanz des

veräußerten oder aufgegebenen Betriebs (bezüglich der Verpflichtung zur Aufstellung einer **Aufgabebilanz im Falle der Betriebsaufgabe** eines Stpfl., der seinen Gewinn nach § 4 Abs. 3 EStG ermittelt hat, vgl. BFH-U. v. 3. 7. 91, BStBl II S. 802, 805 sowie H 16 EStH) sind alle Geschäftsvorfälle zu berücksichtigen, die bis zum Zeitpunkt der Veräußerung oder Aufgabe angefallen sind; insbesondere sind bereits entstandene Verbindlichkeiten gewinnmindernd zu passivieren, und zwar zu Lasten des laufenden Gewinns des Jahres der Veräußerung oder Aufgabe. Vgl. hierzu Rdn. 356 ff. Die erforderlichen **Gewinnberichtigungen** sind nicht beim Veräußerungsgewinn, sondern **beim laufenden Gewinn** des letzten Wirtschaftsjahres vorzunehmen (BFH-U. v. 23. 11. 61, BStBl 62 III S. 199; BStBl 80 II S. 239, m. w. N.; BStBl 90 II S. 287).

Die Gewinneinkünfte dieses Jahres setzen sich also zusammen aus   **823**

- dem nach § 4 Abs. 3 EStG ermittelten laufenden Gewinn,

- der ebenfalls zum laufenden Gewinn gehörenden Gewinnberichtigung infolge des Übergangs zur Gewinnermittlung nach § 4 Abs. 1/§ 5 EStG (bei der Gewerbesteuer handelt es sich um laufenden Gewerbeertrag, vgl. Abschn. 40 Abs. 3 GewStR, BFH-U. v. 24. 10. 72, BStBl 73 II S. 233)

- und dem Veräußerungsgewinn.

Eine **Verteilung auf drei Jahre kommt nicht in Betracht** (BFH-U. v. 3. 8. 67,   **824** BStBl III S. 755; R 16 Abs. 7 Satz 4 EStR).

Für den Stpfl. kann es deshalb günstig sein, wenn er die Betriebsveräußerung oder -aufgabe in den Anfang eines neuen Jahres verlegt, weil die Zuschläge dann nicht dem Gewinn eines vollen Jahres zuzurechnen sind.

Wird ein Betrieb mit den wesentlichen Grundlagen an einen Pächter verpach-   **825** tet, hat der Verpächter **einkommensteuerlich** die Wahl, ob er die Betriebsaufgabe (§ 16 Abs. 3 EStG) erklären will oder ob ein fortbestehendes Unternehmen angenommen werden soll (R 139 Abs. 5 EStR). Liegt der **Verpachtung** ein Gewerbebetrieb zugrunde, endet die Gewerbesteuerpflicht in jedem Fall bei Pachtbeginn. Ist der Gewinn oder Verlust dieses Betriebes bisher nach § 4 Abs. 3 EStG ermittelt worden, so ist eigens für die **Gewerbesteuer** zu Pachtbeginn auch dann der Übergang zum Betriebsvermögensvergleich zu unterstellen, wenn **einkommensteuerrechtlich** das Fortbestehen des gewerblichen Unternehmens beim Verpächter gegeben ist (Abschn. 15 Abs. 2 Sätze 9 und 10 GewStR). Die hier erforderlichen Zu- und Abrechnungen zählen zum laufenden Gewinn und sind deshalb bei der Errechnung des letzten Gewerbeertrags vor der Verpachtung zu berücksichtigen (BFH-U. v. 23. 11. 61, BStBl 62 III S. 199). Vgl. ferner Rdn. 347 ff.

826   Die **Vorschriften des UmwStG über Einbringung** eines Betriebs, Teilbetriebs oder Mitunternehmeranteils in eine Kapitalgesellschft gegen Gewährung von Gesellschaftsanteilen (§§ 20 bis 23 und 25 UmwStG) und über Einbringung in eine Personengesellschaft (§ 24 UmwStG) **haben Vorrang gegenüber § 16 EStG.**

827   Der Einbringungsvorgang wird steuerlich einer Betriebsveräußerung gleichgestellt.

828   Im BMF-Schr. v. 16. 6. 78 (BStBl I S. 235) ist unter Tz. 72 der Kreis der **unter § 24 UmwStG fallenden Vorgänge** wir folgt aufgeführt:

- Aufnahme eines Gesellschafters in ein bisheriges Einzelunternehmen gegen Geldeinlage oder Einlage anderer Wirtschaftsgüter. Dieser Vorgang ist gleichbedeutend mit der Einbringung eines Einzelunternehmens in eine neu gegründete Personengesellschaft;

- Einbringung eines Einzelunternehmens in eine bestehende Personengesellschaft;

- Zusammenschluß von mehreren Einzelunternehmen zu einer Personengesellschaft;

- Eintritt eines weiteren Gesellschafters in eine bestehende Personengesellschaft gegen Geldeinlage oder Einlage anderer Wirtschaftsgüter;

- Verschmelzung von zwei Personengesellschaften.

Der selbstverständliche Fall der Verschmelzung von mehreren Einzelunternehmen und Personengesellschaften ist jedoch nicht erwähnt. Eine besondere Identitätsveränderung ist nicht erforderlich (BFH-U. v. 26. 5. 94, BStBl II S. 833).

829   § 24 UmwStG räumt der **übernehmenden Personengesellschaft** für den Fall des **Einbringens** eines Betriebs, Teilbetriebs oder Mitunternehmeranteils gegen eine Beteiligung als Mitunternehmer ein freies **Wahlrecht** hinsichtlich der **Bewertung** ein. Sie kann das eingebrachte Betriebsvermögen in ihrer Bilanz — einschließlich evtl. Ergänzungsbilanzen ihrer Gesellschafter — somit zu Buchwerten, aber auch mit höheren Werten (Zwischenwerten), jedoch höchstens mit Teilwerten ansetzen. Anders als bei Einbringung in eine Kapitalgesellschaft unterliegt ein sich durch Wertaufstockungen ergebender Veräußerungsgewinn jedoch grundsätzlich dem normalen Steuertarif; nur dann, wenn das gesamte eingebrachte Betriebsvermögen einschließlich Geschäfts-

wert mit dem Teilwert angesetzt wird, kommt die Tarifbegünstigung nach § 34 Abs. 1 EStG und die sachliche Steuerbefreiung nach § 16 Abs. 4 EStG in Betracht (§ 24 Abs. 3 Satz 2 UmwStG; BFH-U. v. 26. 2. 81, BStBl II S. 568). Die Tarifvergünstigung gilt aber nicht, soweit wirtschaftlich gesehen bei der Einbringung ein „Verkauf an sich selbst" vorliegt (§ 16 Abs. 2 Satz 3 EStG). Auch das Sonderbetriebsvermögen des Einbringenden muß mit dem Teilwert angesetzt werden, um die Vergünstigung des § 24 Abs. 3 Satz 2 UmwStG zu erlangen (BFH-U. v. 26. 1. 94, BStBl II S. 458, im Anschluß an BFH-U. v. 25. 11. 80, BStBl 81 II S. 419; Söffing, NWB F. 3 S. 9125).

Bei **Aufnahme** eines Sozius in eine Einzelpraxis mit Gewinnermittlung nach § 4 Abs. 3 EStG wird, sofern auch die entstehende Personengesellschaft den Gewinn nach § 4 Abs. 3 EStG ermittelt, nicht unbedingt zum Zeitpunkt der Aufnahme auf den Bestandsvergleich übergegangen werden müssen (vgl. Widmann/Mayer, Umwandlungsrecht, § 24 UmwStG Anm. 7842 und die dort angeführten weiteren Nachweise; s. a. BFH-U. v. 26. 2. 81, BStBl II S. 568; RWP B 81 S. 816–818).   **830**

Bei der **Einbringung** eines Betriebs in eine PersGes kann die Entstehung eines Gewinns nach § 24 UmwStG dadurch vermieden werden, daß die PersGes in ihrer Bilanz einschl. der negativen Ergänzungsbilanzen der Gesellschafter das eingebrachte Betriebsvermögen mit dem Teilwert bewertet. Ein vergleichbares Wahlrecht besteht bei der **Veräußerung** des Betriebs nicht. Bei einer mit einer **Zahlung** in das Privatvermögen verknüpften Einbringung ist der Vorgang für die steuerrechtliche Beurteilung in einen **Veräußerungs- und** einen **Einbringungsvorgang aufzustellen** (BFH-U. v. 18. 12. 94 IV R 82/92).   **831**

Gewinneutralisierende negative Ergänzungsbilanzen hat der BFH also für den Fall nicht anerkannt, daß damit kein echter Einbringungsgewinn (Ausübung des Bewertungswahlrechts nach § 24 UmwStG) neutralisiert werden sollte, sondern ein echter Veräußerungsgewinn, der anläßlich eines Einbringungsvorganges entstanden ist.

In der Literatur wird die Ansicht vertreten, daß § 24 UmwStG zwar von steuerlichen „Ergänzungsbilanzen" spreche und Modellfall für den Gesetzgeber sicher Bilanzierende gewesen seien, womit aber nicht gesagt sei, daß Überschußrechner ausgeschlossen sein sollen (vgl. Schmidt, § 18 Anm. 233; Herrmann/Heuer/Raupach, § 18 Anm. 166). An die Stelle von Bilanzansätzen treten bei Überschußrechnern die entsprechenden Werte in den von ihnen zu führenden Vermögensverzeichnissen. Aus den in den Vermögensverzeichnissen festgehaltenen Werten ergeben sich dann für den Überschußrechner mit positiver Ergänzungsbilanz Abschreibungen und für den Überschußrechner mit negativer Ergänzungsbilanz entsprechende Hinzurechnungsbeträge. Auch die FinVerw. läßt eine Anwendung des § 24 UmwStG bei Überschußrechnern grundsätzlich zu (vgl. OFD Düsseldorf v. 13. 9. 93, DB S. 2002; s. ausführlich Rdn. 836).

Durch Aufstellung der **negativen** Ergänzungsbilanz bzw. durch Ansatz eines entsprechenden **Verrechnungspostens** in dem Vermögensverzeichnis bei einer Überschußrechnung wird die Aufdeckung der stillen Reserven neutralisiert. Der neu aufgenommene Gesellschafter muß zukünftig für die abnutzbaren Anlagegüter Abschreibungen vornehmen, während der bisherige Einzelpraxisinhaber in seiner negativen Ergänzungsbilanz bzw. bei dem Verrechnungsposten entsprechende Zuschreibungen vornehmen muß, die dem vollen Steuersatz unterliegen.

832   Wird der **Betrieb in eine gewerblich tätige Personengesellschaft eingebracht,** ist im Regelfall der Übergang zum Bestandsvergleich zwingend. Es sind daher auch in diesem Fall Korrektivposten zu bilden und als laufender, nicht begünstigter Gewinn zu versteuern. Ein eventueller Einbringungsgewinn ist nur dann mit dem ermäßigten Steuersatz zu versteuern, wenn die Personengesellschaft insgesamt die Teilwerte ansetzt (§ 24 Abs. 3 Satz 2 UmwStG; BFH-U. v. 26. 2. 81, BStBl II S. 568).

833   Wird ein **Betrieb in eine Personengesellschaft eingebracht, die ihren Gewinn weiterhin nach § 4 Abs. 3 EStG ermitteln darf** (z. B. beim Einbringen einer Praxis in eine Freiberufler-Sozietät), können auch in diesem Fall die Vergünstigungen des UmwStG in Anspruch genommen werden (R 147 Abs. 2 EStR). Will der Stpfl. sämtliche stillen Reserven seines Betriebs aufdecken, um die Vergünstigungen der §§ 16 Abs. 4, 34 Abs. 1 EStG in Anspruch zu nehmen, muß nach der Rechtsprechung des BFH auf den Zeitpunkt der Einbringung eine Einbringungsbilanz (für die Einzelpraxis) und eine Eröffnungsbilanz (für die Sozietät) erstellt werden (BFH-U. v. 5. 4. 84, BStBl II S. 518). Nicht erforderlich ist m. E., daß die Personengesellschaft ihren Gewinn für ein Jahr durch Bestandsvergleich ermittelt; sie kann vielmehr unmittelbar wieder zur § 4 Abs. 3-Gewinnermittlung übergehen.

834   Es müssen also auf den Umwandlungsstichtag zwei Bilanzen erstellt werden:

- Die **Einbringungsbilanz des bisherigen Einzelunternehmers,** in der die Wirtschaftsgüter mit ihren Buchwerten nach § 6 EStG angesetzt werden.

* Die **Umwandlungsbilanz der Personengesellschaft,** in der die Wirtschaftsgüter mit ihren Teilwerten angesetzt werden.

Die Differenz der Kapitalkonten aus beiden Bilanzen ergibt den begünstigten
Einbringungsgewinn.

Den Werten der beiden Bilanzen kommt eine weitere Bedeutung zu: 835

* **Der bisherige Einzelunternehmer** hat wegen des Wechsels von der § 4
Abs. 3-Gewinnermittlung zum Bestandsvergleich Korrektivposten nach
den Werten der Einbringungsbilanz zu berechnen.

* **Die Personengesellschaft** hat wegen des Wechsels vom Bestandsvergleich
zur § 4 Abs. 3-Gewinnermittlung Korrektivposten nach den Werten der
Umwandlungsbilanz zu berechnen.

Die beiden Korrektivposten werden betragsmäßig übereinstimmen, aber
natürlich das entgegengesetzte Vorzeichen tragen, wenn stille Reserven nur
im Anlagevermögen einschließlich des Firmenwerts bzw. Praxiswerts enthalten sind.

Die OFD Düsseldorf hat in ihrer Vfg. v. 13. 9. 93 — S 1978 d A — St 12 H zur   836
Frage, ob bei Stpfl., die ihren Gewinn nach § 4 Abs. 3 EStG ermitteln und ihn
auch nach dem Zusammenschluß im Wege der Einbringung in eine Personengesellschaft weiter nach § 4 Abs. 3 EStG ermitteln wollen, auf die Aufstellung
einer Einbringungsbilanz verzichtet werden kann, wie folgt Stellung genommen: Die **Einbringung** eines Betriebs, Teilbetriebs oder eines Mitunternehmeranteils **nach § 24 UmwStG** hat zur **Voraussetzung,** daß auf den Einbringungszeitpunkt eine **Bilanz aufgestellt** wird. Dies gilt auch für Stpfl., die ihren
Gewinn vor der Einbringung nach § 4 Abs. 3 EStG ermittelten und ihn auch
nach dem Zusammenschluß weiter nach § 4 Abs. 3 EStG ermitteln wollen
(vgl. BFH-U. v. 5. 4. 84, BStBl II S. 518; v. 13. 12. 79, BStBl 80 II S. 239).
Daher ist in derartigen Fällen auf den Einbringungszeitpunkt von der § 4
Abs. 3 — Rechnung unter Beachtung der in Abschn. 19 EStR 1990 (= R 17
EStR 1993) niedergelegten Grundsätze **zum Bestandsvergleich überzugehen.**
Die **spätere Rückkehr zur Gewinnermittlung nach § 4 Abs. 3 EStG** wird im
allgemeinen als nicht willkürlich zu erachten sein. Von einem Übergang zum
Bestandsvergleich kann auch nicht im Hinblick darauf abgesehen werden,
daß sich die bei dem zweimaligen Wechsel der Gewinnermittlungsart ergebenden Übergangsgewinne bzw. Übergangsverluste regelmäßig rechnerisch aufheben. Denn zur steuerlich zutreffenden Verteilung des Übergangsgewinns

und des Übergangsverlusts einerseits sowie der Anteile der Gesellschafter am laufenden Gewinn vor und nach der Einbringung andererseits ist die Erstellung einer **Bilanz** auf den Einbringszeitpunkt **unerläßlich.** Dies gilt **unabhängig davon, ob die Einbringung zu Buchwerten, Teilwerten oder Zwischenwerten erfolgen soll,** zumal der gewählte Wertansatz im allgemeinen ohnehin nur anhand einer entsprechenden Einbringungsbilanz nachvollzogen werden kann (vgl. auch Oppermann, DStR 93 S. 938). Auch bei der **Einbringung** einer **freiberuflichen Praxis** mit **Überschußrechnung** in eine **Sozietät** mit **Überschußrechnung** besteht das **Bewertungswahlrecht** nach § 24 UmwStG (FG Baden-Württemberg v. 28. 8. 91, EFG 92 S. 140). Eine nachträgliche Bilanzerstellung ist nicht zulässig, da das Bewertungswahlrecht nicht mehr nachträglich ausgeübt werden kann. Zu Einzelfragen der Gewinnrealisierung bei einer Praxiseinbringung vgl. FG Rheinland-Pfalz v. 10. 11. 92 (EFG 93 S. 482: Anwendung des § 24 UmwStG auch bei Überschußrechnung nach § 4 Abs. 3 EStG; Buchwerteinbringung auch bei negativem Kapitalkonto des eingebrachten Betriebs, wenn eintretender Sozius Mithaftung für Schulden übernimmt).

837   Die Übergangsbesteuerung nach R 16, 17 EStR bei **Einbringung von freiberuflichen Praxen in Sozietäten** ist meist deshalb belastend, weil hohe unerfaßte Honorarforderungen vorhanden sind. M. E. läßt sich das Risiko der Sofortversteuerung dadurch vermeiden, daß die vorhandenen Forderungen von der Einbringung ausgenommen werden. Die Anerkennung einer Betriebs- oder Praxiseinbringung bzw. die Tarifermäßigung sind für die Betriebsführung weder funktional wesentlich noch beinhalten sie stille Reserven (die bei § 4 Abs. 3 EStG systembedingt nicht erfaßten Vermögenswerte selbst sind keine stillen Reserven: BFH-U. v. 13. 12. 79, a. a. O.). Die etwa die Übergangsbesteuerung auslösende Veräußerung des Betriebs bzw. der Praxis an die Personengesellschaft oder eine Kapitalgesellschaft umfaßt die zurückbehaltenen Forderungen nicht, die auch kein Privatvermögen werden, sondern notwendiges Betriebsvermögen bleiben und bei Vereinnahmung zu erfassen sind (wie hier Herrmann/Heuer/Raupach, § 18 Anm. 166; Widmann/Mayer, a. a. O., Anm. 7842; DStPr, EStG § 4 Übersch. Nr. 11).

838   Werden die **Buchwerte eines** den Gewinn nach § 4 Abs. 3 EStG ermittelnden **Einbringenden fortgeführt, bilanziert aber die aufnehmende Gesellschaft** und ist deshalb eine die Forderungen erfassende Übergangsbesteuerung erforderlich, so müßte die Möglichkeit nach R 17 Abs. 1 Satz 6 EStR bestehen, „zur Vermeidung von Härten auf Antrag des Stpfl. die **Zurechnungs-**

beträge gleichmäßig auf das Jahr des Übergangs und die beiden folgenden Jahre" zu **verteilen** (so Richter, NWB F. 3 S. 5727; Schmidt/Liebig, DStZ A 78 S. 156).

§ 24 UmwStG regelt nur Einbringungs- und Umwandlungsfälle und nicht   839
Fälle der Teilung von Personenunternehmen, der Abfindung von Gesellschaftern usw. Diese Fälle sind unverändert nach den im wesentlichen durch die Rechtsprechung entwickelten Grundsätzen zu lösen.

Im Zusammenhang mit der Auflösung freiberuflicher Praxen wird unter den   840
Partnern häufig die sog. „**Realteilung**" des Unternehmens gewählt mit der Folge der Fortführung zweier Einzelpraxen. Die echte Realteilung will die Realisierung stiller Reserven vermeiden und erfolgt dadurch, daß die Gemeinschaftspartner das Vermögen der Gesamthand entsprechend ihrem Anteil übernehmen.

Die **Realteilung** ist grundsätzlich eine **Betriebsaufgabe** i. S. des § 16 Abs. 3 EStG (BFH-U. v. 19. 1. 82, BStBl II S. 456; v. 10. 12. 91, BStBl 92 II S. 385, m. w. N.; v. 17. 2. 94, BStBl II S. 809). Die Rechtsprechung gesteht den Gesellschaftern ein **Wahlrecht** zu, den Aufgabegewinn zu versteuern oder die übernommenen Wirtschaftsgüter mit den bisherigen Buchwerten fortzuführen, wenn sie die Wirtschaftsgüter in einen Betrieb einbringen und die steuerliche Erfassung der stillen Reserven sichergestellt ist (BFH-U. v. 19. 1. 82, a. a. O.) Kompendium zur Realteilung vgl. BFH-U. v. 1. 12. 92 (BStBl 94 II S. 607).

Das **Ausscheiden** eines Notars aus einer Gemeinschaft (Notarsozietät) zwingt nicht unbedingt zur Erstellung einer Schlußbilanz auf den Zeitpunkt des Ausscheidens (vgl. H 16 EStH). Das wird insbes. gelten, wenn die Auseinandersetzung weitgehend nach Art einer Realteilung abgewickelt wird (vgl. Herrmann/Heuer/Raupach, § 18 Anm. 166 und die dort angeführte Fundstelle FR 74 S. 607; s. a. RWP B 81 S. 818). Im Gegensatz zur Veräußerung der Praxis, bei der von der Gewinnermittlung nach § 4 Abs. 3 EStG ein Übergang nach § 4 Abs. 1 EStG zum Betriebsvermögensvergleich erfolgen muß, ist m. E. bei der Realteilung der Übergang nicht erforderlich. Eine Freiberufler-Sozietät kann — wie ausgeführt — im Wege der **Realteilung** mit oder ohne Gewinnrealisierung aufgelöst werden. Werden die **Buchwerte fortgeführt**, kann ein Übergang von der Überschußrechnung zum Bestandsvergleich unterbleiben, wenn die Gesellschafter den Gewinn aus ihrer freiberuflichen Tätigkeit auch nach der Auseinandersetzung durch Überschußrechnung ermitteln. Das Wahlrecht auf Buchwertfortführung (vgl. hierzu BFH-U. v.

19. 1. 82, BStBl II S. 456) kann dadurch (konkludent) ausgeübt werden, daß bei Auflösung der Sozietät auf die Erstellung einer Schlußbilanz verzichtet wird (Niedersächsisches FG v. 19. 4. 84, EFG S. 598).

841 Im Zusammenhang mit der Auflösung freiberuflicher Praxen ist aber auch der Fall denkbar, daß ein Partner dem anderen Partner die Gemeinschaftspraxis überläßt, der sie als Einzelpraxis fortführt.

In diesem Falle wird **für den die Praxis weiterführenden Gesellschafter** regelmäßig eine Fortsetzung der Gewinnermittlung nach § 4 Abs. 3 EStG ohne Übergang zu § 4 Abs. 1 EStG hingenommen werden können.

Der Ausscheidende kann dagegen, wenn eine Veräußerung des Mitunternehmeranteils stattfindet, so zu behandeln sein, als wäre er zur Gewinnermittlung nach § 4 Abs. 1 EStG übergegangen. Dies kann hier erforderlich sein, um den laufenden Gewinnanteil und den tarifbegünstigten Veräußerungsgewinn voneinander abzugrenzen. Dabei ist dann eine Übergangsrechnung nach R 17 EStR durchzuführen (vgl. BFH-U. v. 17. 4. 86, StRK EStG 1975 § 4 Abs. 3 R. 19 sowie BFH-U. v. 15. 5. 86, StRK EStG 1975 § 4 Abs. 3 R. 20).

842 Keine Übergangsbesteuerung wird ausgelöst, wenn ein **Betrieb unentgeltlich übertragen** wird **oder** ein **Mitunternehmer unentgeltlich** seinen **Anteil überträgt oder ausscheidet**. Daran ändert es m. E. nichts, wenn eine private oder betriebliche Versorgungsrente gewährt wird. In all diesen Fällen entsteht kein Sachverhalt, der eine Übergangsbesteuerung erforderlich machen würde (keine Betriebsveräußerung, keine Betriebsaufgabe, kein Wechsel der Gewinnermittlungsart). Übergangsprobleme können sich lediglich ergeben, wenn ein nicht berufsqualifizierter Erbe eine Sozietät „infiziert" oder eine Einzelpraxis zum Gewerbebetrieb macht (vgl. BFH-U. v. 1. 7. 81, BStBl II S. 780; v. 19. 5. 81, BStBl II S. 665; Schoor, StW 89 S. 162).

843 Auch die steuerliche Behandlung der **Einbringung** eines Betriebs, Teilbetriebs oder Mitunternehmeranteils **in eine Kapitalgesellschaft** gegen Gewährung von Gesellschaftsrechten ist im Umwandlungssteuergesetz gesetzlich geregelt.

Grundsätzlich darf die **Kapitalgesellschaft** das eingebrachte Betriebsvermögen nach freier Wahl mit den fortgeführten Buchwerten des Personenunternehmens, mit höheren Teilwerten, aber auch mit jedem Zwischenwert ansetzen (§ 20 Abs. 2 Satz 1 UmwStG). Eine Aufstockung der Buchwerte **muß** jedoch in bestimmten Fällen vorgenommen werden.

Der BMF stellt im Schr. v. 16. 6. 78 (BStBl I S. 235) außerdem klar, daß die Wertansätze bei der Kapitalgesellschaft letztlich maßgebend für die gesamte steuerliche Beurteilung sind. Der Wert, mit dem die Kapitalgesellschaft das eingebrachte Betriebsvermögen ansetzt, gilt für den Einbringenden als Veräußerungspreis (§ 20 Abs. 4 UmwStG). Soweit bei der Kapitalgesellschaft eine Wertaufstockung über die Buchwerte hinaus erfolgt, entsteht für den Einbringenden ein Veräußerungsgewinn, der gem. § 20 Abs. 5 UmwStG in jedem Fall, also auch bei Ansatz lediglich von Zwischenwerten, unter die Tarifbegünstigung des § 34 EStG fällt, wenn der Einbringende eine natürliche Person ist. Die Freibetragsregelung in § 16 Abs. 4 EStG (Freibetrag bis zu 30 000 DM bzw. bis zu 120 000 DM bei Veräußerung eines ganzen Gewerbebetriebs usw.) gilt nur dann, wenn die Kapitalgesellschaft das übertragene Betriebsvermögen in vollem Umfang mit Teilwerten angesetzt hat.

Wird ein **Betrieb mit § 4 Abs. 3-Gewinnermittlung in eine Kapitalgesellschaft**   844
umgewandelt, ist der Übergang zur Gewinnermittlung durch Bestandsvergleich zwingend. Vgl. BFH-U. v. 13. 12. 79 (BStBl 80 II S. 239). Der bisherige Einzelunternehmer muß daher nach den Werten der Schlußbilanz Korrektivposten bilden. Die Korrektivposten sind im Jahr der Einbringung als laufender, nicht begünstigter Gewinn zu versteuern. Eine Verteilung auf drei Jahre kommt m. E. wie im Fall der Betriebsveräußerung nicht in Betracht (R 16 Abs. 7 Satz 4 EStR). Eine Übergangsrechnung muß auch bei **Buchwerteinbringungen** vorgenommen werden.

(unbesetzt)   845–850

c) Zeitraum für die Vornahme der Zu- und Abrechnungen

Die erforderlichen Gewinnberichtigungen sind **außerhalb der Bilanz im**   851
ersten Buchführungsjahr vorzunehmen (R 17 EStR sowie Anl. 1 zu den EStR). Vgl. Rdn. 757.

Kassmer (Stbg 60 S. 189) verwirft die Nacherfassung bisher nicht versteuerter   852
Bestände im ersten Jahr des Übergangs zur Gewinnermittlung nach dem Bestandsvergleich. Er hält die steuerliche Erfassung des Unterschiedsbetrages der unversteuert gebliebenen Bestände mit dem Gewinn des letzten Jahres der Überschußrechnung für richtig.

Gegen Richtlinien und h. M. ferner Wachter (Stb-Kongreß-Report 65 S. 104),   853
Eisemann (DStR 65 S. 357), Willenbrink (DB 62 S. 346) und Fenzl (DStR 67 S. 151): Die vorzunehmenden Zu- und Abrechnungen gehören zu dem abgelaufenen Überschußermittlungszeitraum und sollten deshalb späte-

stens im letzten Veranlagungsjahr nach § 4 Abs. 3 EStG steuerlich erfaßt werden.

854 Diese Auffassungen werden jedoch von Herrmann/Heuer/Raupach (§ 4 Anm. 103) abgelehnt, weil erst die Änderung der Gewinnermittlungsart im Jahr des Übergangs selbst den neuen Steuertatbestand schaffe: Berücksichtigung von Zu- und Abrechnungen bei dem Gewinn des ersten Wirtschaftsjahrs, dessen Gewinn nach § 4 Abs. 1 (ggf. § 5 EStG) ermittelt wird. Nach der Rechtsprechung und auch der ganz überwiegenden Literatur sind **alle Zu- und Abschläge grundsätzlich dem laufenden Ergebnis des ersten Jahres nach dem Wechsel zuzurechnen** (RFH-U. v. 7. 12. 38, RStBl 39 S. 172; BFH-U. v. 18. 12. 64, HFR 65 S. 311; v. 2. 2. 66, BStBl III S. 294; v. 22. 6. 66, BStBl III S. 540; v. 20. 1. 67, BStBl III S. 287; v. 28. 5. 68, BStBl II S. 650; v. 3. 7. 68, BStBl II S. 736; v. 23. 7. 70, BStBl II S. 745; v. 25. 6. 70, BStBl II S. 755; v. 1. 4. 71, BStBl II S. 526; v. 24. 10. 72, BStBl 73 II S. 233; v. 15. 5. 74, BStBl II S. 518; FG Rheinland-Pfalz v. 29. 11. 61, EFG 62 S. 245; Hessisches FG v. 20. 9. 66, EFG 67 S. 220; FG München v. 14. 5. 68, EFG S. 562; FG Münster v. 25. 6. 69, EFG S. 530; FG Hamburg v. 11. 4. 72, EFG S. 543; Littmann/ Bitz/Hellwig, §§ 4, 5 Anm. 2257; Schmidt, § 4 Anm. 663; R 17 EStR), **nicht dem Gewinn des letzten Jahres der Überschußrechnung**. Siehe aber zu § 34 e EStG BFH-U. v. 1. 2. 90 (BStBl II S. 495) – Rdn. 860 –; FG Baden-Württemberg v. 22. 2. 90 (EFG S. 431), rkr.

Beide Auffassungen sind vertretbar. **Praktische** Gründe sprechen dafür, der Auffassung der Rechtsprechung zu folgen, nämlich die Korrekturen in dem Jahr vorzunehmen, das ohnehin noch veranlagt werden muß.

Bzgl. der Betriebsveräußerungen vgl. Rdn. 822.

855 Übergibt ein Stpfl., der seinen Gewinn bisher nach der Überschußrechnung ermittelt hat, seinen **Betrieb unentgeltlich** an einen oder mehrere Nachfolger, die die Buchwerte fortführen und ab Beginn zum Vermögensvergleich übergehen, so ist eine **Gewinnberichtigung** im Jahr des Übergangs **bei den Nachfolgern** vorzunehmen (vgl. Herrmann/Heuer/Raupach, § 4 Anm. 101); denn der bisherige Betriebsinhaber ist nicht zum Vermögensvergleich übergegangen, und außerdem stellt die unentgeltliche Übertragung für ihn keine Entnahme dar (vgl. BFH-U. v. 24. 10. 51, BStBl 52 III S. 5).

856 **Verfahrensrechtlich** ist über Höhe und Verteilung der Korrekturposten im ersten Jahr nach dem Wechsel **(Übergangsjahr)** zu entscheiden (BFH-U. v. 7. 12. 71, BStBl 72 II S. 338; v. 5. 10. 73, BStBl 74 II S. 303; v. 1. 2. 90,

BStBl II S. 495; Littmann/Bitz/Hellwig, §§ 4, 5 Anm. 2257; Schmidt, § 4 Anm. 663).

Hat es **das FA übersehen,** im Jahr des Übergangs zur Gewinnermittlung durch 857
Bestandsvergleich den ersten Bilanzgewinn **durch** die **Zurechnungen** für bisher nicht erfaßte Erträge und Aufwendungen, die sich bei dem Bestandsvergleich auch nicht mehr auswirken können, **zu berichtigen,** so ist es rechtlich unzulässig, diese Gewinnkorrekturen in späteren Jahren oder bei einem erneuten Wechsel der Gewinnermittlungsart vorzunehmen. In diesen Fällen ist im Jahr des Übergangs zum Bestandsvergleich ein zu niedriges Einkommen versteuert worden. Das rechtfertigt aber nicht, dafür in späteren Veranlagungszeiträumen die Steuer wiederum nach einem falschen Einkommen, diesmal nach einem zu hohen Einkommen festzusetzen. Das FA kann lediglich prüfen, ob es die durch die Unterlassung der Gewinnkorrekturen falsche Veranlagung für das Jahr des Wechsels der Gewinnermittlungsart berichtigen oder ändern kann (gl. A. BFH-U. v. 23. 7. 70, BStBl II S. 745; R 17 Abs. 3 EStR). Der Stpfl. ist dem FA gegenüber weder verpflichtet, die sog. Gewinnkorrekturberechnung selbst vorzunehmen oder von sich aus die hierfür erforderlichen Angaben zu machen, noch umgekehrt ausdrücklich darauf hinzuweisen, daß er die Rechnung nicht vorgenommen und die Angaben nicht gemacht hat.

d) Billigkeitsmaßnahmen

Beim Übergang zur Gewinnermittlung durch Bestandsvergleich übersteigen 858
i. d. R. die nach R 17 Abs. 1 EStR erforderlichen Hinzurechnungsbeträge die notwendigen Abrechnungsbeträge erheblich. Die Folge hiervon ist, daß der **Gewinn des ersten Wirtschaftsjahres nach dem Übergang** zur Gewinnermittlung durch Bestandsvergleich, bei dem die Hinzurechnungen und Abrechnungen zu berücksichtigen sind, im allgemeinen **sehr hoch** sein wird *und* die sich ergebende ESt eine Härte für den Stpfl. darstellt. R 17 Abs. 1 EStR bestimmt deshalb, daß auf Antrag des Stpfl. die **Zurechnungsbeträge** (positive Korrekturbeträge = „Übergangsgewinne") **gleichmäßig auf insgesamt drei Jahre** – auf das Jahr des Übergangs und die beiden nächsten Jahre – **verteilt werden können,** wenn sich im Jahr nach dem Übergang infolge der Hinzurechnungsbeträge ein **außergewöhnlich hoher Gewinn** *und* **eine außergewöhnlich hohe Steuer** ergeben sollten. Diese Verteilung bringt u. U. den Vorteil der Progressionsmilderung mit sich.

Beispiel:

Ein Gewerbetreibender wechselt zum 1. 1. 93 von der Überschußrechnung zum Betriebsvermögensvergleich.

Eröffnungsbilanz 1. 1. 93

	DM		DM
Einrichtung	40 000	Darlehen	10 000
Waren	80 000	Bank	2 000
Debitoren	22 000	Kreditoren	58 000
Vorauszahlung für		Ladenmiete	1 000
Einrichtung	3 000	Delkredere	1 800
Feuerversicherung	200	Umsatzsteuer	2 800
Damnum	300	Gewerbesteuer-	
Kasse	500	Rückstellung	900
		Kapital	69 500
	146 000		146 000

Folgende Zu- und Abrechnungen sind zu berücksichtigen:

	Zurechnungen	Abrechnungen
	DM	DM
Waren	80 000	
Debitoren	22 000	
Vorauszahlung für		
Einrichtung	—	
Feuerversicherung	200	
Damnum	300	
Kreditoren		58 000
Rückständige Ladenmiete		1 000
Delkredere		1 800
Umsatzsteuer		2 800
GewSt-Rückstellung		900
	102 500	64 500

Verbleibende Hinzurechnung nach R 17 EStR =   38 000 DM

Bei dieser Größenordnung kann der Unternehmer durch einen Antrag an das Finanzamt die gleichmäßige Verteilung der Summe von 38 000 DM auf zwei oder drei ESt-Veranlagungen herbeiführen. Bei der Gewerbesteuer werden dann die Teilbeträge in gleicher Höhe und in den gleichen Jahren wie bei der Einkommensteuer der Besteuerung zugeführt (Abschn. 40 Abs. 3 GewStR).

Abgesehen davon kann diese antragsbedingte Verteilung im Rahmen des § 10a EStG (Vergünstigung des nicht entnommenen Gewinns) besondere Vorteile herbeiführen.

Beispiel:

Der Stpfl. ist am 1. 1. 89 von der Überschußrechnung zum Bestandsvergleich übergegangen. Die dadurch bedingten Korrekturen führen zu einem Zurechnungsbetrag von 30000 DM. Der laufende Gewinn des Jahres 1989 beträgt 40000 DM. Die Entnahmen belaufen sich auf 10000 DM.

Wird keine Verteilung des Zurechnungsbetrages beantragt, so fallen für 1989 als Gewinn an 70000 DM.

Der nicht entnommene Gewinn beträgt		70 000 DM
Entnahmen	./.	10 000 DM
	=	60 000 DM.

Davon können 50 v. H., höchstens aber 20000 DM, der Vergünstigung des § 10a EStG teilhaftig werden.

Falls der Stpfl. die Verteilung beantragt, so ergibt sich für 1989 folgende Berechnung:

laufender Gewinn		40 000 DM
+ ⅓ Zuschlagsbetrag		
(⅓ von 30000 DM)	=	10 000 DM
	=	50 000 DM
./. Entnahmen		10 000 DM
	=	40 000 DM.

Davon sind 50 v. H. (20000 DM) wie Sonderausgaben abzugsfähig.

Durch die Verteilung des Zuschlagsbetrages kommt die Steuervergünstigung des § 10a EStG voll zum Zuge, während bei Nichtverteilung ein Teil des Gewinns nicht begünstigt wird. Selbstverständlich spielen die Höhe des Gewinns und der Entnahmen in den Jahren 1990 und 1991 auch eine Rolle.

Die EStR verwenden in R 17 Abs. 1 den Begriff „Jahr". Nach Balmes (FR 73 S. 343) und Felsmann (Einkommensbesteuerung der Land- und Forstwirte, C 78) kann damit nur das Wirtschaftsjahr und nicht das Kalenderjahr oder der Veranlagungszeitraum gemeint sein. Es muß hier in Kauf genommen werden, daß diese Verteilung damit über mehr als drei Veranlagungszeiträume geht. **859**

Der beim Wechsel von der Einnahme-Überschußrechnung zum Bestandsvergleich entstehende sog. Übergangsgewinn ist, wenn er nach R 17 Abs. 1 Satz 6 EStR auf mehrere Wirtschaftsjahre verteilt wurde, bei der Berechnung der betriebsbezogenen **Gewinngrenze des § 34e EStG** anteilig dem Gewinn der Verteilungsjahre und nicht ausschließlich (aber in voller Höhe) dem Übergangsjahr zuzurechnen (BFH-U. v. 1. 2. 90, BStBl II S. 495). **860**

Rechtsgrundlage für die Gewährung der **Verteilung** durch das FA gemäß R 17 Abs. 1 EStR ist **§ 163 Abs. 1 Satz 2 AO** (BFH-U. v. 3. 10. 61, BStBl III S. 565; Littmann, RWP-Blattei 14 D ESt I 4 a; BFH-U. v. 25. 6. 70, BStBl II S. 755: **861**

Die Verteilung des Hinzurechnungsbetrags auf insgesamt drei Jahre nach R 17 Abs. 1 EStR stellt eine Billigkeitsmaßnahme dar; so a. FG München v. 14. 5. 68, EFG S. 562).

862 Die **Gewinnkorrekturen gelten auch für die Gewerbesteuer** (Abschn. 40 Abs. 3 GewStR). Hat der Unternehmer einen Antrag auf Verteilung der Zurechnungsbeträge nach R 17 Abs. 2 EStR gestellt, so gilt die Verteilung auch für die Gewerbesteuer, es sei denn, daß zugleich mit dem Wechsel der Gewinnermittlungsart ein Unternehmerwechsel vorliegt. **Billigkeitsmaßnahmen** bei der Gewinnermittlung nach § 163 Abs. 1 Satz 2 AO (zeitliche Verlagerung der Besteuerung) wirken gem. § 184 Abs. 2 Satz 2 AO auch für die Gewinnermittlung bei der Gewerbesteuer. Dagegen sind Billigkeitsmaßnahmen nach § 163 Abs. 1 Satz 1 AO bei der Gewerbesteuer nur dann zulässig, wenn die Festsetzung und Erhebung der Gewerbesteuer dem Finanzamt übertragen worden ist, es sei denn, daß die hebeberechtigte Gemeinde der Billigkeitsmaßnahme zugestimmt hat oder dafür allgemeine Richtlinien durch die Bundesregierung oder eine oberste Landesbehörde aufgestellt worden sind.

863 Ein **negativer Korrektivposten** (etwa Verbindlichkeiten, die sich sonst beim Übergang zum Bestandsvergleich nicht auswirken würden) ist im ersten Jahr der Gewinnermittlung durch Bestandsvergleich vom Gewinn abzuziehen. Ein derartiger Abzug ist nach höchstrichterlicher Rechtsprechung Bestandteil der Gewinnermittlung des Übergangsjahres. Eine gleichmäßige Verteilung auf drei Jahre (analog R 17 Abs. 1 EStR) kommt nicht – auch nicht im Billigkeitswege – in Betracht (FG Hamburg v. 11. 4. 72, EFG S. 543). Negative Korrekturbeträge können nur im Rahmen des § 10d EStG berücksichtigt werden (BFH-U. v. 3. 7. 68, BStBl II S. 736; Speich, DStR 72 S. 743; Seithel, DStR 65 S. 643).

864 Von einer Billigkeitsregelung bei dem **Übergang** von der Einnahme-Überschußrechnung **zur Schätzung** des Gewinns ist nichts gesagt worden. M. E. muß jedoch in diesem Falle auch die Billigkeitsregelung gelten, die für den Übergang zum Bestandsvergleich gewährt worden ist (so a. OFD Düsseldorf/Köln v. 25. 2. 56 – S 2209 A, DB S. 220). Allerdings ist Voraussetzung dafür, daß die Gewähr dafür besteht, daß die Zurechnungen auch in den folgenden Jahren vorgenommen und versteuert werden.

865 Für den Fall des **Wechsels vom Bestandsvergleich zur Einnahme-Überschußrechnung** hat der BFH die starre Anordnung über die Gewinnkorrekturen im ersten Jahr gelockert (BFH-U. v. 17. 1. 63, BStBl III S. 228). Das gleiche muß auch beim Übergang zum Bestandsvergleich gelten. Regelmäßig

wird zwar hier zu einer Anpassung an den Rhythmus der Betriebsvorgänge kein Anlaß bestehen. Das Urteil verlangt aber eindeutig entsprechende Rücksichtnahme, wenn Unstimmigkeiten zu befürchten sind· und die Vereinfachung nicht ernsthaft verletzt wird. Die Verteilung dieser Art hat nichts mit der Billigkeitsregelung des R 17 Abs. 1 EStR zu tun, denn bei der Verteilung handelt es sich um Tatsachenwürdigung. Dadurch wird dem Stpfl. das Recht gegeben, nach seiner Wahl eine Verteilung auf nur zwei Jahre zu verlangen (gl. A. Woltmann, DStR 65 S. 65), zumal die kürzere Verteilung die Verwaltungsarbeit vereinfacht.

Eine **Verteilung** des anzurechnenden Betrages auf drei Jahre erfolgt nur auf **866** **Antrag** des Stpfl. Dieser muß also selbst entscheiden, ob eine Verteilung auf drei Jahre für ihn günstiger ist als eine volle Erfassung des Hinzurechnungsbetrages im Erstjahr nach dem Übergang. In Zweifelsfällen, d. h. in den Fällen, in denen die voraussichtliche Gewinnentwicklung der nächsten Jahre noch nicht überblickt werden kann, besteht die Möglichkeit, eine vorläufige Veranlagung zu beantragen. Ist das Erstjahr unter Zurechnung eines Drittels des Korrekturpostens jedoch endgültig und rechtskräftig veranlagt, dann folgt daraus zwangsläufig die Zurechnung der weiteren Drittelbeträge in den Folgejahren. Im Übergangsjahr ist mit Bindungswirkung für die Folgejahre über die Höhe der Korrekturen zu entscheiden (BStBl 74 II S. 303). Für möglich hält das FG München allerdings die Zurechnung der restlichen zwei Drittel bei der Veranlagung des Zweitjahres (FG München v. 14. 5. 68, EFG S. 562). Zur Stellung und Rücknahme s. Mittelbach (DStZ 69 S. 107) und Kalmes (DStZ 69 S. 385). Hat der Stpfl. Verteilung beantragt, so kann er den Antrag nach Rechtskraft der Veranlagung für das erste Jahr nicht mehr zurücknehmen, auch wenn die Verteilung für ihn ungünstiger ist (FG München v. 14. 5. 68, a. a. O.).

Bzgl. der Sondervergütungen des persönlich haftenden Gesellschafters einer KGaA vgl. BFH-U. v. 21. 6. 89 (BStBl II S. 881) sowie OFD Köln v. 27. 6. 91 – S 2241 – 36 St 111: Gewinnanteil bei KGaA nur bis 1989 durch § 4 Abs. 3 EStG zu ermitteln (vgl. Schmidt, § 15 Anm. 891).

Bei der **unentgeltlichen Übernahme eines Betriebes** sind die Zu- und Ab- **867** schläge anläßlich des vom Rechtsvorgänger vorgenommenen Wechsels der Gewinnermittlungsart beim laufenden Gewinn des Rechtsnachfolgers zu berücksichtigen. Dies gilt auch für die Zurechnungen, die aus Billigkeitsgründen (§ 163 AO) auf Antrag des Rechtsvorgängers auf das Jahr des Übergangs und die beiden folgenden Jahre zu verteilen sind (BFH-U. v. 7. 12. 71, BStBl 72 II S. 338; R 17 Abs. 3 EStR). Wenn sich die Härteregelung des R 17 Abs. 1

EStR auf § 163 Abs. 1 Satz 2 AO stützt, bedeutet ihre Anwendung, daß die Besteuerungsgrundlagen für die Ermittlung des Gewinns des betreffenden Betriebs teilweise zu einer späteren Zeit berücksichtigt werden; auch wenn erst der unentgeltlich Erwerbende zum Bestandsvergleich übergeht, muß er die Korrekturen ohne Rücksicht auf den Inhaberwechsel dulden (Herrmann/Heuer/Raupach, § 4 Anm. 101; a. A. FG Münster v. 14. 3. 67, DStZ E S. 183: Härteregelung für den Stpfl. persönlich, die Korrekturen wirken sich daher noch nach der Übertragung des Betriebs beim Übertragenden aus).

868   Wird der Betrieb während des Verteilungszeitraums veräußert oder aufgegeben, so erhöhen die noch nicht berücksichtigten Zurechnungsbeträge den laufenden Gewinn des letzten Wirtschaftsjahres (R 17 Abs. 1 EStR). Verteilung nach R 17 Abs. 1 EStR lehnt die FinVerw. bei **Veräußerung und Aufgabe eines Betriebs** ab (R 16 Abs. 7 Satz 4 EStR; gl. A. Richter, StBp 67 S. 229; BFH-U. v. 3. 8. 67, BStBl III S. 755). Es wird von seiten der FinVerw. ferner darauf hingewiesen, daß eine Verteilung des Zurechnungsbetrages auf das Jahr der Veräußerung und die beiden folgenden Jahre schon allein aus gewerbesteuerlichen Gründen nicht in Betracht kommt, weil eine Heranziehung der auf die beiden folgenden Jahre entfallenden Zurechnungsteile zur Gewerbesteuer nicht mehr möglich wäre. Abschn. 40 Abs. 3 GewStR, wonach die Verteilung der Zurechnungsbeträge auch für die Gewerbesteuer gilt, wird aber auch hier angewendet werden können, da es sich um eine bloße Billigkeitsmaßnahme handelt (so Horst, BB 65 S. 1014, m. w. N.).

869   Hat das **FA im GewSt-Meßbescheid** einen Übergangsgewinn **in voller Höhe**, bei der **ESt-Veranlagung** jedoch **nur zu einem Drittel** (R 17 Abs. 1 EStR) angesetzt, ist nicht auszuschließen, daß hierfür irrige rechtliche Überlegungen eine Rolle gespielt haben. Es ist dem FA deshalb verwehrt, den ESt-Bescheid nach § 129 AO zu berichtigen (FG Düsseldorf v. 29. 5. 80, EFG 81 S. 61).

870   Die **Verteilung des fehlerhaft ermittelten Übergangsgewinns** auf das Übergangsjahr und die beiden folgenden Jahre nach R 17 Abs. 1 EStR gestattet es dem FA nicht, den Übergangsgewinn zu berichtigen und den Steuerfestsetzungen der noch nicht bestandskräftig veranlagten Folgejahre zugrunde zu legen. Eine Berichtigung des Übergangsgewinns kann nur insoweit vorgenommen werden, als die Veranlagung nach den Steuergesetzen unter Beseitigung der Bestandskraft noch geändert oder berichtigt werden kann (BFH-U. v. 5. 10. 73, BStBl 74 II S. 303); denn der Übergangsgewinn ist Teil des einheitlichen Betriebsergebnisses, das nicht in einen normalen Gewinn und einen Übergangsgewinn aufgespalten werden kann. Das Finanzamt ist also in glei-

cher Weise wie der Stpfl. in den beiden Folgejahren, auf die der Übergangsgewinn mit zu verteilen ist, an eine rechtskräftige und nicht abänderbare Veranlagung des Übergangsergebnisses im Übergangsjahr gebunden. Ein Ausgleich ist selbst im Rahmen eines erneuten Wechsels der Gewinnermittlungsart nicht möglich, wenn die betreffenden Bilanzposten dann nicht mehr vorhanden sind (BFH-U. v. 23. 7. 70, BStBl II S. 745). Vgl. Rdn. 356.

e) Nicht entnommener Gewinn (§ 10a EStG)

Die Steuervergünstigung des nicht entnommenen Gewinns (§ 10a EStG) setzt für ihre Inanspruchnahme voraus, daß der Gewinn nach § 4 Abs. 1 EStG oder nach § 5 EStG ermittelt worden ist. Dies ist im Jahr des Übergangs für den laufenden Gewinn unzweifelhaft der Fall. Hinsichtlich des Gewinns, der sich durch die Zu- und Abrechnungen ergibt, vertreten Herrmann/Heuer/Raupach (§ 10a Anm. 30) die Ansicht, daß die **Berichtigungen des Gewinns anläßlich des Übergangs** zum Vermögensvergleich Teile des Gewinns nach §§ 4 Abs. 1, 5 EStG darstellen und demzufolge auch insoweit die Vergünstigung des § 10a EStG in Anspruch genommen werden kann. Die gleiche Auffassung wird auch sonst überwiegend vertreten (s. Blümich, § 10a Anm. 30; Mittelbach, FR 55 S. 182; Appel, DB 60 S. 893). **871**

Der Betrag, der beim Übergang zum Bestandsvergleich als Saldo der Zu- und Abschläge dem Gewinn des Übergangsjahres zugerechnet wird, ist auch nach der Rechtsprechung ein Teil des Gewinns nach § 4 Abs. 1 bzw. § 5 EStG (BFH-U. v. 25. 6. 70, BStBl II S. 755). Ohne Bedeutung ist es, daß der Zurechnungsgewinn nicht in diesem Zeitraum tatsächlich erwirtschaftet wurde. Deshalb ist dieser Teil des Gewinns der Vergünstigung des nicht entnommenen Gewinns gem. § 10a EStG zugänglich. **872**

Beantragt der Stpfl. gem. R 17 Abs. 1 EStR die **Verteilung des Korrekturbetrages** auf drei Jahre, so gehört der jeweilige Korrekturteilbetrag zum Gewinn des jeweiligen Jahres. Deshalb ist zur Berechnung des nach § 10a EStG begünstigten Gewinns in allen drei Jahren vom jeweils berichtigten Gewinn auszugehen (BFH-U. v. 22. 6. 66, BStBl III S. 540; v. 20. 1. 67, BStBl III S. 287; v. 25. 6. 70, a. a. O.; R 110 EStR). Die Billigkeitsmaßnahme nach R 17 Abs. 1 EStR wirkt sich nicht nur bei der Berechnung der Steuer, sondern auch dahin aus, daß der **Gewinn endgültig verändert** wird. **873**

Beispiel:
Der Stpfl. ist Gewerbetreibender.
Am 1. 1. 89 ist er von der Überschußrechnung zum Bestandsvergleich übergegangen. Die Zuschläge betragen 50000 DM, die Abschläge 14000 DM. Der durch Vermögensvergleich

für 1989 ermittelte Gewinn beträgt 25 000 DM und die Entnahmen belaufen sich auf 10 000 DM.

Dem Bilanzgewinn 1989 ist ein Korrekturbetrag von 36 000 DM zuzusetzen, so daß der Gewinn 1989 insgesamt 61 000 DM ausmacht.

Nach § 10a sind begünstigt: 61 000 DM Gewinn
                                 −   10 000 DM Entnahmen
                                     51 000 DM,

davon können 50 v. H., höchstens aber 20 000 DM, als Sonderausgaben abgezogen werden. Deshalb empfiehlt sich u. U. für den Stpfl., die Verteilung des Korrekturbetrages auf drei Jahre zu beantragen. Liegt der Gewinn der Jahre 1990 und 1991 gleich hoch, so wirkt sich die Vergünstigung des § 10a EStG ggf. auf den gesamten Korrekturbetrag aus.

Es ergibt sich für 1989 folgende Berechnung:
Bilanzgewinn 1989   25 000 DM
                            +   12 000 DM (⅓ des Zurechnungsbetrages)
                                 37 000 DM
                            −   10 000 DM (Entnahmen)
                                 27 000 DM,

davon sind 50 v. H., höchstens aber 20 000 DM, als Sonderausgaben abzugsfähig.

874 Die Steuerbegünstigung des nicht entnommenen Gewinns wird letztmalig für den VZ 92 gewährt.

875–880 *(unbesetzt)*

3. Übergang vom Vermögensvergleich (§ 4 Abs. 1 oder § 5 EStG) zur Überschußrechnung (§ 4 Abs. 3 EStG)

a) Allgemeines

881 Anlaß zum Übergang vom Betriebsvermögensvergleich nach **§ 4 Abs. 1 EStG zur Überschußrechnung** kann einmal sein, daß **nicht bzw. nicht mehr buchführungspflichtige Land- und Forstwirte oder bisher freiwillig Bücher führende selbständig Tätige** i. S. des § 18 EStG **zwecks Vereinfachung der Buchführungsarbeit** dazu übergehen, als Gewinn den Überschuß der Betriebseinnahmen über die Betriebsausgaben anzusetzen. Zum anderen kann der Wechsel darauf beruhen, daß der Gewinn für die **Vorjahre nach § 4 Abs. 1 EStG geschätzt** worden ist und der Steuerpflichtige zur Vermeidung weiterer Schätzungen künftig den Gewinn zulässigerweise nach § 4 Abs. 3 EStG ermittelt.

882 Ein Übergang **von § 5 EStG** zur Gewinnermittlung **nach § 4 Abs. 3 EStG** kommt vor bei **Gewerbetreibenden**, die **nicht mehr buchführungspflichtig** sind **bzw. bei freiwillig buchführenden Gewerbetreibenden, die zur Vereinfa-**

chung ihres Rechnungswesens künftig auf den Vermögensvergleich verzichten wollen. Eine Verpflichtung zur Gewinnermittlung nach § 4 Abs. 3 EStG besteht jedoch in keinem Fall; die Gewerbetreibenden haben in den genannten Fällen lediglich die Möglichkeit, den Gewinn nach § 4 Abs. 3 EStG zu ermitteln.

Vorgänge, die sich bereits auf den Gewinn ausgewirkt haben und im Rahmen 883 der neuen Gewinnermittlungsart erneut den Gewinn beeinflussen, zwingen ebenso zu **Gewinnkorrekturen,** wie solche Vorgänge, die sich bisher noch nicht ausgewirkt haben und infolge des Übergangs zur anderen Ermittlungsmethode nicht mehr auswirken können. Diese Berichtigung erfolgt nach Maßgabe der Anlage 1 der EStR. Die Rechtsgrundlage für derartige Korrekturen läßt sich nur in der grundsätzlichen Regelung der Gewinnermittlung in § 4 Abs. 1 und 3 EStG und dem Verhältnis beider Vorschriften zueinander finden; s. a. Rdn. 761 ff. (A. A. Fenzl, DStR 67 S. 152: nur Billigkeitsmaßnahme, die nur in einzelnen Fällen bewilligt werden kann). Mit einer Entnahme hat der Wechsel der Gewinnermittlungsart nichts zu tun.

Während beim Übergang von der Gewinnermittlung i. S. des § 4 Abs. 3 EStG 884 zu derjenigen i. S. des § 4 Abs. 1 oder § 5 EStG das Gesamtergebnis der Zeit mit Überschußrechnung nachträglich durch einen Übergangszuschlag oder -abschlag zu korrigieren ist, entfällt eine solche Korrektur der vergangenen Gewinne beim Übergang vom Vermögensvergleich zur Überschußrechnung. Wohl aber muß vermieden werden, daß das Gesamtergebnis der Geschäftstätigkeit durch den Wechsel der Gewinnermittlungsart verfälscht wird (vgl. R 17 Abs. 2 EStR).

In der Literatur ist gelegentlich die Meinung vertreten worden, daß Zu- und 885 Abrechnungen beim Übergang vom Vermögensvergleich zur Überschußrechnung nicht vorzunehmen seien, weil dadurch die Gewinnermittlung für die Vergangenheit nicht berichtigt, sondern vorgreifend für die Zukunft auf eine künstliche Ausgangsbasis (Betriebsvermögen bei Beginn der Überschußrechnung nämlich dadurch 0,– DM) gestellt würde (so Hundt, StW 58 S. 211). Der BFH hat sich jedoch in seiner Rechtsprechung ausdrücklich hinter die in der Anl. 1 EStR vorgesehene Gewinnberichtigung gestellt (BFH-Urteile v. 3. 10. 61, BStBl III S. 565 sowie v. 17. 1. 63, BStBl III S. 228). Ohne dabei näher auf die oben angegebenen Auswirkungen einzugehen, hat der BFH hervorgehoben, daß der Übergang nicht dazu führen dürfe, daß Einnahmen der Besteuerung entzogen werden. Ebenso käme auch für diesen Besteuerungsabschnitt dem Grundsatz der Bilanzidentität Bedeutung zu.

886 Zu der Korrekturregelung der EStR vgl. ferner Willenbrink (DB 62 S. 345), Fenzl (DStR 67 S. 151) und Plückebaum (StBp 65 S. 76).

887 Grundsätzlich kann beim Übergang vom Vermögensvergleich zur Über-schußrechnung ebensowenig auf eine Anpassung des laufenden Gewinns durch Vornahme von Zu- und Abschlägen verzichtet werden wie im umge-kehrten Fall, obwohl ein erneuter Wechsel zur Gewinnermittlung nach §§ 4 Abs. 1, 5 EStG absehbar sein kann, z. B. bei **Aufgabe oder Veräußerung des Betriebs** (§ 16 Abs. 2 EStG, vgl. dazu BFH-U. v. 23. 7. 70, BStBl II S. 745). Gerade in derartigen Fällen, aber auch dann, wenn eine **Schätzung** des Gewinns absehbar ist, erscheint es zweckmäßig, die Korrektur (teilweise bis zum erneuten Übergang zum Bestandsvergleich) ausnahmsweise zu unterlas-sen. Ein gesetzliches Verbot gibt es nicht, letztlich geht es um die zutreffende Ermittlung des Gesamtgewinns; Ausnahmen bei den Zu- und Abrechnungen gibt es in besonders gelagerten Fällen ohnehin (vgl. BFH-U. v. 17. 1. 63, a. a. O.; R 17 Abs. 2 EStR). Davon zu unterscheiden ist die Unterlassung von Korrekturen, weil der Übergang zur Überschußrechnung als mißbräuchlich anzusehen ist und wie bisher der Vermögensvergleich durchzuführen ist. Zu unterscheiden ist ferner, ob ein versehentlich unterbliebener Zu- oder Abschlag beim erneuten Wechsel ausgeglichen werden kann (ablehnend BFH-U. v. 23. 7. 70, a.a.O., aber wohl nicht grundsätzlich).

888 Ein Übergang vom Bestandsvergleich zur Überschußrechnung liegt nicht vor, wenn der Stpfl. den **Gewinn durch Bestandsvergleich fehlerhaft ermittelt** hat und ihn nachträglich in eine Gewinnermittlung nach § 4 Abs. 3 EStG umdeu-tet (FG Düsseldorf v. 21. 2. 58, EFG S. 270); denn die Wahl der Gewinnermitt-lungsart ist eine Willensentscheidung, die der Stpfl. nicht rückwirkend ändern kann. Wer zulässigerweise seinen Gewinn durch Vermögensvergleich ermittelt hat, kann auch nicht deshalb rückwirkend zur Überschußrechnung übergehen, weil das FA die Veranlagungen auf Grund neuer Tatsachen berich-tigen will (BFH-U. v. 28. 1. 60, BStBl III S. 291).

889 Bei einem Wechsel von der Gewinnermittlung nach § 5 EStG zur Gewinn-ermittlung nach § 4 Abs. 3 EStG sind im Rahmen der Einnahme-Überschuß-rechnung grundsätzlich auch **Tilgungsleistungen für** solche **Verbindlichkeiten** Betriebsausgaben, die nach den handelsrechtlichen Grundsätzen ordnungs-mäßiger Buchführung schon im Vorjahr im Rahmen des Vermögensver-gleichs nach § 5 EStG durch den Ansatz entsprechender Passivposten gewinn-mindernd zu berücksichtigen gewesen wären, aber nicht berücksichtigt wor-den sind.

Eine Ausnahme gilt nur für den Fall, daß der Stpfl. bei der Gewinnermittlung **890** nach § 5 EStG unter **bewußter Außerachtlassung der Grundsätze ordnungsmäßiger Buchführung** von dem Ansatz entsprechender Passivposten abgesehen hat, um auf diese Weise ungerechtfertigte steuerliche Vorteile zu erlangen (BFH-U. v. 4. 8. 77, BStBl II S. 866).

Beim **Übergang von der Gewinnermittlung nach Durchschnittssätzen** (§ 13 a **891** EStG) **zur Gewinnermittlung nach § 4 Abs. 3 EStG** ist R 125 a Nr. 4 Satz 1 EStR zu beachten.

Die **Gewinnermittlung nach Durchschnittssätzen** entspricht dem Grunde nach **892** der Ermittlung des Gewinns durch Bestandsvergleich gemäß § 4 Abs. 1 EStG (BFH-U. v. 26. 10. 89, BStBl 90 II S. 292; v. 24. 1. 85, BStBl II S. 255; R 127 Abs. 6 EStR). Es ist aber zu beachten, daß die bei der Gewinnberechnung anzusetzenden Beträge für Teilbereiche nach den Grundsätzen der Gewinnermittlung des § 4 Abs. 3 EStG zu ermitteln sind. Dies gilt für den Bereich der abzugsfähigen Schuldzinsen und dauernden Lasten, der Pachtzinsen sowie regelmäßig für die Ermittlung der Gewinnkorrekturen des § 13 a Abs. 8 EStG.

Geht ein Land- und Forstwirt von der Gewinnermittlung nach Durchschnitts- **893** sätzen zur Gewinnermittlung nach § 4 Abs. 3 EStG über, so sind die Grundsätze zum Übergang von der Gewinnermittlung nach § 4 Abs. 1 EStG zur Gewinnermittlung nach § 4 Abs. 3 EStG entsprechend anzuwenden, soweit nicht bei der Gewinnermittlung nach Durchschnittssätzen in Teilbereichen die Grundsätze des § 4 Abs. 3 EStG (Gegenüberstellung der Ist-Einnahmen und Betriebsausgaben) tatsächlich angewendet wurden (BFH-U. v. 24. 1. 85, a. a. O.). Bei einem Wechsel von der Durchschnittssatzgewinnermittlung zur Gewinnermittlung durch Gegenüberstellung der Betriebseinnahmen und Betriebsausgaben nach § 4 Abs. 3 EStG ist daher erforderlich, daß der Land- und Forstwirt auf den Zeitpunkt des Wechsels der Gewinnermittlungsart die Buchwerte (Bilanzwerte) sämtlicher Wirtschaftsgüter (einschließlich sämtlicher Abgrenzungen) ermittelt und als Übersicht aufstellt, soweit diese Bedeutung für die Ermittlung des Übergangsgewinns haben. Im allgemeinen wird die Aufstellung einer die steuerlichen Bewertungsgrundsätze berücksichtigenden Bilanz geboten sein. Nur so kann eine zutreffende Korrektur aufgrund des Wechsels der Gewinnermittlungsart vorgenommen werden.

In Abschn. 125 a Nr. 4 EStR 81 hat die Finanzverwaltung erstmals darauf hin- **894** gewiesen, daß beim Übergang von der Gewinnermittlung nach § 13 a EStG zur Gewinnermittlung nach § 4 Abs. 3 EStG die **Anschaffungs- oder Herstellungskosten der Tiere des Umlaufvermögens** gewinnmindernd abzusetzen sind. Dabei sind stets die Werte anzusetzen, die auch beim Übergang zur Gewinnermittlung nach § 4 Abs. 1 EStG in der Übergangsbilanz anzusetzen wären. In den EStR wird die Auffassung vertreten, daß für die zum Zeitpunkt des Übergangs nicht verkaufs- oder schlachtreifen Tiere lediglich ein Korrekturposten in Höhe der am Stichtag gültigen Durchschnittswerte in Betracht kommt. Diese Regelung ist darauf zurückzuführen, daß nach Auffassung der Finanzverwaltung, gestützt auf das BFH-U. v. 3. 6. 65 (BStBl III S. 579), bei der Gewinnermittlung nach Durchschnittssätzen die für buchführende Land- und Forstwirte zulässige Durchschnittsbewertung von Vieh als in Anspruch genommen gilt. Mit Urteilen v. 17. 3. 88 (BStBl II S. 770) und v. 14. 4. 88 (BStBl II S. 672) hat sich der BFH mit der im Urteil v. 3. 6. 65, a. a. O. vertretenen Rechtsauffassung auseinandergesetzt. In Abkehr vom Urteil v. 3. 6. 65 kann nach der nunmehrigen Auffassung des BFH die Ausübung eines bei buchführenden Land- und Forstwirten möglichen Wahlrechts bei der Gewinnermittlung nach Durchschnittssätzen nicht als ausgeübt unterstellt werden. Vielmehr kann der Land- und Forstwirt bei der Aufstellung der Übergangsbilanz ein ihm mögliches Wahlrecht erstmals ausüben. Entsprechend wird verfahren werden müssen, wenn der Land- und Forstwirt von der Gewinnermittlung nach § 13 a EStG zur Gewinnermittlung nach § 4 Abs. 3 EStG übergeht. Bei der Ausübung dieses Wahlrechts sind aber die Besonderheiten der Gewinnermittlung nach § 4 Abs. 3 EStG zu beachten. So ist die Durchschnittsbewertung bei buchführenden Land- und Forstwirten mit umfassender Vereinfachungsregelung zur Bewertung noch nicht verkaufs- oder schlachtreifer **Tiere als Teil des Anlagevermögens** bei der Gewinnermittlung nach § 4 Abs. 3 EStG ohne Bedeutung. Damit sind die tatsächlichen Anschaffungs- oder Herstellungskosten für solche dem Umlaufvermögen zuzuordnenden Tiere stets als Korrekturbetrag bei der Ermittlung des Übergangsgewinns abzusetzen. Dabei ist ohne Bedeutung, ob der Landwirt bei der weiteren Gewinnermittlung nach § 4 Abs. 3 EStG R 125 a EStR anwendet oder die Aufwendungen für das Vieh nach den Grundsätzen des § 4 Abs. 3 EStG behandelt.

895 Wenn auch bei Gewinnermittlung nach § 13 a EStG eine Ausübung eines Wahlrechts, das buchführenden Land- und Forstwirten zusteht, nicht unterstellt werden kann, so wird doch stets geprüft werden müssen, ob nicht bei einer vor der Gewinnermittlung nach § 13 a EStG möglicherweise vorgenommenen Gewinnermittlung nach § 4 Abs. 1 EStG oder § 4 Abs. 3 EStG bereits ein Bewertungswahlrecht zulässigerweise ausgeübt wurde, das auch über die Zeit der Gewinnermittlung nach § 13 a EStG hinaus fortwirkt. Da vom Land-

und Forstwirt während der Gewinnermittlung nach Durchschnittssätzen eine Änderung eines einmal ausgeübten Wahlrechts nicht herbeigeführt werden kann, ist regelmäßig auch bei dem erneuten Wechsel von der Gewinnermittlung nach Durchschnittssätzen zu einer anderen Gewinnermittlung das **ursprünglich ausgeübte Wahlrecht** als **fortwirkend** anzusehen. Hat demnach ein zunächst buchführender Land- und Forstwirt während der Zeit dieser Gewinnermittlung seinen Tierbestand zulässig mit Durchschnittswerten bewertet und beim Übergang von der Gewinnermittlung nach § 4 Abs. 1 EStG zur Gewinnermittlung nach § 13 a EStG im Zusammenhang mit dem Wechsel der Gewinnermittlungsart keine abweichende Bewertung des Viehbestandes mit den tatsächlichen Anschaffungs- oder Herstellungskosten vorgenommen, so wird bei dem nun erfolgten Wechsel von der Gewinnermittlung nach § 13 a EStG zur Gewinnermittlung nach § 4 Abs. 3 EStG in der zu fertigenden Vermögensübersicht das Vieh mit Durchschnittswerten bewertet werden müssen. Die weiteren Folgerungen bei der folgenden Gewinnermittlung nach § 4 Abs. 3 EStG sind unter Berücksichtigung dieser Wertansätze zu ziehen. Das bedeutet, daß in der Vermögensübersicht aufgrund der Vereinfachungsregelung für buchführende Land- und Forstwirte das zum Umlaufvermögen gehörende Vieh noch als Teil des Anlagevermögens auszuweisen ist und mit den anzusetzenden Durchschnittswerten in die Ermittlung der Gewinnkorrektur einzubeziehen ist. Bewertet ein Landwirt beim Übergang von der Gewinnermittlung nach Durchschnittssätzen (§ 13 a EStG) zur Einnahme-Überschußrechnung (§ 4 Abs. 3 EStG) sein **Viehumlaufvermögen** mit den tatsächlichen Anschaffungs- und Herstellungskosten, muß er entsprechend dem BFH-U. v. 16. 6. 94 (BStBl II S. 932) beim sich daran anschließenden Übergang zum Bestandsvergleich (§ 4 Abs. 1 EStG) das vorhandene Viehumlaufvermögen ebenfalls mit den tatsächlichen Anschaffungs- und Herstellungskosten ansetzen.

Sind die **Tiere** sowohl bei der Gewinnermittlung nach § 13 a EStG als auch bei der Gewinnermittlung nach § 4 Abs. 3 EStG dem **Anlagevermögen** zuzuordnen, so erfordert der Wechsel der Gewinnermittlungsart keine Korrekturberechnung im Rahmen des Übergangsgewinns. Da der Land- und Forstwirt bei Gewinnermittlung nach Durchschnittssätzen keine Möglichkeit hat, das Wahlrecht auf Bewertung des Tierbestandes mit Durchschnittswerten auszuüben, die Finanzverwaltung aber auch dem Land- und Forstwirt mit Gewinnermittlung nach § 4 Abs. 3 EStG die Anwendung der Grundsätze zur Durchschnittsbewertung von Vieh zubilligt, wird der Land- und Forstwirt bei der erforderlichen Ermittlung der Buchwerte der Wirtschaftsgüter im Zeitpunkt

896

des Übergangs das Wahlrecht erstmals ausüben können. Die bei dem Übergang angesetzten Werte sind als Anschaffungs- oder Herstellungskosten in das nach § 4 Abs. 3 EStG zu führende **Verzeichnis** aufzunehmen. Soweit die Tiere mit Durchschnittswerten bewertet werden, sind die Werte bis zur Veräußerung – ohne weitere AfA-Minderung – fortzuführen und zu diesem Zeitpunkt als Aufwand zu berücksichtigen. Bei Bewertung der Tiere mit den tatsächlichen Anschaffungs- oder Herstellungskosten ist der beim Übergang angesetzte Wert das AfA-Volumen, das über die restliche Nutzungsdauer verteilt als AfA zu berücksichtigen ist. Soweit die Durchschnittswerte unter den Wertansätzen aufgrund der tatsächlichen Anschaffungs- oder Herstellungskosten (ggf. abzüglich der AfA bis zum Übergang) liegen, wird der Land- und Forstwirt wegen der Folgen für die spätere Gewinnermittlung häufig die Bewertung auf der Grundlage der tatsächlichen Anschaffungs- oder Herstellungskosten wählen (Felsmann, C 83–86).

897   Geht ein Landwirt von der Gewinnermittlung nach § 13 a EStG zur Gewinnermittlung nach § 4 Abs. 3 EStG über, so sind die noch ausstehenden Raten einer bewilligten **Nichtvermarktungsprämie** bei ihrem Zufluß gewinnerhöhend zu erfassen (BFH-U. v. 16. 2. 89, BStBl II S. 708).

898–899 *(unbesetzt)*

b) Zu- und Abrechnungen

900   Geht ein Stpfl. vom Bestandsvergleich nach § 4 Abs. 1 EStG (ggf. § 5 EStG) zur Einnahme-Überschußrechnung über, so ergeben sich auch bei diesem Wechsel **Gewinnkorrekturen nach R 17 Abs. 2 EStR**, um zu vermeiden, daß Betriebsvorgänge steuerlich zweimal oder überhaupt nicht in die Gewinnermittlung einbezogen werden. So müssen die Warenforderungen und der Warenbestand der Schlußbilanz von dem Einnahmen-Ausgaben-Überschuß des ersten Jahres abgesetzt und die Warenschulden, die in der Schlußbilanz ausgewiesen waren, hinzugesetzt werden. Einzelheiten s. R 17 EStR, Anl. 1 EStR sowie Rdn. 951 ff.

901   **Die Berichtigung betrifft in erster Linie den Warenverkehr.** Bei der Gewinnermittlung nach § 4 Abs. 3 EStG sind die Ausgaben für Waren sofort abzugsfähige Betriebsausgaben, während erst die Einnahmen aus den Warenverkäufen als Betriebseinnahmen den Gewinn erhöhen. Dagegen wirkt sich beim Betriebsvermögensvergleich die Anschaffung von Waren als bloße Umschichtung des Betriebsvermögens zunächst überhaupt nicht auf den Gewinn aus. Erst beim Warenverkauf entsteht in Höhe des Unterschiedsbetrages zwischen

den Anschaffungskosten (und den Vertriebskosten) der Waren einerseits und dem Verkaufserlös andererseits ein Gewinn, und zwar schon in dem Zeitpunkt, in dem die Waren veräußert werden, also nicht erst beim Eingang des Erlöses.

Bei auf den **niedrigeren Teilwert** abgeschriebenen Wirtschaftsgütern ist insoweit ein positiver Korrekturbetrag anzusetzen, da sich andernfalls der Betrag der Teilwertminderung doppelt auswirken würde; bei abnutzbaren Wirtschaftsgütern des Anlagevermögens ist die AfA von dem erhöhten Betrag vorzunehmen.   902

aa) Gewillkürtes Betriebsvermögen

In Abschn. 13 a Abs. 2 EStR 78 war im Anschluß an das BFH-U. v. 12. 2. 76   903 (BStBl II S. 663) die Auffassung vertreten worden, daß eine Entnahme der Wirtschaftsgüter des gewillkürten Betriebsvermögens vorliegt, wenn der Stpfl. zu einer Gewinnermittlungsart übergeht, bei der die Bildung gewillkürten Betriebsvermögens nicht in Betracht kommt, z. B. zur Überschußrechnung nach § 4 Abs. 3 EStG. Im Anschluß an diese Rechtsprechung hatte die Finanzverwaltung darüber hinaus die Auffassung vertreten, daß eine Entnahme des gewillkürten Betriebsvermögens auch dann vorliegt, wenn die Nutzung eines Wirtschaftsguts in der Weise geändert wird, daß das Wirtschaftsgut nach der Nutzungsänderung nicht mehr notwendiges Betriebsvermögen ist (Abschn. 13 a Abs. 2 Satz 9 EStR 78). Eine Entnahme wurde deshalb z. B. angenommen, wenn ein nichtbuchführender Land- und Forstwirt wegen Einschränkung des Betriebs einen Teil der bisher selbst bewirtschafteten landwirtschaftlichen Nutzfläche verpachtete, oder wenn er Wohnungen, die bisher an einen Arbeitnehmer des Betriebs vermietet waren, an einen Betriebsfremden vermietete.

Wegen dieser unbefriedigenden Auswirkungen der Rechtsprechung und der   904 aus ihr sich ergebenden Konsequenzen ist § 4 Abs. 1 EStG durch das Gesetz zur Neuregelung der Besteuerung der Land- und Forstwirtschaft v. 25. 6. 80 (BStBl I S. 400) in der Weise geändert worden, daß der **Übergang** von der Gewinnermittlung durch Bestandsvergleich nach § 4 Abs. 1 EStG zur Überschußrechnung nach § 4 Abs. 3 EStG oder zur Gewinnermittlung nach Durchschnittsätzen nach § 13 a EStG **nicht** als **Entnahme** der Wirtschaftsgüter des gewillkürten Betriebsvermögens anzusehen ist. Ferner ist durch dieses Gesetz angeordnet worden, daß bei einem Überschußrechner die **Änderung der Nutzung eines Wirtschaftsguts,** durch die das Wirtschaftsgut, ohne notwendiges Privatvermögen zu werden, die Eigenschaft als notwendiges Betriebsvermögen verliert, ebenfalls **nicht** als **Entnahme** des betreffenden Wirtschaftsguts anzusehen ist. Dabei wird in R 14 Abs. 3 EStR für den Problembereich „Wechsel der Gewinnermittlungsart" klargestellt, daß eine Entnahme auch dann nicht vorliegt, wenn die Buchführung des Stpfl. verworfen und der Gewinn durch Vollschätzung ermittelt wird oder der Gewinn geschätzt wird, weil der Stpfl. keine Bücher mehr führt. Für den Problembereich „Nutzungsänderung" wird klargestellt, daß eine Entnahme auch dann nicht vorliegt, wenn ein Stpfl., dessen Gewinn durch Vollschätzung ermittelt wird, die Nutzung eines Wirtschaftsguts so ändert, daß es nach der Nutzungsänderung nicht mehr notwendiges Betriebsvermögen ist.

905   Die Änderung des § 4 Abs. 1 EStG hat auch für den Bereich der Einkünfte aus Gewerbebetrieb erhebliche Bedeutung:

- Nach § 4 Abs. 1 Satz 3 EStG i. V. m. § 5 Abs. 4 EStG führt der **Übergang** von der Gewinnermittlung durch Bestandsvergleich nach § 5 Abs. 1 EStG zur Überschußrechnung nach § 4 Abs. 3 EStG **nicht** zur **Entnahme** der Wirtschaftsgüter des **gewillkürten Betriebsvermögens.**

- Bei der Gewinnermittlung durch Überschußrechnung, bei der grundsätzlich gewillkürtes Betriebsvermögen nicht zulässig ist, führt die **Änderung der Nutzung** eines Wirtschaftsguts, durch die das Wirtschaftsgut den Charakter als notwendiges Betriebsvermögen verliert, z. B. die Vermietung eines bisher für den eigenen Betrieb genutzten Gebäudes, **nicht** zwangsläufig zur **Entnahme** (§ 4 Abs. 1 Satz 4 EStG). Vielmehr kann das Wirtschaftsgut auch nach der Nutzungsänderung im Rahmen der Überschußrechnung **als Betriebsvermögen fortgeführt** werden. Diese Möglichkeit besteht nur dann nicht, wenn das Wirtschaftsgut infolge der Nutzungsänderung den Charakter von notwendigem Privatvermögen angenommen hat. Die Wirtschaftsgüter des gewillkürten Betriebsvermögens bleiben demnach auch im Rahmen der Überschußrechnung Betriebsvermögen, solange der Stpfl. die Entnahme nicht ausdrücklich oder schlüssig erklärt. Vgl. a. R 14 Abs. 3 EStR. Diese Regelung ist in den EStR 1990 nur in Abschn. 14 Abs. 5 zu Grundstücken und Grundstücksteilen enthalten und wurde nunmehr allgemein für alle Wirtschaftsgüter klarstellend in R 13 Abs. 16 EStR 1993 aufgenommen.

Beispiel:

In der Schlußbilanz wird ein unbebautes Grundstück ausgewiesen, das zum gewillkürten Betriebsvermögen gehört.

Das Grundstück scheidet nach dem Wechsel zur Überschußrechnung nicht zwangsläufig aus dem Betriebsvermögen aus. Zwar kann ein Stpfl. mit Überschußrechnung kein gewillkürtes Betriebsvermögen **bilden,** wohl aber kann er es, wenn er es einmal zulässigerweise gebildet hat, als solches **fortführen** (R 16 Abs. 6 EStR). Da das Grundstück mithin auch im Rahmen der Überschußrechnung betriebliches Vermögen bleibt, ist die spätere Erfassung der in ihm enthaltenen stillen Reserven sichergestellt. Die Anschaffungskosten haben sich bisher nicht als Aufwand niedergeschlagen. Sie sind gem. § 4 Abs. 3 Satz 4 EStG im Zeitpunkt der Veräußerung oder Entnahme als Betriebsausgaben zu berücksichtigen. Deshalb ist das Grundstück mit seinem Buchwert aus der Schlußbilanz in das nach § 4 Abs. 3 Satz 5 EStG zu führende besondere Verzeichnis aufzunehmen. Vgl. a. R 13 Abs. 16 EStR.

Eine Entnahme kommt nur in Betracht, wenn der Stpfl. die Entnahme will und erklärt oder wenn er das Grundstück durch Nutzungsänderung zum notwendigen Privatvermögen machen würde. Durch eine Nutzungsänderung des Grund und Bodens, die bewirkt, daß die betriebliche Zweckbestimmung endet (z. B. Bau eines selbstbewohnten Einfamilienhauses auf einem zum Betriebsvermögen gehörenden Grundstück), wird die stille Reserve aufgelöst (R 14 Abs. 3 EStR).

(unbesetzt) 906–909

bb) *Zu- und Abrechnungen bei den einzelnen Bilanzposten*

(1) *Abnutzbares Anlagevermögen*

Abnutzbare Anlagegüter bleiben bei der Ermittlung des Übergangszuschlags 910
oder -abschlags **unberücksichtigt;** die AfA werden in der bisherigen Weise fortgesetzt und mindern in den folgenden Jahren den Gewinn.

(2) *Nicht abnutzbares Anlagevermögen*

Die Anschaffungs- oder Herstellungskosten nicht abnutzbarer Anlagegüter 911
dürfen bei Gewinnermittlung nach § 4 Abs. 3 EStG **erst in dem Zeitpunkt der Veräußerung oder Entnahme** des betreffenden Wirtschaftsguts **als Betriebsausgabe** abgesetzt werden (§ 4 Abs. 3 Satz 4 i. d. F. des 2. StÄndG 71). Dadurch sollen übermäßige Gewinnschwankungen im Interesse des Stpfl. vermieden werden. Daher sind die in der Schlußbilanz enthaltenen Wertansätze für nicht abnutzbare Anlagegüter in das gem. § 4 Abs. 3 Satz 5 EStG zu führende **Verzeichnis** aufzunehmen und **bei der Veräußerung oder Entnahme** (oder beim Untergang) der betreffenden Wirtschaftsgüter als Betriebsausgaben **abzusetzen.**

Geht der Stpfl. von der Gewinnermittlung nach § 5 EStG zur Gewinn- 912
ermittlung nach § 4 Abs. 3 EStG über, so bleibt nach der Streichung des § 4

Abs. 1 Satz 5 EStG durch das 2. StÄndG 71 der Wert des zum Anlagevermögen gehörenden **Grund und Bodens** nicht mehr außer Ansatz. Die Erfassung der stillen Reserven, die während der Zugehörigkeit des Grund und Bodens zum Gewerbebetrieb in der Zeit entstanden sind, als der Gewinn nach § 5 EStG ermittelt wurde, ist deshalb auch nach dem Übergang zur Gewinnermittlung nach § 4 Abs. 3 EStG sichergestellt. Die im Grund und Boden vorhandenen stillen Reserven brauchen infolgedessen beim Übergang von der Gewinnermittlung nach § 5 EStG zur Gewinnermittlung nach § 4 Abs. 3 EStG nicht mehr sofort versteuert zu werden. Im Falle einer späteren Veräußerung oder Entnahme des Grund und Bodens gilt dann der bisherige Wertansatz als Anschaffungs- oder Herstellungskosten i. S. des § 4 Abs. 3 Sätze 4 und 5 EStG.

Beispiel:

Ein Gewerbetreibender, der bislang bilanzierte, geht am 1. 1. 93 zur Überschußrechnung über. In der Schlußbilanz zum 31. 12. 92 ist ein unbebautes Grundstück des Anlagevermögens mit 40 000 DM ausgewiesen, das zum gewillkürten Betriebsvermögen gehörte.

Das Grundstück scheidet nicht zwangsläufig aus dem Betriebsvermögen aus. Zwar kann ein Stpfl. mit Überschußrechnung **kein gewillkürtes Betriebsvermögen bilden, wohl aber** kann er, wenn er es einmal zulässigerweise gebildet hat, als solches **fortführen.** Da das Grundstück mithin betriebliches Vermögen bleibt, werden die stillen Reserven später bei Veräußerung oder Entnahme als Gewinn erfaßt. Die Anschaffungskosten haben sich bisher nicht als Aufwand niedergeschlagen. Sie sind gem. § 4 Abs. 3 Satz 4 EStG im Zeitpunkt der Veräußerung oder Entnahme als Betriebsausgaben zu berücksichtigen. Deshalb ist der in der Schlußbilanz erscheinende Buchwert in das nach § 4 Abs. 3 Satz 5 EStG zu führende laufende Verzeichnis aufzunehmen.

(3) Geldbestände

913   Geld- und Bankbestände bleiben bei den Korrekturen **unberücksichtigt.**

(4) Warenbestände

914   Beim Betriebsvermögensvergleich wirkt sich die Anschaffung von Waren als bloße Umschichtung des Betriebsvermögens zunächst überhaupt nicht auf den Gewinn aus, d. h. die Anschaffungs- oder Herstellungskosten der am Tage des Übergangs vorhandenen Warenbestände (ggf. abzüglich einer inzwischen erfolgten Teilwertabschreibung) haben den Gewinn nicht beeinflußt. Die Veräußerung der Waren in der Zeit der Überschußrechnung führt aber dazu, daß die Erlöse den Gewinn in vollem Umfang erhöhen. Um diese Abweichungen aufeinander abzustimmen, muß der in der letzten Bilanz ent-

haltene Posten für Warenbestand vom Gewinn des ersten Jahres mit Überschußrechnung **abgesetzt** werden.

(5) Kundenforderungen

Bei Entstehen der Forderungen wurde ein bestimmter Betrag über das Waren-   **915**
verkaufskonto auf das Ertragskonto gebucht, hat sich somit gewinnerhöhend
ausgewirkt. Die Zahlungseingänge würden sich beim Bestandsvergleich
erfolgsneutral auswirken durch die Buchung: Bank an Forderungen. Im
Rahmen der Überschußrechnung führt der Eingang der Forderungsbeträge
erneut zu Gewinn. Durch den Wechsel der Gewinnermittlungsart würde dieser Betrag zweimal besteuert. Deshalb muß zum Ausgleich in derselben Höhe
ein **Abschlag** als fiktiver Betriebsaufwand gebildet werden.

(6) Rechnungsabgrenzungsposten

Diese Posten grenzen Einnahmen und Ausgaben zwischen verschiedenen   **916**
Wirtschaftsjahren ab. Sind sie in der Schlußbilanz ausgewiesen, kommen
ebenfalls Übergangskorrekturen in Betracht (gl. A. Anl. 1 zu R 17 EStR;
BFH-U. v. 3. 10. 61, BStBl III S. 565; v. 17. 1. 63, BStBl III S. 228; v. 2. 2. 66,
BStBl III S. 294; v. 23. 7. 70, BStBl II S. 745: der „**Überschuß der Passivwerte**
über die Aktivwerte" ist dem Gewinn des ersten Jahres mit Überschußrechnung **zuzusetzen**; ein **aktiver Überschuß ist** also **abzusetzen**). ·

Zur ertragsteuerlichen Behandlung der vom Erbbauberechtigten gezahlten   **917**
Erschließungskosten im Betriebsvermögen nimmt die OFD Düsseldorf wie
folgt Stellung: Ermittelt der **Erbbauverpflichtete** den Gewinn nach § 4 Abs. 3
EStG, sind die für das Privatvermögen entwickelten Grundsätze entsprechend anzuwenden. Beim Wechsel der Gewinnermittlungsart vom Betriebsvermögensvergleich nach § 4 Abs. 1 EStG zur Einnahme-Überschußrechnung
nach § 4 Abs. 3 EStG ist für den noch nicht gewinnerhöhend aufgelösten Teil
des passiven Rechnungsabgrenzungspostens **keine Hinzurechnung** zum
Übergangsgewinn vorzunehmen. Mit **Heimfall oder Beendigung des Erbbaurechts** fließt dem Erbbauverpflichteten entsprechend den im BFH-U. v.
21. 11. 89 (BStBl 90 II S. 310) aufgestellten Grundsätzen der Wertzuwachs zu.
Im Zeitpunkt des Zuflusses unterliegt lediglich der nach Abzug des bereits
versteuerten Betrages (gewinnerhöhend aufgelöster Teil des Rechnungsabgrenzungspostens) noch verbleibende Wertzuwachs der Besteuerung. Bei der
Gewinnermittlung nach § 4 Abs. 3 EStG liegen — entsprechend den Regelungen im Privatvermögen — Anschaffungskosten auf das Erbbaurecht vor. Die

mit dem FinMin-Erl. NRW v. 16. 12. 91 (BStBl I S. 1011) für Erbbaurechte im Privatvermögen getroffene Übergangsregelung gilt sinngemäß für den **Erbbauberechtigten**, der seinen Gewinn nach § 4 Abs. 3 EStG ermittelt (OFD Düsseldorf v. 10. 11. 92 — S 2133 A — St 11 H).

918   Die dem FA geschuldete **Mehrwertsteuer** ist dem Übergangsgewinn **hinzuzurechnen**, ein **Erstattungsanspruch mindert** den Übergangsgewinn (vgl. ferner Falterbaum, StW 70 S. 41).

> **Beispiel:**
>
> Der Stpfl. hat 1993 Miete im voraus für 1994 vereinnahmt und deshalb in Höhe von 4000 DM einen passiven Rechnungsabgrenzungsposten in die Schlußbilanz eingestellt (erfolgsneutrale Auswirkung).
>
> Im nächsten Jahr wäre mangels tatsächlichen Zuflusses insoweit keine Betriebseinnahme und damit keine Gewinnerhöhung zu verzeichnen. Deshalb ist ein **Zuschlag** als fiktiver Ertrag erforderlich.

(7) Rücklage für Ersatzbeschaffung

919   Beim Übergang vom Vermögensvergleich zur Überschußrechnung ist die Rücklage für Ersatzbeschaffung nicht gewinnerhöhend aufzulösen.

920   Hat der Stpfl. hinsichtlich eines **abnutzbaren Anlageguts** eine Rücklage für Ersatzbeschaffung gebildet, so sind die Anschaffungs- oder Herstellungskosten des Ersatzguts für die Bemessung der AfA um die Rücklage für Ersatzbeschaffung zu kürzen.

921   Hat der Stpfl. für **Warenbestände** eine Rücklage für Ersatzbeschaffung gebildet, so ist folgendes zu berücksichtigen: Wären die Vorräte noch vorhanden, so würde ihr Buchwert vom Gewinn des ersten Jahrs mit Überschußrechnung abzusetzen sein; andererseits würde die stille Reserve bei Veräußerung der Vorräte aufgedeckt werden, da die volle Einnahme aus der Veräußerung der Vorräte Betriebseinnahme ist. Hat der Stpfl. statt der Vorräte einerseits die Entschädigung (oder Entschädigungsforderung) aktiviert und andererseits eine Rücklage für Ersatzbeschaffung gebildet, so entfällt eine gewinnmindernde Korrektur beim Methodenwechsel. Kürzt man die Anschaffungs- oder Herstellungskosten der Ersatzgüter um einen Betrag in Höhe der Rücklage für Ersatzbeschaffung, so erhöht man damit den Gewinn des Jahrs der Ersatzbeschaffung und erfaßt die stille Reserve schon vor ihrer Verwirklichung. Allerdings ist dieses Verfahren einfach. Richtig erscheint es aber, **im Jahr der Veräußerung** (oder Entnahme) der Ersatzgüter den Betriebseinnahmen einen Betrag in Höhe der Rücklage für Ersatzbe-

schaffung als Korrektur **hinzuzusetzen** (Herrmann/Heuer/Raupach, § 4 Anm. 68 m).

(8) Rücklage nach §§ 6 b, 6 c EStG

Nur Stpfl., die den Gewinn nach § 4 Abs. 1 oder § 5 EStG ermitteln, können 922
die Begünstigung des § 6 b EStG in Anspruch nehmen (§ 6 b Abs. 4 Nr. 1 EStG). Wird der Gewinn nach § 4 Abs. 3 EStG ermittelt, können lediglich die weniger weitreichenden Begünstigungen des § 6 c EStG in Anspruch genommen werden.

Für die Fortführung der möglichen Rücklage und ihre Übertragung auf neu 923
angeschaffte Wirtschaftsgüter (Ersatz-Wirtschaftsgüter) gelten dementsprechend nicht die Vorschriften des § 6 b, sondern die des § 6 c EStG. Das hat zur Folge, daß eine vor der Änderung der Gewinnermittlungsart nach § 6 b Abs. 3 EStG gebildete Rücklage auf Wirtschaftsgüter, die **nicht nach § 6 c EStG begünstigt** sind (z. B. Veräußerung beweglicher Anlagegüter), im Wirtschaftsjahr der Änderung der Gewinnermittlungsart gewinnerhöhend aufzulösen sind (R 41 b Abs. 12 Satz 2 EStR). Diese Auflösung hat jedoch nicht die fiktive Zwangsverzinsung des § 6 b Abs. 6 EStG zur Folge, weil die Auflösung nicht aufgrund des gesetzlichen Zwangs erfolgt. Gleichzeitig kann in derselben Höhe jedoch auch ein Betriebsausgaben-Abzug vorgenommen werden, wenn die Voraussetzungen des § 6 c Abs. 1 EStG vorliegen. Ist die Rücklage aus der Veräußerung von Wirtschaftsgütern gebildet worden, die auch **nach § 6 c EStG begünstigt** sind, so kann die Rücklage grundsätzlich fortgeführt werden.

(9) Rückstellungen, Wertberichtigungen

Entsprechendes gilt bei diesen für eine solche Korrektur in Betracht kommen- 924
den Posten (vgl. Anl. 1 zu R 17 EStR; BFH-U. v. 17. 1. 63, a. a. O.). Der Rückstellungsbetrag hat durch die Buchung Gewinn- und Verlust-Konto an Rückstellungskonto den Gewinn mindernd beeinflußt. Bei Zahlung würde infolge des Abflußprinzips, von dem die Überschußrechnung beherrscht wird, der Betrag erneut als Betriebsausgabe in Erscheinung treten, d. h. derselbe Betrag würde zweimal aufwandswirksam sein. Deshalb muß ein **Zuschlag** vorgenommen werden.

(10) Verbindlichkeiten

Hier kommt es auf den Entstehungsgrund der Schuld an. 925

926   Handelt es sich um eine Verbindlichkeit **aus Warenlieferungen,** so ist ein **Zuschlag** vorzunehmen (vgl. Anl. 1 der EStR).

927   Ist die Schuld aus der **Anschaffung eines abnutzbaren Anlageguts** entstanden, so wirken sich die Anschaffungskosten sowohl im Rahmen des Bestandsvergleichs wie auch bei der Überschußrechnung als Aufwand in Form der jährlichen Abschreibungen aus. Da sich bei der Überschußrechnung insoweit die Zahlung der Anschaffungskosten nicht sofort als Betriebsausgabe auswirkt, bedarf es **keiner Korrektur.**

928   Hängt die Verbindlichkeit mit dem **Erwerb eines nicht abnutzbaren Anlageguts** zusammen, **so gilt dasselbe,** da die Anschaffungskosten bisher nicht gewinnmindernd aufgetreten sind, aber auch bei der Überschußrechnung nach § 4 Abs. 3 Satz 4 EStG erst später beim Ausscheiden des Anlageguts aus dem Betriebsvermögen als Betriebsausgabe anzusetzen sind.

929   Beim Betriebsvermögensvergleich führt die **Erhöhung einer Rentenverpflichtung durch Wertsicherungsklausel** zum Ausweis eines entsprechend höheren Teilwerts der Verbindlichkeit; die Erhöhung der Verbindlichkeit wirkt sich voll gewinnmindernd aus. Bei der Überschußrechnung wirkt sich nach dem BFH-U. v. 23. 5. 91 (BStBl II S. 796) der Erhöhungsbetrag im jeweiligen Zahlungsjahr gewinnmindernd aus. Deshalb ist im Jahr des Übergangs vom Betriebsvermögensvergleich zur Überschußrechnung eine **Gewinnzurechnung** erforderlich, um die doppelte Erfassung des gleichen Vorgangs als Betriebsausgabe zu vermeiden (Paus, FR 85 S. 288). Dazu muß errechnet werden, welcher Teil des noch vorhandenen Barwerts auf den Erhöhungsbetrag entfällt. Dieser Betrag ist dem Gewinn des Übergangsjahrs zuzurechnen. Zu einer gegenläufigen Korrektur kommt es beim Übergang von der Überschußrechnung zum Betriebsvermögensvergleich.

930   Wegen des **Wegfalls einer Leibrentenverpflichtung** vgl. BFH-U. v. 31. 8. 72 (BStBl 73 II S. 51).

931   Bei Gewinnermittlung durch Bestandsvergleich bleiben die verausgabte Vorsteuer wie die vereinnahmte Umsatzsteuer und die USt-Zahllast erfolgsneutral. Im Rahmen der Überschußrechnung führt die **Vorsteuer,** wenn man von den nach § 9 b EStG zu „aktivierenden" und im Wege der AfA zu verteilenden Vorsteuerbeträgen einmal absieht, zur Betriebsausgabe und die in Rechnung gestellte und vereinnahmte **Umsatzsteuer** zur Betriebseinnahme. Erscheinen Vorsteuer und USt miteinander saldiert als USt-Zahllast, so wirkt sich der ausgewiesene Betrag nach dem Übergang zur Überschußrechnung bei Zahlung gewinnmindernd aus. Hätte der Stpfl. den Vermögensvergleich beibehal-

ten, so wäre bei Zahlung erfolgsneutral gebucht worden. Durch den Übergang zur Überschußrechnung entsteht also ein zusätzlicher Aufwandsposten, der durch einen Zuschlag korrigiert werden muß (vgl. Einzelheiten zur Behandlung der USt bei Ritzrow, BBK F. 8 S. 235). In der Schlußbilanz des Betriebsvermögensvergleichs **passivierte USt-Beträge** sind **zuzurechnen**, weil sie bei Bezahlung während der Zeit der Überschußrechnung als Betriebsausgaben aufzuzeichnen sind. Bei aktivierten Vorsteueransprüchen ist analog zu verfahren.

Beispiele:

- Ein gewerblicher Unternehmer wechselte zum 1. 1. 1993 vom Betriebsvermögensvergleich zur Gewinnermittlung nach § 4 Abs. 3 EStG. Er hatte im Dezember 1992 Waren zu 7000 DM + 980 DM USt verkauft. Der Geldeingang erfolgte im Januar 1993. Die Umsätze werden nach der Regelbesteuerung (Sollversteuerung) erfaßt. Zum 31. 12. 1992 bestand also neben der Forderung auch die USt-Verbindlichkeit von 980 DM.

  1993 sind folglich nach R 17 Abs. 2 EStR die Warenforderung von 7980 DM ab- und die USt-Schuld mit 980 DM zuzurechnen. Da der Geldzufluß mit 7980 DM bei der Gewinnermittlung nach § 4 Abs. 3 EStG brutto die Betriebseinnahmen erhöht (R 86 Abs. 4 EStR) und die USt-Zahlung an das FA im Januar 1993 eine Betriebsausgabe darstellt, sind die aufgezeigten Korrekturen notwendig. Beide Beträge hatten sich bereits beim Betriebsvermögensvergleich gewinnmäßig ausgewirkt.

  Wären die Warenverkäufe bereits im September 1992 abgewickelt worden und der Geldeingang wäre gleichwohl erst im Januar 1993 gewesen, so hätte der Unternehmer die USt bei der Sollversteuerung bereits 1992 entrichtet und die diesbezügliche Zurechnung 1993 würde entfallen.

- Ein Unternehmer, der zum 1. 1. 1993 vom Betriebsvermögensvergleich zur Überschußrechnung wechselt, hat im Dezember 1992 Waren für brutto 1140 DM eingekauft. Er weist in der Schlußbilanz zum 31. Dezember 1992 eine **Warenschuld** von 1140 DM aus, die **zuzurechnen** ist. Da der **USt-Erstattungsanspruch** mit 140 DM erst im Januar 1993 verrechnet werden kann, ist er **abzurechnen.** Auch in diesem Fall wird der Bilanzgewinn 1992 insoweit neutralisiert, als sich bei der Bezahlung der Waren in 1993 bei der Gewinnermittlung nach § 4 Abs. 3 EStG 1140 DM Betriebsausgaben und beim Eingang bzw. der Verrechnung der Vorsteuer durch das FA 140 DM Betriebseinnahme ergeben.

(11) Darlehensschulden

Darlehensschulden bleiben bei der Gewinnermittlung durch Vermögensvergleich auf den Gewinn so lange ohne Einfluß, als sie nicht durch Erlaß zu einer Erhöhung des Betriebsvermögens und damit zu einem Gewinn führen. Ihre Rückzahlung wirkt sich auf den Gewinn nicht aus. Auch bei der Gewinnermittlung nach der Einnahme-Ausgabe-Überschußrechnung bleiben Darlehensschulden außer Betracht, da sie selbst dann dem Vermögensbereich des Stpfl. angehören, wenn sie zu betrieblichen Zwecken aufgenommen werden.

932

Ihre Rückzahlung wirkt sich auch in diesem Fall auf den Gewinn nicht aus.
Eine **Gewinnerhöhung** beim Übergang zur Gewinnermittlung nach § 4 Abs. 3
EStG ist daher **weder geboten noch vertretbar** (BFH-U. v. 11. 3. 65, HFR
S. 461; v. 8. 10. 69, BStBl 70 II S. 44; R 16 Abs. 2 EStR).

Ein in der Schlußbilanz aktiviertes oder passiviertes **Damnum**, das während
des Betriebsvermögensvergleichs der Laufzeit des Darlehens entsprechend
anteilig gewinnerhöhend oder -mindernd aufzulösen war, kann im Zeitpunkt
des Übergangs in Höhe des in der Schlußbilanz bilanzierten Wertes **gewinnerhöhend oder** als **Betriebsausgabe** behandelt werden.

933 So wie vorstehend an einigen Beispielen verdeutlicht, ist jede einzelne Bilanzposition zu überprüfen.

cc) Schätzung des Gewinns

934 Beim **Übergang** von der Anwendung **von Richtsätzen** zur Gewinnermittlung
nach § 4 Abs. 3 EStG gelten die gleichen Grundsätze wie beim Übergang vom
Bestandsvergleich zur Gewinnermittlung nach § 4 Abs. 3 EStG; ebenso nach
Schätzung, denn die Schätzung ist keine selbständige Form der Gewinnermittlung. Entscheidend ist, daß Nichtbesteuerungen oder Doppelbesteuerun-
gen von Geschäftsvorfällen vermieden werden. Regelmäßig erfordert auch
dieser Übergang im ersten Jahr der Überschußrechnung verschiedene **Gewinnberichtigungen;** so werden beispielsweise die Warenschulden am Schluß
der Richtsatzschätzung durch die Schätzung gewinnmindernd berücksichtigt. Bei der künftigen Überschußrechnung wirken sie sich abermals als
Betriebsausgabe aus. Umgekehrt werden auch Warenbestände und Warenforderungen am Ende der Schätzungsperiode gewinnerhöhend durch die Schätzung berücksichtigt, während sich Warenbarverkäufe und Forderungsein-
gänge bei der Überschußrechnung nochmals als Betriebseinnahmen auswirken. Die erforderlichen Berichtigungen können in Zu- oder Absetzungen
bestehen. Die amtliche Übersicht über die Gewinnberichtigungen behandelt
auch diese Art des Übergangs (vgl. Anl. 1 EStR).

935 Im Fall des Übergangs von der **Umsatzschätzung** zur Überschußrechnung
eines Zahnarztes hat das BFH-U. v. 20. 2. 64 (HFR 65 S. 157) diese Grundsätze jedoch nicht angewendet, weil es für den Zahnarzt wie ganz allgemein
für Angehörige freier Berufe keine Richtsätze gebe, sondern die Schätzung so
durchgeführt werde, als habe der Stpfl. schon immer Überschußrechnung
gehabt. Es wurde dem Zahnarzt daher verwehrt, für ein Zahnersatzlager, das
er während der Zeit, für die er nach dem Umsatz geschätzt wurde, angeschafft

hatte, bei Anwendung der ordentlichen Überschußrechnung nach § 4 Abs. 3 EStG einen Ausgleich vorzunehmen (Abschlag). Das Urteil stellte sich auf den Standpunkt, die Aufwendungen für das Zahnersatzlager seien nach der Art der Schätzung bereits als Betriebsausgaben berücksichtigt.

Wegen des Verfahrens bei Übergang von der Schätzung zur Überschußrech- 936
nung und daran anschließend zum Vermögensvergleich Hinweis auf RFH-U. v. 17. 3. 37 (RStBl S. 1202).

c) Zeitraum für die Vornahme der Zu- und Abrechnungen

Beim Übergang von der Gewinnermittlung durch Vermögensvergleich zur 937
Überschußrechnung sind die durch den Wechsel der Gewinnermittlungsart bedingten **Zu- und Abrechnungen** grundsätzlich **in dem ersten Jahr nach dem Übergang** vorzunehmen (BFH-U. v. 17. 1. 63, BStBl III S. 228; a. A. Willenbrink, DB 62 S. 347: keine Korrektur im Jahr des Übergangs, sondern Korrektur um die Änderung der zu berücksichtigenden Vermögensteile erst am Ende des Zeitraums mit Überschußrechnung; Plückebaum, StBp 65 S. 76). Dabei wird unterstellt, daß sich die entsprechenden Umschichtungen bereits im ersten Jahr nach dem Wechsel der Gewinnermittlungsart in vollem Umfange vollzogen haben.

Das dient der Vereinfachung und ist dann nicht zu beanstanden, wenn Ein- 938
wendungen gegen dieses Verfahren nicht erhoben werden oder nichts Gegenteiliges einwandfrei dargetan wird (FG München v. 29. 9. 60, EFG 61 S. 100; BFH-U. v. 17. 1. 63, BStBl III S. 228). Die Korrekturen können jedoch statt im ersten Jahr der Überschußrechnung auch noch in späteren Jahren erfolgen (vgl. hierzu ausführlich Rdn. 939 ff.).

d) Billigkeitsmaßnahmen

Eine analoge Anwendung der Billigkeitsregelung, nach der die beim Über- 939
gang von der Überschußrechnung zum Vermögensvergleich entstehenden **Gewinne** gem. R 17 Abs. 1 EStR **auf drei Jahre verteilt** werden dürfen, ist **beim Übergang** vom Vermögensvergleich **zur Überschußrechnung nicht zulässig** (BFH-U. v. 3. 10. 61, BStBl III S. 565; R 17 Abs. 2 EStR; gl. A. Hoffmann, FR 62 S. 211; Seithel, DStR 65 S. 644; a. A. Bundt, FR 58 S. 131; Kirchhof/Söhn, § 4 Anm. D 255: Das BFH-U. v. 3. 10. 61, a. a. O., ist unter dem Aspekt der Gleichwertigkeit der Überschußrechnung nicht mehr haltbar). In Fällen dieser Art will die Finanzverwaltung (OFD Düsseldorf v. 22. 10. 62 – S 2209, DB S. 1623) insbes. deshalb, weil dieser Fall im Gegensatz zu dem

Übergang von der Überschußrechnung zum Bestandsvergleich (§ 141 AO)
stets im Belieben des einzelnen Stpfl. steht, nur noch unter besonders gelagerten Voraussetzungen die Billigkeitsregelung nach R 17 Abs. 1 EStR (Verteilung der Zurechnungsbeträge auf das Jahr des Übergangs und die beiden
folgenden Jahre) anwenden. Da jedoch der Übergang gesetzlich nicht geregelt
ist, besteht hier ohne weiteres die Möglichkeit einer den Verhältnissen des
Einzelfalls gerecht werdenden Lückenausfüllung. Zu schematisch dürfen die
Grundprinzipien nicht angewendet werden.

940   In diesem Sinne auch BFH-U. v. 17. 1. 63 (BStBl III S. 228). Der BFH führt
in seinem Urteil aus, daß beim Übergang vom Vermögensvergleich zur Überschußrechnung bei einer Gewinnerrechnung mit Zusetzungen und Absetzungen die entsprechenden Umschichtungen sich bereits im ersten Jahr nach dem
Übergang in vollem Umfang vollziehen. Dieses Verfahren diene der Vereinfachung und sei nicht zu beanstanden, wenn nichts Gegenteiliges einwandfrei
dargetan werde. Es müßten aber jedenfalls die erforderlichen Korrekturen
dann in anderer Weise durchgeführt werden, wenn und soweit dadurch
wesentliche Unstimmigkeiten in der Gewinnermittlung vermieden und die
Grundsätze der Vereinfachung nicht ernsthaft verletzt würden. Die Durch-
führung der Korrekturen im Erstjahr nach dem Übergang für den Regelfall
müsse den tatsächlichen Verhältnissen Rechnung tragen. Der Stpfl. könne daher **bei besonders gelagerten Verhältnissen** ein berechtigtes Interesse haben,
die **gebotenen Zusetzungen und Absetzungen erst in einem späteren Veranlagungszeitraum** durchzuführen. Man wird im Interesse der Vereinfachung verlangen dürfen, daß der Stpfl. nicht bloß Korrekturen, die im Verhältnis zu seinem Gewinn geringfügig sind, in spätere Jahre verlagern will. Eine Verschiebung der Korrektur bis zur Aufgabe des Betriebs oder bis zur Rückkehr zum
Bestandsvergleich können weder der Stpfl. noch das FA verlangen, da zu fern
bzw. zu ungewiß und da die Verschiebung eines Abzugs vom Gewinn schwer
vertretbare Härten bewirken kann (BFH-U. v. 23. 7. 70, BStBl II S. 745).

941   Auf etwas anderen, gleichwohl ähnlichen Überlegungen beruht FG München
v. 29. 9. 60 (EFG 61 S. 100), wonach übergeleitete Warenforderungen nicht
bereits im Übergangsjahr, sondern erst in dem Jahr vom Gewinn durch Überschußrechnung abgesetzt werden sollen, in dem sie nachweisbar eingegangen
sind und als Einnahme steuerlich erfaßt werden. Diese Behandlung kommt
praktisch darauf hinaus, für Vermögenswerte, die im Zeitpunkt des Übergangs zur Überschußrechnung noch vorhanden sind, den Vermögensvergleich weiterhin anzuwenden, die Überschußrechnung hingegen erst auf völlig neue Geschäftsvorfälle.

Bei **Warenbeständen** kann eine solche **Kontrolle zu schwierig** oder vollends 942 unmöglich sein (zust. Seithel, DStR 65 S. 644); bei Warenforderungen und Warenschulden dagegen lassen sich die Bestände vom letzten Bilanzstichtag und ihre Bezahlung überwachen; desgl. z. B. bei einem Grundstück (gl. A. Speich, FR 71 S. 196). Hier wird nichts dagegen eingewendet werden können, wenn der Stpfl. erst die Zahlungen erfolgsneutral behandelt (gl. A. FG München v. 29. 9. 60, a. a. O.; BFH-U. v. 17. 1. 63, a. a. O. und R 17 Abs. 2 EStR). A. A. Kirchhof/Söhn, § 4 Anm. D 230: Nimmt man jedoch den **Grundsatz der Maßgeblichkeit der neuen Gewinnermittlungsart** ernst, so sind keine Fälle denkbar, in denen die gebotenen Zu- und Absetzungen in einem späteren Veranlagungszeitraum durchzuführen sind.

Ergibt sich ein **Übergangsverlust** beim Wechsel zur Überschußrechnung, 943 dann kann er im Rahmen des insgesamt sich ergebenden laufenden Gewinns gemäß § 10 d EStG berücksichtigt werden.

Beispiele:

- Hat ein Rechtsanwalt, der von der Gewinnermittlung nach § 4 Abs. 1 EStG zur Gewinnermittlung nach § 4 Abs. 3 EStG übergegangen ist, in seiner letzten Bilanz Forderungen von 30 000 DM aktiviert, so haben sich diese 30 000 DM bereits bei der Gewinnermittlung nach § 4 Abs. 1 EStG auf den Gewinn ausgewirkt. Gehen diese 30 000 DM später ein, so stellen sie im Jahr des Eingangs Betriebseinnahmen dar, die sich im Rahmen der Gewinnermittlung nach § 4 Abs. 3 EStG ebenfalls gewinnerhöhend auswirken. Die 30 000 DM müssen deshalb von dem nach § 4 Abs. 3 EStG ermittelten Gewinn abgesetzt werden. Sind von den 30 000 DM im ersten Jahr mit Gewinnermittlung nach § 4 Abs. 3 EStG nur 18 000 DM eingegangen, so ist der Gewinn dieses Jahres nur um 18 000 DM zu mindern, wenn der Rechtsanwalt einen entsprechenden Antrag stellt. Gehen die restlichen 12 000 DM je zur Hälfte in den beiden folgenden Jahren ein, so kann der Gewinn dieser beiden Wirtschaftsjahre jeweils noch um 6000 DM gemindert werden.

- Die Ausführungen gelten entsprechend für einen Gewerbetreibenden, der von der Gewinnermittlung nach § 5 EStG zur Gewinnermittlung nach § 4 Abs. 3 EStG übergegangen ist. Hat ein solcher Gewerbetreibender z. B. in seiner letzten Bilanz Warenbestände aktiviert und Warenschulden passiviert, die er nachweislich im ersten Jahr nach dem Übergang zur Gewinnermittlung nach § 4 Abs. 3 EStG nur zum Teil veräußert bzw. bezahlt hat, so kann er beantragen, daß bei dem ersten Gewinn nach der Einnahme-Überschußrechnung Abrechnungen nur in Höhe der bereits veräußerten Waren und Hinzurechnungen lediglich in Höhe der bezahlten Warenschulden vorgenommen werden. Die Gewinnkorrekturen für den restlichen Warenbestand und die noch unbezahlten Warenschulden aus der Zeit der Gewinnermittlung nach § 5 EStG sind dann in dem Jahr vorzunehmen, in dem dieser Warenbestand veräußert bzw. die Warenschulden bezahlt werden (Kleinsorge/Tullius, StW 64 S. 67).

- Der Stpfl. hat eine verhältnismäßig hohe Prozeßkostenrückstellung gebildet. Grundsätzlich muß er den Betrag der Rückstellung dem Gewinn des ersten Jahres mit Überschußrechnung zusetzen; etwaige Zahlungen behandelt er dann in den Jahren, in denen sie abfließen (§ 11 Abs. 2 EStG), als Betriebsausgaben. Die Zusetzung im ersten Jahr und der Abzug in einem späteren Jahr können aber zu einer Gewinnverschiebung führen, die im Verhältnis zu den sonstigen Gewinnen des Stpfl. ins Gewicht fällt. Dann kann er verlangen, daß die Korrektur für die Rückstellung erst im Jahr der Zahlung (oder in Teilbeträgen in den Jahren der Zahlungen) vorgenommen wird (Herrmann/Heuer/Raupach, § 4 Anm. 108).

- Gewerbesteuerrückstellung des Jahres 1992 in der Bilanz des Jahres 1992, ab 1. 1. 1993 Übergang zu § 4 Abs. 3 EStG, Zahlung der Gewerbesteuer im Jahr 1994. Grundsätzlich Zuschlag im Jahre 1993 und Betriebsausgabe im Jahre 1994. Ausnahmsweise Zuschlag (und Betriebsausgabe) erst im Jahr 1994. Ist jedoch keine Rückstellung bei § 5 EStG gebildet worden, so ergibt sich kein Zuschlag bei Übergang zu § 4 Abs. 3 EStG. Betriebsausgabe im Jahr der Zahlung (BFH-U. v. 4. 8. 77, BStBl II S. 866).

- Nachdem ein Gewerbetreibender sein Unternehmen zum 1. 1. 93 im ganzen verpachtet und dabei die Betriebsaufgabe i. S. des § 16 Abs. 3 EStG nicht erklärt, wechselt er zulässigerweise zum gleichen Stichtag von der Gewinnermittlung nach § 5 EStG zur Überschußrechnung.

Schlußbilanz zum 31. 12. 92

	DM		DM
Grund und Boden	60 000	Kreditoren	50 000
Gebäude	450 000	Umsatzsteuer	10 000
Einrichtung	20 000	Delkredere	1 200
Maschinen	40 000	GewSt-Rückst.	14 000
Genossenschaftsanteile	8 000	Kapital	510 800
Waren	5 000		
Debitoren	3 000		
	586 000		586 000

Der Gewinn 93, der nach § 4 Abs. 3 EStG ermittelt wird, ist um folgende Zu- und Abschläge zu ergänzen:

	Zurechnung	Abrechnung
	DM	DM
Grund und Boden (§ 4 Abs. 3 Satz 5 EStG)	—	—
Gebäude, Einrichtung, Maschinen		
(Buchwertfortführung)		
Genossenschaftsanteil		
(§ 4 Abs. 3 Satz 5 EStG)	—	—
Waren		5 000
Debitoren (abzügl. Delkr.)		1 800
Kreditoren	50 000	
Umsatzsteuer	10 000	
Gewerbesteuerrückst.	14 000	
	74 000	6 800
Höhe der verbleibenden Zurechnung	67 200	

Der Unternehmer kann die Hinzurechnung von 67 200 DM in 93 ganz oder teilweise vermeiden, wenn die den Zurechnungen entsprechenden Zahlungen nicht in
93 erfolgen. Er kann dann beim Finanzamt beantragen, daß die Erhöhungen i. S.
des R 17 EStR erst in dem Jahr berücksichtigt werden, in dem diesbezügliche Zahlungen geleistet werden. Gleiches gilt sinngemäß auch für Abrechnungen.

Weitere Milderungen können nur im Wege des § 163 AO gewährt werden, 944
wenn im Einzelfall die globalen Zu- und Abrechnungen in einem Jahr zu
unvertretbaren Härten führen (vgl. Hessisches FG v. 25. 9. 80, EFG 81 S. 243).

e) Nicht entnommener Gewinn (§ 10a EStG)

Der **laufende Gewinn** des Übergangsjahres ist beim Übergang von der Ge- 945
winnermittlung nach Vermögensvergleich zur Gewinnermittlung nach § 4
Abs. 3 EStG aufgrund von Einnahme-Ausgabe-Aufzeichnungen, also nicht
aufgrund einer Buchführung, ermittelt worden und kann daher an der Steuervergünstigung des § 10a EStG nicht teilnehmen (a. A. Herrmann/Heuer/
Raupach § 10a Anm. 30).

Im Rahmen der Gewinnermittlung nach der Überschußrechnung sind die 946
Privatentnahmen grundsätzlich nicht aufzuzeichnen. Hat der Stpfl., bevor er
vom Vermögensvergleich zur Überschußrechnung überging, die Steuervergünstigung des nicht entnommenen Gewinns (§ 10a EStG) in Anspruch
genommen, und reicht der **Nachversteuerungszeitraum** (höchstens 3 Jahre)
noch in den Zeitraum der Gewinnermittlung nach § 4 Abs. 3 EStG hinein,
erhebt sich die Frage, wie die Mehrentnahmen festzustellen sind. Es wird in
diesen Fällen die Ansicht vertreten, daß dann, wenn die Entnahmen trotz fehlender Aufzeichnungspflicht aufgezeichnet worden sind, diese maßgebend
und andernfalls die Entnahmen zu schätzen seien (vgl. Herrmann/Heuer/
Raupach, § 10a Anm. 30; OFD Hamburg, Inf. 53 S. 157; OFD München, DB
52 S. 875; OFD Frankfurt, DStZ 53 S. 335; Heuer, FR 53 S. 250), und zwar ist
nur der Betrag zu schätzen, der dem Betrieb in bar und in Sachwerten tatsächlich für private Zwecke entzogen worden ist. Nach der Vfg. der OFD Frankfurt v. 31. 10. 83 S 2222 A – 4 –St II 20 sowie v. 14. 12. 94 S 2222 A bestehen
keine Bedenken, wenn der Schätzung der von dem Statistischen Bundesamt
für den jeweiligen VZ festgestellte durchschnittliche Lebenshaltungsaufwand
(unter Berücksichtigung des Familienstandes des Steuerpflichtigen) zugrunde
gelegt wird, soweit dieser nicht nachweislich aus anderen Quellen bestritten
wird. Die Aufzeichnung der Privatentnahmen ist daher, solange eine Nachversteuerung möglich ist, zu empfehlen.

947   Die Steuerbegünstigung des nicht entnommenen Gewinns wird letztmalig für den VZ 92 gewährt.

948–949   *(unbesetzt)*

4. Übergang von der sog. qualifizierten Überschußrechnung im ersten Halbjahr 90 zur Überschußrechnung im zweiten Halbjahr 90

950   Wurde der Gewinn im 1. Halbjahr 90 durch eine sog. qualifizierte Einnahme-Überschußrechnung ermittelt und nach dem 30. 6. 90 nach der Einnahme-Überschußrechnung i. S. des § 4 Abs. 3 EStG-DDR i. d. F. des StAnpG v. 22. 6. 90 (GBl. Sonderdruck Nr. 1427), d. h. ohne Berücksichtigung von Bestandsveränderungen, ist eine Berichtigung vorzunehmen, da sonst Betriebsvorgänge im ersten und im zweiten Halbjahr 90 doppelt erfaßt würden. Dabei handelt es sich insbes. um die in die qualifizierte Einnahme-Überschußrechnung einbezogenen Bestände an Material, Handelswaren, fertigen und unfertigen Erzeugnissen bzw. Leistungen. Diese sind mit den in der qualifizierten Einnahme-Überschußrechnung enthaltenen Werten vom Gewinn des ersten Halbjahres **abzuziehen**. Die erfaßten Bestände an Verbindlichkeiten sind entsprechend dem Gewinn des ersten Halbjahres **zuzurechnen**. Siehe hierzu auch BMF (BStBl 91 I S. 598/610, Tz. 6) mit Billigkeitsregelung (DStR 93 S. 1183); R 17 Abs. 2 EStR sowie Anhang (Rdn. 958). A. A. Schmidt, § 4 Anm. 664: Korrektur des 2. Halbjahresgewinns.

Geht ein Stpfl. im Beitrittsgebiet von einer Gewinnermittlung nach § 4 Abs. 1 HdwBestG zur Gewinnermittlung nach § 4 Abs. 3 des EStG-DDR 1970/1990 über, so ist der Gewinn dergestalt zu korrigieren, daß eine mehrfache Besteuerung erfolgswirksamer Geschäftsvorfälle ausscheidet. Entsprechend ist zu verfahren, wenn anderenfalls ein erfolgswirksamer Geschäftsvorfall der Besteuerung entzogen würde (BFH-U. v. 30. 3. 94, BStBl II S. 852). Hierzu führt der BFH weiter aus, daß die Gewinnermittlung nach § 4 Abs. 3 EStG-DDR 1970/1990 im Vergleich zu einer Gewinnermittlung nach § 4 Abs. 1 EStG-DDR 1970/1990 zu höheren Gewinnen, auch i. S. des Totalgewinns führen kann. Eine Anpassung des Totalgewinns bei den verschiedenen Gewinnermittlungsarten nach dem Prinzip der Identität des Totalgewinns sei ausgeschlossen. Der Grundsatz der Gleichheit des Gesamtgewinns habe hinter die Sonderregelung des § 51 DMBilG zurückzutreten. Die Tatsache, daß § 51 DMBilG Gewinnermittler nach § 4 Abs. 3 EStG-DDR 1970/1990 nicht erfaßt, verletze nicht den Gleichheitssatz des Art. 3 GG.

Zur Gewinnermittlung eines Handwerkers im Beitrittsgebiet für 1990 vgl. FG Thüringen v. 15. 12. 93 (EFG 94 S. 623, Rev.: BFH I R 49/94).

5. Übersicht über die Berichtigung des Gewinns bei Wechsel der Gewinnermittlungsart

Übergang von der Überschußrechnung zum Vermögensvergleich, zur Durchschnittssatzgewinnermittlung oder zur Richtsatzschätzung

Ermittlung des Übergangsgewinns nach R 17 EStR ausgehend von der Eröffnungsbilanz zu Beginn der Gewinnermittlung nach § 5 EStG   951

	DM
I. Hinzurechnungen	
Wirtschaftsgüter des nicht abnutzbaren Anlagevermögens (ausgenommen Grund und Boden), z. B. Wertpapiere, GmbH-Anteile, Genossenschaftsanteile, wenn die Anschaffungskosten noch nach alter Regelung (vor dem 1. 1. 1971) als sofort abzugsfähige Betriebsausgabe berücksichtigt worden sind	. . . .
Waren- und Materialbestände	. . . .
Halbfertige (teilfertige) Arbeiten	. . . .
Roh-, Hilfs- und Betriebsstoffe	. . . .
Kundenforderungen	. . . .
Besitzwechsel (aus Lieferungen und sonstigen Leistungen)	. . . .
Sonstige Forderungen (Ertragsforderungen); jedoch nur dann, wenn die Beträge noch nicht als Betriebseinnahmen bei der Überschußrechnung erfaßt worden sind	. . . .
Vorsteuer (auch noch nicht bezahlte Vorsteuerbeträge)	. . . .
Gewerbesteuer-Erstattungsanspruch	. . . .
Anzahlungen bei Lieferanten (für Waren und Kosten)	. . . .
Anzahlung für ein geringwertiges Wirtschaftsgut; jedoch nur dann, wenn diese Anzahlung im Rahmen der bestehenden „Vereinfachungsregelung" (Wahlrecht) bereits im Rahmen der Gewinnermittlung nach § 4 Abs. 3 EStG als Betriebsausgabe berücksichtigt worden ist	. . . .

	DM
Schecks, jedoch nur dann, wenn bei Annahme des Schecks noch nicht als Betriebseinnahme behandelt	....
Aktive Rechnungsabgrenzungsposten; jedoch nur dann, wenn die entsprechenden Erträge bereits bei der Überschußrechnung als Betriebsausgabe erfaßt worden sind	....
Damnum, Disagio, Agio	....
Summe der Hinzurechnungen	....

II. Abrechnungen

Warenschulden ....

Sonstige Verbindlichkeiten (Aufwandsschulden); jedoch nur dann, wenn die entsprechenden Beträge während der Überschußrechnung noch nicht als Betriebsausgabe erfaßt worden sind ....

Umsatzsteuerschuld
einschl. der USt auf Eigenverbrauch, wenn der Eigenverbrauch bei der Überschußrechnung brutto (mit USt) als fiktive Betriebseinnahme angesetzt worden ist ....

Kundenanzahlungen (Waren und Erträge) ....

Schuldwechsel für erhaltene Lieferungen und sonstige Leistungen ....

Rückstellungen ....

Rücklage für Ersatzbeschaffung;
jedoch nur, wenn Entschädigung und Verlust bei der Überschußrechnung als Betriebseinnahme und Betriebsausgabe berücksichtigt worden sind ....

Wertberichtigungen auf Forderungen ....

Umsatzsteuer in Schulden
für abnutzbares und nicht abnutzbares Anlagevermögen, wenn der USt-Betrag nicht zu den Anschaffungskosten des Anlageguts gehört ....

DM

Passive Rechnungsabgrenzungsposten;
jedoch nur dann, wenn die entsprechenden Beträge bei der
Überschußrechnung als Betriebseinnahmen erfaßt worden sind ....

Teilwertabschreibungen in der Eröffnungsbilanz, da bei
der Überschußrechnung eine Teilwertabschreibung nicht
möglich ist (jedoch nur, wenn sich durch die niedrigere
Bewertung in der Eröffnungsbilanz noch keine Gewinnminderung ergeben hat) ....

Summe der Abrechnungen ....

III. Summe der Hinzurechnungen (I) ....
      abzüglich der Summe der Abrechnungen (II) ....
      = Übergangsgewinn 19.... ....

IV.   1. Möglichkeit:
      Gewinn lt. Buchführung im ersten Jahr des Be-
      standsvergleichs (§ 5 EStG) 19.... ....
      + Übergangsgewinn ....

      = im ersten Jahr des Bestandsvergleichs zu ver-
        steuernder Gewinn aus Gewerbebetrieb 19.... ....

      oder

      2. Möglichkeit:
      Gewinn laut Buchführung im ersten Jahr des Be-
      standsvergleichs 19.. ....

      + ⅓ des Übergangsgewinns 19....,
        wenn ein Antrag i. S. des R 17 Abs. 1 Satz 6
        EStR vorliegt ....

      = im ersten Jahr des Bestandsvergleichs zu ver-
        steuernder Gewinn aus Gewerbebetrieb 19.... ....

Im letzten Fall sind im nächsten und übernächsten Jahr jeweils ein
weiteres Drittel des Übergangsgewinns dem jeweiligen Gewinn laut
Buchführung hinzuzurechnen.

952 *Zusammenfassung (Bilanzposten, für die i. d. R. keine Gewinnkorrekturen vorzunehmen sind)*

a) Aktivposten der ersten Eröffnungsbilanz

- Wirtschaftsgüter des nicht abnutzbaren Anlagevermögens,
  wenn die Anschaffungskosten bei der Anschaffung nicht sofort als Betriebsausgaben abgesetzt worden sind

- Wirtschaftsgüter des abnutzbaren Anlagevermögens

- Anzahlungen
  auf Wirtschaftsgüter des nicht abnutzbaren Anlagevermögens, wenn die Anschaffungskosten nicht sofort als Betriebsausgaben abgesetzt worden sind

- Anzahlungen
  auf Wirtschaftsgüter des abnutzbaren Anlagevermögens

- Darlehensforderungen

- Lohn- und Gehaltsvorschüsse

- Forderungen aus durchlaufenden Posten

- Kassenbestand

- Bankguthaben

- Postbankguthaben

- Schecks,
  die bereits bei Annahme als Betriebseinnahme erfaßt worden sind

b) Passivposten der ersten Eröffnungsbilanz

- Eigenkapital

- Hypothekenschulden

- Darlehensschulden

- Verbindlichkeiten für Wirtschaftsgüter des nicht abnutzbaren Anlagevermögens, und zwar

  aa) Nettoschulden (ohne USt), wenn die Vorsteuer bei der USt abzugsfähig ist, d. h. nicht zu den Anschaffungs- oder Herstellungskosten des Anlageguts gehört bb) mit dem Bruttobetrag, wenn die Vorsteuer nicht bei der USt abziehbar ist, d. h. zu den Anschaffungs- oder Herstellungskosten gehört

- Verbindlichkeiten für Wirtschaftsgüter des abnutzbaren Anlagevermögens, und zwar

    aa) netto (ohne USt), wenn die Vorsteuer bei der USt abziehbar ist und somit nicht zu den Anschaffungs- oder Herstellungskosten des Anlageguts gehört

    bb) mit dem Bruttobetrag, wenn die Vorsteuer nicht bei der USt abziehbar ist und somit zu den Anschaffungs- oder Herstellungskosten des Anlageguts gehört

- Rentenschulden

    aus der Anschaffung von Wirtschaftsgütern des Anlagevermögens, wenn bisher nur der Zinsanteil als Betriebsausgabe berücksichtigt worden ist

- Schulden aus durchlaufenden Posten

- Bankschulden

- Wertberichtigungen auf abnutzbares Anlagevermögen

- Rücklagen nach § 6b EStG bei früherer Anwendung des § 6a EStG

- Rücklage für Ersatzbeschaffung,

    wenn die stillen Reserven vor dem Wechsel der Gewinnermittlungsart bei der Gewinnermittlung nach § 4 Abs. 3 EStG nicht versteuert worden sind

Übergang vom Vermögensvergleich, von der Durchschnittssatzgewinnermittlung oder von der Richtsatzschätzung zur Überschußrechnung

Ermittlung des Übergangsgewinns nach R 17 EStR ausgehend von der Schlußbilanz des letzten Jahres der Gewinnermittlung nach § 5 EStG (Bestandsvergleich)   953

	DM
I. Hinzurechnungen	
Vorsteuer (bei der Umsatzsteuer abzugsfähig und insoweit in Verbindlichkeiten aus dem Erwerb von Anlagevermögen enthalten)	....
Verbindlichkeiten (Kreditoren)	....
Kundenanzahlungen	....

	DM
Umsatzsteuer-Schuld	. . . .
Sonstige Verbindlichkeiten, soweit rückständiger Aufwand	. . . .
Rückstellungen	. . . .
Passive Rechnungsabgrenzungsposten	. . . .
Delkredere	. . . .
Rücklage für Ersatzbeschaffung	. . . .
. . . .	. . . .
. . . .	. . . .
. . . .	. . . .
Summe der Hinzurechnungen	. . . .

II. Abrechnungen

Vorratsvermögen, Warenbestand	. . . .
Teilfertige Arbeiten	. . . .
Debitoren	. . . .
Eigene Anzahlungen bei Lieferanten	. . . .
Vorsteuer	. . . .
Umsatzsteuer-Erstattungsanspruch	. . . .
Aktive Rechnungsabgrenzung	. . . .
. . . .	. . . .
. . . .	. . . .
. . . .	. . . .
Summe der Abrechnungen	. . . .

III.   Summe der Hinzurechnungen (I)   . . . .
       abzüglich Summe der Abrechnungen (II) . . . .

       = Übergangsgewinn/Übergangsverlust 19....   . . . .

DM

IV. Gewinn im ersten Jahr der Gewinnermittlung nach
     § 4 Abs. 3 EStG   19....   ....
     + Übergangsgewinn   19....
     bzw.
     – Übergangsverlust   19....   ....
     = im ersten Jahr der Gewinnermittlung nach § 4
        Abs. 3 EStG zu versteuernder Gewinn aus Ge-
        werbebetrieb   19....   ....

Zusammenfassung (Bilanzposten, für die i. d. R. keine Gewinnkorrekturen   954
vorzunehmen sind)

• Grund und Boden und sonstige Wirtschaftsgüter des nicht abnutzbaren
  Anlagevermögens
• Abnutzbares Anlagevermögen
• Darlehensforderungen
• Geldbestände, Bankguthaben
• Verbindlichkeiten aus dem Erwerb von Anlagevermögen (jedoch nur Net-
  tobeträge)
• Darlehensschulden

Beispiele:

• Ein Gewerbetreibender hat bislang seinen Gewinn nach § 4 Abs. 3 EStG ermittelt. Am
  1. 1. 93 geht er zum Bestandsvergleich nach § 5 EStG über und erstellt die folgende

Eröffnungsbilanz zum 1. 1. 93

	DM		DM
Grundstück	10 000	Kapital	35 750
Gebäude	20 000	Lieferantenschulden	4 000
Waren	6 500	GewSt-Rückstellung	250
Darlehen	1 000		
Kundenforderungen	2 000		
Rechnungsabgr.	500		
	40 000		40 000

Die Zuschläge betragen   6 500 DM
                                        2 000 DM
                                          500 DM
                      zusammen   9 000 DM

Die Abschläge betragen   4000 DM
                                        250 DM

            zusammen   4250 DM

Per **Saldo** ergibt sich ein **Zuschlag** von 4750 DM, der dem Gewinn des Jahres 1993 hinzuzurechnen ist, sofern der Stpfl. nicht gem. R 17 Abs. 1 EStR den Antrag stellt, den Zurechnungsbetrag gleichmäßig auf die Jahre 1993 bis 1995 zu verteilen.

- Mit Beginn des Wirtschaftsjahres 1993/94 ist ein Landwirt gemäß § 141 AO buchführungspflichtig. Zum 1. 7. 1993 legt er folgende Eröffnungsbilanz vor:

	DM		DM
Grund und Boden	285000	Darlehensver-	
Gebäude	34000	pflichtungen	120000
Maschinen	63000	Lieferantenver-	
Mastvieh		bindlichkeiten	28000
(Durchschnittswerte)	26000	rückständige Ver-	
Zuchtvieh	3000	sicherungsbeiträge	2000
Vorräte	12000	Kapital	325000
Zuckerfabrikaktien	3000		
Bank- u. Geldbestände	16000		
Forderungen	28000		
Pachtvorauszahlungen	5000		
	475000		475000

Durch den Wechsel der Gewinnermittlungsart ist eine Korrektur des Gewinns im ersten Wirtschaftsjahr der Gewinnermittlung nach § 4 Abs. 1 EStG erforderlich.

Erhöhung Mastvieh	26000 DM
Erhöhung Vorräte	12000 DM
Erhöhung Forderungen	28000 DM
Erhöhung Pacht-	
vorauszahlungen	5000 DM
Gesamterhöhung	71000 DM
Minderung Lieferanten-	
verpflichtungen	28000 DM
Minderung rückstän-	
dige Versicherungs-	
beiträge	2000 DM
Gewinnkorrektur	
insgesamt Erhöhung	41000 DM

Der Erhöhungsbetrag von 41000 DM ist im ersten Wirtschaftsjahr mit Gewinnermittlung nach § 4 Abs. 1 EStG dem durch Bestandsvergleich ermittelten Gewinn hinzuzusetzen. Auf Antrag kann der Erhöhungsbetrag aber auch gleichmäßig auf die Wirtschaftsjahre 1993/94 bis 1995/96 verteilt werden.

- Bei einem Stpfl. betragen in der Bilanz zum 31. 12. 93:

Warenbestand	10 000 DM
Warenforderungen	5 000 DM

Warenschulden 3 000 DM

Der Stpfl. geht ab 1. 1. 94 **zur Gewinnermittlung nach § 4 Abs. 3 EStG** über. Wenn jetzt die Warenforderungen von 5 000 DM eingehen, ist der Betrag nach den Regeln der Überschußrechnung als Betriebseinnahme zu behandeln. Er hat sich jedoch schon durch die Aktivierung im Vorjahr auf den Gewinn dieses Jahres erhöhend ausgewirkt. Deshalb muß der **Gewinn 1994 um diese 5000 DM wieder vermindert** werden. Auch der beim Verkauf des zu Beginn der Überschußrechnung vorhandenen Warenbestandes erzielte Erlös wirkt sich in voller Höhe gewinnerhöhend aus, soweit der Warenbestand bereits bezahlt war. Eine Gewinnerhöhung darf jedoch nur in Höhe des Unterschiedsbetrages zwischen Anschaffungskosten und Veräußerungserlös eintreten. Deshalb ist der **Gewinn 1994 um den Wert der bezahlten übernommenen Waren zu kürzen** (Warenbestand 10 000 DM, davon noch nicht bezahlt 3 000 DM, also bezahlt 7 000 DM).

Gewinnberichtigung:

− Warenforderungen		5 000 DM
− Warenbestand	10 000 DM	
+ Warenschulden	3 000 DM	7 000 DM
Gewinnminderung 1994		12 000 DM

Der nach den Regeln der Überschußrechnung ermittelte Gewinn 1994 ist also um 12 000 DM zu kürzen.

Anhang

An dieser Stelle werden solche Erlasse, Schreiben und Verfügungen — auszugsweise — aufgeführt, die in der Praxis benötigt werden.

955 **§ 3 Nr. 11 EStG**
Ausbildungsplatzförderungsprogramm Ost; hier: Behandlung staatlicher Zuschüsse

(FinMin Sachsen-Anhalt, Erl. v. 25. 3. 1992 S 2121; FinMin Mecklenburg-Vorpommern, Erl. v. 25. 5. 92 S 2121)

Bei den Zuschüssen handelt es sich um Betriebseinnahmen, da sie dem Zuschußempfänger im Rahmen seines Betriebes zufließen. Ihre steuerliche Behandlung ist davon abhängig, wie der Zuschußempfänger seinen Gewinn ermittelt. Bei der Gewinnermittlung nach § 4 Abs. 3 EStG ist der Zuschuß nach dem Zufluß/Abflußprinzip des § 11 EStG im Zeitpunkt des Zuflusses zu versteuern. Demgemäß handelt es sich im Fall einer Rückforderung nach § 9 Abs. 2, 3 der RL um eine Betriebsausgabe im Zeitpunkt der Rückzahlung.

956 **§ 4 EStG**
Einkommensteuerliche Behandlung: a) der Milchaufgabevergütung nach dem Dritten Gesetz zur Änderung des Milchaufgabevergütungsgesetzes (MAVG) vom 24. 7. 1990 (BGBl I S. 1470); b) der Vereinbarungen über die zeitweilige Nutzungsüberlassung von Anlieferungsreferenzmengen nach der Neunzehnten Verordnung zur Änderung der Milchgarantiemengenverordnung vom 28. 3. 91 (BGBl I S. 799)

(BMF-Schreiben v. 15. 4. 91 S 2132; BStBl I S. 497)

I. Milchaufgabevergütung nach dem Dritten Gesetz zur Änderung des Milchaufgabevergütungsgesetzes v. 24. 7. 90

a) Ertragsteuerrechtliche Behandlung der Milchaufgabevergütung

Bei einer einmaligen Zahlung gilt für die ertragsteuerrechtliche Behandlung der Milchaufgabevergütung folgendes:

bb) Bei der Gewinnermittlung nach § 4 Abs. 3 EStG ist die Milchaufgabevergütung im Zeitpunkt des Zuflusses erfolgswirksam zu erfassen.

b) Übergang von der Gewinnermittlung nach § 13a EStG zur Gewinnermittlung nach § 4 Abs. 3 EStG

Wechselt der Landwirt, der eine Milchaufgabevergütung bezogen hat, während des Zehnjahreszeitraums von der Gewinnermittlung nach § 13a EStG zur Gewinnermittlung nach § 4 Abs. 3 EStG, so gilt die Milchaufgabevergütung nur für den Zeitraum als mit dem Grundbetrag abgegolten, in dem der Gewinn nach § 13a EStG ermittelt worden ist. Für den übrigen Zeitraum ist die Milchaufgabevergütung zeitanteilig entsprechend den Grundsätzen bei der Gewinnermittlung nach § 4 Abs. 3 EStG erfolgswirksam zu erfassen (Urt. des BFH v. 16. 2. 89, BStBl II S. 708 und 7. 9. 89, BStBl II S. 975).

Diese Regelung ist bei der Veräußerung oder Aufgabe des Betriebs entsprechend anzuwenden.

2. Zeitweilige Nutzungsüberlassung bestimmter Anlieferungsreferenzmengen an andere Milcherzeuger (sog.

Quotenleasing)

Die ertragsteuerrechtliche Behandlung beim überlassenden und beim übernehmenden Milchproduzenten richtet sich nach der jeweiligen Gewinnermittlungsart.

b) Gewinnermittlung nach § 4 Abs. 3 EStG

Der Überlassende der Anlieferungsreferenzmenge erzielt Betriebseinnahmen, die im Zeitpunkt des Zuflusses gewinnerhöhend zu erfassen sind. Der Übernehmer hat Betriebsausgaben, die sich im Zeitpunkt des Abflusses gewinnmindernd auswirken.

§ 4 EStG 957
Behandlung der vom Erbbauberechtigten gezahlten Erschließungskosten im Betriebsvermögen

(OFD Düsseldorf v. 10. 11. 92 S 2133 A)

Zur ertragsteuerlichen Behandlung der vom Erbbauberechtigten gezahlten Erschließungskosten im Betriebsvermögen nimmt die OFD wie folgt Stellung:

1. Behandlung beim Erbbauverpflichteten (= Eigentümer des Grundstücks)

1.2 Gewinnermittlung durch Überschußrechnung gem. § 4 Abs. 3 EStG

Ermittelt der Erbbauverpflichtete den Gewinn nach § 4 Abs. 3 EStG, sind die für das Privatvermögen entwickelten Grundsätze entsprechend anzuwenden.

Die OFD Düsseldorf verweist insoweit auf den mit der Bezugsvfg. bekanntgegebenen Erl. des FinMin NRW v. 16. 12. 91 S 2253.

1.3 Wechsel der Gewinnermittlungsart

Beim Wechsel der Gewinnermittlungsart vom Betriebsvermögensvergleich nach § 4 Abs. 1 EStG zur Einnahmeüberschußrechnung nach § 4 Abs. 3 EStG ist für den noch nicht gewinnerhöhend aufgelösten Teil des passiven Rechnungsabgrenzungspostens keine Hinzurechnung zum Übergangsgewinn vorzunehmen. Mit Heimfall oder Beendigung des Erbbaurechts fließt dem Erbbauverpflichteten entsprechend den im BFH-Urt. v. 21. 11. 89 (BStBl 90 II S. 310) aufgestellten Grundsätzen der Wertzuwachs zu. Im Zeitpunkt des Zuflusses unterliegt lediglich der nach Abzug des bereits versteuerten Betrages (gewinnerhöhend aufgelöster Teil des RAP) noch verbleibende Wertzuwachs der Besteuerung.

2. Behandlung beim Erbbauberechtigten

Bei der Gewinnermittlung nach § 4 Abs. 3 EStG liegen — entsprechend den Regelungen im Privatvermögen — Anschaffungskosten auf das Erbbaurecht vor.

Die mit dem Erl. v. 16. 12. 91 (a. a. O.) für Erbbaurechte im Privatvermögen getroffene Übergangsregelung gilt sinngemäß für den Erbbauberechtigten, der seinen Gewinn nach § 4 Abs. 3 EStG ermittelt.

958   § 4 EStG
Behandlung des Übergangs von der qualifizierten Einnahmeüberschußrechnung zur Einnahmeüberschußrechnung nach § 4 Absatz 3 EStG-DDR am 1. 7. 90

(FinMin Brandenburg, Erl. v. 17. 3. 93 G 1421)

Private Handwerker und nicht der Pauschalbesteuerung unterliegende Kleingewerbetreibende sowie bestimmte andere Privatbetriebe hatten den Gewinn für das erste Halbjahr 90 grundsätzlich durch Gegenüberstellung der Betriebseinnahmen und der Betriebsausgaben unter Berücksichtigung von Bestandsveränderungen — qualifizierte Einnahmeüberschußrechnung (QEÜR) — zu ermitteln. Mit Ablauf des 30. 6. 90 mußten diese Stpfl. von der QEÜR zur Einnahmeüberschußrechnung nach § 4 Abs. 3 EStG-DDR i. d. F. des StAnpG v. 22. 6. 90 übergehen, das heißt, sie hatten den Gewinn wie vorher zu ermitteln, ohne dabei Bestandsveränderungen zu berücksichtigen.

Um eine erfolgswirksame Doppelerfassung bzw. Nichterfassung von Betriebsvorgängen sowohl im ersten als auch im zweiten Halbjahr 90 zu vermeiden, sind vom Gewinn des ersten Halbjahres die zum 30. 6. 90 in die QEÜR einbezogenen Bestände, insbesondere an Material, Handelswaren, fertigen und unfertigen Erzeugnissen bzw. Leistungen, abzuziehen. Entsprechend sind Bestände an Verbindlichkeiten dem Gewinn des ersten Halbjahres hinzuzurechnen.

Private Handwerker und Kommissionshandelsbetriebe unterlagen im ersten Halbjahr 90 einer besonderen Besteuerung, die auch an die Stelle der GewSt trat. Zum 30. 6. 90 wurde die besondere Besteuerung aufgehoben und die Stpfl. unterlagen mit ihrer gewerblichen Tätigkeit ab 1. 7. 90 der GewSt der DDR. Die Gewinnkorrekturen zum 30. 6. 90 wirken sich in diesen Fällen nicht auf die GewSt für das zweite Halbjahr 90 aus.

Im Einvernehmen mit den obersten FinBeh des Bundes und der Länder kann zur Vermeidung unbilliger Härten bei der Festsetzung des einheitlichen GewSt-Meßbetrages eine Minderung des Gewerbeertrages des zweiten Halbjahres 90 nach folgenden Maßgaben zugelassen werden:

• Die zur Festsetzung und Erhebung der GewSt befugte Gemeinde muß zugestimmt haben (Abschn. 6 Abs. 1 Satz 3 GewStR).

• Der Stpfl. hat eine Gesamtrechnung vorzulegen, aus der ersichtlich ist, wie die Zu- und Abrechnungen beim Übergang von der qualifizierten zur gewöhnlichen Einnahme-Überschußrechnung sich ausgewirkt haben. Die jeweiligen Einzelbeträge sind unter Berücksichtigung der Währungsumstellung zum 1. 7. 90 zu ermitteln.

Der FinMin bittet, die FÄ entsprechend zu unterrichten. Dieser Erl. ist keine Allgemeine Verwaltungsvorschrift i. S. von § 184 Abs. 2 Satz 1 AO, ersetzt also nicht die Zustimmung der Gemeinde zur Einzelfallentscheidung des FA nach § 163 Abs. 1 S. 1 AO.

§ 4 EStG
Behandlung von Vorschußzahlungen für Winterraps

959

(BMF-Schreiben v. 23. 12. 93; BStBl 94 I S. 17)

b) Gewinnermittlung durch Einnahmenüberschußrechnung nach § 4 Abs. 3 EStG

Der Vorschuß ist im Zeitpunkt des Zuflusses als Betriebseinnahme zu erfassen.

§ 4 EStG
Unternehmensrückgabe nach dem Vermögensgesetz; hier: Grundzüge der Unternehmensrückgabe sowie deren bilanzielle und ertragsteuerliche Behandlung

960

(BMF-Schreiben v. 10. 5. 94 S 1901; BStBl I S. 286)

VII. Gewinnermittlung nach § 4 Abs. 3 EStG/EStG-DDR

88 Die vorstehenden Grundsätze gelten für die Gewinnermittlung nach § 4 Abs. 3 EStG/EStG-DDR entsprechend. Die Pflicht zur Aufstellung einer DMEB entfällt; mit der Rückgabe des Unternehmens sind die Wirtschaftsgüter des Anlagevermögens in das Anlageverzeichnis des Berechtigten aufzunehmen (§ 52 Abs. 1 Satz 2 DMBilG).

89 Geldbeträge, die zur Ablösung von Verbindlichkeiten nach dem VermG geleistet werden, stellen keine Betriebsausgaben und Geldbeträge, die zur Erfüllung von Forderungen nach dem VermG zufließen, keine Betriebseinnahmen dar.

§ 6 EStG
Bewertung von Tieren in land- und forstwirtschaftlich tätigen Betrieben nach Abs. 1 Nr. 1 und 2

961

(BMF-Schreiben v. 22. 2. 95 S 2230)

Bei der Gewinnermittlung nach § 4 Abs. 3 EStG sind die Regelungen sinngemäß anzuwenden (R 125 a EStR 1993).

(unbesetzt)

962—965

§ 11 EStG
Besteuerung der Ärzte und Zahnärzte im Beitrittsgebiet

966

(FinMin Sachsen-Anhalt, Erl. v. 12. 11. 92 S 1901)

Es ist gefragt worden, wie die Einnahmen eines Arztes aus dem Beitrittsgebiet, die in 91 für das Jahr 90 gezahlt wurden, zu berücksichtigen sind, wenn der Gewinn aufgrund einer Einnahmeüberschußrechnung ermittelt wird. Die Abrechnung der Krankenscheine für das IV. Quartal 90 erfolgte durch die Krankenkasse erst Mitte Januar 91, und zwar abzügl. 20 v. H. Steuerabzugsbetrag (Honorar-Steuer) nach §§ 22 und 23 AStVO.

Der FinMin bittet, hierzu folgende Auffassung zu vertreten:

Bei den genannten Zahlungen handelt es sich nicht um regelmäßig wiederkehrende Einnahmen i. S. des § 11 Abs. 1 Satz 2 EStG, sondern um endgültige Schlußzahlungen aufgrund der zum 31. 12. 90 abgelaufenen Gebührenordnung der ehemaligen DDR. Die Einnahmen sind deshalb steuerlich im Jahr 91 zu erfassen. Eine rückwirkende Zurechnung der Einnahmen zum Jahr 90 ist trotz abgeführter Honorarsteuer-Beträge nicht zulässig. Da die AStVO seit dem 1. 1. 91 nicht mehr gilt, sind die von der auszahlenden Stelle zu Unrecht einbehaltenen und abgeführten Steuerabzugsbeträge von dieser zurückzufordern, wenn nicht zwischenzeitlich bereits eine Rückzahlung erfolgt sein sollte.

In gleichgelagerten Honorarsteuer-Fällen bittet der FinMin entsprechend zu verfahren (z. B. Lizenzgebühren für Künstler, die erst 91 ausgezahlt wurden).

967–970 *(unbesetzt)*

971   **§ 13 EStG**
Leistungen aus Förderungsprogrammen in der Land- und Forstwirtschaft
(OFD Hannover v. 19. 3. 91 S 2230)

1. Agrarkreditprogramm

(Richtlinien über die Gewährung von Zuwendungen für bauliche und betriebliche Investitionen an landwirtschaftliche Betriebe in NdSachsen, vgl. RdErl. d. ML, z. B. v. 3. 4. 90 — 201 — 60114/5 — 35 — Nds. MBl S. 596)

Ertragsteuerliche Behandlung der Leistungen

(aus MF-Erl. v. 11. 3. 85 S 2230)

Bei Landwirten mit Gewinnermittlung nach § 4 Abs. 3 EStG ist es nicht zu beanstanden, wenn der Zinsverbilligungszuschuß nicht im Jahr des Zuflusses, sondern auf den Zeitraum der Zinsverbilligung — längstens jedoch auf 10 Jahre — verteilt erfaßt wird.

2. Ausgleichszulage

(Richtlinien über die Gewährung von Zuwendungen für die Förderung landwirtschaftlicher Betriebe in benachteiligten Gebieten in NdSachsen, vgl. RdErl. d. ML, z. B. v. 3. 4. 90 — 201 — 60114/4 — 20 — Nds. MBl S. 552)

Ertragsteuerliche Behandlung der Leistungen

In entsprechender Anwendung des MF-Erl. v. 8. 2. 80 S 2149 sind die Ausgleichszulagen wegen des engen betrieblichen Zusammenhangs Betriebseinnahmen des landwirtschaftlichen Unternehmens. Sie erhöhen somit in Fällen der Gewinnermittlung nach § 4 Abs. 3 EStG im Zeitpunkt der Zahlung den Gewinn aus Land- und Forstwirtschaft.

3. *Ausmerzungsbeihilfen zur Bekämpfung der Tuberkulose, Brucellose und Leukose der Rinder sowie der Aujeszkyschen Krankheit*

Vgl. ESt-Kartei (LuF) § 13 EStG Nr. 1.19 und 19a

4. *Einzelbetriebliches Investitionsförderungsprogramm*

(Richtlinien über die Gewährung von Zuwendungen für einzelbetriebliche Investitionen an landwirtschaftliche Betriebe in NdSachsen, RdErl. d. ML, z. B. v. 3. 4. 90 — 201 — 60114/1 — 27 — Nds. MBl S. 590)

Ertragsteuerliche Behandlung der Leistungen

a) Zuschuß:
Soweit der Zuschuß für ein WG des Betriebsvermögens gezahlt wird, liegt eine Betriebseinnahme vor, für die die Grundsätze des Abschn. 34 EStR anzuwenden sind.

b) Darlehen:
Soweit die Darlehensgewährung mit WG des Betriebsvermögens zusammenhängt, ist auch das Darlehen dem Betriebsvermögen zuzuordnen, so daß die gezahlten Schuldzinsen Betriebsausgaben sind.

5. *Energiesparprogramm*

(vgl. RdErl. d. ML, z. B. v. 3. 4. 90 — 201 — 60114/2 — 3 — Nds. MBl S. 599)

Ertragsteuerliche Behandlung der Leistungen

Soweit der Zuschuß für WG gezahlt wird, die bei Gewinnermittlung nach § 4 Abs. 3 EStG im Zeitpunkt der Auszahlung des Zuschusses zum Betriebsvermögen gehören, liegt eine Betriebseinnahme vor.

Wird der Zuschuß für aktivierungspflichtige Herstellungskosten geleistet, so hat der Betriebsinhaber das Wahlrecht nach Abschn. 34 EStR.

Wird der Zuschuß für betriebliche Erhaltungsaufwendungen gezahlt, so ist er bei Gewinnermittlung nach § 4 Abs. 3 EStG im Zeitpunkt der Zahlung als Betriebseinnahme zu erfassen.

6. *Existenzsicherung milcherzeugender landwirtschaftlicher Betriebe*

(Gesetz v. 21. 10. 85 [Nds. GVBl S. 397]; 2. Existenzsicherungsprogramm — Milch —, RdErl. d. ML v. 6. 12. 90 — 208 — 63060/44 [1] — Nds. MBl S. 1363)

Ertragsteuerliche Behandlung der Leistung

Da dem Betriebsinhaber für die Zuweisung der Milchreferenzmenge keine Anschaffungskosten entstanden sind, hat er dieses immaterielle WG mit 0,- DM zu bewerten (§ 5 Abs. 2 EStG). Das gilt auch bei Gewinnermittlung nach § 4 Abs. 3 EStG (BFH-U. v. 8. 11. 79, BStBl 80 II S. 146). Die Verleihung der Referenzmenge führt nicht zu einer Gewinnerhöhung.

7. *Grünbrache-Programm*

(Richtlinien über die Gewährung von Zuwendungen an landwirtschaftliche Betriebe für die Produktionsstillegung landwirtschaftlich genutzter Ackerflächen durch Grünbrache, RdErl. d. ML v. 30. 9. 87 — 202 — 60114/6 — 2 — Nds. MBl S. 974)

Ertragsteuerliche Behandlung der Leistungen

a) Grünbrachezuschuß

Der Grünbrachezuschuß wird für die durch die Flächenstillegung entstehenden Ernteausfälle gezahlt und ist daher als Betriebseinnahme zu erfassen.

Bei Gewinnermittlung nach § 4 Abs. 3 EStG ist der Grünbrachezuschuß in voller Höhe im Wj der Zahlung als Betriebseinnahme zu berücksichtigen.

8. *Junglandwirte — Konsolidierungsprogramm*

(Richtlinien über die Gewährung von Zuwendungen für die Existenzgründung im landwirtschaftlichen Betrieb durch Junglandwirte in NdSachsen, vgl. RdErl. d. ML, z. B. v. 3. 4. 90 — 201 — 60115/4 — 2 — Nds. MBl S. 554)

Ertragsteuerliche Behandlung der Leistungen

Da es sich um einen kapitalisierten Zinszuschuß und nicht um einen Darlehenstilgungszuschuß handelt, sind die zum Agrarkreditprogramm (vgl. Nr. 1) genannten Grundsätze entsprechend anzuwenden.

9. *Junglandwirte — Niederlassungsprogramm*

(Richtlinien über die Gewährung von Zuwendungen an Junglandwirte für einzelbetriebliche Investitionen zur Erleichterung der erstmaligen Niederlassung im landwirtschaftlichen Betrieb in NdSachsen, vgl. RdErl. d. ML, z. B. v. 3. 4. 90 — 201 — 60114/7 — 4 — Nds. MBl S. 601)

Ertragsteuerliche Behandlung der Leistungen

Es handelt sich um einen Investitionszuschuß, für den die zum Zuschuß nach dem einzelbetrieblichen Förderungsprogramm genannten Grundsätze entsprechend anzuwenden sind. Bei Anwendung des Abschn. 34 EStR sind lediglich die im Antrag genannten Investitionen zu berücksichtigen. Sofern in dem Antrag mehrere begünstigte Investitionen aufgeführt sind, ist der Zuschuß nach dem Verhältnis der jeweiligen Investition zur gesamten Investitionssumme des Antrags aufzuteilen und den angeschafften WG zuzuordnen.

10. *Nichtvermarktungsprämie*

Vgl. ESt-Kartei (LuF) § 13 EStG Nr. 1.20

11. Produktionsbeschränkungen auf dem Milchmarkt

Vgl. ESt-Kartei (LuF) § 13 EStG Nr. 1.27 — 27 c

12. Rind- und Schaffleisch-Erzeugerprämienverordnung

(z. B. VO über die Gewährung von Prämien an Erzeuger von Rind- und Schaffleisch v. 7. 10. 87 — BGBl I S. 2266)

Ertragsteuerliche Behandlung der Leistungen

Bei Gewinnermittlung nach § 4 Abs. 3 EStG sind die Prämien als laufende stpfl. Betriebseinnahmen aus Land- und Forstwirtschaft zu erfassen.

13. Zinsverbilligungszuschüsse zur Milderung witterungsbedingter Ernteschäden

(MF-Erl. v. 28. 8. 85 S 2230/S 0336)

Die aus Landesmitteln zur Milderung witterungsbedingter Ernteschäden gewährten Zinsverbilligungszuschüsse sind Betriebseinnahmen. Wird ein kapitalisierter Zinsverbilligungszuschuß gewährt, so bittet die OFD, bei der ertragsteuerlichen Behandlung entsprechend dem Erl. v. 11. 3. 85 S 2230 (vgl. Nr. 1) zu verfahren.

Der Erl. v. 8. 9. 62 S 2214 wird hiermit aufgehoben. Dieser Erl. ergeht im Einvernehmen mit dem BdF.

14. Flächenstillegungs-Programm

(Die Richtlinien über die Gewährung von Zuwendungen an landwirtschaftliche Betriebe in NdSachsen für die Stillegung landwirtschaftlicher Ackerflächen sollen im Nds. MBl veröffentlicht werden.)

Ertragsteuerliche Behandlung der Leistungen

(aus dem MF-Erl. v. 20. 9. 89 — S 2230)

Bei Gewinnermittlung nach § 4 Abs. 3 EStG sind die Stillegungsprämien mit Zufluß zu erfassen.

15. Zuwendungen zur Förderung der Vermarktung nach besonderen Regeln erzeugter landwirtschaftlicher Erzeugnisse

(vgl. RdErl. d. ML, z. B. v. 20. 11. 90 — 211 — 63117/1.1 — Nds. MBl S. 1361)

Ertragsteuerliche Behandlung der Leistungen

Der Zuschuß zu den Organisationsausgaben ist als laufende stpfl. Betriebseinnahme zu erfassen. Die Investitionszuschüsse sind nach den Grundsätzen des Abschn. 34 EStR zu berücksichtigen (Hinweis auf das Junglandwirte-Niederlassungsprogramm — vgl. Nr. 9).

16. Extensivierungs-Programm

(Richtlinien über die Gewährung von Zuwendungen für die Förderung der Extensivierung der landwirtschaftlichen Erzeugung, vgl. RdErl. d. ML, z. B. v. 26. 7. 90 — 201 — 60114/8 — 8 — Nds. MBl S. 956)

Ertragsteuerliche Behandlung der Leistungen

Bei Gewinnermittlung nach § 4 Abs. 3 EStG ist der Zuschuß als laufende stpfl. Betriebseinnahme aus Land- und Forstwirtschaft zu erfassen.

17. Umstellungshilfe

(Richtlinien für die Gewährung einer Umstellungshilfe für landwirtschaftliche Unternehmer, vgl. RdErl. d. ML, z. B. v. 20. 7. 90 — 210 — 60129/1 — Nds. MBl S. 954)

Ertragsteuerliche Behandlung der Leistungen
(MF-Erl. v. 29. 1. 91 S 2342)

Nach dem Ergebnis der Abstimmung mit den obersten FinBeh des Bundes und der Länder bestehen keine Bedenken, die nach den Richtlinien für die Gewährung einer Umstellungshilfe für landwirtschaftliche Unternehmer (Nds. MBl 90 S. 954) bewilligten Zuwendungen nach § 3 Nr. 11 EStG steuerfrei zu behandeln.

972 **§ 13 EStG**
Steuerliche Behandlung der Zuwendungen für die Förderung der Vermarktung nach besonderen Regeln erzeugter landwirtschaftlicher Erzeugnisse (vgl. StAnz. 90 Seite 2930)

(OFD Frankfurt/M. v. 11. 11. 91 S 2231 A)

3. Ertragsteuerliche Behandlung der Zuschüsse

Der Zuschuß zu den Organisationsausgaben ist als laufende steuerliche Betriebseinnahme zu erfassen. Die Investitionszuschüsse sind nach den Grundsätzen des Abschn. 34 EStR zu behandeln.

973 **§ 13 EStG**
Einkommensteuerliche Behandlung der Leistungen nach dem Ackerrandstreifen- und Extensivwiesenprogramm

(OFD Frankfurt/M. v. 11. 11. 91 S 2231 A)

3. Ertragsteuerliche Behandlung der Leistungen

Die Zahlungen sind durch den landwirtschaftlichen Betrieb veranlaßt und sind bei Land- und Forstwirten mit Gewinnermittlung nach § 4 Abs. 3 EStG als laufende Betriebseinnahmen zu erfassen.

§ 13 EStG 974
Ertragsteuerliche Behandlung der Beihilfe nach dem Extensivierungs-Programm
(OFD Frankfurt/M. v. 12. 11. 91 S 2231 A)

3. Ertragsteuerliche Behandlung der Extensivierungsbeihilfe

Bei Gewinnermittlung nach § 4 Abs. 3 EStG ist die Beihilfe (Zuschuß) als laufende stpfl. Betriebseinnahme aus Land- und Forstwirtschaft zu erfassen.

§ 13 EStG 975
Milchaufgabevergütung nach der Zweiten Verordnung zur Änderung der EG-Milchaufgabevergütungsverordnung vom 5. 8. 91 (BGBl I S. 1771)
(OFD München v. 4. 10. 91 S 2149)

2. Bei der Gewinnermittlung nach § 4 Abs. 3 EStG ist die Milchaufgabevergütung im Zeitpunkt des Zuflusses erfolgswirksam zu erfassen.

§§ 13, 13a EStG 976
Behandlung der Anpassungshilfen und standortbezogenen Zuschläge nach §§ 1—7 der Landwirtschafts-Anpassungshilfenverordnung (LaAV) v. 23. 7. 91 (BGBl 91 I S. 1598)
(BMF-Schreiben v. 20. 12. 91 S 2149; NWB DokSt F. 3 § 13 EStG 19/92)

In den Fällen der Gewinnermittlung nach § 4 Abs. 3 EStG sind die Leistungen als Betriebseinnahmen zu behandeln.

Die Anpassungshilfen sowie die standortbezogenen Zuschläge werden dem landwirtschaftlichen Unternehmen nicht für die Anschaffung oder Herstellung bestimmter WG, sondern im Zusammenhang mit seiner betrieblichen Tätigkeit gewährt. Die Leistungen stellen daher keine Zuschüsse für Anlagegüter dar, so daß Abschn. 34 EStR nicht anwendbar ist.

§ 13 EStG 977
Behandlung der Aufwendungen für Vieh; Einzelbewertung und Viehdurchschnittswerte
(OFD Frankfurt/M. v. 16. 12. 91 S 2132)

6. Behandlung der Aufwendungen für Tiere bei Gewinnermittlung nach § 4 Abs. 3 EStG

Bei der Gewinnermittlung nach § 4 Abs. 3 EStG kommt der Zuordnung der Tiere zum Anlage- oder zum Umlaufvermögen erhebliche Bedeutung zu. So können die Aufwendungen für die Anschaffung oder die Herstellung von Tieren, die dem Anlagevermögen zuzurechnen sind, nicht sofort, sondern nur im Wege der AfA als Betriebsausgaben berücksichtigt werden (§ 4 Abs. 3 Satz 3 EStG). Der Land- und Forstwirt wird die Anschaffungs- oder Herstellungskosten zweckmäßigerweise, obwohl er hierzu, anders als bei WG des nicht abnutzbaren Anlagevermögens (§ 4 Abs. 3 Satz 4 und Satz 5 EStG) zwar nicht verpflichtet ist (Ausnahme: § 7 Abs. 2 Satz 3 und § 7 a Abs. 8 EStG), in einem besonderen Verzeichnis festhalten, um die in den späteren Wj als Betriebsausgaben anzusetzenden AfA-Beträge ermitteln zu können.

Werden Tiere des Anlagevermögens veräußert, bevor die Anschaffungs- oder Herstellungskosten im Wege der AfA steuerlich berücksichtigt werden konnten, sind die im Zeitpunkt der Veräußerung noch nicht berücksichtigten Aufwendungen als Betriebsausgaben anzusetzen.

Erzeugt oder erwirbt der Land- und Forstwirt Tiere, die dem Umlaufvermögen zuzurechnen sind, sind die hierfür aufgewendeten Anschaffungs- oder Herstellungskosten im Zeitpunkt der Zahlung als Betriebsausgaben abzugsfähig. Bei der Veräußerung der Tiere sind die vereinnahmten Beträge in voller Höhe gewinnerhöhend zu erfassen.

Beispiel: Der Landwirt mit Gewinnermittlung nach § 4 Abs. 3 EStG (Wj 1. 7.—30. 6.) hat am 10. 4. 90 eine Zuchtstute (Nutzungsdauer 10 Jahre) für 6000 DM zuzügl. 11 v. H. = 660 DM USt und am 1. 5. 90 mehrere Mastkälber für 4200 DM zuzügl. 462 DM USt erworben. Die Rechnungsbeträge wurden am 20. 7. 90 beglichen.

Lösung: Die am 10. 4. 90 erworbene Zuchtstute ist ein bewegliches WG des abnutzbaren Anlagevermögens. Angesichts einer 10jährigen Nutzungsdauer ergibt sich für das Wj 89/90 unter Berücksichtigung der Vereinfachungsregelung des Abschn. 44 Abs. 2 EStR 90 folgende AfA:

Anschaffungskosten:	6000 DM
× 10 v. H.:	600 DM
600 DM : 2:	300 DM

Die Bezahlung der Anschaffungskosten ist für die Ermittlung der AfA — diese Behandlung entspricht der beim Bestandsvergleich — unerheblich. Die abzugsfähige Vorsteuer (§ 15 UStG) gehört nicht zu den Anschaffungskosten der Zuchtstute. Sie ist erst im Zeitpunkt der Zahlung des Rechnungsbetrags am 20. 7. 90, also im Wj 90/91, als Betriebsausgabe zu berücksichtigen. Das gleiche gilt für die Anschaffungskosten für die zum Umlaufvermögen gehörenden Mastkälber sowie dem entsprechenden Vorsteuerbetrag (§ 11 Abs. 2 EStG).

8. Durchschnittswerte bei Gewinnermittlung nach § 4 Abs. 3 EStG

Nach Abschn. 125 a EStR kann die für buchführende Land- und Forstwirte zugelassene Durchschnittsbewertung, soweit ein Anlageverzeichnis geführt wird, sinngemäß auch bei der Gewinnermittlung nach § 4 Abs. 3 EStG angewandt werden. Dies gilt selbstverständlich nur für Tiere des Anlagevermögens, weil die Anschaffungs- oder Herstellungskosten der Tiere des Umlaufvermögens bei einer Einnahmen-Überschußrechnung im Zeitpunkt der Verausgabung als Betriebsausgaben abzugsfähig sind (vgl. Tz. 6). Da sich in Höhe der Durchschnittswerte die Anschaffungs- oder Herstellungskosten der Tiere — wie auch bei Gewinnermittlung nach § 4 Abs. 1 EStG — im Zeitpunkt der Entstehung nicht gewinnmindernd ausgewirkt haben, ist im Wj der Veräußerung, Entnahme oder Verarbeitung der jeweilige Durchschnittswert dann in voller Höhe als Betriebsausgabe zu berücksichtigen.

Übersicht B

Behandlung der Aufwendungen für Tiere bei Gewinnermittlung
nach § 4 Abs. 3 EStG

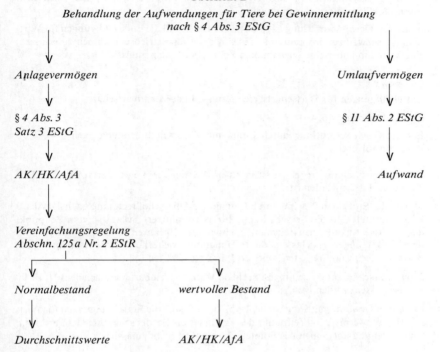

Anlagevermögen	*Umlaufvermögen*
§ 4 Abs. 3 *Satz 3 EStG*	*§ 11 Abs. 2 EStG*
AK/HK/AfA	*Aufwand*

Vereinfachungsregelung
Abschn. 125 a Nr. 2 EStR

Normalbestand	*wertvoller Bestand*
Durchschnittswerte	*AK/HK/AfA*

§ 13 EStG   978
**Ertragsteuerliche Behandlung der Entschädigung für Wirtschaftserschwernisse
in der Landwirtschaft**

(BMF-Schreiben v. 5. 3. 92 S 2149, BStBl I S. 187; FinMin Schlesw.-Holst., Erl. v.
5. 3. 92 S 2149)

Für die Gewinnermittlung durch Einnahmen-Überschußrechnung nach § 4 Abs. 3
EStG gilt folgendes:

1. Die Entschädigungsregelung ist in einem Vertrag vereinbart, der vor dem 1. 1. 91
   abgeschlossen worden ist:

b) Hat der Stpfl. den Gewinn durch Einnahmen-Überschußrechnung nach § 4 Abs. 3
EStG ermittelt und die Entschädigung für Wirtschaftserschwernisse vom Zeitpunkt
des Zuflusses an auf einen Zeitraum von höchstens 20 Jahren verteilt, so wird aus Billigkeitserwägungen zugelassen, diese Einnahmen weiterhin über den ursprünglich
gewählten Zeitraum, längstens über 20 Jahre, zu verteilen.

2. *Die Entschädigungsregelung ist in einem Vertrag vereinbart, der nach dem 31. 12. 90 geschlossen worden ist:*

b) Bei der Gewinnermittlung nach § 4 Abs. 3 EStG sind die Entschädigungen für Wirtschaftserschwernisse im Zeitpunkt des Zuflusses als Betriebseinnahmen zu erfassen; eine Verteilung über einen bestimmten Zeitraum ist nicht zulässig.

979 **§ 13 EStG**
Entschädigungen für Wirtschaftserschwernisse in der Landwirtschaft

(OFD München v. 16. 4. 92 S 2149)

Für die Gewinnermittlung durch Einnahmen-Überschußrechnung nach § 4 Abs. 3 EStG gilt folgendes:

1. die Entschädigungsregelung ist in einem Vertrag vereinbart, der vor dem 1. 1. 91 abgeschlossen worden ist:

b) Hat der Stpfl. den Gewinn durch Einnahmen-Überschußrechnung nach § 4 Abs. 3 EStG ermittelt und die Entschädigung für Wirtschaftserschwernisse vom Zeitpunkt des Zuflusses an auf einen Zeitraum von höchstens 20 Jahren verteilt, so wird aus Billigkeitserwägungen zugelassen, diese Einnahmen weiterhin über den ursprünglich gewählten Zeitraum, längstens über 20 Jahre, zu verteilen.

2. Die Entschädigungsregelung ist in einem Vertrag vereinbart, der nach dem 31. 12. 90 geschlossen worden ist:

b) Bei der Gewinnermittlung nach § 4 Abs. 3 EStG sind die Entschädigungen für Wirtschaftserschwernisse im Zeitpunkt des Zuflusses als Betriebseinnahmen zu erfassen; eine Verteilung über einen bestimmten Zeitraum ist nicht zulässig.

980 **§ 13 EStG**
Zuschüsse im Rahmen von agrarpolitischen Fördermaßnahmen; hier: Förderung zur Wiedereinrichtung bäuerlicher Familienbetriebe im Haupterwerb

(OFD Chemnitz v. 15. 6. 92 S 2230)

Die ertragsteuerliche Behandlung ist von der Art der Gewinnermittlung abhängig.

2.1 Ermittelt der Landwirt (die GbR mit Einkünften aus Land- und Forstwirtschaft) den Gewinn nach § 4 Abs. 3 EStG, sind die Zuschüsse und die Starthilfe als Betriebseinnahme anzusetzen.

2.1.2 Bei Gewinnermittlung nach § 4 Abs. 3 EStG sind die Zuschüsse grundsätzlich im Jahr des Zuflusses als Betriebseinnahmen zu erfassen. Aus Gründen der Gleichbehandlung sollte jedoch eine gleichmäßige Verteilung der Starthilfe zugelassen werden. Entsprechende Billigkeitsregelungen sind seitens der FinVerw bereits für andere Maßnahmen zur Verbesserung der Agrarstruktur getroffen worden (z. B. Zinsverbilligungszuschüsse nach dem Agrarkreditprogramm, für Schlachtprämien, Vergütungen nach dem Milchaufgabevergütungsgesetz).

2.1.5 Soweit die direkten Zuschüsse nach der Förderrichtlinie Investitionszuschüsse auf Anlagegüter sind, hat der Landwirt das Wahlrecht, diese nicht als Betriebseinnahmen zu erfassen, sondern von den Herstellungskosten der bezuschußten WG abzusetzen (Abschn. 34 Abs. 3 EStR).

§ 13 EStG 981
Leistungen (soziostruktureller Einkommensausgleich) nach dem Gesetz zur Förderung der bäuerlichen Landwirtschaft

(OFD Frankfurt/M. v. 11. 8. 92 S 2231 A)

Bei Gewinnermittlung nach § 4 Abs. 3 EStG sind die Leistungen im Wj der Zahlung (Zuflußprinzip) zu erfassen.

§ 13 EStG 982
Entgeltliche Bestellung eines Erbbaurechts auf Grundstücken des land- und forstwirtschaftlichen Betriebsvermögens

(OFD München v. 5. 11. 92 S 2239)

Die Belastung eines Grundstücks des land- und forstwirtschaftlichen Betriebsvermögens mit einem Erbbaurecht führt nicht zu einer zwingenden Entnahme des Grundstücks, wenn das belastete Grundstück auch nach der Erbbaurechtsbestellung dem gewillkürten (geduldeten) Betriebsvermögen zugerechnet werden kann. Diese Voraussetzung ist erfüllt, wenn das Erbbaurecht entgeltlich eingeräumt wird (BFH-U. v. 26. 11. 87, BStBl 88 II S. 490), das Grundstück in einem gewissen objektiven Zusammenhang mit dem Betrieb steht und ihn zu fördern bestimmt und geeignet ist (Abschn. 14 Abs. 3 EStR) und sich darüber hinaus das Gesamtbild der land- und forstwirtschaftlichen Tätigkeit durch den Umfang des gewillkürten Betriebsvermögens nicht wesentlich verändert (BFH-U. v. 10. 12. 64, BStBl 65 III S. 377 und v. 28. 10. 82, BStBl 83 II S. 106).

Der für die Behandlung als gewillkürtes Betriebsvermögen erforderliche „gewisse objektive Zusammenhang mit dem Betrieb" kann aus der früheren eigenbetrieblichen Nutzung des Grundstücks abgeleitet werden; die notwendige „Förderung des Betriebs" kann im allgemeinen bejaht werden, wenn die vereinnahmten Erbbauzinsen im land- und forstwirtschaftlichen Betrieb verwendet werden. Bei der Frage, ob auch nach der Erbbaurechtsbestellung das Gesamtbild des Betriebs — einschließlich des Erbbaugrundstücks — noch von der Land- und Forstwirtschaft geprägt wird, kommt es hauptsächlich darauf an, ob die verbleibende Land- und Forstwirtschaft hinsichtlich des Flächenumfangs, des Rohertrags und Betriebsgewinns (ohne Erbbauzinsen) sowie ihres Werts überwiegt (vgl. ESt-Kartei § 13 Karten 21.1.2 Nr. 4 und 21.1.4 Nr. 4). Zugunsten einer Zurechnung zur Landwirtschaft ist zu werten, wenn das Grundstück nach Ablauf des Erbbaurechts wieder landwirtschaftlichen Zwecken zugeführt werden soll und dies auch objektiv möglich ist. Der Dauer des Erbbaurechts (auch einer Verlängerungsklausel) kommt keine ausschlaggebende Bedeutung zu. Für die Frage des Gesamtbildes sind alle Merkmale des konkreten Einzelfalles heranzuziehen und gegeneinander abzuwägen.

Diese Grundsätze sind sowohl bei buchführenden Betrieben als auch bei Betrieben anzuwenden, deren Gewinn nach § 4 Abs. 3 EStG oder § 13a EStG ermittelt oder geschätzt wird (§ 4 Abs. 1 S. 3 und 4 EStG, Abschn. 14 Abs. 5 S. 2 EStR).

983 **§ 13 EStG**
Zweifelsfragen zu den steuerlichen Regelungen des Forstschädenausgleichsgesetzes (ForstschAusglG)
(OFD Hannover v. 9. 11. 92 S 1992)

III. Erhöhte Betriebsausgabenpauschsätze gem. § 4 ForstschAusglG

1. Bemessungsgrundlage für den nach § 4 ForstschAusglG zur Abgeltung der Betriebsausgaben erhöhten Pauschsatz von 90 v. H. (bzw. von 65 v. H. bei Verkauf des Holzes auf dem Stamm) sind die im Zeitraum der Einschlagsbeschränkung erzielten Einnahmen aus Holznutzungen (BFH-U. v. 25. 8. 83 — BStBl II S. 757). Hierzu gehören neben den Einnahmen aus ordentlichen und außerordentlichen Holznutzungen auch Einnahmen aus Holznutzungen, die auf einen Einschlag in vorangegangenen Wj zurückzuführen sind sowie Einnahmen aus Holzarten, für die keine Einschlagsbeschränkung besteht.

2. Weicht der Gewinnermittlungszeitraum des land- und forstwirtschaftlichen Betriebs vom Zeitraum der Einschlagsbeschränkung (Forstwj 1. 10. bis 30. 9.) ab, so sind die erhöhten Betriebsausgabenpauschsätze nach § 4 ForstschAusglG nur auf die Einnahmen anzuwenden, die aus einer Holznutzung im Zeitraum der Einschlagsbeschränkung erzielt werden. Für die übrigen Einnahmen aus Holznutzungen ist der Betriebsausgabenpauschsatz gem. § 51 EStDV maßgebend.

3. Die erhöhten Betriebsausgabenpauschsätze nach § 4 ForstschAusglG werden nicht gewährt, wenn der Betriebsinhaber die Einschlagsbeschränkung nicht einhält.

984 **§ 13 EStG**
Betriebsstillegungen nach dem Gesetz zur Förderung der Einstellung der landwirtschaftlichen Erwerbstätigkeit (FELEG)
(OFD München v. 7. 1. 93 S 2236)

1. Produktionsaufgaberente

Die Produktionsaufgaberente setzt sich aus dem Grundbetrag (vorgezogenes Altersgeld) und dem Flächenzuschlag (nach Größe und Bonität der Flächen bemessen) zusammen. Sie ist Betriebseinnahme (§ 13 Abs. 2 Nr. 3 EStG) und gehört damit zum Betriebsvermögen. Auch nach Aufgabe, Veräußerung oder Übergabe des Betriebs behält der Anspruch seinen betrieblichen Charakter bei (vgl. 4.4).

Nach § 3 Nr. 27 EStG ist der Grundbetrag der Produktionsaufgaberente solange steuerfrei, als der den Freibetrag von 36 000 DM noch nicht überschritten hat. Eine anteilige Berücksichtigung (Verteilung) des steuerfreien Höchstbetrages entsprechend der Laufzeit ist nicht zulässig.

Der Flächenzuschlag ist von Anfang an voll stpfl.

2. Ausgleichsgeld

Stand der Berechtigte zum stillgelegten Betrieb in einem steuerlich anerkannten Arbeitsverhältnis, so stellt das Ausgleichsgeld Arbeitslohn aus einem früheren Dienstverhältnis dar. Es unterliegt nicht dem LSt-Abzug. Das Ausgleichsgeld ist durch ESt-Veranlagung zu erfassen.

Das Ausgleichsgeld ist unter den Voraussetzungen des § 19 Abs. 2 Nr. 2 EStG ein begünstigter Versorgungsbezug, wenn der Berechtigte das 62. Lebensjahr oder als Schwerbehinderter das 60. Lebensjahr vollendet hat.

War der berechtigte Familienangehörige nicht in einem Arbeitsverhältnis beschäftigt, so ist das Ausgleichsgeld in voller Höhe als wiederkehrende Bezüge i. S. des § 22 Nr. 1 S. 3 Buchst. b EStG zu erfassen.

Das Ausgleichsgeld für mitarbeitende Familienangehörige und für AN ist bis zum Höchstbetrag von 36 000 DM steuerfrei (§ 3 Nr. 27 EStG).

3. Beitragsersatz zur Altershilfe und Unfallversicherung

Der Beitragsersatz stellt Betriebseinnahmen dar. Die Beiträge zur Alterskasse sind in voller Höhe als Sonderausgaben im Rahmen der Höchstbeträge abziehbar. Die Beiträge zur landwirtschaftlichen Unfallversicherung sind Betriebsausgaben.

Nach der Aufgabe, Veräußerung oder Übergabe des Betriebs ist der Beitragsersatz als nachträgliche Einkünfte zu erfassen (vgl. 4.4). Der Beitragsersatz zur Unfallversicherung wird nach der Veräußerung oder Übergabe des Betriebs nicht mehr geleistet.

4. Steuerliche Behandlung der Produktionsaufgaberente und des Beitragsersatzes

4.2 Bei Gewinnermittlung nach § 4 Abs. 3 EStG sind die Betriebseinnahmen jeweils im Wj des Zuflusses erfolgswirksam zu erfassen.

4.4 Besonderheiten bei der Betriebsaufgabe/Betriebsveräußerung

Die Ansprüche auf die Produktionsaufgaberente und den Beitragsersatz behalten ihren betrieblichen Charakter. Sie sind nicht in den Betriebsaufgabegewinn einzubeziehen. Die Zuflüsse sind nachträgliche Betriebseinnahmen des Kj (§ 24 Nr. 2 EStG); die nachträglichen Einkünfte sind nach § 13 Abs. 3 EStG, nicht aber nach § 34e EStG (vgl. BFH-Urt. v. 7. 9. 89, BStBl II S. 975) begünstigt. Der Freibetrag nach § 3 Nr. 27 EStG ist zu berücksichtigen, soweit er nicht verbraucht ist.

Nach der Betriebsaufgabe stellt der Betrieb keine Einkunftsquelle mehr dar. Deshalb sind die Einnahmen und Aufwendungen, die durch die Pflege der stillgelegten Flächen veranlaßt sind, steuerlich nicht zu berücksichtigen. Die vom Bund getragenen Beiträge zur landwirtschaftlichen Unfallversicherung sind nicht als Sonderausgaben abziehbar.

985   **§ 13 EStG**
       Behandlung von Prämien zur endgültigen Aufgabe von Rebflächen
       (OFD Frankfurt/M. v. 5. 2. 93 S 2233 A)

       3. Ertragsteuerliche Behandlung der Leistungen

       Die Prämienzahlung ist bei Land- und Forstwirten mit Gewinnermittlung nach § 4
       Abs. 3 EStG als laufende Betriebseinnahme zu erfassen. Dabei ist unerheblich, inwie-
       weit die Zahlungen zur Deckung der Kosten für die Rodungsmaßnahmen, für den Ver-
       lust des Wiederbepflanzungsrechts oder für künftige Einkommensverluste geleistet
       wird. Eine Steuerbegünstigung nach § 34 Abs. 1 und 2 EStG kommt nicht in Betracht.

       Eine Verteilung der Prämie auf mehrere Jahre ist ebenfalls nicht möglich.

986   **§ 13 EStG**
       **Ertragsteuerliche Behandlung der Entschädigungen für Wirtschaftserschwernisse in
       der Landwirtschaft**

       (OFD München v. 26. 7. 93 S 2149)

       Im Einvernehmen mit dem BMF und mit den obersten FinBeh der Länder wird die
       Übergangsregelung im Bezugsschreiben zeitlich ausgedehnt. Nunmehr ist wie folgt zu
       verfahren:

       1. Ermittelt der Stpfl. den Gewinn durch Bestandsvergleich nach § 4 Abs. 1 EStG, kann
       die Billigkeitsregelung nach Abschn. 131 Abs. 3 Sätze 4 bis 7 EStR 1990 auf Entschädi-
       gungsansprüche für Wirtschaftserschwernisse angewandt werden, wenn die Entschä-
       digungsregelung bis zum 31. 12. 1992 vertraglich vereinbart worden ist. Dabei ist der
       Schuldposten längstens innerhalb eines Zeitraums von 20 Jahren aufzulösen.

       2. Ermittelt der Stpfl. den Gewinn durch Einnahmeüberschußrechnung nach § 4 Abs. 3
       EStG, gilt die Regelung in Tz. 1 entsprechend.

987   **§ 13 EStG**
       **Viehbewertung bei Land- und Forstwirten ab dem Wirtschaftsjahr 1993/94
       (Wirtschaftsjahr 1994)**

       (OFD Rostock v. 29. 7. 93 S 2132a; OFD Magdeburg v. 10. 8. 93 S 2132a)

       5 Anwendung der Gewinnermittlung nach § 4 Abs. 3 EStG

       Bei der Bemessung der Anschaffungs- oder Herstellungskosten für Tiere des Anlage-
       vermögens können die Grundsätze der Tz. 2 bis 4 entsprechend angewendet werden.

988   **§ 13 EStG**
       **Einkommensbesteuerung der nichtbuchführenden Landwirte; hier: Ermittlung des
       Gewinns aus Weinbau für das Wirtschaftsjahr 1992/93**

       (FinMin Rhld.-Pfalz, Erl. v. 10. 9. 93 S 2134)

5 Gewinnermittlung durch Vergleich der Betriebseinnahmen mit den Betriebsausgaben (§ 4 Abs. 3 EStG)

Bei der Gewinnermittlung nach § 4 Abs. 3 EStG gelten die grundsätzlichen Ausführungen der Tz. 4 entsprechend.

Sofern die betreffenden Winzer den Nachweis für die sachlichen Bebauungskosten nicht führen, sind die Bebauungskosten ebenfalls zu schätzen. Die entsprechenden Richtbeträge, die die AfA für die abnutzbaren WG, die der Bebauung dienen, nicht einschließen, ergeben sich aus Anlage 1, Spalte 4.

Die AfA nach § 7 EStG für die abnutzbaren Anlagegüter sind jeweils nach den individuellen Verhältnissen des Weinbaubetriebs gesondert zu ermitteln. Bei der Gewinnermittlung nach § 4 Abs. 3 EStG sind für die nach dem 26. 6. 1982 bis zum Ende des Wj 1991/92 angeschafften oder hergestellten abnutzbaren WG Sonderabschreibungen nach § 76 EStDV zulässig; ihre Inanspruchnahme setzt Aufzeichnungen nach § 7a Abs. 8 EStG — u. a. auch der jährlichen AfA — voraus. Wird die Sonderabschreibung in Anspruch genommen, ist eine Korrektur der Bemessungsgrundlage für die normale AfA des einzelnen WG nach dem Restwert und der Restnutzungsdauer erforderlich (vgl. § 7a Abs. 9 EStG). Diese Korrektur ist bei der Ermittlung der Bebauungskosten-Richtbeträge nach Tz. 2 nicht berücksichtigt. Um eine doppelte Absetzung der begünstigten WG i. S. des § 76 EStDV in Höhe der Sonderabschreibung zu vermeiden, ist es notwendig, für die Betriebe, die berechtigt sind, Sonderabschreibungen nach § 76 EStDV in Anspruch zu nehmen, die AfA nicht in die Richtbeträge für die sachlichen Bebauungskosten einzubeziehen.

Sofern im Einzelfall die betriebsindividuelle AfA nicht nach Maßgabe des § 7 EStG ermittelt und als Betriebsausgaben geltend gemacht werden, sind die AfA für alle der Bebauung dienenden abnutzbaren WG des Weinbaugebietes mit einem Hilfswert zu schätzen. Die Hilfswerte für die Schätzung der AfA sind für die einzelnen Weinbaugebiete lt. Anlage 1 mit folgenden Beträgen je ha Rebfläche anzusetzen:

- zu lfd. Nr. 1   1600 DM
- zu lfd. Nr. 2   1800 DM

Der AfA-Hilfswert berücksichtigt bei Neuinvestitionen von abnutzbaren WG i. S. des § 76 EStDV im Rahmen dieser Vorschrift die normale AfA für die begünstigten WG. Deshalb führt die Inanspruchnahme von Sonderabschreibungen nach § 76 EStDV für die begünstigten WG und der Ansatz eines Hilfswertes nach Ablauf des Begünstigungszeitraums ohne einen Zuschlag für alle der Bebauung dienenden abnutzbaren WG des Weinbaubetriebes zu einer doppelten Absetzung.

Ein überhöhter Ansatz von Absetzungen während des gesamten Abschreibungszeitraums für das entsprechende WG ist im Rahmen der Festsetzung zu vermeiden. Dies kann sichergestellt werden durch

a) die Kürzung um die Normalabschreibung des für den Weinbaubetrieb anzusetzenden Hilfswertes während des gesamten Abschreibungszeitraums für das begünstigte

WG und dem Ansatz der zutreffenden Abschreibung für dieses WG neben dem gekürzten Hilfswert oder

b) die Berücksichtigung der Sonderabschreibungen neben dem ungekürzten Hilfswert während des Begünstigungszeitraums und einen jährlichen Zuschlag zum ungekürzten Hilfswert in Höhe der tatsächlich gewährten Sonderabschreibungen ab dem ersten Wj nach Ablauf des Begünstigungszeitraums bis zum Ende des Abschreibungszeitraums für das betreffende WG; die Höhe des jährlichen Zuschlags ergibt sich durch die Verteilung der Sonderabschreibungen auf die Restnutzungsdauer. Der zur Berücksichtigung von Gewinnzuschlägen bei Schätzungslandwirten nach Inanspruchnahme von Sonderabschreibungen gem. § 76 EStDV aufgelegte Vordruck ESt 7 kann hierfür analog angewendet werden.

Bei selbstausbauenden Betrieben können die in Tz. 4.2.2 angegebenen Richtbeträge als Anhalt dienen, falls die Ausbaukosten nicht nachgewiesen werden. Für die sonstigen Kosten gilt Tz. 4.2.3 entsprechend.

8   Steuerermäßigung nach § 34e EStG

Im Rahmen einer Gewinnermittlung nach § 4 Abs. 3 EStG können bestimmte Betriebsausgaben durch den Ansatz von Richtbeträgen vor allem im Weinbau berücksichtigt werden. Die pauschalierte Berücksichtigung von Betriebsausgaben stellt für die betroffenen Landwirte eine Aufzeichnungserleichterung dar, die eine einfache, aber dennoch relativ zutreffende Gewinnermittlung ermöglicht.

Werden Teile der Betriebsausgaben zulässigerweise derart pauschaliert, so handelt es sich nicht um eine Schätzung des Gewinns i. S. des § 34e EStG.

Bebauungskosten-Richtbeträge für Wirtschaftsjahr 1992/1993

Lfd. Nr.	Weinbaugebiet	Richtbetrag für Winzer mit Gewinnermittlung nach		VAK je ha
		§ 13a EStG DM/ha*	§ 4 Abs. 3 EStG DM/ha*	
1	2	3	4	5
1	Rheinhessen, Rheinpfalz, aus dem Anbaugebiet Nahe die Weinbaugemeinden Langenlonsheim, Guldental, Bretzenheim, Bad Kreuznach**	5000	3400	0,4—0,9
2	Ahr, Mittelrhein (einschl. Lahn), Mosel, Ruwer, Saar, Sauer, Nahe (ohne die Weinbaugemeinden Langenlonsheim, Guldental, Bretzenheim, Bad Kreuznach)**	6700	4900	0,9—1,2

Zu *:

a) Die Bebauungskosten-Richtbeträge umfassen die Kosten der Bebauung bis zum Transport der geernteten Trauben zur Kelter oder zur Winzergenossenschaft. Eine Kürzung der Richtbeträge wegen Vollablieferung der Trauben und Maische ist nicht vorzunehmen.

b) Die zusätzlichen Aufwendungen, die bei der Schädlingsbekämpfung durch Hubschrauber entstehen, sind nur noch in tatsächlich nachgewiesener Höhe neben den Bebauungskosten-Richtbeträgen abzugsfähig. Die Mittelrheinische Rebschutzgesellschaft mbH hat den angeschlossenen Raiffeisenbanken angeboten, die reinen Flugkosten auf den Rechnungen getrennt auszuweisen. Von diesem Angebot wird dort kein Gebrauch gemacht, wo die Flurbereinigung unmittelbar bevorsteht. In diesen Fällen bestehen keine Bedenken, die zusätzlichen Kosten je nachgewiesener Hubschrauberspritzung mit 110 DM/ha neben den Bebauungskosten-Richtbeträgen zum Abzug zuzulassen.

Zu **:

Maßgebend ist regelmäßig das Gebiet, in dem der Betrieb seinen Sitz hat. Das gilt aus Vereinfachungsgründen auch dann, wenn die Weinberge in anderen Gebieten belegen sind.

989 **§ 13 EStG**
Einkommenbesteuerung der nichtbuchführenden Landwirte; hier: Ermittlung des Gewinns aus Weinbau für das Wirtschaftsjahr 1993/94

(OFD Koblenz v. 16. 9. 94 S 2233 A)

1. Für die ESt-Veranlagung der nichtbuchführenden Winzer einschl. der Inhaber von gemischten Betrieben (Weinbau und Landwirtschaft) für das Kj 1993 bzw. für die Gewinnermittlung des Wj 1993/94 gelten die grundlegenden Anordnungen in der Rdvfg. v. 10. 9. 93 S 2233 A (ESt-Kartei: § 13 EStG Karte 8), soweit nachfolgend nicht etwas anderes bestimmt ist.

2. In der **Anl.** 1 sind die für das Wj 1993/94 gültigen Bebauungskosten-Richtbeträge enthalten.

4. Die Hilfswerte für die Schätzung der AfA in den Fällen der Gewinnermittlung nach § 4 Abs. 3 EStG (vgl. Tz. 5 oder o. a. Rdvfg. v. 10. 9. 93) sind für die einzelnen Weinbaugebiete lt. Anl. 1 mit folgenden Beträgen je ha Rebfläche anzusetzen:

- zu lfd. Nr. 1   1600 DM
- zu lfd. Nr. 2   1800 DM

6. Zu den sonstigen Kosten (vgl. Tz. 4.2.3 der o. a. Rdvfg. v. 10. 9. 93), die neben den sachlichen Bebauungskosten und den Ausbaukosten allerdings nur in tatsächlich nachgewiesener Höhe abzugsfähig sind, zählen Sonderabschreibungen. Hierunter fallen auch Sonderabschreibungen nach § 7 g EStG zur Förderung kleiner und mittlerer Betriebe. Dabei ist es ohne Bedeutung, ob der Gewinn nach § 13 a Abs. 8 EStG anzusetzen ist oder die Gewinnermittlung nach § 4 Abs. 3 oder § 4 Abs. 1 EStG erfolgt.

Ein überhöhter Ansatz von Absetzungen während des gesamten Abschreibungszeitraums für das entsprechende WG, der bei Inanspruchnahme eines AfA-Hilfswertes entsteht, ist im Rahmen der Festsetzung zu vermeiden. Auf Tz. 5 der o. a. Rdvfg. v. 10. 9. 93 wird hingewiesen.

7. Der Antrag nach § 13 a Abs. 2 Nr. 2 EStG, den Gewinn für 4 aufeinanderfolgende Wj durch Vergleich der Betriebseinnahmen mit den Betriebsausgaben zu ermitteln, ist nur dann wirksam, wenn sämtliche Betriebseinnahmen und Betriebsausgaben zumindest für das 1. Wj einzeln aufgezeichnet werden. Der Antrag ist deshalb unwirksam, wenn z. B. Teile der Betriebsausgaben geschätzt oder mit Richtsätzen oder sogen. Bebauungskostenrichtbeträgen angesetzt werden (BFH-U. v. 18. 3. 93, BStBl II S. 549).

990 **§ 13 EStG**
Einkommenbesteuerung der nichtbuchführenden Landwirte; hier: Ermittlung des Gewinns aus Obst- und Gemüsebau für das Wirtschaftsjahr 1992/93

(OFD Koblenz v. 15. 12. 93 S 2233 A)

2.2 Gewinnermittlung nach § 4 Abs. 3 EStG

Nichtbuchführungspflichtige Obst- oder Gemüsebaubetriebe, die ihren Gewinn nach § 4 Abs. 3 EStG ermitteln, haben grundsätzlich ihre Betriebsausgaben nachzuweisen.

Sofern sie den Nachweis für die sachlichen Kosten nicht führen, können diese mit den Werten lt. Spalte 2 der jeweiligen Anlage geschätzt werden. Die Richtwerte schließen die AfA für die abnutzbaren Wirtschaftsgüter nicht ein. Die übrigen sachlichen Kosten werden durch die Richtwerte im gleichen Umfang abgegolten wie bei Betrieben mit Gewinnermittlung nach § 13a EStG (vgl. Tnr. 2.1).

Die AfA nach § 7 EStG für die abnutzbaren Anlagegüter sind jeweils nach den individuellen Verhältnissen des Obst- oder Gemüsebaubetriebes gesondert zu ermitteln. Bei der Gewinnermittlung nach § 4 Abs. 3 EStG sind für die nach dem 26. 6. 1982 bis zum Ende des Wj 1991/92 angeschafften oder hergestellten abnutzbaren WG Sonderabschreibungen nach § 76 EStDV zulässig; ihre Inanspruchnahme setzt Aufzeichnungen nach § 7a Abs. 8 EStG — u. a. auch der jährlichen AfA — voraus. Wird die Sonderabschreibung in Anspruch genommen, ist eine Korrektur der Bemessungsgrundlage für die normale AfA des einzelnen Wirtschaftsgutes nach dem Restwert und der Restnutzungsdauer erforderlich (vgl. § 7a Abs. 9 EStG). Diese Korrektur ist bei der pauschalen Ermittlung der sachlichen Kosten nach Tnr. 2.1 nicht berücksichtigt. Um eine doppelte Absetzung der begünstigten WG i. S. des § 76 EStDV in Höhe der Sonderabschreibung zu vermeiden, ist es notwendig, für die Betriebe, die berechtigt sind, Sonderabschreibungen nach § 76 EStDV in Anspruch zu nehmen, die AfA nicht in die Richtwerte für die sachlichen Kosten einzubeziehen.

Sofern im Einzelfall die betriebsindividuelle AfA nicht nach Maßgabe des § 7 EStG ermittelt und als Betriebsausgaben geltend gemacht wird, können ausnahmsweise die sachlichen Kosten einschl. AfA geschätzt werden. Die dafür in Spalte 3 der beigefügten Anlagen aufgeführten Richtwerte beinhalten die AfA für alle abnutzbaren WG und berücksichtigen bei Neuinvestitionen von abnutzbaren WG i. S. des § 76 EStDV im Rahmen dieser Vorschrift die normale AfA für die begünstigten WG. Für die durchzuführenden Gewinnkorrekturen ist der Vordruck ESt 7 anzulegen.

§ 13 EStG 991
Einkommensteuer der nichtbuchführenden Landwirte; hier: Ermittlung des Gewinns aus Obst- und Gemüsebau für das Wirtschaftsjahr 1993/94

(OFD Koblenz v. 15. 12. 94 S 2233 A)

Für die Einkommensbesteuerung der nichtbuchführenden Obst- und Gemüsebauern einschließlich der Inhaber von gemischten Betrieben (Obst-/Gemüsebau und Landwirtschaft) für das Kj 1993 bzw. für die Gewinnermittlung des Wj 1993/94 gelten die grundlegenden Anordnungen in der Rdvfg. v. 15. 12. 93 S 2233 A (ESt-Kartei: Karte 9 zu § 13 EStG) soweit nachfolgend nicht etwas anderes bestimmt wird. In der Anl. 1 sind die für das Wj 1993/94 gültigen Richtwerte für den Obstbau und in der Anl. 2 die entsprechenden Werte für den Gemüsebau enthalten. Eine Änderung bei deren Anwendung ist gegenüber dem Vorjahr nicht eingetreten.

992 **§ 13 EStG**
Behandlung der Entschädigungen für die Inanspruchnahme von land- und forstwirtschaftlichem Grundbesitz

(OFD Hannover v. 12. 1. 94 S 2132 a/S 2230)

Bei der Gewinnermittlung nach § 4 Abs. 3 EStG ist die Verteilung einer Einmalzahlung auf einen bestimmten Zeitraum auch aus Billigkeitsgründen nicht möglich.

993 **§ 13 EStG**
Einkommensteuerveranlagung der Land- und Forstwirte für den Veranlagungszeitraum 1992

(OFD Düsseldorf v. 5. 5. 94 S 2230 A)

3. Ermittlung des Gewinns aus Land- und Forstwirtschaft durch Vergleich der Betriebseinnahmen mit den Betriebsausgaben (§ 4 Abs. 3 EStG)

3.1 Anwendungsbereich

Auf Abschn. 127 Abs. 3 EStR wird hingewiesen.

3.2 Gewinnermittlung (Abschn. 17 EStR)

Hierzu weist die OFD auf folgendes hin:

3.2.1 Viehdurchschnittswerte

Die für buchführende Land- und Forstwirte zugelassene Durchschnittsbewertung (Abschn. 125 EStR) kann gem. Abschn. 125 a EStR unter bestimmten Voraussetzungen auch bei der Gewinnermittlung nach § 4 Abs. 3 EStG in Anspruch genommen werden. Im übrigen verweist die OFD auf Abschn. 4.4.1.

3.2.2 Nutzungswert der Wohnung

Zur Ermittlung des Nutzungswerts der Wohnung wird auf die EStGK NRW §§ 13, 13 a EStG, Fach 8 Nr. 1 hingewiesen. Der Nutzungswert ist danach auch bei Land- und Forstwirten grundsätzlich nach den Verhältnissen des Einzelfalles zu bemessen. Im übrigen gilt Abschn. 2.2.5 entsprechend.

994 **§ 13 EStG**
Einkommensteuerveranlagung der Land- und Forstwirte für den Veranlagungszeitraum 1993

(OFD Düsseldorf v. 23. 1. 95 S 2230 A)

3. Ermittlung des Gewinns aus Land- und Forstwirtschaft durch Vergleich der Betriebseinnahmen mit den Betriebsausgaben (§ 4 Abs. 3 EStG)

3.1 Gewinnermittlung (R 16 EStR 1993)

Hierzu wird ergänzend auf folgendes hingewiesen:

3.1.1 Viehdurchschnittswerte

Die für buchführende Land- und Forstwirte zugelassene Durchschnittsbewertung (R 125 EStR 1993) kann gem. R 125a EStR 1993 unter bestimmten Voraussetzungen auch bei der Gewinnermittlung nach § 4 Abs. 3 EStG in Anspruch genommen werden. Im übrigen verweist die OFD auf Abschn. 4.4.1.

3.1.2 Nutzungswert der Wohnung

Zur Ermittlung des Nutzungswerts der Wohnung wird auf §§ 13, 13a EStG, Fach 8 Nr. 1 hingewiesen. Der Nutzungswert ist danach auch bei Land- und Forstwirten grundsätzlich nach den Verhältnissen des Einzelfalles zu bemessen. Im übrigen gilt Abschn. 2.2.5 entsprechend.

(unbesetzt) 995–999

§ 21 EStG
Behandlung der Investitionshilfen zur Energieeinsparung

1000

(OFD Frankfurt/M. v. 11. 11. 91 S 2231 A)

3. Ertragsteuerliche Behandlung des Zuschusses

Soweit der Zuschuß für WG gezahlt wird, die bei Gewinnermittlung nach § 4 Abs. 3 EStG im Zeitpunkt der Auszahlung des Zuschusses zum Betriebsvermögen gehören, liegt eine Betriebseinnahme vor. Wird der Zuschuß für aktivierungspflichtige Herstellungskosten geleistet, so hat der Land- und Forstwirt das Wahlrecht nach Abschn. 34 EStR.

Wird der Zuschuß für betriebliche Erhaltungsaufwendungen gezahlt, so ist er bei Gewinnermittlung nach § 4 Abs. 3 EStG im Zeitpunkt der Zahlung als Betriebseinnahme zu erfassen.

§ 21 EStG
Behandlung der Entschädigungen für die Inanspruchnahme von land- und forstwirtschaftlichem Grundbesitz

1001

(OFD Hannover v. 12. 1. 93 S 2132a)

Bei der Gewinnermittlung nach § 4 Abs. 3 EStG ist die Verteilung einer Einmalzahlung auf einen bestimmten Zeitraum auch aus Billigkeitsgründen nicht möglich.

(unbesetzt) 1002–1005

§ 34e EStG
Gewinnermittlung unter Ansatz pauschalierter Betriebsausgaben

1006

(OFD Frankfurt/M. v. 27. 5. 93 S 2233 A; FinMin Sachsen-Anhalt, Erl. v. 11. 10. 93 S 2293b)

§ 34e EStG sieht in seiner durch das StÄndG 1992 geänderten Fassung vor, daß die Steuerermäßigung auch entfällt, wenn der Gewinn des im VZ beginnenden Wj geschätzt wurde.

Bei einer Gewinnermittlung nach § 4 Abs. 3 EStG können bestimmte Betriebsausgaben durch den Ansatz von Pauschbeträgen (vor allem im Weinbau; vgl. Landw.-Kartei Fach 16 Karte 3) berücksichtigt werden. Der Ansatz pauschalierter Betriebsausgaben stellt für die betroffenen Landwirte eine Aufzeichnungserleichterung dar, die eine einfache, aber dennoch relativ zutreffende Gewinnermittlung ermöglicht.

Werden Teile der Betriebsausgaben derart pauschaliert, so handelt es sich nicht um eine Schätzung des Gewinns i. S. des § 34e EStG.

1007 **§ 24 UmwStG**
Einbringung eines Betriebs, Teilbetriebs oder Mitunternehmeranteils in eine Personengesellschaft: Bilanzierungspflicht aufgrund der Anwendung bei Steuerpflichtigen, die ihren Gewinn nach § 4 Abs. 3 EStG ermitteln

(OFD Düsseldorf v. 13. 9. 93 S 1978)

Es ist die Frage gestellt worden, ob bei Stpfl., die ihren Gewinn nach § 4 Abs. 3 EStG ermitteln und ihn auch nach dem Zusammenschluß im Wege der Einbringung in eine PersGes weiter nach § 4 Abs. 3 EStG ermitteln wollen, auf die Aufstellung einer Einbringungsbilanz verzichtet werden kann.

Dazu bittet die OFD, folgende Auffassung zu vertreten:

Die Einbringung eines Betriebs, Teilbetriebs oder eines Mitunternehmeranteils nach § 24 UmwStG hat zur Voraussetzung, daß auf den Einbringungszeitpunkt eine Bilanz aufgestellt wird. Dies gilt auch für Stpfl., die ihren Gewinn vor der Einbringung nach § 4 Abs. 3 EStG ermittelten und ihn auch nach dem Zusammenschluß weiter nach § 4 Abs. 3 EStG ermitteln wollen (vgl. BFH-U. v. 5. 4. 84, BStBl II S. 518; v. 13. 12. 79, BStBl 80 II S. 239).

Daher ist in derartigen Fällen auf den Einbringungszeitpunkt von der § 4 Abs. 3-Rechnung unter Beachtung der in Abschn. 19 EStR 1990 niedergelegten Grundsätze zum Bestandsvergleich überzugehen. Die spätere Rückkehr zur Gewinnermittlung nach § 4 Abs. 3 EStG wird im allgemeinen als nicht willkürlich zu erachten sein.

Von einem Übergang zum Bestandsvergleich kann auch nicht im Hinblick darauf abgesehen werden, daß sich die bei dem zweimaligen Wechsel der Gewinnermittlungsart ergebenden Übergangsgewinne bzw. Übergangsverluste regelmäßig rechnerisch aufheben. Denn zur steuerlich zutreffenden Verteilung des Übergangsgewinns und des Übergangsverlustes einerseits sowie der Anteile der Gesellschafter am laufenden Gewinn vor und nach der Einbringung andererseits ist die Erstellung einer Bilanz auf den Einbringungszeitpunkt unerläßlich. Dies gilt unabhängig davon, ob die Einbringung zu Buchwerten, Teilwerten oder Zwischenwerten erfolgen soll, zumal der gewählte Wertansatz im allgemeinen ohnehin nur anhand einer entsprechenden Einbringungsbilanz nachvollzogen werden kann (vgl. auch Oppermann, DStR 93 S. 938).

Stichwortverzeichnis

Die Zahlen verweisen auf die Randnummern.